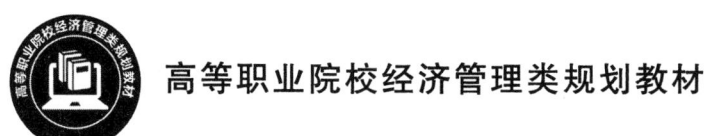

高等职业院校经济管理类规划教材

经济学基本理论与应用
（第 2 版）

谢平楼　周正义　编著

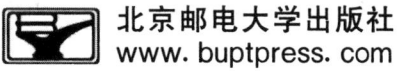

北京邮电大学出版社
www.buptpress.com

内 容 提 要

《经济学基本理论与应用》作为高职高专"经济学基础"课程的教材，最大的特色在于运用了生活事例和经济学案例，将那些高深的经济学理论用简洁明了、通俗易懂的语言表达出来；舍弃了对经济学原理、数学模型的探究，注重对经济学基本理论的规范简洁表述；放弃了传统经济学教材的篇、章、节体例架构，代之以模块、任务和项目。

本书共分三大模块，模块一介绍了学习经济学知识入门要领，便于初学者掌握经济学是什么、为什么要学、怎么学的问题；模块二阐述了微观经济学的基本理论与应用，分别从需求与消费、生产与成本、市场与商品、生产要素与税收等角度展开；模块三阐述了宏观经济学的基本理论与应用，分别从经济指标与指数、GDP 与 GNP、货币与商业银行、就业与人口红利、经济周期与危机、国际贸易与金融、经济增长与发展等角度展开。

图书在版编目（CIP）数据

经济学基本理论与应用 / 谢平楼，周正义编著. -- 2 版. -- 北京：北京邮电大学出版社，2023.2
ISBN 978-7-5635-6756-0

Ⅰ. ①经… Ⅱ. ①谢… ②周… Ⅲ. ①经济学—高等职业教育—教材 Ⅳ. ①F0

中国版本图书馆 CIP 数据核字(2022)第 171406 号

策划编辑：彭 楠　　责任编辑：刘 颖　　责任校对：张会良　　封面设计：七星博纳

出版发行：北京邮电大学出版社
社　　址：北京市海淀区西土城路 10 号
邮政编码：100876
发 行 部：电话：010-62282185　　传真：010-62283578
E-mail：publish@bupt.edu.cn
经　　销：各地新华书店
印　　刷：唐山玺诚印务有限公司
开　　本：787 mm×1 092 mm　1/16
印　　张：21.25
字　　数：522 千字
版　　次：2012 年 9 月第 1 版　2023 年 2 月第 2 版
印　　次：2023 年 2 月第 1 次印刷

ISBN 978-7-5635-6756-0　　　　　　　　　　　　　　　　　　定价：49.00 元

· 如有印装质量问题，请与北京邮电大学出版社发行部联系 ·

前 言
Preface ｜经济学基本理论与应用（第2版）｜

"**经**济学基础（原理）"是高职高专财经商贸大类、旅游大类、公共管理与服务大类及本科经济学类、管理学类的专业基础课或专业课。它是一门经世致用的学问，小到家庭消费、生产经营，大到国际贸易、宏观调控，都是其研究对象。经济学与人们的生活如此密切，然而在很多经济学著作里，它的高深面孔却吓退了许多人。书中复杂的数学模型和演算公式、晦涩的经济学术语，让学习者望而止步。为了让以上专业大类的初学者，特别是高职高专学生，掌握经济学的精髓，同时又对他们的学习、生活和今后工作带来有益和必要的帮助，我们对《经济学基本理论与应用》的体例和内容进行了颠覆式的编写。本书最大的特色在于：运用大量的生活事例、经济学案例，将那些高深的经济学理论用简洁明了、浅显易懂的语言表达；舍弃了对经济学原理、经济学数学模型的探究，注重对经济学基本理论的规范简洁表述；放弃了传统经济学教材的篇、章、节体例架构和理论分析排列，代之以模块、任务、项目体例构建和经济现象引入、经济知识学习、理论应用分析、综合能力训练等项目新序列。本书最大的价值在于：不过分要求学生能掌握那些深奥的理论或者学会使用数学模型之类的工具分析经济问题，而是引导学生学会用经济学的思维方式去思考现实经济中的各种问题，并做出决策。

本书可分为三大模块：第一模块介绍了学习经济学知识入门要领，便于初学者掌握经济学是什么、为什么要学、怎么学的问题；第二模块阐述了微观经济学的基本理论与应用，分别从需求与消费、生产与成本、市场与商品、生产要素与税收等角度展开；第三模块阐述了宏观经济学的基本理论与应用，分别从经济指标与指数、GDP与GNP、货币与商业银行、就业与人口红利、经济周期与危机、国际贸易与金融、经济增长与发展等角度展开。

本书第1版、第2版都由湖南省职业院校专业带头人、郴州职业技术学院谢平楼教授和郴州职业技术学院周正义副教授编写及修订。谢平楼教授撰写了本书的体例大纲和第一模块、第三模块的内容，周正义副教授撰写了第二模块的内容。第2版体例上未做大的变动，只在第二模块增加了"任务十四：市场失灵与政府治理——看得见的手"。第2版较多的内容改动是每个任务中增加了"学习目标：思政目标"项目的内容，更换了部分经济数据资料和案例资料。本书在编写与修订中参考和引用了其他经济学著作中的相关资料，在此一并致谢。由于作者水平所限，加之本书对高职高专教材编写模式做了大胆的改革尝试，缺点和不成熟之处在所难免，敬请同行批评指正。

谢平楼　周正义

目 录
Contents | 经济学基本理论与应用（第2版）

模块一　经济学导入与一般了解

任务一	走进经济学——为什么学？学什么？	3
任务二	初识微观经济学——弄清楚内涵、起源与发展	8
任务三	初识宏观经济学——弄懂基本问题与理论基石	12

模块二　微观经济学基础理论与应用

任务一	需求原理与应用——做一名营销高手	23
任务二	供给原理与应用——为生产绸缪	34
任务三	价格预测——早知三日价，富贵万万年	43
任务四	价格政策——让价格听你的指挥	56
任务五	消费者行为分析——洞悉顾客的诉求	67
任务六	理性消费——用有限的资源追求幸福美好的生活	79
任务七	生产决策——时刻关注投入产出	88
任务八	成本决策——控制成本才最具竞争力	101
任务九	利润最大化——企业经营的原动力和生存之本	115
任务十	完全竞争市场——将成本降低到行业平均水平以下	127
任务十一	垄断竞争市场——打造特色	136
任务十二	寡头与垄断市场——大鱼吃小鱼的游戏	143
任务十三	工资的来源与决定——如何获得高工资？	154

| 任务十四 | 市场失灵与政府治理——看得见的手 | 164 |

模块三 宏观经济学基本理论与应用

任务一	国民收入与个人收入——该给劳动者切多大的蛋糕？	177
任务二	经济指数——如何查验国民经济体检表？	186
任务三	国民消费、储蓄和投资——民众的钱该怎样高效支配？	197
任务四	货币和金融——如何为经济运行添好润滑剂？	205
任务五	通货膨胀与通货紧缩——经济出了什么问题？	224
任务六	经济周期——经济是怎样四季循环的？	235
任务七	劳动就业——经济发展中的重中之重	249
任务八	货币政策——谁是最后的放贷人？	258
任务九	财政政策——用好宏观经济调控的左手	270
任务十	国际贸易——如何做好地球村的买卖？	282
任务十一	国际金融与汇率——怎样防止看不见的金融战争？	301
任务十二	经济增长与经济发展——政府要做好的永恒思考题	315

参考文献 331

模块一

经济学导入与一般了解

经 济 学 基 本 理 论 与 应 用

任务一　走进经济学——为什么学？学什么？

任务二　初识微观经济学——弄清楚内涵、起源与发展

任务三　初识宏观经济学——弄懂基本问题与理论基石

任务一
走进经济学——为什么学？学什么？

学习目标

知识目标
(1) 了解学习经济学的意义和经济学的定义；
(2) 掌握"经济人"假设的内涵。

能力目标
(1) 培养观察和分析社会经济现象的能力；
(2) 培养经济学思维。

思政目标
(1) 认识西方经济学与马克思主义政治经济学的共性；
(2) 分清西方经济学与马克思主义政治经济学的本质区别。

经济现象引入 ▷▷

经济学与你息息相关

在现实中，我们的生活时刻被经济学的影子所萦绕，无论做什么都充满着经济的味道。例如，商品价格起伏涨跌，口袋里的钞票价值增减，是买房还是炒股……而每个人的成长又何尝不是充满了经济上的算计：当我们是学生时，家长会替我们选择好一点的教育；大学毕业后，我们和家长一起算计是继续读研，还是工作；工作后，有了收入，我们要决定把多少钱用于支出，把多少钱用于储蓄，把多少钱用于投资；有一天有了自己的企业，我们还要算计自己的产品该赚取多高的利润；等等。

这就带给我们一些思考：
(1) 不学点经济学行吗？
(2) 经济学到底是什么？

经济知识学习 ▷▷

一、经济学到底是什么？

"经济学"一词最早出现在公元前5世纪的古希腊，希腊文表示为"oikonomia"，是"家计管理"的意思，后用英文翻译为"economics"，我国学者严复曾把它译为"生计学",翻译成汉语"经济学"的第一人是日本学者神田孝平。

人们对经济学是什么有不同的理解。有人认为经济学是研究济世经帮的大学问,有人认为经济学研究致富之道,有人认为经济学研究生产关系,……。

我们认为,经济学是一门研究人类行为及如何将有限或者稀缺资源进行合理配置的社会科学。一般所说的经济学指的是西方经济学,包括宏观经济学和微观经济学。

二、学习经济学的好处

(一)学习经济学能给人带来经济实惠

经济学存在于每个人的日常生活中。比如,房价这么贵,是租房还是买房;为什么猪肉又涨价了;是买股票,还是把钱存在银行合算;……。每个人在生活中都在有意无意地运用经济学知识进行选择和取舍,希望以最小的成本获得最大的收益。

(二)学习经济学能给人带来人生幸福

经济学的研究对象是人,那么研究人类的幸福也应该是经济学的必由之路和归宿点。从经济学教人如何致富,如何合理利用人类稀缺的资源等问题来看,它的确如此。

(三)学习经济学能给人带来理性思考

诺贝尔经济学奖获得者、美国著名经济学家约翰·梅纳德·凯恩斯认为,经济学"不是一种教条,只是一种方法、一种心灵的器官、一种思维的技巧,帮助拥有它的人得出正确结论"。学了经济学,我们会少一些盲目,多一些智慧和理性。

三、如何学习经济学

(一)了解经济学的前提:经济人假设

任何科学的研究都有自己的假设,经济学的假设不止一个,但是最根本的只有一个——"经济人"假设。学习经济学,首先必须了解"经济人"假设。所谓"经济人"假设,就是假定人的思考和行为都是目标理性的,唯一试图获得的经济好处就是物质性补偿的最大化。即经济学认为,所有人都是经济人,他们一切行为的目标只为个人利益最大化。经济学的所有理论都离不开这个假设前提,没有"经济人"假设,就不能正确认识经济规律,也不可能制定切实可行的经济政策。

(二)像经济学家一样思考

我们学习经济学最重的是要学会跟常人不一样的思维方式,要像经济学家一样思考。经济学家具有以下几个特殊的思维方式。

1. 边际考虑

经济学认为,某种要素的贡献,是由其边际的一单位的贡献决定的。例如,农民种粮，假定只有 1 亩地，如果一个人种，可以打 500 斤稻米，但是两个人种却不会打 1000 斤，只能打 900 斤，三个人种只能打 950 斤，……想想，如果人数不断增加，在这 1 亩地里有 1 万个人，能打多少斤稻米？0 斤！因为 1 万个人一块上去会把土地踏平的。总之，多一个人没有少一个人打得多，经济学家把这个规律叫作"边际产量递减"。

2. 机会成本考虑

机会成本不同于会计成本，它是指为了得到某种东西（A）而要放弃另一种东西（B），那么 B 就是 A 的机会成本。例如，小李原来在一个行政单位上班，年收入 10 万元。现在小李下海经营一家餐馆，年收入 11 万元，买菜（各种原料）、员工工资、税收和其他费用等会计成本 10 万元，他的会计利润是 1 万元。于是，经济学家认为小李没有赚钱，反而赔了 9 万元，这是为什么？

3. 均衡考虑

人们买保险，就是花钱买确定性，买个平安。可见人们喜欢的是确定性，否则不会花钱买保险。而均衡就是一种稳态，一种确定，因为至少暂时不会变化。

理论应用分析 ▷▷

案例：

经济学家、医生和牧师的故事

有一个经济学家、一个医生和一个牧师约好某天去打高尔夫球。这天，玩兴正浓时，他们发现有一个人老在球场上漫无目的地乱跑，这严重影响了他们的兴致，于是他们决定去与球场管理人员交涉。球场的管理人员向他们解释："球场为了向全社会的残疾人献爱心，星期一下午向盲人免费开放。今天是星期一，那个到处乱跑的人是盲人。如果他的行为影响了你们，我向你们道歉。"三人听后，有三种不同的反应。牧师听后大为感动，遂决定抽出一定时间，免费为残疾人祈祷，祈求上苍保佑，为残疾人带来福音。医生听后，马上决定向球场学习，并准备在他的诊所里，留出一定时间免费为残疾人提供医疗服务。经济学家却不以为然地说："我有些不明白，你们球场为什么不把向盲人开放的时间从白天改到晚上？"

问：(1) 三个人面对同一件事为什么会有三种不同的反应？

(2) 从经济学的理性（即经济人假设）视角分析其是否合理。

综合能力训练 ▷▷

案例分析一：

"经济人"假设

范美忠是四川省都江堰市的一名普通教师，在 2008 年"5·12"汶川大地震中，他丢下学生,一个人跑出了教室。后来范美忠发表了《那一刻地动山摇——"5·12"汶川地震亲历记》一文,文中细致地描述了自己在地震时所做的一切及过后的心路历程,其中有:"我是一个追求自由和公正的人,却不是先人后己勇于牺牲自我的人!在这种生死抉择的瞬间,只有为了我的女儿我才可能考虑牺牲自我,其他的人,哪怕是我的母亲,在这种情况下我也不会管的。因为成年人我抱不动,间不容发之际逃出一个是一个,如果过于危险,我跟你们一起死亡没有意义;如果没有危险,我不管你们,你们也没有危险,何况你们是十七、十八岁的人了!"这番言论引起了铺天盖地的批评声。

问:用"经济人"假设,你是如何看待这件事情的?

案例分析二:

吃汉堡

一个人中午肚子饿了,去麦当劳吃汉堡,吃了第一个的时候觉得汉堡太好吃了,于是又买了一个,吃第二个的时候,感觉没第一个好吃了,可也觉得还行,于是再买了一个,吃完第三个,觉得自己饱了。碰巧的是一同事来了硬是拉他又吃了一个汉堡,吃这个的时候他就会觉得有些腻了,如果再要他吃一个,他可能以后看到汉堡就会想吐。

问:简单说明它符合经济学的什么规律。

阅读资料 ▷▷

亚当·斯密与《国富论》

亚当·斯密 1723 年出生在苏格兰法夫郡(County Fife)的寇克卡迪(Kirkcaldy)。当时的英国可以说是欧洲的先进资本主义国家。不仅是世界贸易的中心国,而且是领先其他国家的工业国。18 世纪前期,欧洲大陆的法国和德国尚处在幼稚的封建家庭工业或独立手工业的阶段,仍然以这些方式来支配生产。而英国已经走入资本主义初级阶段,所谓工厂制手工业已在国内各大都市筑下根柢。

中世纪的家庭工业或独立手工业中的工人分散在各家各户,个人在全体作业过程中不过是一个孤立的劳动者。工厂制手工业却是许多的工人在一个工厂劳动,在一个资本家的指挥命令下,使用简单的工具,从事分工的作业。一直到 1760 年发生了产业革命,使用机械的大工业出现为止,在产业革命前英国所实行的,仍然是这种资本主义前期的工厂制手工业。

这位举世闻名的古典派经济学的巨匠亚当·斯密,出生在工厂制手工业和机械制大工业的过渡时期。他的功绩是把当时零星片断的经济学学说,有体系地整理成为一门分门别类独立于哲学的学问。

《国富论》一书是亚当·斯密最具影响力的著作,这本书对于经济学领域的创立有极大贡献,使经济学成为一门独立的学科。在西方世界,这本书甚至可以说是经济学发行过的最具影响力的著作。《国富论》一书成为针对重商主义(认为大量储备贵金属是经济成功所不可或缺的理论）最经典的反驳，在这本书于1776年出版后，英国和美国都出现了许多要求自由贸易的声浪。这些声浪还认为当时经济的艰难和贫穷是因为美国独立战争所造成的。不过，并非所有人都被说服相信了自由贸易的优点：英国政府和议会依然继续维持重商主义多年。

《国富论》一书也否定了重农主义学派对于土地的重视，相反地，亚当·斯密认为劳动才是最重要的，而劳动分工将能大幅度地提升生产效率。《国富论》一书非常成功，事实上还导致许多学派的早期理论被抛弃，而后来的经济学家（如托马斯·罗伯特·马尔萨斯和大卫·李嘉图）则专注于将亚当·斯密的理论整合为现在所称的古典经济学（现代经济学由此衍生）。马尔萨斯将亚当·斯密的理论进一步延伸至人口过剩方面，而大卫·李嘉图则提出了工资铁律（iron law of wages）——认为人口过剩将导致工资连勉强糊口的层次都无法达成。亚当·斯密假设工资的增长会伴随着生产的增长，这个观点在今天看来则较为准确。

《国富论》一书的重点之一便是自由市场。自由市场表面看似混乱而毫无拘束，实际上却是由被称为"看不见的手"（invisible hand，无形之手）所指引，"看不见的手"会引导市场生产出正确的产品数量和种类。举例而言，如果产品发生短缺，产品的价格便会高涨，生产这种产品所能得到的利润便会刺激其他人也加入生产，最后便消除了短缺。如果许多同样的产品进入了市场，生产者之间的竞争将会增加，供给的增加会将产品的价格降低至接近产品的生产成本。即使产品的利润接近于零，生产产品和服务的利润刺激也不会消失，因为产品的所有成本中也包括了生产者的薪水。如果价格降低至零利润后仍继续下跌，生产者将会脱离市场；如果价格高于零利润，生产者将会进入市场。亚当·斯密认为人的动机都是自私而贪婪的，自由市场的竞争将能利用这样的人性来降低价格，进而造福整个社会。同时，亚当·斯密也对商人保持戒心，并且反对垄断的形成。

任务二
初识微观经济学——弄清楚内涵、起源与发展

学习目标

知识目标
(1) 了解微观经济学的起源和发展;
(2) 掌握微观经济学的内涵和基本问题。

能力目标
(1) 能观察资源配置的合理性;
(2) 能用微观经济学的基本原理对社会经济现象做出解释。

思政目标
认清西方微观经济学与马克思主义政治经济学研究的基本问题的差异。

经济现象引入 ▷▷

一辆汽车的经济学

斯蒂格利茨的名著《经济学》中有一段精彩的表述:对于一个十多岁的年轻人来说,汽车象征着地位、行动自由和对新奇事物的探索;对于一个机修工来说,汽车就像病人,等待他去治疗;对于因为堵车被困在路上的上班族来说,汽车就像囚禁犯人的监狱;对于一个装配线上的工人来说,汽车可能只不过是被组合起来的一堆零件和一份工作;对于一个银行抢劫犯或者赛车手来说,汽车就是一匹现代化的机械马。在这些不同人的生活中,汽车这个金属、橡胶和塑料的组合物起着重要的作用。当然,这种作用的性质可以有天壤之别:从修车弄得浑身油垢的极端现实,到月夜开敞篷车行驶在高速公路上的浪漫经历。对于一名经济学家来说,一辆汽车就可以用来解释经济学的几乎全部内容。

问:为什么对于一名经济学家来说,一辆汽车就可以用来解释经济学的几乎全部内容?

经济知识学习 ▷▷

一、微观经济学追踪：起源、内涵和基本问题

（一）微观经济学的起源和内涵

微观经济学的历史渊源可追溯到亚当·斯密的《国富论》、阿尔弗雷德·马歇尔的《经济学原理》。其中《国富论》正式奠定了经济学作为一门学科的独立地位。

20世纪30年代以后，英国的罗宾逊和美国的张伯伦在马歇尔的均衡价格理论的基础上，提出了厂商均衡理论，标志着微观经济学体系的最终确立。

微观经济学（microeconomics）又称个体经济学、小经济学，主要以单个经济单位（单个生产者、单个消费者、单个市场经济活动）作为研究对象，分析：单个生产者如何将有限资源分配在各种商品的生产上以取得最大利润；单个消费者如何将有限收入分配在各种商品消费上以获得最大满足；单个生产者的产量、成本、使用的生产要素数量和利润如何确定；生产要素供应者的收入如何决定；单个商品的效用、供给量、需求量和价格如何确定等。

（二）微观经济学的基本问题

微观经济学关心社会中的个人和各组织之间的交换过程，它研究的基本问题是资源配置的决定，其基本理论就是通过供求来决定相对价格的理论。所以微观经济学的主要范围包括消费者选择、厂商供给和收入分配。

二、微观经济学开拓：发展与创新

（一）微观经济学的发展

迄今为止，微观经济学的发展大体上经历了四个阶段。

第一阶段：17世纪中期到19世纪中期，是早期微观经济学阶段，或者说是微观经济学的萌芽阶段。

第二阶段：19世纪晚期到20世纪初叶，是新古典经济学阶段，也是微观经济学的奠定阶段。

第三阶段：20世纪30年代到60年代，是微观经济学的完成阶段。

第四阶段：20世纪60年代至今，是微观经济学的进一步发展、扩充和演变阶段。

（二）微观经济学的新发展

1. 理论的新发展

理论的新发展包括新消费理论、新厂商理论（现代企业理论）、博弈论、信息经济学等新理论的提出。

2. 方法的新发展

方法的新发展包括证伪主义的普遍化、分析工具的数理化、假定条件的多样化、研究领域的非经济化、案例使用的经典化、学科交叉的边缘化等。

理论应用分析 ▷▷

案例：

寓言——地狱与天堂

从前，有一个幸运的人被上帝带去参观天堂和地狱。

在上帝的带领下，他首先来到地狱，只见一群人，围着一大锅肉汤，这些人看起来都营养不良、绝望又饥饿。仔细一看，每个人都拿着一只可以够到锅的汤匙，但汤匙的柄比他们的手臂长，所以没法把东西送进嘴里。他们看起来非常悲苦。

紧接着，上帝带他进入另一个地方。这个地方和先前的地方完全一样：一锅汤、一群人、一样的长柄汤匙。但每个人都很快乐，吃得也很愉快。上帝告诉他，这就是天堂。

这位参观者很迷惑：为什么情况相同的两个地方，结果却大不相同？最后，经过仔细观察，他终于看到了答案：原来，在地狱里的每个人都想着自己舀肉汤；而在天堂里的每个人都在用汤匙喂对面的另一个人。结果，在地狱里的人都挨饿而且可怜，而在天堂里的人却吃得很好。

问：这个寓言是如何解释微观经济学的？

综合能力训练 ▷▷

案例分析一：

最好吃的东西

兔子和猫争论，世界上什么东西最好吃。兔子说："世界上萝卜最好吃。萝卜又甜又脆又解渴，我一想起萝卜就要流口水。"猫不同意，说："世界上最好吃的东西是老鼠。老鼠的肉非常嫩，味道美极了！"兔子和猫争论不休、相持不下，跑去请猴子评理。猴子听了，不由得大笑起来："瞧你们这两个傻瓜蛋，连这点儿常识都不懂！世界上最好吃的东西是什么？是桃子呀！桃子不但美味可口，而且长得漂亮。我每天做梦都梦见吃桃子。"兔子和猫听了，全都直摇头。那么，世界上到底什么东西最好吃呢？

问：为什么三个动物的回答不一样（请用经济学概念效用、消费偏好说明之）？

案例分析二： 狡猾的农场主

一个生产小麦的农场主向他的工人发布了这样一则坏消息："今年的小麦价格很低，

而且我从今年的粮食中最多只能获得3.5万元毛收入。如果我付给你们与去年相同的工资（3万元），我就会亏本，因为我不得不考虑3个月以前已经为种子和化肥花了2万元。如果为了那些价值3.5万元的粮食而让我花上5万元，那么我一定是疯了。如果你们愿意只拿去年一半的工资（1.5万元），我的总成本将为3.5万元（2万元＋1.5万元），至少可以收支相抵。如果你们不同意降低工资，那么我也就不打算收割这些小麦了。"

于是，工人们围坐在一起以投票来决定是否同意降低工资。这时，有一位略懂一点经济学知识的工人很快进行了一番计算，然后，他肯定地说："农场主在吓唬我们，即使我们不同意降低工资，他也会让我们为他收割小麦的。"

问：这个工人说得对吗？请用经济学原理加以说明。

阅读资料 ▷▷

大卫·李嘉图与《政治经济学及赋税原理》

大卫·李嘉图是英国产业革命高潮时期的资产阶级经济学家。他继承和发展了亚当·斯密经济理论中的精华，使古典政治经济学达到了最高峰。他是英国资产阶级古典政治经济学的杰出代表和完成者。

李嘉图出生于英国伦敦一个资产阶级犹太移民家庭，在17个孩子中排行第三。李嘉图童年所受教育不多，14岁时随父亲从事证券交易活动，16岁时便成了英国金融界的知名人物。1793年21岁的李嘉图独立开展证券交易活动，很快便获得成功，25岁时他已拥有200万英镑财产。这时的李嘉图深感早年教育不足，因此在经济生活有了保障以后开始自学。在1799年的一次乡村度假期间，他偶然阅读了亚当·斯密的《国民财富的性质和原因的研究》，这是他第一次接触经济学。从此，李嘉图对政治经济学发生兴趣并开始研究经济问题。当时，英国突出的经济问题是"黄金价格"和"谷物法"，他热心地参与这两个问题的辩论。37岁的时候他完成了第一篇经济学论文，10年后他在这一领域获得了极高的声誉。李嘉图在证券交易所的工作使他非常富有，1814年42岁便退休了。1819年，李嘉图在英国议会上院购买了一个代表爱尔兰的席位。他占据这个席位直到去世。作为议员，李嘉图支持自由贸易和废除旨在保护英国国内农业的《谷物法》。李嘉图于1823年9月11日去世，年仅51岁。他死得很突然，一只耳朵的感染就夺取了这位天才的生命。

1817年李嘉图发表了代表作《政治经济学及赋税原理》，他也因此成为当时英国最著名的经济学家。他强调政治经济学的主要任务是阐明和研究财富在社会各阶级间分配的规律，他认为全部价值都是由劳动生产的，价值在三个阶级（劳动者、资本所有者、土地所有者）之间进行分配。工资由工人必要生活资料的价值决定，利润是工资以上的余额，地租是工资和利润以上的余额。由此阐明了工资和利润的对立，工资、利润和地租的对立，触及到了资本主义社会阶级对立的经济基础。他还论述了货币流通量的规律、对外贸易中的比较成本学说等。《政治经济学及赋税原理》建立起了以劳动价值论为基础，以分配论为中心的理论体系。李嘉图坚持商品的价值由生产中耗费的劳动决定的原理，批评了亚当·斯密价值论中的二元观点。李嘉图第一个提出了决定价值的劳动不是实际的个别劳动而是社会必要劳动，他还指出了决定商品价值的不仅有直接投入生产的活劳动，还有投在所耗费的生产资料上的劳动。

任务三 初识宏观经济学——弄懂基本问题与理论基石

学习目标

知识目标
(1) 了解宏观经济学的发展历程；
(2) 理解宏观经济学研究对象和基本问题。

能力目标
(1) 能观察到一些重要的宏观经济现象；
(2) 能用宏观经济学的基本原理对社会经济现象进行分析。

思政目标
认清西方宏观经济学与马克思政治经济学研究的基本问题的差异。

经济现象引入 ▷▷

船长与游客的调侃

贝克船长在红沟的码头等候着游客上船，早晨他将他们送到这里进行一天的游览。当大家到齐后，他示意船员解缆开航。当航行到开放海区后，他将舵轮交给了两个船员中的一个，走出驾驶舱来欢迎新上船的客人，同时与购物返回的客人寒暄。贝克船长总是爱和那些将购物袋装得满满的和购买了一箱箱酒的客人逗乐。

上午他曾留意过一对夫妇，他们没有给这位亲切的船长以调侃的机会。

"看起来你们今天赚了很多钱呢。"他笑着对那对夫妇说。

"为什么呢？"教授斯皮尔曼问道。

"一便士的节约即是一便士的收入，如果你们继续这样，那么商品就销售不出去了。"

"不，不"，教授回答，"萨伊定律告诉我们，一便士的节约便是一便士的消费，因此你不用担心商品，供给自身就会创造需求。"

贝克船长并不是一个凯恩斯主义者，不知道该对教授的经典表述做出什么反应，但他点点头，笑着假装同意这个观点，走进了厨房。

问：(1) 什么是萨伊定律？
(2) 它与凯恩斯主义是否相同？

经济知识学习 ▷▷

一、宏观经济学的发展历程

"宏观经济学"一词,最早是挪威经济学家弗里希在 1933 年提出来的。宏观经济学的形成和发展,大体上经历了三个时期。

(一)宏观经济学的萌芽时期

从 17 世纪中叶到 20 世纪 30 年代凯恩斯的《就业、利息和货币通论》发表之前。

(二)凯恩斯主义宏观经济学的创建、形成和完善时期

从 1936 年凯恩斯的《就业、利息和货币通论》发表到 20 世纪 70 年代之前的时期。

(三)非凯恩斯主义宏观经济学形成、发展时期

20 世纪 70 年代以后,形成了一些非凯恩斯主义宏观经济学派,其中包括以弗里德曼为首的货币主义学派、以卢卡斯为代表的理性预期学派、以蒙代尔等人为代表的供给学派等。80 年代以后,以曼丘、罗默等一批年轻的美国经济学家,力主宏微合流,同时试图把现代主流经济学和非凯恩斯主义宏观经济学派整合起来,形成全新的新凯恩斯主义经济学。

二、宏观经济学研究对象和基本问题

(一)宏观经济学研究对象

自从 20 世纪 30 年代西方资本主义发生空前严重的经济危机开始,周期性的经济波动就开始成为西方国家经济发展中的痼疾。因此,有关经济周期及其波动就成为经济学家研究的主要对象,并且成为政府进行宏观调控的主要目标。所以,宏观经济运行中的基本问题,如总产出、总需求、通货膨胀、失业、经济增长、政府治理(宏观经济政策)等,也就成为宏观经济学研究的重要对象。

(二)宏观经济学研究的基本问题

从宏观经济运行的基本目标来看,宏观经济学研究的基本问题主要体现在实现充分就业和保持物价稳定两个方面。

1. 实现充分就业

这是从凯恩斯以来西方经济学家和政府决策人员一直关注的问题。首先需要说明的是,一般意义上的宏观经济学所说的充分就业,并不意味着每个居民都能够就业,或那些愿意求职的人百分之百都能就业。因此,宏观经济学往往这样定义"充分就业",即把某一水平的失业确定为"正常"失业(可接受的或意愿的失业)的就业。现实中,人们把

5%～6%的失业水平看作是正常的失业水平，人们仅仅关心超过该失业数量的失业。也就是说，充分就业容许社会有一定数量或一定比例的失业。按照这一定义，一个国家或地区，当愿意工作的人有94%～95%就业的时候，就可以视为是实现了充分就业。

经济学家过去一直认为，5%～6%的失业率是可以容忍和接受的，从而94%～95%的就业率可以看作是正常的就业率，并且可以以此作为衡量充分就业的标准。从20世纪50年代以来，西方国家的失业率有逐渐提高的趋势，衡量充分就业的正常失业率随之不断提高。以美国为例，其50年代的失业率为4.5%，70年代为6.1%，80年代为6.3%，90年代前期为6.6%。因此，目前世界各国的政府以降低失业率，实现充分就业作为其基本的政策目标。

2. 保持物价稳定

在市场经济中，无论是个别商品的价格，还是平均价格水平，都可能出现一定程度的提高或者下降。近年来，美国和其他西方国家，大都经历了一般价格水平或平均价格水平的持续上涨，即通货膨胀。衡量通货膨胀的尺度是价格指数的变化，价格指数指衡量某一年相对于某一基年的价格水平。众所周知的价格指数是消费价格指数（CPI），又被称为"生活-成本指数"。消费价格指数（CPI）就是衡量人们每年在市场中所选择的一揽子消费品的价值。消费价格指数逐年的百分比变动就是通货膨胀率。以美国为例，20世纪七八十年代初期，通货膨胀率相当高，使得人们日益认识到许多经济问题是由于过高的通货膨胀率而引起的，特别是当通货膨胀率不可预料的时候更是如此。而20世纪80年代晚期出现的较低的通货膨胀率，又进一步加剧了人们对通货膨胀影响经济持续稳定发展的担心。在这种情况下，消除过高或者过低的通货膨胀率，维持物价稳定，成为政府进行宏观经济调控的基本目标，同时也成为宏观经济学研究的基本问题。

三、宏观经济学中的基本经济概念

（一）三大市场

宏观经济学关心的不是个人的经济行为和局部市场的运行情况，而是整个经济的运行状况。现实经济中有很多市场，而宏观经济运行相关的市场可在理论上抽象为三大市场，即产品市场、金融（或货币）市场和要素市场。

产品市场包括了所有的商品和劳务的交易。商品是指有形的产品，如汽车、房屋、啤酒、公路等；劳务是指无形的服务，如医疗、警务、防务、理发、律师工作等。在产品市场中，商品和劳务的总供给和总需求是以国民收入和国民生产总值来衡量的。

金融市场包括了全部金融资产的交易，如货币、债券、股票等。所有的金融资产交易分为两部分：一是短期债券交易，发生在货币市场；二是长期债券交易，发生在资本市场。二者的界限以一年为期限，一般债券和短期贷款一年到期要归还。无论短期或长期，金融交易的目的是需要货币，所以金融市场也称货币市场。由于金融交易大量发生在短期债券市场，所以，对宏观经济具有重要影响的，往往是短期债券交易市场。

要素市场包括了用于生产商品和劳务的全部生产要素的交易。任何产品的生产至少需要三种要素中的一种，这三种要素即微观经济学中已经提出的土地、劳动和资本。

（二）四大部门

从宏观角度看，一方面，国内市场得以推动三大市场供求运行的参与者是企业、家庭和政府。另一方面，由于经济活动已经具有了全球化的特征，一国的经济必然要越出国界向国外扩张，从而使经济活动存在国内经济活动和对外经济活动之分，并进而形成了与国内总量运行紧密相关的国外部门。这样，宏观经济学就常常把企业、家庭、政府和国外部门作为参与宏观总量运行的四大部门。企业和家庭同属私人部门。企业部门是指所有生产最终产品和劳务的企业总和；家庭部门是指生产要素占有者的总和，也是所有消费者的总和。

（三）宏观经济变量

建立经济变量之间的联系，就是建立某种经济模型，通过已知变量与未知变量的函数关系解释、分析经济发展规律，制定相应的对策，促进经济发展。

变量是大小可以变化的量，即可取不同数值的量，如宏观经济分析中的国民收入、一般价格、储蓄、投资等都是宏观经济变量。

经济模型有外生变量和内生变量两种。外生变量是由经济模型之外的力量所决定的一类变量，其值被认为是已知的，是一个模型给出作为既定的变量。内生变量则是由经济模型自身内的力量所决定的一类变量，是一个模型所要解释的变量。变量与常数组合在一起（如 $5P$）时，其常数 5 称为该变量的系数，它可以是符号而不是具体的数值。

（四）存量和流量

经济变量还可以区分两类：一类是存量；另一类是流量。二者都是一定时间内可大可小的数量。

存量是指一定的时点上测算出来的量。比如：任一既定时刻的机器、厂房的数量；任一既定时刻的总就业人数；任一既定时刻的货币数量；等等。

流量是只能按一定时期测算的量。比如：工资是指月工资、周工资或小时工资；国民收入是指一年、一季或某月的国民收入；消费、储蓄、投资、税收、政府支出等都表示某一时期内的流入量或流出量。

宏观经济学就是在三大市场和四大部门组成的宏观经济结构中，研究各个经济总量的决定机制及其相互影响。显然，在各个经济总量中，最重要的是国民收入，因为它作为国民经济中的基本流量，能够把三大市场和四大部门紧密地联系在一起，为宏观经济学研究的顺利进行奠定了良好的基础。

四、宏观经济学的理论基石：凯恩斯主义

（一）萨伊定律

萨伊定律的核心思想是"供给创造其自身的需求"。这一结论隐含的假定是，循环流程可以自动地处于充分就业的均衡状态。它包含三个要点：

（1）产品生产本身能创造自己的需求；

（2）由于市场经济的自我调节作用，不可能产生遍及国民经济所有部门的普遍性生产过剩，而只能在国民经济的个别部门出现供求失衡的现象，而且即使这样也是暂时的；

（3）货币仅仅是流通的媒介，商品的买和卖不会脱节。

根据萨伊定律，在一个完全自由的市场经济中，由于供给会创造自己的需求，因而社会的总需求始终等于总供给。

（二）凯恩斯主义

凯恩斯主义主张国家采用扩张性的经济政策，通过增加需求促进经济增长。

凯恩斯的经济理论认为，宏观的经济趋向会制约个人的特定行为。18世纪晚期以来的经济学建立在不断发展生产从而增加经济产出的基础上，而凯恩斯则认为对商品总需求的减少是经济衰退的主要原因。由此出发，他认为维持整体经济活动数据平衡的措施可以在宏观上平衡供给和需求。凯恩斯经济理论的主要结论是经济中不存在生产和就业向完全就业方向发展的强大的自动机制。这与新古典主义经济学所谓的萨伊定律相对，后者认为价格和利息率的自动调整会趋向于创造完全就业。

理论应用分析 ▷▷

案例：

用凯恩斯理论分析新冠疫情防控期间的中国经济政策

自2020年年初以来，新冠肺炎疫情暴发并迅速席卷全球。在疫情的影响下，中国的总体经济增长处于下行周期，内部和外部压力迅速增大。这时，凯恩斯理论对于中国经济渡过难关有很大的启示作用。

凯恩斯理论是围绕就业问题来展开的，他指出分析就业问题的起点是有效需求，有效需求是指总供给等于总需求时的需求量。其主要观点是：就业是由有效需求决定的，即当总需求的价格高于总供给价格时，社会对该商品的需求就会迅速增加，需求超过供给量时，工厂就会扩大生产规模，从而就业量上升；反之，当总需求的价格低于总供给价格时，供过于求，工厂生产量下降，就业量降低。

由2020年第一季度全国31个省份GDP数据（表1.3-1）可以看到，中国2020年第一季度受新冠肺炎疫情影响，整体经济下滑，相比2019年，增量、名义增长率只有西藏自治区、新疆维吾尔自治区、贵州省为正值，其余28个省份均为负值。除湖北省外，北京、上海等一线城市经济下滑明显。

随着国内疫情防控的成效不断显现、复工复产的持续推进使得市场恢复正常的生产生活秩序，新冠肺炎疫情对市场产生的负面冲击在第二季度有所下降。但是，当时国外疫情状况仍处在暴发阶段，随着疫情的扩散，国内的外需下行压力增大。经济的恢复速度成为国内政策刺激和国外需求两方因素的共同作用效果。

表 1.3-1　2020 年第一季度全国 31 个省份 GDP 数据

排名	地区	2020Q1GDP	2019Q1GDP	增量	名义增长率
1	广东省	22518.67	23695.52	−1176.85	−4.97%
2	江苏省	21002.8	21926.23	−923.43	−4.21%
3	山东省	14919.3	15640.06	−720.76	−4.61%
4	浙江省	13114	13721.95	−607.95	−4.43%
5	河南省	11510.15	11940.99	−430.84	−3.61%
6	四川省	10172.85	10258.89	−86.04	−0.84%
7	福建省	8999.09	9330	−330.91	−3.55%
8	湖南省	8824.82	8748.38	76.44	0.87%
9	上海市	7856.62	8396.96	−540.34	−6.43%
10	安徽省	7821.3	8167.79	−346.49	−4.24%
11	北京市	7462.2	7784.27	−322.07	−4.14%
12	河北省	7410.1	7725.56	−315.46	−4.08%
13	湖北省	6379.35	10085.58	−3706.23	−36.75%
14	陕西省	5439.66	5676.39	−236.73	−4.17%
15	江西省	5343.4	5448.46	−105.06	−1.93%
16	云南省	5107.77	5110.92	−3.15	−0.06%
17	辽宁省	5082.1	5414.03	−331.93	−6.13%
18	重庆市	4987.66	5195	−207.34	−3.99%
19	广西壮族自治区	4670.85	4673.73	−2.88	−0.06%
20	贵州省	3704.04	3690.48	13.56	0.37%
21	山西省	3634.73	3747.12	−112.39	−3.00%
22	内蒙古自治区	3550.9	3690.02	−125.12	−3.40%
23	新疆维吾尔自治区	3055.51	2992.36	63.15	2.11%
24	天津市	2874.35	3103.97	−229.62	−7.40%
25	吉林省	2441.84	2492.34	−50.5	−2.03%
26	黑龙江省	2409	2581.18	−172.18	−6.67%
27	甘肃省	1908.3	1918.66	−10.36	−0.54%
28	海南省	1115.28	1168.35	−53.07	−4.54%
29	宁夏回族自治区	808.13	824.94	−16.81	2.04%
30	青海省	652.68	652.73	−0.05	−0.01%
31	西藏自治区	384.58	373.64	10.94	2.93%

根据凯恩斯的理论，中国政府采取了扩张性的经济政策，通过增加有效需求来支持经济增长，这意味着对公共支出的资金支持增加，实施赤字融资，刺激经济，维持繁荣，尤其是关注在疫情中濒临破产的中小微企业，以防止企业资本链运作中的崩溃或困难。具体包括下列政策措施。

（1）从地区来看，地方政府发布了多项政策，用以指导地方复工复产，实现经济复苏。这些复工复产政策实际上反映了凯恩斯主义的中心思想——生产和就业水平取决于总需求水平。因此在疫情可控期间，各地政府推进复工复产，恢复人们的正常生活，以此释放有效需求，提高就业量，促进社会恢复。在凯恩斯看来，一国经济兴衰完全取决于有效需求是否充分，而国民经济的调节需要由政府来进行。由此可以看出，中国政府起到了重要作用。

(2) 从企业来看，政府对中小微企业采取了必要的扶持措施，特别是对旅游业、餐饮业等在此次疫情中损失惨重的行业采取了必要的扶持措施，保障了绝大多数中小微企业的正常运营。这反映了凯恩斯主义中提到的：政府应该停止"放任自由"而采取积极行动。这些措施集中在两个方面：通过积极的货币和财政政策管理总需求，使经济与充分就业保持平衡；采用减少严重财富和收入不平等的收入再分配政策，增加有效需求。

(3) 从个人来看，政府针对患者和医务人员以及各基层工作者等均有专项的政策，实施减税退税、财政补贴、出口退税、贷款延期折扣、担保和优惠、延迟部分支付税款等多项举措，极大地降低了疫情对个人的影响。这些政策发出了更清晰的信号，要求有序地恢复生产并稳定市场上的消费者需求，短期内将出台支持个人就业的政策。就业将有效消除由于新冠疫情影响的不确定性而造成的"二次灾难"。

问：(1) 凯恩斯理论的其主要观点是什么？
(2) 根据凯恩斯的理论，中国政府采取了什么样的经济政策？

综合能力训练 ▷▷

案例分析一：

凯恩斯与蜜蜂的寓言

从 1929 年开始，资本主义世界暴发了空前的大危机。3 000 多万人失业，三分之一的工厂停产，整个经济倒退回了一战前的水平。经济处于极度混乱之中，传统的经济学无法解释更无法解决这一问题，理论界纷纷进行探讨，这时，英国经济学家凯恩斯从一则古老的寓言中得到了启示。这则寓言说：从前有一群蜜蜂，他们在一个蜂王的领导下，过着挥霍、奢侈的生活，整个蜂群兴旺发达，百业昌盛。后来，他们的老蜂王去世了，换了一个新蜂王，他们改变了原有的生活习惯，开始崇尚节俭朴素，结果社会凋敝，经济衰落，最终被敌手打败而逃散。凯恩斯在这则寓言的启示下，建立了他的国民收入决定理论，并由此引发了凯恩斯革命，从而建立了宏观经济学。

问：(1) 分析凯恩斯从这则寓言中得到了什么启示。
(2) 说明凯恩斯国民收入决定理论的基本构架。

案例分析二：

石油与经济

石油是生产许多物资的原料，是一个国家国民生产中劳务的关键投入领域，它已经成为一个国家经济发展中不可缺少的因素，所以石油价格的变化对许多国家的经济产生了很大的影响。对于以石油化工产业为经济支柱的国家，其经济中的大波动往往源于石油价格的变化。

20世纪70年代中期，为了阻止石油价格的不断降低，中东地区的主要产油国组成了一个卡特尔组织——欧佩克。欧佩克成功地提高了石油价格：从1973年到1975年，石油价格几乎翻了一番；从1978年到1981年，石油价格翻了一倍还多。进入21世纪，石油价格仍在大涨。石油输入国情况就不同了，由于石油供给的减少和石油价格的上升，这些国家生产汽油、轮胎和许多其他产品的企业成本迅速上升，而产品的价格不能同步迅速做出反应，所以这些企业都大幅减少产量，或者干脆停业或破产。

问：(1) 解释什么是总供给曲线，说明影响总供给曲线变动的各种因素。

(2) 说明上述石油价格上升对总供给的影响机制。

阅读资料 ▷▷

阿尔弗雷德·马歇尔与《经济学原理》

阿尔弗雷德·马歇尔（Alfred Marshall，1842—1924年），近代英国最著名的经济学家，新古典学派的创始人，剑桥大学经济学教授19世纪末和20世纪初英国经济学界最重要的人物。

在马歇尔的努力下，经济学从仅仅是人文科学和历史学科的一门必修课发展成为一门独立的学科，具有与物理学相似的科学性。剑桥大学在他的影响下建立了世界上第一个经济学系。

马歇尔1842年出生于伦敦郊区的一个工人家庭，虽然家境一般，父母却努力让他受到很好的教育。青年的马歇尔进入剑桥大学学习数学、哲学和政治经济学，尽管他对哲学饶有兴趣，但最后还是选定经济学为专业。做出这个决定的重要原因是马歇尔曾走访英国的贫民区，他无法忘却他所见到的贫穷和饥饿。毕业后，马歇尔在剑桥大学任教9年，然后到了牛津大学，1885年他回到剑桥大学任教直到1905年退休。

马歇尔是局部均衡分析的创始者，他研究单个市场的行为而不考虑市场与市场之间的影响。他用上升的供给曲线和下降的需求曲线分析收入、成本的变化对价格的影响。马歇尔最重要的贡献之一是建立了弹性的概念和计算弹性的公式。他分析了需求的价格弹性和供给的价格弹性，发现在短时期内需求的上升会带动价格产量的小幅增加，但更多地会导致价格的上升。在长时期内，产量较容易扩张或收缩，企业可以进入或退出，这使得长期的供给曲线显得比较平坦。因此，马歇尔得出结论，在短期里，需求是影响价格的决定性因素；而在长期里，供给或生产成本是影响价格的决定因素。

马歇尔特别关注收入分配和贫困问题。他把贫困问题归因于劳动市场。在劳动市场里，非技术性劳动的供给由马尔萨斯的人口法则所决定，即工资水平上升时，人口增加，从而劳动供给也增加。但对非技术性劳动的需求却因为机械化而持续减少。供给与需求这两种力量使非技术性劳动的工资维持在相当低的水平。缺乏技能和谈判力量的工人只能得到较低的工资，这导致穷人的健康和教育水平无法提高，他们的儿女也会有同样的遭遇。马歇尔把解决贫困的希望寄托于教育，他主张限制非技术工人的家庭规模和建立累进税制度，但不主张设立最低工资保障和工会。在宏观经济学方面，马歇尔采用了购买力平价的概念来解释不同国家货币之间的汇率。

马歇尔的最主要著作是1890年出版的《经济学原理》。该书在西方经济学界被公认为划时代的著作，也是继《国富论》后最伟大的经济学著作。该书所阐述的经济学说被看作是英国古典政治经济学的继续和发展。以马歇尔为核心而形成的新古典学派在长达40年的时间里在西方经济学中一直占据支配地位。马歇尔经济学说的核心是均衡价格论，而《经济学原理》正是对均衡价格论的论证和引申。他认为，市场价格决定于供、需双方的力量均衡，犹如剪刀的两翼，是同时起作用的。

《经济学原理》一书的主要成就就在于建立了静态经济学。作为最有才华的数学家之一，马歇尔在他的著作里力求用最简洁的语言表达思想，把数学的定量材料仅仅作为附录和脚注。他独自开创边际效用理论，然而他在未把该理论完全纳入他的体系之前并未公开这一创见。

马歇尔的《经济学原理》提出，政治经济学和经济学是同一个概念，不能把政治经济学理解为既研究政治又研究经济，政治经济学也可简称为经济学。马歇尔的经济学说是集19世纪上半叶至19世纪末经济学之大成，并形成自己独特的理论体系和方法，对现代西方经济学的发展有着深远的影响。

模块二

微观经济学基础理论与应用

经 济 学 基 本 理 论 与 应 用

任务一 需求原理与应用——做一名营销高手

任务二 供给原理与应用——为生产绸缪

任务三 价格预测——早知三日价，富贵万万年

任务四 价格政策——让价格听你的指挥

任务五 消费者行为分析——洞悉顾客的诉求

任务六 理性消费——用有限的资源追求幸福美好的生活

任务七 生产决策——时刻关注投入产出

任务八 成本决策——控制成本才最具竞争力

任务九 利润最大化——企业经营的原动力和生存之本

任务十 完全竞争市场——将成本降低到行业平均水平以下

任务十一 垄断竞争市场——打造特色

任务十二 寡头与垄断市场——大鱼吃小鱼的游戏

任务十三 工资的来源与决定——如何获得高工资？

任务十四 市场失灵与政府治理——看得见的手

任务一 需求原理与应用——做一名营销高手

学习目标

知识目标
(1) 理解需求、需求量和需求表、需求曲线；
(2) 熟悉需求的影响因素；
(3) 掌握需求定理。

能力目标
(1) 能确定商品需求的影响因素及其对需求的影响方向和力度；
(2) 能根据各种影响因素变化预测需求变化。

思政目标
(1) 培养观察、分析的习惯；
(2) 从国民收入的持续增长中感受党和国家改革开放政策的正确和伟大。

经济现象引入 ▷▷

工业和信息化部发布的统计数据显示，2021年我国汽车销售量为2 627.5万辆，同比增长3.8%，结束了连续3年下降的趋势。"2022中国汽车市场预测峰会"预测，2022年中国汽车市场将继续保持增长，总销量预计达到2 750万辆，同比增长5%左右。

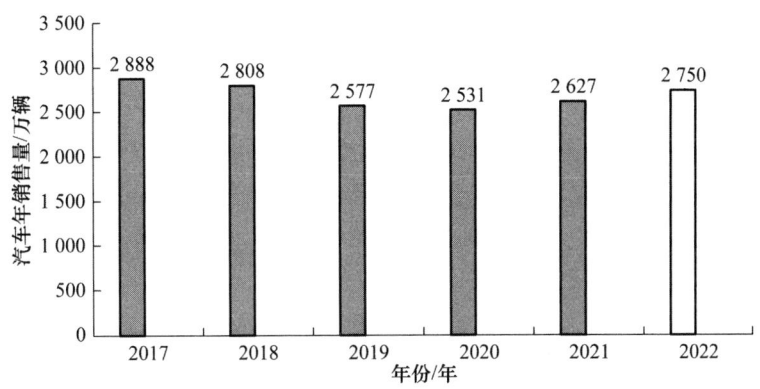

图 2.1-1　2017—2022 年中国汽车市场销量统计

2021年我国汽车市场为"十四五"汽车产业开了一个好头，成功地打开了高质量发展的新局面。未来五年,我国汽车市场销售,受以下因素影响较大。

一是我国经济韧性强,长期向好的基本面不会改变,良好的经济预期保障了汽车市场持续增长。日前召开的中央经济工作会议,明确了2022年的经济工作要"稳字当头、稳中求进"。做好"六稳""六保"工作,着力稳定宏观经济大盘,保持经济运行在合理区间。稳定的经济形势,将有力地保障我国汽车消费持续的增长。

二是我国市场潜力巨大,总需求依然旺盛。我国人口基数庞大,每年光大学毕业生就有1000多万。庞大的消费群保持了旺盛的需求潜力。在国家新能源和智能网联汽车政策的引领下,汽车产业新技术不断突破,汽车企业提供的汽车产品较好地满足了消费者的需求,消费者对新能源和智能网联汽车的接受度不断提高,新能源车市场化快速发展,共同推动了汽车市场的发展。

三是疫情防控措施持续优化,对国内汽车市场影响趋于弱化。自从新冠疫情暴发以来,我国疫苗接种基本普及,疫情防控措施持续优化,包括应对方案的成熟、应对措施的精准,疫情波动对我国经济活动的影响已经逐渐降低,疫情防控成为常态化,对于汽车市场的影响和前两年相比会进一步弱化。

四是伴随芯片短缺逐步缓解,汽车生产将进一步满足汽车需求。据行业的判断,2021年芯片短缺导致大约150万辆的市场需求被抑制。伴随着国际芯片市场调节机制逐步发挥作用,以及在政府、主机厂和芯片供应商的共同努力下,芯片国产化替代方案已在逐步实施,2022年下半年,芯片供应有望得到一定的缓解。届时,2021年被抑制的需求将得到释放,成为促进2022年汽车市场增长的积极因素。

五是新能源车市场销量增长迅猛,有力地支撑了汽车市场需求。从长期来看,无论是实现国家的"双碳"目标,还是智能网联汽车技术的叠加、商业模式的创新,都将在很大程度上加速新能源车的普及。据初步形成的行业共识,很可能会提前实现2025年和2030年新能源车渗透率分别达到20%和40%的国家目标。

六是新能源车进入市场化轨道,补贴退坡将不会对汽车市场造成明显影响。经过近几年的市场培育,我国新能源车的供应链体系已经逐步发展壮大,规模化扩大带来成本的降低,新能源车销售已基本进入市场化轨道。同时,智能网联技术加快应用、新车智能配置不断提升、整车附加值不断提高,在一定程度上降低了新能源车电池成本的压力,因此补贴退坡影响已经很小。

七是海外需求旺盛,汽车出口将迎来快速增长。得益于世界经济的恢复,汽车消费也在复苏中;中国汽车供应链相对完备,产品综合水平也大幅提升,可以为海外消费者及时提供有竞争力的产品;以欧美为代表的国家为履行减碳目标,加大了对新能源车的扶持力度,新能源车成为我国出口增长的新动能。预计2022年我国汽车出口增速在20%左右。

(资料来源:杨茜,2022年我国汽车市场趋势分析,汽车纵横,2022.2)

生活水平提高了,汽车也走进了千家万户,成为老百姓日常生活中的一种消费品。伴随着制造技术水平的不断提高和愈演愈烈的市场竞争,汽车价格也随着市场的变化而不断下降。特别是一些奢侈品牌车型,在很多地方都有很大的优惠幅度,以此来稳住汽车厂商赖以生存的销量。

奔驰、宝马早早地拉开了降价帷幕,宝马3系、奔驰C系等降到了30万元。曾经"壕"气十足的路虎,也降尊纡贵,推出了35万元的揽胜极光。在这场豪车价格内卷中,似乎没有谁能置身事外。Ego RDX，这辆配备 V6 发动机的豪华车的最低配原价为 39.98 万元，但市面上实际购入价已降至 32 万元左右。业内人士直言，豪车降价背后隐藏的杀手锏，是对常规品牌中档汽车市场份额的收割。正是价格的大幅度下降，让曾经走在云端的豪车走进千家万户，如今的大街上，放眼望去，几乎满眼都是"BBA"。

（资料来源：豪车降价步步惊心，中国投资咨询网，2022.3.27）

问：（1）根据上述资料分析，哪些因素影响市场销售量？

（2）结合生活中的见闻，在上述影响因素中，短期对汽车销售量影响力最大的因素是什么？

经济知识学习 ▷▷

一、需求概述

（一）需求相关概念

1. 需求

需求（demand）是指消费者在一定时期内，在各种可能的价格水平下，愿意且能够购买的商品数量。对某种商品的需求必须同时满足以下两个条件：

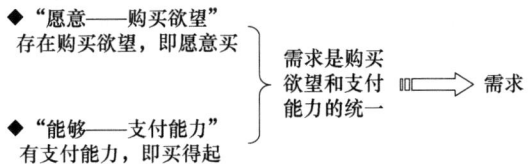

市场容量有多大，不能只看绝对人数，而要调查能够买得起和愿意购买的人数，即真正的市场容量，区分核心客户和潜在客户，防止盲目扩大生产和订购。

需求分个人需求和市场需求，个人需求指的是单个居民（或家庭）对某商品的需求；某区域市场内个人需求的集合就是市场需求。

 **课堂小思考：**
在现实经济生活中，销售人员将客户分为核心客户和潜在客户。请从需求的含义角度分析：潜在客户可以分为哪两种？各应该采取哪种促销策略？

2. 需求量

需求量（Q_d）指的是某特定价格所对应的消费者购买数量，不同价格所对应的需求量不同。所以需求是各种价格水平及其对应的需求量的集合。

例 2.1-1：受市场竞争压力和疫情的影响，路虎极光自 2021 年以来连续 5 次降价，从 40 万元下降到 32 万元，店长要求统计一下这 5 个价格及其对应的销售量，即需求量。

例 2.1-2：年轻人已成为小汽车消费的绝对主力，考虑到每年近 1 000 万大学生毕业，市场部决定做一次调研,重点调查毕业三年以内的大学生,确定一下大学毕业生的购车需求情况,这是需求。

3. 需求表

需求表是指描述某种商品的价格与需求量相互对应关系的表格。这种表可表示消费者在一定时间、一定市场、不同价格水平上对同一商品愿意并能够购买的各种数量。

2021年五菱汽车推出的迷你型电动小汽车,成为年度当之无愧的爆款。五菱迷你以其萌宠的外形、电动的炫酷和亲民的价格,一下子击中了城市小青年的心。在五菱迷你的多款车型中,价格稳稳地影响着需求量,如表2.1-1所示。

表 2.1-1　五菱迷你小汽车需求表

项　目	a	b	c	d	e
均价/万元	5.98	5.28	4.98	4.28	3.88
需求量/万辆	15.6	20.5	25.6	30.0	34.2

(二) 需求曲线

需求曲线是根据需求表绘制的反应价格与需求量关系的曲线,图2.1-2是根据表2.1-1绘制的五菱迷你小汽车需求曲线。

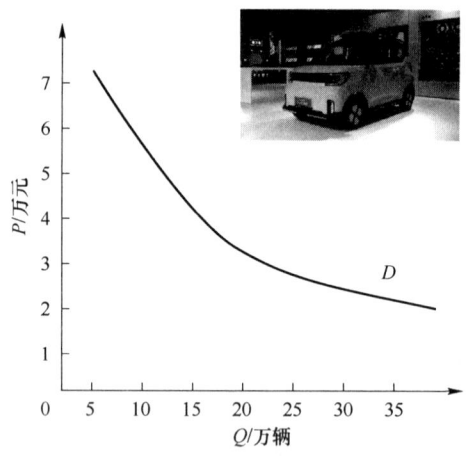

图 2.1-2　五菱迷你小汽车需求曲线

二、需求定理

(一) 影响需求的因素

一种商品的需求是受多种因素影响和决定的,主要因素如下。

1. 商品本身的价格

价格是影响商品需求量的最大因素,价格越低,需求量越大,反之亦然。如图2.1-3所示,当价格从5.98万元下降到3.88万元时,五菱迷你小汽车销售量从15.6万辆增加到 34.2 万辆。这种其他因素不变，因价格变化而导致的数量变化称为"需求量的变动"。

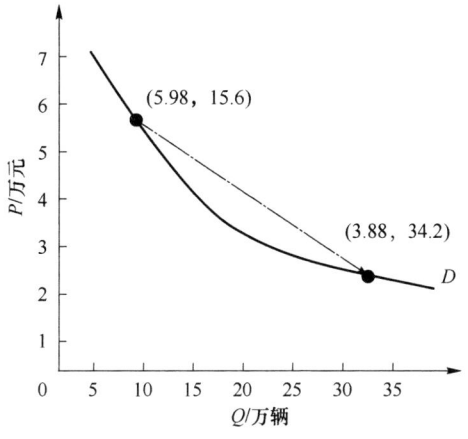

图 2.1-3 需求量的变动

需求定理：在其他条件不变的情况下，一种商品的需求量与其价格成反比。

> **小知识：**
> 需求定理的例外：股票、房产等投资产品，价格上升时会引起人们追捧，价格下跌时会引起人们抛售；在新冠疫情防控期间，食品、口罩等生活与防疫必需品，价格上涨时会让老百姓以为物资紧缺，反而引起人们抢购。

2. 相关商品的价格

当商品本身价格不变而相关商品价格变化时，会对该商品的需求量产生影响。相关商品分为替代品和互补品两种。

（1）替代品，即效用上可以替代的商品。替代品价格下降会导致该商品需求下降。如新能源车价格下跌，一部分人会放弃燃油车转而购买新能源车；机票价格下跌，一部分乘坐高铁出行的乘客，会选择乘坐飞机。

（2）互补品，即相互配套消费的商品。互补品价格下降会导致该商品需求上升，反之亦然。例如，2022 年 3 月，国内油价从 6.5 元/升飙升至 8.59 元/升，导致第一季度小汽车销售量同比下降。

这种价格不变，由于其他因素导致的数量变动（使整个需求曲线移动）称为"需求的变动"。

3. 收入水平

收入水平提高，需求会增加，反之会减少。如图 2.1-4 所示，近 20 年我国居民人均收入，从 1991 年的 1 701 元，增长到 2021 年的 35 128 元，随之而来的是汽车销售量爆炸式增长。同样的 B 级车，在 1991 年还是高收入家庭身份的象征，而现在却走入寻常百姓家。也就是说，同等价位下，消费者对小汽车的需求数量增加了，需求曲线向右移动，如图 2.1-4 所示。

据国家统计局发布的数据，截至 2021 年年底，我国人均消费支出占比连续 4 年下降，高端汽车销量下滑，不得不选择降价促销。也就是说，在同等价位情况下，消费者对高端小汽车的需求数量减少了，需求曲线向左移动，如图 2.1-5 所示。

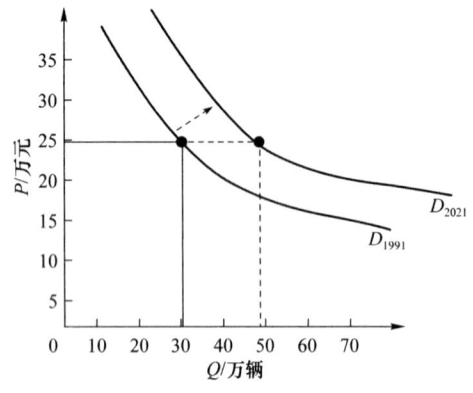
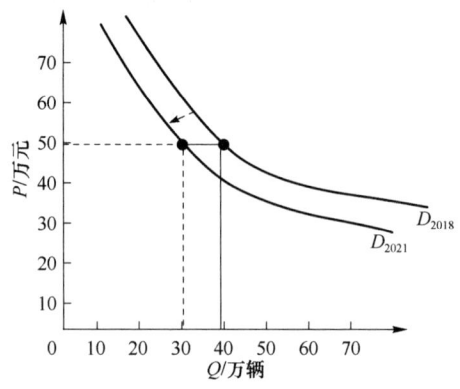

图 2.1-4　B级汽车需求的变动　　　　　图 2.1-5　豪车需求的变动

> **小知识：**
> 　　图表是经济学分析的常用工具，无论是需求曲线还是供给曲线，在价格不变、其他因素变化的情况下，都是整个曲线平行移动。如果需求或供给增加，则曲线基于现有位置向右平移；如果是需求或供给减少，则曲线向左平移。

4. 消费者偏好

　　消费者偏好越强，对该商品的需求越大。例如，年轻人喜欢动力强、外观靓丽、互联网功能强大的汽车；而成熟男性喜欢舒适度高、外观大气、操控性能好的汽车。

5. 消费者预期

　　如果消费者预期价格会上涨，为了避免损失消费者会增加购买，反之消费者会减少购买。如果消费者预期未来收入会稳定增长，他们会增加购买，反之会减少购买。例如，2022年4月一项调查显示，大多数人预计未来五年电池技术将有大的突破，届时新能源车的性能更强，于是部分消费者推迟购车或换车计划，等待新一代新能源车的到来。2021年下半年郴州房价持续下跌，广大居民预计房价会继续下降，导致2022年一季度商品房销量同比下降一成。

6. 消费者规模

　　当消费者数量增加时，需求随之增加，反之则少。我国汽车市场销售量超过美国，一个重要原因就是我国有4.5倍于美国的消费人口。

　　上述6种因素对商品需求的影响如图2.1-6所示。

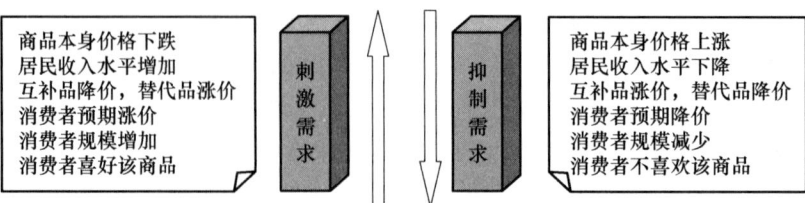

图 2.1-6　各种因素对商品需求的影响

（二）需求定理的应用

1. 预测需求变化

通过分析商品的影响因素，并确定各类因素对需求的影响方向和影响力大小，可以预测商品需求变化的趋势。在营销中的各种促销政策，其原理就是分析影响该商品需求的各项因素，以此作为促销手段。

例 2.1-3：调查显示，目前影响居民对新能源车需求的影响因素，从大到小依次为价格、电池技术及未来发展趋势、性能配置、燃油车价格及行驶费用（替代品）、政府补贴政策等。那么在促销政策选择上，应以价格优惠为首，重点宣传电池技术，详细介绍车辆性能，对比燃油车宣传超低行驶费用等。所以，各品牌新能源车的广告视频总是强调自己的电池技术优势，并突出车辆续航能力。

> 课堂小思考：
> 　　调查并总结影响我国居民旅游消费的因素有哪些，确定其影响方向（是刺激需求，还是抑制需求），分析未来我国旅游市场需求是增加还是减少？

2. 控制需求变化

在确定某商品需求的影响因素及影响方向、力度大小后，可以通过人为影响相关因素的变化，达到人为控制商品需求变化的目的。优秀的销售人员，并不只是满足于对需求变化的预测，他们更倾向于直接控制商品需求的变化，从而促进销售。

例 2.1-4：2021 年年底，某城市 4S 店积压了大量汽车无法销售，降价促销又难以保证利润。于是很快在坊间流传出一个消息，该城市春节后将限牌。为了赶在限牌令下达之前顺利购车上牌，很多原计划年后购车的居民提前购车。等到数天后官方辟谣消息出来时，4S 店库存已经清理完毕。

理论应用分析 ▷▷

案例一：

中国新能源车销量全球领先

TrendForce 集邦咨询研究显示，2021 年新能源车（含纯电动车、插电混合式电动车、燃料电池车）销售总量达 647.3 万辆，年增长高达 122%，创下汽车电动化发展以来最高增长幅度。

消费潜力：对纯电动汽车接受度高，续航里程和充电便捷度为关键购买要素。65% 的中国受访者愿意在下一次新车购置时选择纯电动汽车，仅次于印度的 75%，处于领先地位。

在不愿购买纯电动汽车的原因调查中，价格过高、基建不足与续航里程焦虑为三大主要原因。由于补贴等政策加持，在接受调研的国家中，中国的消费者对价格的顾虑较少；

但在 1 045 个中国消费者样本中，有高达 73% 的消费者表示对于基建配套缺乏感到担忧，53% 的消费者存在"里程焦虑"，这一比例高于大部分受访国家。这说明，在消费者对纯电动车型产品的了解和接受度逐渐加深后，其对产品使用的便捷度和性能的更高要求也成为中国市场的一大趋势。

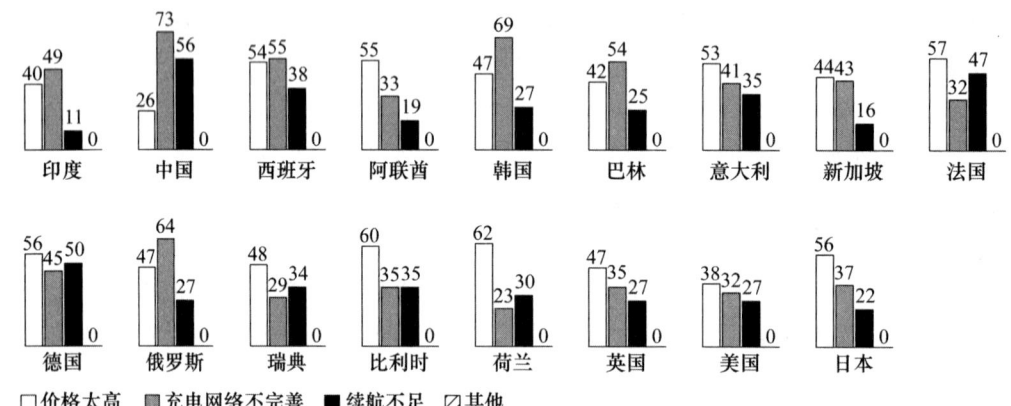

图 2.1-7　新能源车消费动因调查

随着新能源车销量的攀升，在供需两端的推动下，近年来中国充电桩覆盖越发广泛，近三年保持快速增长，中国在充电桩密度排名中仅次于荷兰与迪拜，位列第三，未来仍有进一步追赶领先者的空间，以更好地满足消费者对于充电续航的需求。

综合来看，对比海外市场，中国新能源市场的销售体量更大，影响举足轻重，配套也正逐步完善；考虑到消费者较高的接受度、供给端追赶领先者的空间，未来中国新能源市场仍将保持较大的增长潜力。

（资料来源：中国新能源车销量全球领先，新浪科技，2022.4.1）

案例二：

中国新能源车外销火爆

中国汽车工业协会的数据显示，2021 年，中国新能源车出口 31 万辆，同比增长 3 倍。除整体出口销量大幅增长外，中国自主品牌的新能源车加快驶入发达国家市场。以上汽集团为例，2021 年，在欧洲、澳大利亚、新西兰等发达国家和地区，上汽集团自主品牌 MG 和 MAXUS 销售新能源车超过 5 万辆。据中国汽车工业协会统计，与上年同期相比，在 2021 年出口排名前 10 的企业中，有 9 家中国品牌汽车企业呈现快速增长，其中 4 家企业出口增速超过 100%。

中国汽车工业协会副总工程师许海东表示，中国新能源车产品具有较强的国际竞争力。在他看来，中国新能源车产业发力早，在产品研发、质量验证以及动力电池等产业链布局方面具有较为明显的优势，而且相比于特斯拉等国外品牌的电动车，国产车的价格更加亲民，这是2021年中国新能源车表现不俗的重要原因。

据江西江铃集团新能源车营销有限公司总经理杨永明介绍，近年来中国新能源车动力电池每年跨越一个新台阶，续航里程从原来不到100千米到如今突破了500千米，市面上还有700千米的长续航版。无论是磷酸铁锂电池还是三元锂电池，在核心材料、关键工艺、系统集成等方面都有较快发展，更长续航版的电池已经"在路上"。

在加大技术创新的同时，中国新能源车生产企业也在不断创新销售和服务模式。以爱驰为例，这家企业在德国携手欧洲电子零售巨头Euronics打造了线上轻运营销售模式，直面用户提供更优质服务。

凭借较高性价比，中国新能源车日益受到欧洲业界和用户的认可。挪威电动汽车协会秘书长克里斯蒂娜·布说，挪威人对中国新能源车评价积极，她自己就有良好的驾驶体验。德国专业汽车机构施密特汽车研究所发布的《欧洲电动车市场报告》也显示，中国电动车在欧洲市场正迎来快速发展期。

（资料来源：中国新能源车发达国家订单增加，经济参考报，2022.3.11）

案例三：

特斯拉降价促销

2022年2月18日，特斯拉宣布，Model 3标准续航版降价16%至26.14万元，长续航版降价23.8%至30.41万元。

这已经不是特斯拉第一次降价了，事实上，2021年全球新能源车市场的竞争愈发激烈时，特斯拉就是第一个"宣战"的。2021年第一天，特斯拉宣布，中国制造Model Y以及全新Model 3正式发售，同时宣布Model Y长续航版起售价为33.99万元，此前为48.8万元，下调了14.81万元；Model Y Performance高性能版起售价为36.99万元，此前为53.5万元，下调了16.51万元。短短20天后，特斯拉再次降价，这次是针对欧洲市场。其中，Model 3降幅达2 500~3 500欧元，Model 3标准续航Plus售价从42 990欧元降至39 990欧元。

有了大幅降价的加持，特斯拉在中国大陆的销量保持强势增长。乘联会数据显示，2021年1月，特斯拉国产Model 3销量为15 484辆，同比增长了461.4%。

如果说产品是特斯拉的第一生产力，那么价格就是特斯拉的第二生产力。蔚来CEO李斌曾预测，按照特斯拉的风格，一旦产能跟上，价格还会继续下降，未来特斯拉的起步版可能会降到10多万元。因此，有市场预测，特斯拉未来的售价将无限向成本价靠近，而这或许取决于特斯拉未来的盈利模式。

（资料来源：特斯拉四连降是割韭菜还是种韭菜，搜狐财经，2022.4.5）

问：（1）影响消费者对新能源车需求的因素有哪些？其中最主要的因素是什么？

（2）预测全球未来新能源车需求是增加还是减少？

（3）某特斯拉4S店在2021年1月至2022年4月，五次调整Model 3的价格，每次调价后的月平均销量分别为：48万元，200辆；36万元，400辆；32万元，550辆；28万元，650辆；26万元，700辆。根据上述统计数据，制作需求表（如表2.1-2所示）和需求曲线图（如图 2.1-8 所示）。

表 2.1-2　新能源车需求表

价格/万元					
需求量/辆					

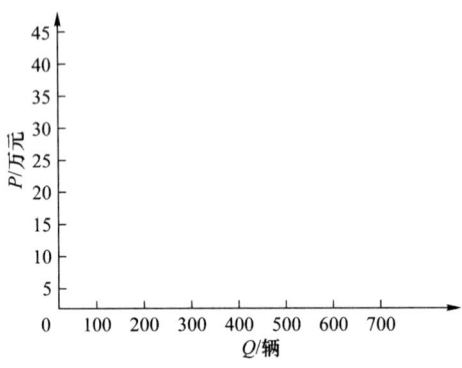

图 2.1-8　新能源车需求曲线图

综合能力训练 ▷▷

一、判断题

判断以下各因素对需求的影响：
- 油价持续上涨；
- 国庆期间，汽车普遍降价 5% 左右；
- 经济下行导致城市人口规模持续下滑；
- 国家发布新政策，购买新能源车可以免购置税；
- 拥有汽车成为年轻人的消费潮流。

二、简答题

（一）某人计划在大学城开一家盒饭店，其理由是："大学城有 2 万多个学生，就算 100 个学生只有 1 人进店消费，我也能卖出 100 份盒饭。"所以他决定按 100 份盒饭的销售量设计饭店装修。

问：他的说法科学吗？为什么？

（二）为贯彻落实国务院关于培育战略性新兴产业和加强节能减排工作的部署和要求，各级政府采取积极措施支持居民购买新能源车。

问：可以采取哪些方法刺激消费者对新能源车的需求？

阅读资料 ▷▷

重商主义

重商主义是资产阶级最初的经济学说,反映了欧洲资本原始积累时期商业资本的利益和要求,对资本主义生产方式进行了最初的理论考察。

一、产生背景

15世纪末,西欧社会进入了封建社会的瓦解时期,资本主义生产关系开始萌芽和成长;地理大发现扩大了世界市场,给商业、航海业、工业以极大的刺激;商业资本发挥着突出的作用,促进了各国国内市场的统一和世界市场的形成,推动了对外贸易的发展;与商业资本加强的同时,西欧一些国家建立起了封建专制的中央集权国家,运用国家力量支持商业资本的发展。随着商业资本的发展和国家支持商业资本的政策的实施,产生了从理论上阐述这些经济政策的要求,逐渐形成了重商主义的理论。

二、主要理论观点

(1)贵金属(货币)是衡量财富的唯一标准,一切经济活动的目的都是获取金银。除了开采金银矿以外,对外贸易是货币财富的真正的来源。

(2)不可能所有国家同时都有贸易顺差,在任一时点上黄金总量是固定的,所以一个国家的收益(富裕)是以另一个国家的付出(贫穷)为代价的。

(3)对外贸易必须保持顺差。重商主义的发展可分为两个阶段:15~16世纪为早期重商主义时期,主张采取行政手段,禁止货币输出和积累货币财富。16世纪下半期到17世纪为晚期重商主义时期,认为国家应该将货币输出国外,以便扩大对外国商品的购买,但必须保证对外贸易做到输出大于输入以保持顺差。

任务二 供给原理与应用——为生产绸缪

学习目标

知识目标

(1) 理解供给、供给量和供给表、供给曲线；
(2) 熟悉供给的影响因素；
(3) 掌握供给定理。

能力目标

(1) 能确定商品供给影响因素并分析其对供给的影响方向和力度；
(2) 能根据各种影响因素变化预测供给变化。

思政目标

(1) 理解基本农田18亿亩红线和"端稳自己的饭碗"战略的意义；
(2) 养成自主调查、思考的习惯。

经济现象引入 ▷▷

2009年国务院发布的《汽车产业调整和振兴规划》中提到："启动国家节能和新能源车示范工程，由中央财政安排资金给予补贴。"2010年5月31日，财政部等四部委联合发出《关于开展私人购买新能源车补贴试点的通知》，上海、长春等几个城市成为新能源车补贴试点城市，主要推广插电式混合动力乘用车和纯电动乘用车。2013年，新能源车推广应用开始在全国多地铺开。

根据补贴政策，不同的续航里程对应不同的补贴金额，在此基础上，将电池能量密度对应的补贴倍数相乘即可得到国家补贴金额。此外，新能源车还可以享受地方补贴，简称"土地补贴"。地方补贴的具体金额按地方政府下达的标准执行，但补贴金额最高不得超过国家补贴的50%。

在密集出台的扶持政策下，国内各大汽车生产厂商纷纷投产新能源车。数据显示，2021年，新能源车产量达到354.5万辆/年，相比2009年增长了近400倍。

（资料来源：补贴十三年 新能源车成了吗，搜狐财经，2022.3.22）

新能源车的销售价格远高于普通燃油汽车。以比亚迪为例，比亚迪燃油车销售冠军是F3，销售均价不足4万元，2021年销售量为2.9万辆；新能源车销售冠军"宋"，销售均价超过20万元，年销量达到9.2万辆。价格高位吸引了很多跨界企业和资本进入其中，相关数据资料显示，当前，已经具备生产资质的企业预计有上千万辆在建产能将陆续建成投产，这些在建产能大部分是新能源车。

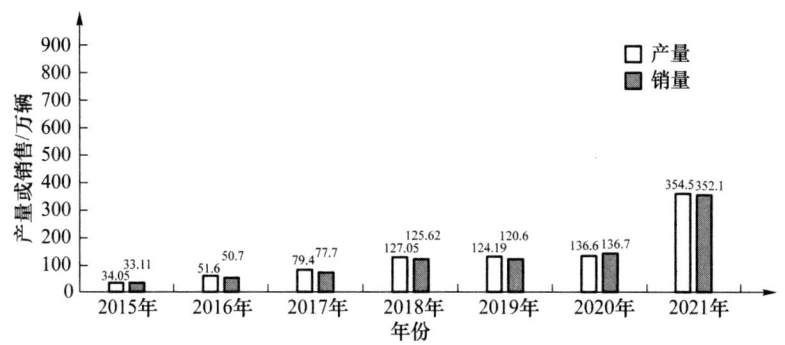

图 2.2-1 2015—2021 年中国新能源车产销量增长趋势

此外，中国新能源车产业发力早，在产品研发、质量验证以及动力电池等产业链布局方面具有较为明显的优势。江西江铃集团新能源车营销有限公司总经理杨永明介绍，近年来中国新能源车动力电池每年跨越一个新台阶，续航里程从原来不到 100 千米到如今很多突破了 500 千米，市面上还有 700 千米的长续航版。无论是磷酸铁锂电池还是三元锂电池在核心材料、关键工艺、系统集成等方面都有较快发展，更长续航版的电池已经"在路上"。业内人士预测，随着技术的日趋成熟，新能源车产销将进一步增加。

一个不可忽视的因素是，芯片仍然是我国新能源车产业最薄弱、最容易被"卡脖子"的环节。2021 年全球汽车市场的"缺芯潮"也印证了芯片对新能源车在内的汽车行业的重大影响。

（资料来源：新能源车产销两旺 强芯造芯加速推进，潇湘晨报，2022.3.3）

问：哪些因素刺激了新能源车产量的增长？

经济知识学习 ▷▷

一、供给概述

（一）供给相关概念

1. 供给

供给（supply）是指生产者在某一特定时期内，在某种商品各种可能的价格水平上，愿意并且能够提供的商品或劳务数量。

供给是生产意愿和生产能力的综合，生产意愿指的是生产者愿意在某一价格水平上生产的商品或劳务的数量，生产能力指的是在现有生产力水平和条件下能够生产的商品或劳务的数量。注意市场的供给量不等于企业的生产量，因为企业生产的商品有一部分用于储备或者自己消费。

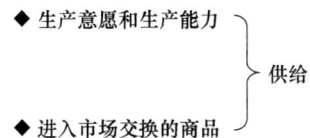

微观经济学中所讲的企业供给，指的是某家企业对某种商品的供给，将某个行业所有企业的供给加起来就是行业或者市场供给。

2. 供给量

供给量（Q_s）是指某特定价格所对应的生产者供应数量，在不同价格下供给量不同。供给是一系列价格及对应的供给量的组合。

3. 供给表

供给表是指某种商品的各种价格和与相对应的供给量之间关系的数字序列表，如表 2.2-1 所示。

表 2.2-1 某型号汽车供给表

项目	a	b	c	d	e
均价/万元	3	4	5	6	7
供给量/万辆	9	14	20	27	35

（二）供给曲线

供给曲线是反映价格与供给量之间相互关系的曲线，根据表 2.2-1 可以绘制如图 2.2-2 所示供给曲线。

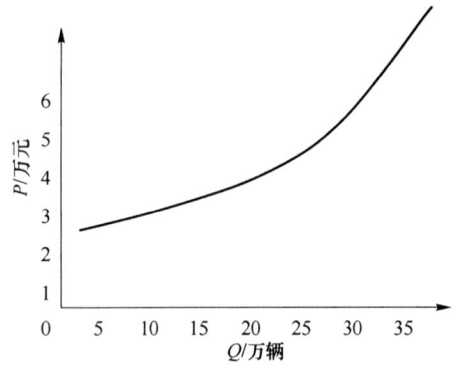

图 2.2-2 某型号汽车供给曲线

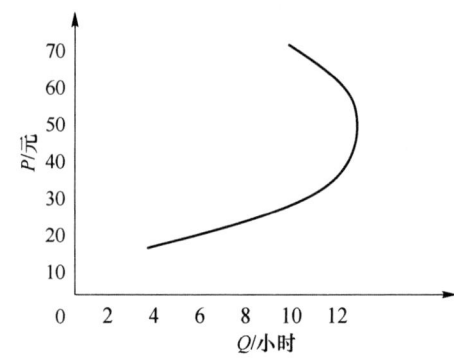

图 2.2-3 特殊的供给曲线（劳动时间）

> **小知识：**
> 对劳动者来说，在工资较低时，为了挣钱养家，随着工资的增加愿意提供更多的劳动时间，但达到一定的高工资收入后，劳动者宁愿减少工作时间，多花些时间在家庭和休闲上。特殊的供给曲线如图 2.2-3 所示。

二、供给定理

（一）供给的影响因素

影响供给的因素有很多，各种因素的影响力度又有不同。

1. 商品本身的价格

价格是影响商品供给量最重要且最直接的因素，商品的价格越高，生产者供给量就越多，反之越少。例如，某型号汽车均价从 3 万元上升到 7 万元，供给量从 9 万辆上升到了 35 万辆。

供给定理：在其他条件不变的情况下，供给量与价格呈同方向变动。

拓展知识：当其他因素不变时，价格变动引起的供给数量变动称为"供给量的变动"，如图 2.2-4 所示；当价格不变时，其他因素变动引起整个供给曲线的变动称为"供给的变动"，如图 2.2-5 所示。

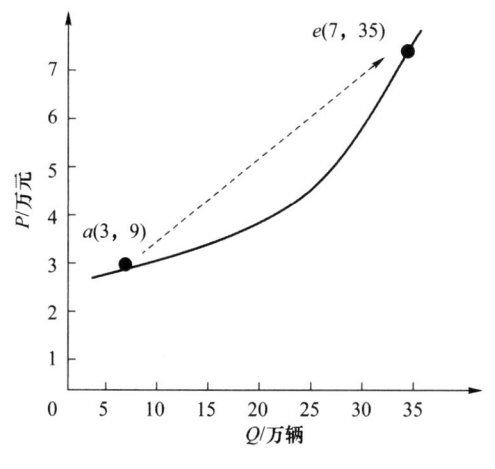

图 2.2-4 供给量的变动　　　　　　　图 2.2-5 供给的变动

2. 相关商品的价格

替代品和互补品的价格，会影响市场需求，进而影响本商品生产者的积极性。其中，替代品价格与本商品供给成正比，互补品价格与本商品供给成反比。

以新能源车和传统燃油车为例，新能源车价格大幅度下跌，意味着消费者购买新能源车的成本降低，更多的人选择购买新能源车，从而导致燃油车销量下滑，车企自然会削减燃油车产量。

以电池为例，新能源车的核心部件和主要成本是电池。随着技术的日益成熟，汽车电池成本降低，从而价格降低，意味着新能源车的成本降低，利润空间扩大，车企自然愿意增加产量。

3. 生产成本

生产成本越高，利润空间越小，企业就会减少该商品的生产，转而投资其他更有利润的商品；反之生产成本降低，同样的价格水平，企业愿意提供更多的商品。例如，中国劳动力成本很低，且招商引资的优惠条件很大，很多国外汽车企业纷纷到中国投资生产汽车。

4. 生产技术和管理水平

生产技术的发展意味着成本的降低，在同一价格水平上供给量增加。

5. 政府的税收和扶持政策

这实际上也影响到生产成本的变化，政府如果增加税收，生产者的负担则加重，供给便会减少，反之则会增加。例如，政府对高档汽车征收较高的税，使得生产成本增加，利润减少，企业会减少高档汽车的生产。

6. 未来预期

如果市场前景很好，厂商会增加供给；反之，厂商会减少供给。例如，中国经济持续发展，居民收入水平持续增加，新能源车技术及供应链协同水平日益成熟，汽车业界普遍看好中国新能源车市场，大量资本涌入新能源车市场，导致产能和产量不断扩张。

上述 6 种因素对商品供给的影响如图 2.2-6 所示。

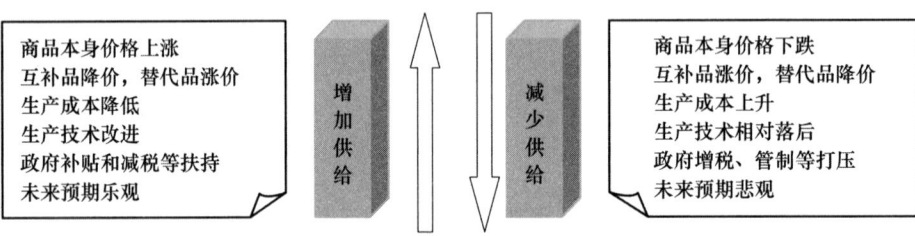

图 2.2-6　各种因素对商品供给的影响

（二）供给定理的应用

1. 可以通过分析影响商品供给的因素变化，预测商品的供给变化

调查影响商品供给的因素，确定各类因素的影响方向和力度，可以判断商品供给的变化。

例如，价格、成本、技术、未来预期、政府补贴等能够影响到新能源车生产。其中：价格逐渐降低，抑制供给，但力度不大，因为新能源车依然有利润空间；技术发展较快，成本持续降低且降低的空间比较大，刺激供给，且力度很大，如成本大幅度降低是特斯拉在 2021 年降价近 50% 的底气所在；车企普遍看好新能源车市场，新能源车的销量增长迅速，刺激供给，且力度较大；政府补贴持续，但有所降低，抑制供给，力度不大。综上所述，未来我国新能源车的产量将持续增长。

2. 可以通过控制各种影响因素的变化，人为控制供给变化

在精准确定供给的影响因素后，可以人为地采取措施调整各类影响因素，从而人为地控制供给变化。

例如，成本、技术、市场预期等能够影响新能源车的供给，所以国家出台了一系列补贴政策降低企业成本，广东省政府出台了《发展汽车战略性支柱产业集群行动计划（2021—2025 年）》集中攻克芯片技术，而持续高速增长的全球消费量给新能源车企注入了强大的市场信心。

课堂小思考：

乡村振兴的前提是农业产业发展，让企业愿意下沉到广大农村。可以采取哪些措施，激励企业从事农副产品的生产？

理论应用分析 ▷▷

案例一：

我国粮食进口持续增长

由于粮食收购价的长期停滞，以及农药、化肥、种子等成本的上升，种粮越来越不划算，每年有上千万农民涌入城市打工谋生。如果机会好，务工一个月的收入抵得上种粮一年的收益。如今，每到播种季节，如何劝说农户耕种成为各农业乡镇最头疼的问题。

中国社会科学院的经济学家林月琴认为，近年来粮食作物减产的主要原因是：城市化进程导致耕地面积不断减少；粮食收购价长期停滞，传统种植业获利甚微；农业生产资料价格不断上涨，人工成本大幅上升，影响了农民投入和管理的积极性。

为了解决国内的粮食供给问题，中国把目光投向了海外。2021年，我国累计进口粮食16 453.9万吨，较去年同期增长了18%，相当于我国粮食总量的24%。对粮食进口的过分依赖，会导致战略危机。

（资料来源：2021年粮食进口1.6亿吨，南方农村报，2022.1.16）

案例二：

端稳自己的饭碗

为确保粮食有效供给，党中央、国务院高度重视"三农"工作，不断巩固、完善、强化强农惠农政策。2022年中央一号文件，继续加大政策支持力度，扶持粮食、生猪、油料生产和种业发展：

（1）加大耕地轮作补贴和产油大县奖励力度，中央财政安排50.9亿元，支持耕地轮作休耕试点补助，试点规模扩至2 400万亩。继续增加"三农"投入，预计增幅15%。

（2）2022年适当地提高稻谷、小麦最低收购价，稳定玉米、大豆生产者补贴和稻谷补贴政策，实现三大粮食作物完全成本保险和种植收入保险主产省产粮大县全覆盖。2月18日，国家发展改革委等部门公布了2022年稻谷最低收购价格，早籼稻（三等）、中晚籼稻和粳稻最低收购价分别为1.24元/斤、1.29元/斤和1.31元/斤。对比来看，早籼稻比去年上涨2分，中晚籼稻和粳稻上涨1分。

（3）全面完成高标准农田建设阶段性任务。2022年建设高标准农田1亿亩，累计建成高效节水灌溉面积4亿亩。

（4）大力推进种源等农业关键核心技术攻关。全面实施种业振兴行动方案，启动农业生物育种重大项目，加快实施农业关键核心技术攻关工程。

（5）加大农业防灾减灾救灾能力建设和投入力度，减少农民灾害病虫损失。

农产品是国家的根基，增加农产品的有效供给，是国家不可动摇的国策。

（资料来源：千方百计增加农产品有效供给，中国发展观察，2022.4.13）

问：（1）中国现有耕地19.179亿亩，按一亩地养一个人算，粮食供给完全够用了。

从有效供给的角度思考，这句话对不对？

（2）综合资料一和资料二，影响粮食供给的因素有哪些？

（3）国家采取了一系列措施增加粮食供给，但大多数普通农户仍然不愿种地，主要原因有哪些？

综合能力训练 ▷▷

一、简答题

分析房地产市场供给的影响因素，完成表2.2-2。

表 2.2-2　房地产市场供给的影响因素

序号	影响因素变化	商品房供给变化
1	建材价格上涨，人工成本增加。	
2	居民二手商品房交易大幅度地增加。	
3	受疫情影响，民众消费吃紧，房地产商预计未来几年居民将减少购买住房。	
4	由于建筑技术的发展，住房建筑材料消耗逐渐减少、建筑速度加快。	
5	每年1000万大学毕业生就业，同时近千万青年进城打工。	
6	银行贷款利率下降，放宽对商业贷款的限制。	

二、案例分析题

近年来，以国产汽车为代表的A级车发展迅速，以低价格、高配置策略抢占了很大一块市场。而且，随着技术的不断进步，品牌建设的不断加强，国产汽车逐步向中高端汽车方向发展。例如，广汽传祺以10万元的亲民价格，打造了不输C级车的配置，而吉利则推出了沃尔沃、领克等高端车型。同时，以"BBA"和路虎等为代表的C级车，在价格内卷下不断降价促销。

在A级车不断提高配置性能和C级车不断降价促销的双重挤压下，B级车被推入尴尬的境地。以本田雅阁、丰田凯美瑞为代表的B级车，不得不逐步降低价格，但是往上不能与C级车比肩，往下又不能与A级车拉开明显差距。在此形势下，4S店开始大幅度削减B级车供给量，相关车企也逐步削减生产计划，并从其他方面谋求突破。

据统计，2012至2021年的十年间，本田雅阁等B级车均价，从25万元逐步降低到18万元左右，同时销售量减少了54%。此外，持续上涨的油价、物价也对B级车形成了巨大压力，尤其是物价高涨和经济下行压力，导致众多消费者不敢消费。

（资料来源：尴尬的中档小汽车，汽车论坛，2022.5.16）

问：(1) 湖南省郴州市本田 4S 店，每年年初都会根据市场情况综合分析，制订车辆销售计划，控制车辆的采购投入量。某实习生在整理年度销售计划时，对本田雅阁 B 级车做了一次统计：该车在 8 年间价格从 25 万元降至 18 万元，平均每年降低 1 万元；4S 店每年的采购计划，从 2 000 辆降至 600 辆，平均每年降低 200 辆。制订本田雅阁的供给表（如表 2.2-3 所示）和供给曲线（如图 2.2-7 所示）。

表 2.2-3 本田雅阁的供给表

价格/万元						
供给量/辆						

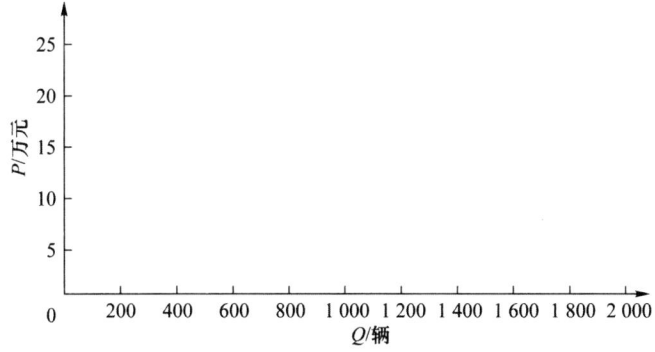

图 2.2-7 本田雅阁的供给曲线

(2) 影响我国 B 级车供给的因素有哪些？
(3) 分析各项影响因素，预测"十四五"期间 B 级车供给变化趋势。
(4) 如果国家要支持国产品牌向中高端车升级，可以采取哪些措施？

阅读资料 ▷▷

古典学派

古典经济学又称古典政治经济学、资产阶级古典政治经济学，是指 1750—1875 年政治经济学创立时期除马克思主义政治经济学外所有的政治经济学。

一、产生背景

18 世纪工场手工业（如图 2.2-8 所示）逐渐发展成为欧洲工业生产的主要形式，重商主义已经不适应日益壮大的产业资本的利益和要求。资产阶级面临的任务是对封建势力做斗争，这种斗争要求从理论上说明资本主义生产方式怎样使财富迅速增长，探讨财富生产和分配的规律，论证资本主义生产的优越性。由此，产生了由流通过程进入生产过程研究的古典经济学。

图 2.2-8　早期工场手工业的纺织女工

二、主要理论观点

（1）古典经济学的理论核心是经济增长产生于资本积累和劳动分工相互作用的思想，即资本积累进一步推动了生产专业化和劳动分工的发展，而劳动分工反过来通过提高总产出使得社会可实现更多的资本积累，让资本流向最有效率的生产领域，就会形成这种发展的良性循环。

（2）提出了劳动价值论，并对剩余价值的各种具体形式做了研究。

（3）古典经济学分析了自由竞争的市场机制，将其看作一只"看不见的手"支配着社会经济活动；反对国家干预经济生活，提出自由放任原则；分析了国民财富增长的条件、促进或阻碍国民财富增长的原因。

任务三
价格预测——早知三日价,富贵万万年

学习目标

知识目标

(1) 理解均衡价格及均衡数量的含义;
(2) 熟悉价格变动的各种情况并掌握供求定理;
(3) 了解价格对市场经济的调节作用。

能力目标

(1) 能根据供求变化预测价格和交易量变化的趋势;
(2) 能根据价格变化判断其对市场的影响。

思政目标

(1) 培养逻辑推导思维能力;
(2) 理解国家扶持新能源车背后的战略意义。

经济现象引入 ▷▷

  2017年9月,工信部正式对外发布了《乘用车企业平均燃料消耗量与新能源车积分并行管理办法》(以下简称"双积分政策")。双积分政策包括"油耗积分"和"新能源车积分"。根据相关规定,油耗正积分只能由关联企业转让获得,而新能源车正积分则可以在车企间进行自由交易。

  2020年度中国乘用车企业平均燃料消耗量与新能源车积分显示,统计的138家乘用车企(含117家境内乘用车企和21家进口乘用车供应企业)在国内共产生420万分新能源车正积分,92万新能源车负积分,1 057万油耗负积分,391万油耗正积分。在单项正负积分相抵后,全国乘用车企业油耗负积分达666万分,新能源车正积分为328万分。这意味着,2020年中国乘用车企业双积分仍存在－338万分的缺口。

  在巨大的"缺口"背后,双积分交易规模也大幅提升。2021年5月24日,工信部发布的《乘用车企业平均燃料消耗量与新能源车积分并行管理实施情况年度报告(2021)》显示,2020年交易规模为215万分,交易额为25.9亿元(均价1 204元/分),同比增长40%。

  根据乘联会数据,2021年新能源乘用车零售销量达到298.9万辆,相应的市场流动正积分总量得到较大幅度提升,全年新能源车积分达到了843万分,比2020年的542万分增长了 300 多万分,同比增幅达 55%。整个积分市场明显供过于求,价格下降。

零跑汽车相关负责人告诉记者,新能源车积分交易价格降低的根本原因在于,国内新能源车市场爆发式增长导致积分市场的供需变化,从而影响价格波动。"一方面,2021 年新能源车的渗透率得到快速提升,新能源车正积分供需情况随之变化,加之传统燃油车集团化管理及国家出台节能优惠政策的影响,使其新能源正积分供需比达到 1.9~3∶1。"

"积分价格遵循市场化规则,新能源车销量的波动会带来积分价格的变化。"哪吒汽车相关负责人告诉记者,"因为传统燃油车产量受多种因素影响有所下降,甚至部分传统车企开始主推新能源车,再加上新能源车的产量也开始呈现高速增长趋势,二者产量的一升一降使积分出现供大于求的局面,价格开始相应走低。"

(资料来源:新能源车积分市场"变轨",中国经营报,2022.4.2)

问:(1)2020 年积分价格上涨,当年积分市场的供给和需求处于何种状况?
(2)2021 年积分价格降低,当年积分市场的供给和需求处于何种状况?
(3)如果 2022 年积分结余量继续扩大,预测积分价格是上涨还是下跌?

经济知识学习 ▷▷

一、均衡价格

(一)均衡价格的含义

均衡价格(equilibrium price)是指一种商品需求量与供给量相等时的价格。此时该商品的需求价格与供给价格相等称为均衡价格,该商品的需求量与供给量相等称为均衡数量或均衡交易量,如图 2.3-1 所示。

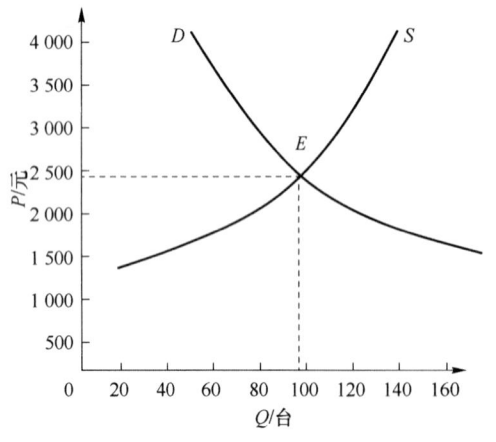

图 2.3-1 均衡价格与均衡数量

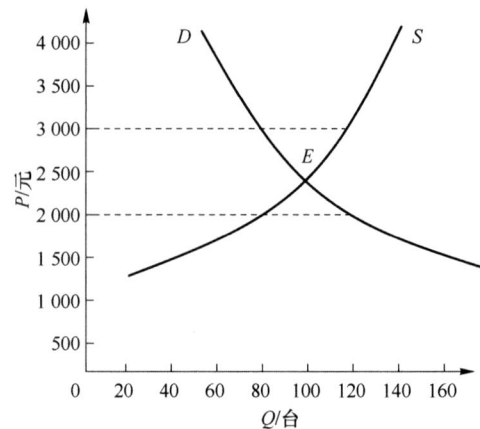

图 2.3-2 非均衡价格的供求变化

课堂小思考：

如图 2.3-2 所示，当价格为 3 000 元/台时，市场的需求量是（　　）台，供给量是（　　）台，产品（　　），市场处于（　　）状态；当价格为 2 000 元/台时，市场的需求量是（　　）台，供给量是（　　）台，产品（　　），市场处于（　　）状态。

（二）均衡价格的形成

均衡价格是市场供求双方的博弈过程中自发形成的，均衡价格的形成也就是价格决定的过程。需要注意的是，均衡价格形成的前提是，在供求双方同等条件下的自由竞争。如果有外力的强行干预，如垄断力量的存在或欺行霸市者的强行干预，这种价格就不是均衡价格。

例 2.3-1：在乡村赶集时的农贸市场上，周边村庄居民将自家生产的农副产品拿到市场上交易。这种交易完全是买卖双方自由进行的，既没有政府干预，也没有人为指导。以辣椒买卖为例，通常是十几二十个农民摆摊销售自产辣椒，同时几十个需求者往来询价购买。卖方希望价格越高越好，但终归要把产品卖完为好，不能积压，他会先出一个比自己心理预期高一点点的价格；买方希望价格越低越好，但终归是尽可能买下自己想要的产品，不能短缺影响生活，他会根据卖方出价还一个比自己预期稍低的价格。

买者：大妈生意好啊，您这辣椒多少钱一斤？

卖者：小伙子好啊，我这辣椒 8 元一斤。

买者：太贵了，太贵了，上次赶集还是 5 元一斤。

卖者：小伙子，你看看我这辣椒，多新鲜，包辣。我给你个实价吧，你买得多，给你 7 元一斤。

买者：还是有点贵，大妈，看您也不容易，我加 1 元，6 元。

卖者：6 元真卖不了，肥料钱、车费都不够。

买者：那算了，不买了！（转身准备走）

卖者（如果之前 7 元以上询价人数明显多于下单，且询价的人越来越少，为防止积压，会倾向于卖掉）：哎，哎！小伙子，6 元就 6 元，亏本卖给你了！

卖者（如果之前绝大多数都能在 7 元价格下交易，且时间还早，会倾向于继续等待）：那好吧，你去其他地方看看。

买者会到下一家地摊继续询价，如果价格仍然砍不下来，会倾向于下单。

在自由交易的乡镇赶集市场，在几十上百人的讨价还价中，逐步形成一个比较稳定的价格，在此价格下，供方的商品刚好卖完，想买的人刚好买到，如图 2.3-3 所示。

在自由交易且充分竞争的市场上，不同的价格会有不同数量的供给量和需求量，如上面说的，辣椒价格下跌至 2 元，辣椒需求量就会增加，但卖辣椒的人划不来干脆不来赶集卖辣椒了；同样，如果辣椒价格很高，居民购买辣椒的数量就会下降，卖辣椒的利润高，很多农民都会把自家种的辣椒拿到市场上来卖。总之，供过于求导致的商品过剩，会促使供方降低价格，买方更有底气砍价；供不应求导致商品短缺，会促使买方提价竞买，卖方

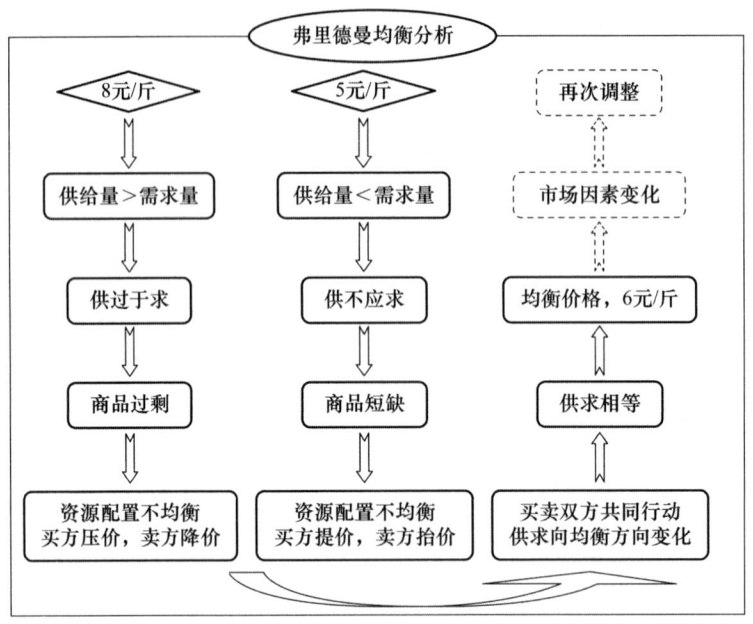

图 2.3-3 均衡价格的形成

更有底气维持价格甚至提价。直到市场上商品的供给和需求，在某个特定时期、特定价格上达到平衡时，就形成了均衡价格。此时，商品既不短缺，也不过剩，刚好满足供给与需求，价格不再波动，除非出现新的状况导致供求变化，如久旱不雨导致辣椒产量下跌，或辣椒能治病的传言导致很多人抢购。

供求与价格变化及企业调整如表 2.3-1 所示。

表 2.3-1 供求与价格变化及企业调整

供求关系	价格	企业利润	企业生产（销售）
供过于求	下降	减少	减少
供不应求	上升	增加	增加
供求相等	均衡	均衡	均衡

课堂小思考：

钻石除求婚外没有实质的使用价值，而水是维系生命不可缺少的商品。为什么在大城市，一吨水只要1元，而钻石戒指动辄几万元？为什么在沙漠深处，水又比钻石珍贵呢？

二、价格变动

均衡价格由供求均衡决定，一旦供给和需求发生变化，均衡价格也会随之变化。

（一）供给不变，需求变动对均衡价格的影响

如图 2.3-4 所示，需求增加，均衡价格上升，均衡数量增加；需求减少，均衡价格下降，均衡数量减少。

结论：需求变动引起均衡价格与均衡数量同方向变动。

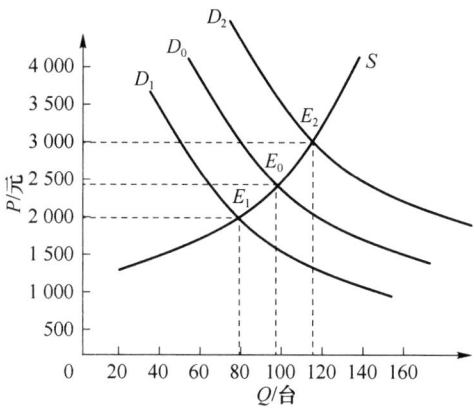

图 2.3-4　供给不变时需求变动对价格的影响

例 2.3-2：旅游资源在短期内，供给难以变动，但需求可以受各种因素影响而迅速变化。如汝城沙洲村半条被子红色景区游客接待量（供给能力）在短期内维持不变，建党百周年大庆期间，各单位组织员工前往该景区接受革命教育，需求增加（需求曲线向右平移），市场向供不应求变动，门票价格上涨。一周后，受疫情影响，人们减少出行，旅游需求迅速下降（需求曲线向左平移），市场向供过于求变动，价格下降。

（二）需求不变，供给变动对均衡价格的影响

如图 2.3-5 所示，供给增加，均衡价格下降，均衡数量增加；供给减少，均衡价格上升，均衡数量减少。

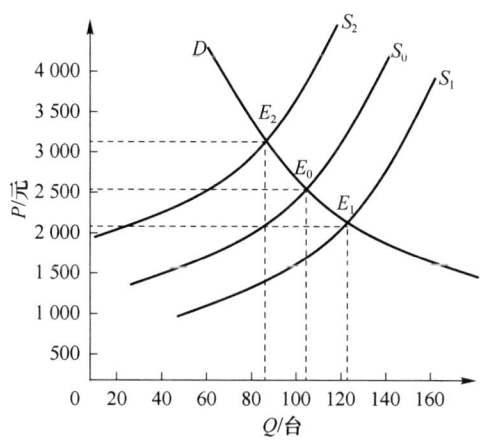

图 2.3-5　需求不变时供给变动对价格的影响

结论：供给变动引起均衡价格反方向变动，均衡数量同方向变动。

例 2.3-3：猪肉是我国居民的主要肉食品，市场需求稳定。受非洲猪瘟的影响，大量生猪病死，猪肉供给减少（供给曲线向左平移），市场向供不应求变动，价格上涨；国家紧急调拨库存，将储备猪肉大量投入市场，猪肉供给增加（供给曲线向右平移），价格下降。

（三）供给需求同时变动对价格的影响

供给与需求同时变动，会对均衡价格和数量产生多种影响，如图 2.3-6～图 2.3-8 所示。由于供求对价格产生不同方向的影响，因此预测价格和数量变化，就看供求哪一方的影响力度大，如表 2.3-2 所示。

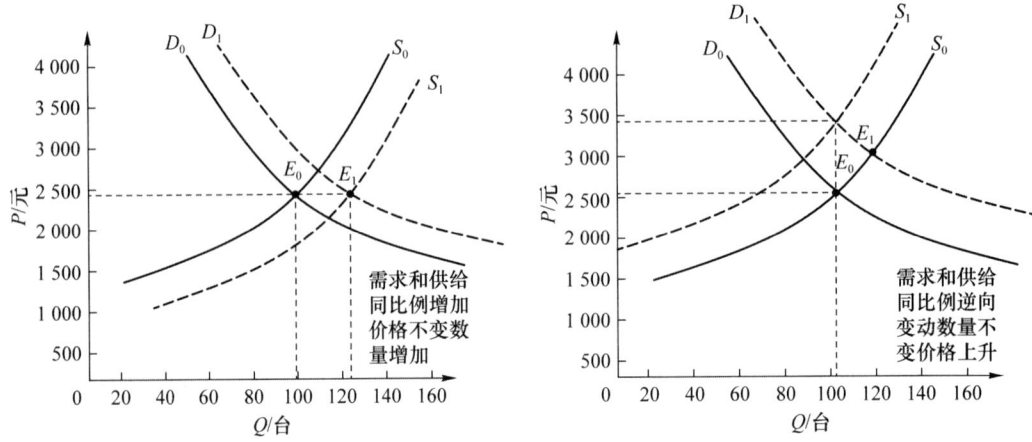

图 2.3-6　供给需求同比例变动

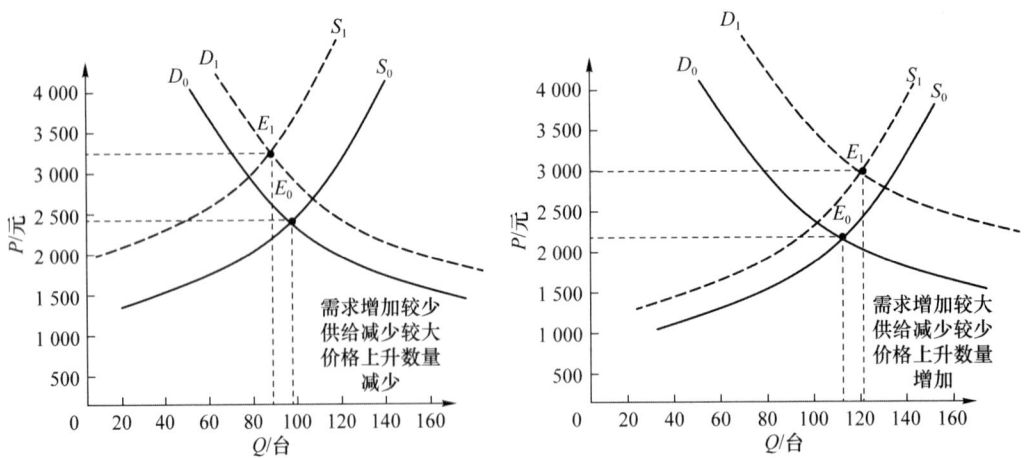

图 2.3-7　需求增加，供给减少

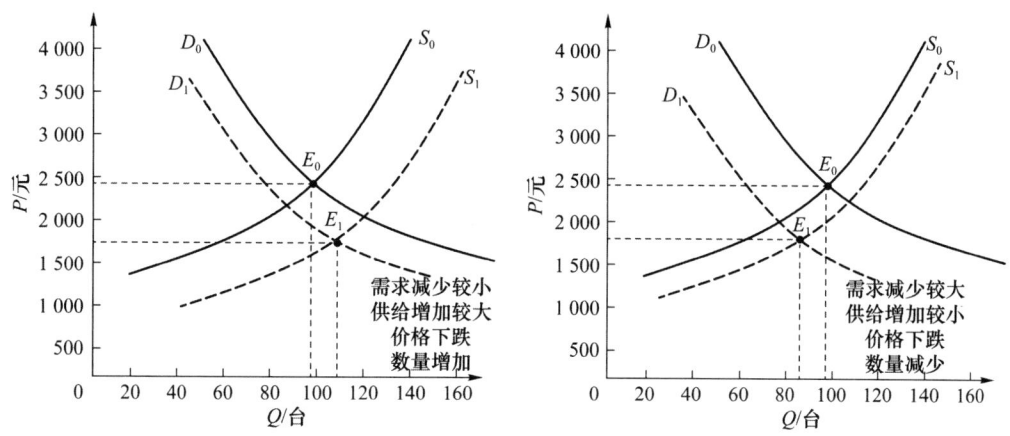

图 2.3-8 需求减少,供给增加

综上所述的几种情况,可以归纳为表 2.3-2。

表 2.3-2 供给与需求变化对均衡价格和数量的影响

变动情况	需求	供给	均衡价格	均衡数量
需求变动供给不变	增加	不变	上升	增加
	减少	不变	下跌	减少
需求不变供给变动	不变	增加	下跌	增加
	不变	减少	上升	减少
需求和供给同时变动	增加	增加	不确定	增加
	减少	减少	不确定	减少
	增加	减少	上升	不确定
	减少	增加	下跌	不确定

(四) 供求定理

均衡价格和数量与需求呈同方向变动;均衡价格与供求呈反方向变动,均衡数量与供给呈同方向变动,这就是供求定理。

总之,供不应求,价格上涨;供过于求,价格下跌。一切在市场上交易的商品或服务,如汽车、通信服务、劳动力、各国货币、股票乃至商业协议等,都遵循这一规律。通过分析商品供求变化及其影响力大小,就可以预测价格的变化趋势。

三、价格对市场经济的调节

市场经济三大机制:价格、供求和竞争,以价格机制最为突出,市场经济就是一种以价格机制来决定资源配置的经济体制。

（一）看不见的手原理

在自由交易和自由竞争的市场上，当价格上涨时，生产者会扩大生产增加供给，而消费者会减少购买缩减需求，造成供过于求，价格下跌；反之，当价格下跌时，生产者会削减产量减少供给，造成供不应求，价格上涨。总之，在自由竞争的市场上，交易和价格，总是倾向于供求相等。因此，价格既是市场机制运作的开始，又是市场机制运作的结果。

价格传递商品和要素稀缺性程度的信息，刺激人们采取最低成本的生产方法，把所占有的资源用于最有价值的目的。同时社会总产品的分配，取决于社会成员出售他们所拥有的生产要素时得到的报酬，如资本和劳动两种要素，资本的价格较高从而在市场上获得的报酬更高，因此资本在社会总产品分配中占有更多。所以说价格机制又称市场机制，正是价格这只"看不见的手"在调节着经济的运行。

> **小知识：**
> 西方经济学家信奉"看不见的手"原理，强调自由竞争，不能过多干预市场。然而，在信息不充分的情况下，自由竞争往往造成盲目生产或消费，造成巨大损失。例如，农村居民消息闭塞，农产品生产周期长。今年辣椒供不应求，价格较高，利润可观。于是来年农民大量种植辣椒，造成市场供过于求，价格下跌，甚至低于成本，农民亏损。

（二）价格在市场经济中的作用

1. 反映市场的供求状况

价格由供求决定，反过来，价格变化可以反映市场供求状况。价格上升，表示该商品供不应求；价格下跌，表示该商品供过于求。例如，iPhone新一代手机发布时，价格持续上涨，说明供不应求，而淘汰的老一代手机价格下跌，表示供过于求。

2. 调节需求

消费者为了实现效用最大化，会按照价格变动来进行购买和消费。当某种商品价格下跌时，会增加对它的购买，反之减少购买。例如，2021年特斯拉价格大幅度下降，于是购买特斯拉电动车的人增多。

3. 调节供给

企业为了实现利润最大化，一定会根据价格的变化来调整生产和销售。当某种商品涨价时，会增加产量，反之会减少产量。例如，新能源车价格远高于同类燃油汽车，于是很多车企增加新能源车的生产和销售。

4. 促进资源优化配置

供过于求，商品过剩，浪费资源；供不应求，商品短缺，居民生活得不到满足。两者都属于资源配置不合理，此时，价格机制会调节供求趋向均衡，从而消除浪费和短缺，促进消费者效用最大化和企业利润最大化。

理论应用分析 ▷▷

案例一：

新能源车涨价

新能源市场从去年开始的火爆，让国内车市格局逐渐发生改变。2021年全年国内新能源乘用车渗透率已经达到了13.8%，其中12月渗透率超过19%，而到了今年，这个数据仍在进一步增加中，正朝着20%的大关继续迈进。

新能源市场渗透率的增加，意味着新能源车已经不是总量上实现提升那么简单，而是对市场的整体销量格局产生了影响。购买新能源车的不再只是新能源车爱好者，越来越多此前购买燃油车的人转而选择购买新能源车，新能源车开始侵占燃油车的市场份额。

不过，近期不少存在购买新能源车意向的消费者可能会发现，目前市面上几乎所有的新能源车都开始上调市场售价，其中，以特斯拉、小鹏为代表的新势力品牌涨幅最大。比如，特斯拉自2022年以来，已经连续四次上调产品售价，部分车型涨幅达到3万元。

而反观燃油车市场，除个别进口车外，降价销售已成为当今车市的主旋律，即便是比较热门的合资品牌车型，上市一个月优惠就开始破万元也不是什么新闻。

（资料来源：新能源涨价 燃油车降价，时代真的变了？汽车新媒体，2022.3.29）

案例二：

新能源车销量持续增长

由于人们环境保护意识的增强和国家政策的大力推动，中国新能源车产业迅速发展。2021年中国新能源车保持了产销两旺的局面，产销刷新了历史纪录。2021年中国新能源车产量达354.5万辆，较2020年增加了217.9万辆。同比增长159.52%；销量达352.1万辆，较2020年增加了215.4万辆，同比增长157.57%。新能源车成为汽车行业最大的亮点。

乘用车联合会预计，2022年新能源车产量预计将达到550万辆，增长50%。但年初疫情的突发打乱了市场消费节奏，预计今年新能源车销量增长难以达到预期，预计增长20%左右。

（资料来源：2022年新能源车行业迎来了这些变化，智研咨询，2022.3）

问：（1）根据资料一所给信息，按照下列传导逻辑分析：

新能源车价格上涨→厂商生产积极性____，消费者购买欲望____→供给____，需求____→供____求→价格____。

（2）根据资料二，设定2021年国产新能源车均衡价格为20万元/辆，均衡交易量为350万辆。根据提示，在图2.3-9中做出供求变动趋势，并说明均衡价格和数量变化趋势。

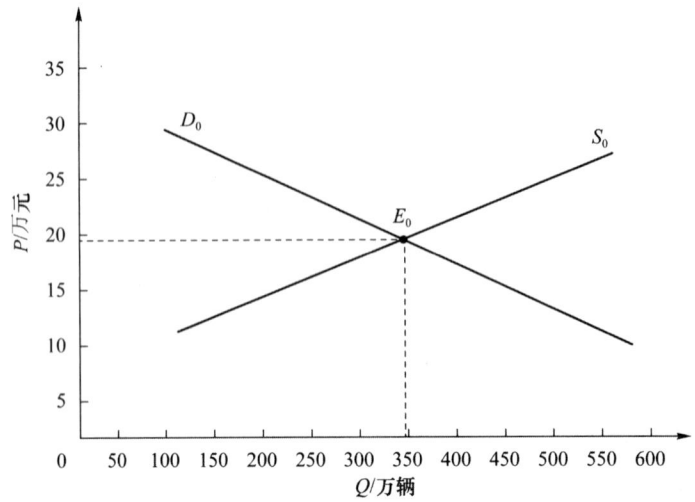

图 2.3-9　2022 年新能源车市场价格变化

（1）根据上述资料，2022 年国产新能源车产量达到 550 万辆，即同等价位下，车企愿意供给 550 万辆。此时，供给曲线____平移，在图中做出新的供给曲线 S_1。

（2）根据上述资料，以 350 万辆的均衡交易量为基础，2022 年需求增长 20%，即同等价位下，消费者愿意购买的数量为____万辆。此时，需求曲线向____平移，在图中做出新的需求曲线 D_1。

（3）根据图中供求曲线变动判断：2022 年度市场均衡价格将如何变化？均衡交易量是高于 350 万辆，还是低于 350 万辆？

综合能力训练 ▷▷

一、调查分析

通过网络调查和实地调查，整理本地城市近三年的商品房价格走势，根据价格变化，判断本城市房地产市场的供求处于何种状况。

二、案例分析

乡村振兴除了需要城乡融合外，更重要的还是要保障农产品价格，防止"菜贱伤农"。现在很多地方蔬菜滞销，使农产品价格大打折扣，给农民收入造成了损失。比如，现在农产品价格远远低于农民实际效益，经常出现产地倒挂，产地 8 毛的土豆到了北京卖 5 毛，说明农产品大量过剩。

前些日子，首都某媒体派出记者，深入山东蔬菜生产基地，从农民半夜采摘收割蔬菜开始跟踪，装车、运输、进京，卖到新发地批发市场，再跟踪菜贩用小车拉至菜摊，一斤一斤，零售给消费者……全程跟踪结果，得出三个结论：

其一，田地里蔬菜收购价低。农村蔬菜生产高度分散，即使是蔬菜种植大户，也无法自建冷库或自己流通，他们被捆绑在田间地头终日劳作，根本无力参与市场销售（除了极少数时候用三轮车拉到城里摆摊，那也是最后的无奈之举），只能卖给外地来的蔬菜批发商，也就是通常说的菜贩子。当成百上千的菜农面对少数几个蔬菜贩子时，他们处于绝对的劣势地位。因为蔬菜成熟后，不得不快速采摘销售出去，否则只能烂在地里。

图 2.3-10　农村蔬菜滞销与县、乡脆弱的地摊经济

如图 2.3-10 所示，在实施蔬菜产业化的农村，主产区农产品集中生产，有的一乡一村基本只种一样农产品，导致当地农产品竞争力比较大，一时间很难消化掉。当地市场需求有限，离开菜贩子的农民根本不可能将蔬菜卖掉，因此供远大于求，价格很难卖上去，甚至烂在地里白白损失。

其二，中间环节的流通成本并不高。记者一路看到，各关口的收费，并不算高，不少关口还对拉菜货车开辟"绿色通道"，免收路费。所谓运输成本，主要是必不可少的汽油钱和司机人工费。而在城市批发市场，会有加价，但亦不算太高。由于政府调控物价，新发地等批发市场，还奉命对卷心菜等几种大宗蔬菜，免除数百元进场费，以尽量降低成本。

其三，城市零售环节蔬菜价格太高。当蔬菜批发商将产地的蔬菜成批量（一般是一卡车）买走，运到城里各大农贸市场出售时，加价最多，也加得最狠，一般加价在 50% 左右，有的甚至高达 1 倍以上。这个时候，同一类蔬菜的批发商就那么三五个（如图 2.3-11 所示），但是全城成百上千的超市、便利店、摊贩和食堂，都得过来买。

图 2.3-11　城市农批市场

所以，该记者得出结论，针对大多数人所说的流通环节成本太高，导致菜价飙升，这一说法并不准确。说到底，还是供求关系被扭曲了。

（资料来源：一边是"菜贱伤农"一边是"菜贵伤民"，新京报，2022.4.19）

郴州是全国15个快递进村试点城市之一。苏仙区目前116个行政村快递服务基本通达，主要快递品牌平均进村率达100%。未来将积极争取政府扶持，共同实现乡乡有网点、村村有服务的开放惠民、集约共享、安全高效、双向畅通的农村寄递物流体系，做到农产品运得出、消费品进得去，便民惠民寄递服务基本覆盖。

乡村的农副产品搭乘快递专线，开启乡村振兴"加速度"。在毗邻翠江的飞天山村综合服务站，琳琅满目的竹工艺品、茶油、土蜂蜜、红薯粉条等农副产品彰显着它不仅仅是服务周围的飞天山景区游客的商品小超市，更是打通农产品进城"最初一千米"和消费品下乡"最后一千米"的快递进村模范服务点。当前正是出售红薯粉条的时节，每天都是供不应求的状态。"快递进村让我们的农产品、土特产走了出去，为我们打开了一条致富通道。"飞天山村综合服务站负责人曹水英笑得合不拢嘴。

随着电子商务、直播带货等新兴产业的崛起，当地打造了一个集电商物流、农产品进城、工业品下乡、快递发放等多项目的综合体。利用快递进村和美团优选等社区购平台，将村网点和市区菜鸟驿站衔接起来，对接"农田和餐桌"。此外，快递进村大大便利了农产品流通，农民可以通过电商和快递直接将农产品卖给消费者，省去了中间环节。据悉，资兴市清江蜜橘，往年水果批发商的收购价不足2元，但通过快递进村直接卖给全国消费者，可达4元/斤。

（资料来源：郴州市苏仙区 快递进村开启乡村振兴"加速度"，湖南红星云，2022.1.25）

问：(1) 在农村蔬菜产地，蔬菜的买方是谁？卖方是谁？此时的市场供求处于何种状态？

(2) 在城市农贸市场，蔬菜的买方是谁？卖方是谁？此时的市场供求处于何种状态？

(3) 自行查询相关概念，判断农村蔬菜产地和城市农贸市场，谁是买方市场，谁是卖方市场。

(4) 从供求原理角度，谈谈快递进村开通农产品销售直通车，对农产品价格的影响。

阅读资料 ▷▷

马克思主义政治经济学

马克思主义政治经济学是以马克思为代表的社会主义者所创立的政治经济学说，其基本观点主要发表在马克思的重要著作《资本论》中。

一、产生背景

(1) 19世纪三四十年代，第一次科技革命的成果在欧洲已得到广泛应用，资本主义大工业迅速发展。

(2) 资本主义经济的发展和剥削的加深使得工人阶级和资产阶级的矛盾日益激化，无产阶级和资产阶级的矛盾成为社会的主要矛盾,如何从劳动工人角度分析资本主义的运行并为自己提供理论工具成为时代需求。

(3)科学技术对推动生产关系的研究提供了动力和要求,同时古典经济学在劳动价值论、剩余价值论等方面对资本主义经济生产、分配等做了大量研究。

图 2.3-12　马克思

二、主要理论观点

(1)提出了剩余价值论。马克思认为劳动的付出没有得到同样的回报,剩余价值被没有付出劳动的"资本"所剥削。生产资料的私人占有和产品的社会化必然会导致周期性的经济危机,解决的办法只有实行计划经济,但马克思并没有提出如何实施计划经济。

(2)提出了劳动价值论,提出了劳动的二重性。生产商品的劳动分为具体劳动和抽象劳动二重属性。具体劳动和抽象劳动是同一劳动的两个方面,具体劳动创造商品的使用价值,抽象劳动创造商品的价值。正是由于抽象劳动这种同质的一般人类劳动在商品中的凝结,才形成了商品的价值,构成商品交换的基础。

(3)区分了价值和使用价值,提出了商品的二重性。任何物品要想成为商品都必须具有可供人类使用的价值;反之,毫无使用价值的物品是不会成为商品的。使用价值是物品的自然属性。使用价值是由具体劳动创造的,并且具有质的不可比较性。比如,我们不能说橡胶和香蕉哪一个使用价值更大。使用价值是价值的物质基础,和价值一起,构成了商品的二重性。

任务四
价格政策——让价格听你的指挥

学习目标

知识目标
(1) 理解最低限价和最高限价的概念和影响；
(2) 掌握税收政策对价格的影响；
(3) 掌握价格炒作的原理和常见方法。

能力目标
(1) 能预测限价政策的影响；
(2) 能预测税收对价格的影响；
(3) 能分析价格炒作的方法及对价格的影响。

思政目标
(1) 培养逻辑推导思维能力；
(2) 理解政府价格调控政策的必要性。

经济现象引入 ▷▷

依照 2020 年 4 月财政部等四部委联合发布的《关于完善新能源汽车推广应用财政补贴政策的通知》规定，2020—2022 年补贴标准将分别在上一年的基础上退坡 10%、20%、30%，这也是诸多车企近期宣布涨价的根本原因之一。

因国家补贴退坡 30%，续航在 300～400 km 的纯电动乘用车，补贴至多为 0.91 万元 (2021 年补贴 1.3 万元)，减少了 0.39 万元。续航大于 400km，且售价低于 30 万元的纯电动乘用车，国家补贴至多为 1.26 万元 (2021 年补贴为 1.8 万元)，减少了 0.54 万元。

特斯拉可谓是"响应国家号召"最积极的新能源车品牌，在 2022 年新能源补贴政策发布当天，该品牌旗下的 Model 3 车型便调整了其官网售价，其中入门版车型上涨 1 万元。

其实这并非特斯拉近期的首次涨价，在短短一个月时间内，特斯拉 Model 3 入门版车型已经先后经历了 3 次调价，分别涨价 15 000 元、4 752 元和 10 000 元，累计上涨 29 752 元。

除补贴退坡外，比亚迪还表示车价上涨与原材料价格上升有关。磷酸铁锂的价格去年上涨了 167.57%。造车成本上升促使厂商上调新车售价，这一举措无可厚非，但对于涨价幅度厂家应给出合理的解释。换句话说，各零部件生产制造成本涨了多少，应该透明化，以便消费者更能接受。

总的来看，新能源车价格波动的原因无非是电池供给和国家政策的影响，涨不涨价，其实大家也不必过于担忧，未来新能源车是大势所趋，为了保障市场热度，政策方面也一定会有所调整的。

（资料来源：补贴政策收紧 2022 年新能源车价格大涨，搜狐财经，2022.4.4）

思考： 国家补贴减少 30%，意味着车企利润____，生产积极性____，供给____，导致原本的供求均衡转向_____，根据供求定理，此时价格____。

经济知识学习 ▷▷

一、价格政策

（一）价格政策的含义

在市场自由竞争条件下，供求力量的对比决定了均衡价格，而均衡价格又影响着供求的变化。因此，在现实经济生活中，可以运用均衡价格理论调节供求，这就是价格政策。通常包括：最低限价、最高限价和针对价格的税收政策。

（二）最低限价

最低限价又称为支持价格，是指政府为了扶持某一行业而规定的该商品的最低价格，目的是保障生产者的利益，扶持产业发展，如很多国家实行的农产品收购价和最低工资。

最低限价高于均衡价格，根据供求定理，价格上升导致需求减少、供给增加，市场出现供不应求的局面，如图 2.4-1 所示。如农产品最低限价，造成农产品过剩，不利于产业结构调整和资源优化配置；而最低工资法增加了农村劳动力向城市的转移，增加了劳动供给，造成失业以及企业变相克扣工资等。

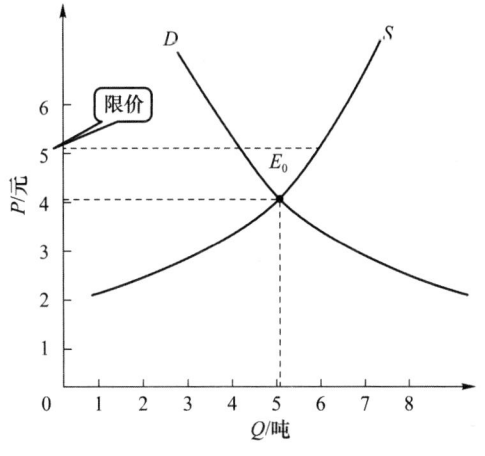

图 2.4-1 最低限价

为了维持最低限价，政府必须采取相应的措施，弥补厂商的损失或者消除供求不均。具体措施有：购买过剩商品，用于储备或出口；给消费者补贴，如减税、免税等；给厂商补贴，弥补厂商过剩商品的损失。

课堂小思考：
某四线城市商品房持续下跌，政府发文要求开发商不得低于 5 250 元/米² 发售新商品房。这是（　　）限价政策，该政策反映出该城市商品房供求处于（　　），预测该政策将产生哪些后果？

（三）最高限价

最高限价，也称为限制价格，是政府为了限制某种商品价格的上升而规定的该商品的最高价格，其目的是稳定某些生活必需的价格，保障消费者利益。例如，我国对火车票、公交车票、电价等实行价格限制。

最高限价低于均衡价格，价格降低会导致供给减少、需求增加，造成商品短缺，如图 2.4-2 所示。对此国家采取配给制和排队制，但这会导致行贿和腐败、走后门现象。此外，最高限价还会导致厂商降低商品质量和服务水平、黑市交易。大城市优质三甲医院常常出现的倒卖专家号的"黄牛党"，就是最高限价下导致的黑市。

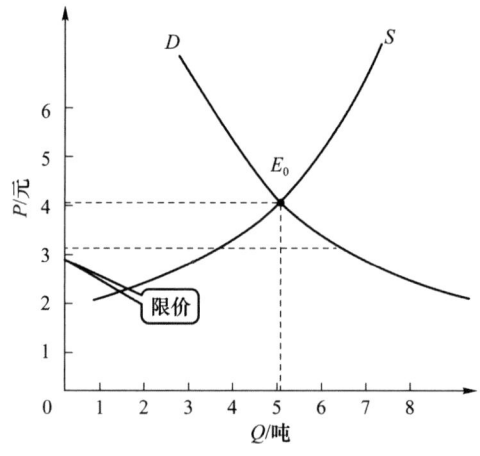

图 2.4-2　最高限价

对于长期供给富有弹性的商品，不宜实行最高限价，可以放开市场，让价格吸引更多的投资增加供给，从而达到供求均衡，促使价格下降。例如，20 世纪 80 年代，彩电相当紧俏，政府实行最高限价（1985 年为 1 000 元）和凭票供应的配给制，而实际上效果并不明显。后来，政府放开市场，彩电企业竞相上马，全国除西藏外各省市都有了彩电生产厂，产品很快过剩，1996—2000 年彩电连续 8 次大降价，29 寸彩电跌至 1 700 元。

（四）税收政策

针对价格的税收政策，是指政府为了控制价格和市场交易量而对商品或交易进行增税、减税或免税政策。

前面所说的最高限价和最低限价政策，直接扭曲市场均衡价格，会对市场产生强烈冲击。因此，政府多选择间接的税收政策，达到调控市场价格和交易量的目的。针对价格的税收政策，可划分为销售税和消费税两种，两者的传导过程和效果不同。

分析税收政策对价格和交易量的影响，参考以下传导过程逐步分析。

第一步：确定该税收政策影响供给还是需求。例如，增收销售税政策，是针对厂商增加税收，首先影响的是供给。

第二步：确定影响的方向，从而判断供求变化。例如，增收销售税政策，抑制厂商生产积极性，导致供给减少，市场转向供不应求。

第三步：分析供求变化后的价格变化，对交易量的影响。例如，增收销售税导致供不应求，价格上涨。而价格上升导致需求量下降，从而交易量下降。

以上述增收销售税为例，整个传导过程是一个单向过程，从影响供给开始，到影响需求结束。在第三步时，不能因为价格上升，又回到影响供给，导致供给量增加。同理，分析消费税对价格和交易量的影响，是从需求到供给的单向传导过程。

1. 销售税及其对价格和供求的影响

销售税是向厂商征税，相当于降低了供方的销售价格，会减少供给，从而造成市场价格上涨、交易量减少。如果是对厂商施行减税，相当于提高了供方的销售价格，会增加供给，从而造成市场价格下降、交易量上升。销售税对价格和数量的影响如图 2.4-3 所示。

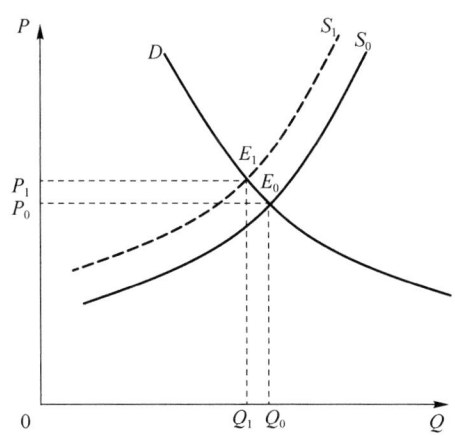

图 2.4-3　销售税对价格和数量的影响

例 2.4-1：为适应新冠肺炎疫情常态化控制，方便学校、小区、医院、商场等人流量大的地点的检测工作，深圳数十家电子科技公司推出了"电子哨兵"（如图 2.4-4 所示）等智能防控系统，通过人脸识别技术，一次刷脸即可实现健康码、行程码、核酸检测记录、实时体温等七项检查，大大地提高了防控效率。

该产品的市场供求表（表 2.4-1）和供求曲线（图 2.4-5）为简化分析，其价格和数量均做了调整。

表 2.4-1　某城市电子哨兵智能防控系统供求表

单价/万元	1.5	2	2.5	3	3.5	4	4.5
需求量/套	160	140	120	100	80	60	40
供给量/套	40	60	80	100	120	140	160

图 2.4-4 "电子哨兵"智能防控系统

根据供求表绘制供求曲线如下：根据供求表分析，此时的均衡价格和均衡交易量分别为 3 万元和 100 套。现政府向厂商减少 5 000 元销售税，这就意味着厂商的收益相当于 3.5 万元/套，厂商的生产积极性增加，供给量增加至 120 套，市场供求转向供过于求。随着市场供过于求，价格下跌，从而刺激需求，需求也增加，从而交易量增加。

综上，对厂商减税，可以降低市场价格，增加市场交易量。

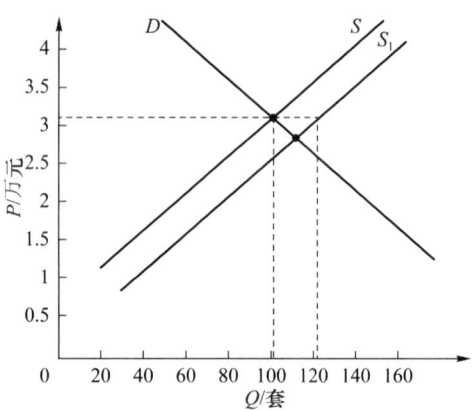

图 2.4-5 某城市电子哨兵智能防控系统供求曲线

上述传导分析过程，在图 2.4-5 上演示如下：国家减少销售税，直接作用于厂商，刺激了厂商的生产积极性，从而供给增加，即 S 曲线向右平行移动。由供求表（表 2.4-1）可知，减少 5 000 元销售税，企业的收益相当于 3.5 万元/套，即愿意提供 120 套，因此 S 曲线移动至（3 万元，120 套）的位置。由图 2.4-5 可知，在新的均衡点，价格下降了，交易量上升了。

课堂小思考：为进一步推动减能减排，实现"碳达峰"和"碳中和"，国家决定对燃油车企增税50%。试分析，该政策将导致燃油车价格和交易量如何变化？

2. 消费税及其对价格和供求的影响

消费税是向消费者征税，相当于提高了需方的购买价格，会减少需求，从而造成市场价格下跌、交易量减少。如果是向消费者减税，相当于降低了需方的购买价格，会增加需求，从而导致市场价格上涨，交易量增加。消费税对价格和数量的影响如图2.4-6所示。

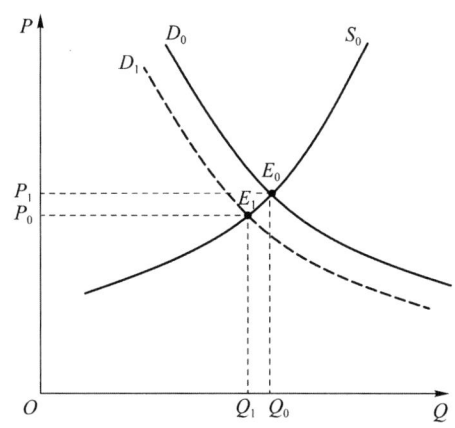

图2.4-6 消费税对价格和数量的影响

消费税主要是为了调节产品结构，引导消费方向，保证国家财政收入。现行消费税的征收范围主要包括：烟、酒及酒精、鞭炮、焰火、化妆品、成品油、贵重首饰及珠宝玉石、高尔夫球及球具、高档手表、游艇、木制一次性筷子、实木地板、汽车轮胎、摩托车等。

例2.4-2：根据表2.4-1，此时的均衡价格和均衡交易量分别为3万元和100套。现政府为鼓励购买，允许购买者抵扣5 000元税收，这就意味着购买者相当于每套只花了2.5万元，购买者的积极性增加，需求量变动至2.5万元对应的120套，市场转向供不应求。随着市场供不应求，价格上涨，从而刺激供给，供给也增加，从而交易量增加。

综上，对消费者减税，可以提高市场价格，增加市场交易量。

上述传导分析过程，在图2.4-7上演示如下：国家减少消费税，直接作用于购买者，刺激了购买者的消费积极性，从而需求增加，即D曲线向右平行移动。由供求表（表2.4-1）可知，减少5 000元消费税，购买者相当于每套只花了2.5万元，即愿意购买120套，因此D曲线移动至（3万元，120套）的位置。由图2.4-7可知，在新的均衡点，价格上涨升了，交易量也上升了。

课堂小思考：某城市为控制房地产市场有序发展，决定自6月起，对购房者减免商品房购置税75%。试分析：该政策将导致商品房价格和交易量如何变化？市政府是为了控制房价，还是提升房价？

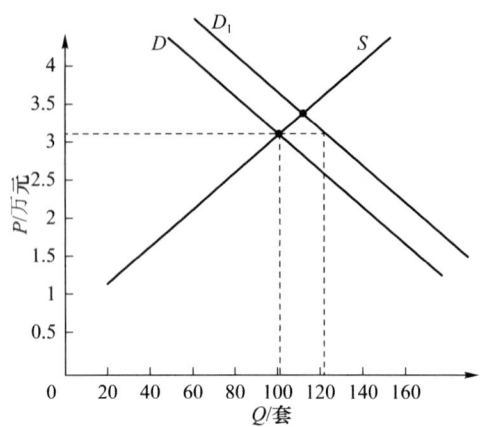

图 2.4-7 某城市电子哨兵智能防控系统供求曲线

(五)价格政策的意义

市场经济的基本原则之一,就是让价格这只"看不见的手"自由调节经济,达到资源优化配置和高效利用的目的。一旦将价格管制起来,就会出现各种问题。

但价格也不是万能的,价格调节经济的前提是市场的自由竞争。如果市场存在垄断、商业欺诈或价格过高,会损害消费者的利益,因此竞争不充分时政府就有必要对价格进行干预。例如,自来水、电力、公共交通等要由政府来定价。

有些问题不能只看经济效益,还要看政治、社会影响。例如,最低工资法,不利于充分就业和劳动力的优化配置,但在一定程度上保护了低收入者,有利于社会的安定和公正,综合经济、政治与社会的利弊考虑,是利大于弊的。

二、价格炒作

(一)价格炒作的含义

价格炒作是指通过人为控制供求从而扭曲均衡价格,此时的价格不是由市场的真实供求决定的,属于虚假价格。一般价格炒作是提高价格,从而获得巨额差价,一旦人为控制的力量消失,价格趋向均衡,因此价格炒作会出现暴涨暴跌的局面。

(二)价格炒作的基本原理

价格由供求决定,因此价格炒作的基本原理就是扭曲市场供求:一方面采取减产、囤积措施等减少商品供给;另一方面通过各种方式刺激需求,从而造成严重的供不应求局面。

由于在市场经济下商品丰富、替代品多,且商品的来源渠道比较多,因此炒家采取的主要炒作措施是刺激需求。通过各种渠道和方式,在短期内迅速刺激巨大的需求,所造成的供不应求状况越严重、速度越快,价格炒作的成功率就越高。如果刺激的时间过长,会引起替代品跟风,从而抵消供求差距,价格难以上升或上升幅度不大。

由于价格炒作属于人为扭曲供求造成的价格非正常变化,严重脱离了商品本来的价值,最终价格都会回落至正常水平。因此,参与价格炒作要谨慎,切不可盲目跟风,成为被人收割的"韭菜"。

例 2.4-3:藏獒是世界上最古老的犬种,是西藏地区比较神秘的一个犬种,有很多的传说。正因为这种稀缺性和难以替代性,被资本市场看中。2010 年,藏獒的炒作开始进入火爆期,一只普通藏獒炒到 3 万元。叫得上名字的成年藏獒,基本在 15 万元以上,层出不穷的"獒王",甚至被炒至百万元甚至上千万元。人们发现了养殖藏獒的巨大利益,所以开始大量养殖,到处都是养藏獒的,所养藏獒的品种、质量不一,慢慢地藏獒的身价也随着大量的无序繁殖大跌。短短两年后,藏獒的价格跌至 500 元/只,直至无人问津。

(三)价格炒作的关键和步骤

价格炒作是人为扭曲供求,因此,炒作能否成功的关键是,能否在短期内迅速引起庞大的跟风者。跟风者越多,聚集的速度越快,供求扭曲的程度就越大,价格上涨得越厉害,坐庄者收割的利润越大。其基本步骤如下。

第一步:选择具有炒作空间的商品。该商品必须稀缺(或短期内稀缺),可替代性很差,具有很强的故事性,可以找到足够的渲染理由,能够引起大多数人的注意,勾起他们的兴趣。例如,金山寺的"十八颗御茶",千年野生古树红茶,1982 年的拉菲红酒等,几乎是绝品。

第二步:扭曲供求。一方面,控制供给,人为制造稀缺,排斥替代品。例如,利用天气原因,控制生姜、大蒜等主产区的购买权,人为制造稀缺,缩减供给。另一方面,刺激需求,引起足够的跟风者。双管齐下,造成供求极度扭曲,价格迅速暴涨。例如,陕西金园案,通过包装金园公司境外上市、产品畅销、领导视察、巨额交易(实际上是利用 300 多个账号虚假交易)、财务报告作假等手段,造成全国 120 多个地州市上千万人跟风购买该股票。在短短半年时间里,该只股票从发行时的 5 元/股,飙升至 78.5 元/股。

第三步:及时套现。密切关注市场变化,当足够的人投入该市场交易后,及时卖出商品,套现脱手。要精准把握时间点,计算跟风者进入的峰值,在跟风人数增速的最大值时,卖出持有的商品。

理论应用分析 ▷▷

比亚迪股份有限公司董事长兼总裁王传福在电动车百人会发表题为《居安思危 务实奋进 推进新能源车市场化行稳致远》的演讲。王传福表示,我国新能源车渗透率去年 1 月份时为 6%,12 月份时高达 22%,平均每个月提升 1.3%。今年 3 月份前半个月的渗透率已超过 28%,估计全月渗透率也将超过 28%。

在王传福看来,如果说十年前,新能源车发展主要靠政策驱动;三五年前,行业发展是"政策+市场"的双轮驱动,那么当前市场驱动占了 70%,政策驱动只占了 30%。

今年是新能源车乘势而上、加速变革的关键一年。行业越是高速增长,越是要居安思危、稳中求进,把各种复杂因素考虑到,坚持用技术创新解决发展的难题。因此,王传福提议,希望明确后补贴时代新能源车的优惠政策,继续对新能源车给予购置补贴、购置税减免等政策。

目前，国内乘用车的车辆购置税税额计算方法为计税价格×10%，即以购车发票上的价格金额除以（1+17%），再乘以10%，即为应缴纳的车购税。以一辆开票价20万元的新能源乘用车举例，其应缴纳的购置税约为1.71万元。

新能源车购置税减免政策的实施和延续，可以减少新能源购车消费者的经济压力，将有效刺激消费者购买新能源车，进一步扩大国内新能源车的市场份额。

（资料来源：欧美国家在增加对新能源车财税支持力度　建议新能源车购置税减免政策能够继续延长，金融界，2022.3.26）

问：（1）对新能源车购置税减半，属于消费税还是销售税政策？
（2）阐述购置税减半政策对市场价格和交易量影响的传导过程。
（3）在图2.4-8中做出购置税减半政策实施后的均衡变动。

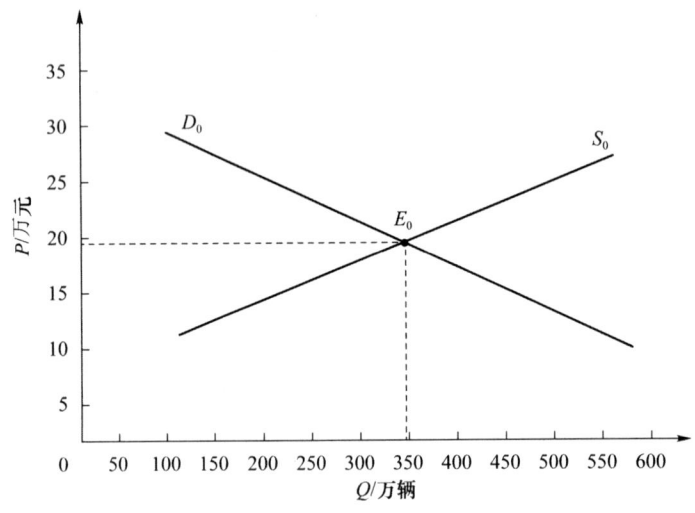

图2.4-8　购置税减半政策对新能源车市场均衡的影响

综合能力训练 ▷▷

一、简答题

（一）举例说明现实生活中的最高限价政策，总结限价政策主要针对哪些行业？

（二）酝酿20多年的房产税，已经在上海等城市示范施行。该项政策主要针对拥有多套房的家庭，对超过一定面积或第二套房，按年征收一定金额的税收。分析房产税对商品房交易市场的影响，判断房价和交易量的变化趋势。

二、案例分析题

近日，"一饼茶叶可以买一辆宝马"的话题登上热搜，由此引发媒体对炒茶的关注。人们发现，炒茶的人最终拿走了最大的利益，不少人被割了"韭菜"。对此，专家指出，以价格做杠杆来宣传茶叶不是好事，如此高价的炒作，非但不能给当地带来收益，反而会对品牌造成伤害。

据了解，炒茶现象由来已久，各种茶叶几乎都被炒作过，尤其是普洱茶。在"炒茶人"的运作下，它逐渐变成了"期货""股票"类的产品。20世纪90年代，1斤铁观音茶王拍出了3万元的价格；金骏眉最高时被炒到7万多元1斤。近年来，普洱茶成为"投资茶""金融茶"中的代表，日前登上热搜的普洱茶一饼价格在28万元至32万元之间。

北京朝阳区一茶叶店店主洪先生介绍，将茶叶进行奢华包装，给产品取个"花名"，编写漂亮的营销文案，制造"稀缺""大师作""非卖品"等噱头进行炒作，就可以推高产品价格，价格从1斤几千元到数十万元不等。

据业内人士透露，以"牛栏坑肉桂"等稀有茶叶产品为例，其产区面积小、产量低、出品少，但市面上种种高价岩茶并不少见，稍微有点档次的茶店都有卖。"现在，有很多人在做仿制'牛栏坑肉桂'茶的生意。他们通过收购普通肉桂茶或其他品种茶叶，经过焙火加工，贴上'牛栏坑肉桂'标签，再以高价出售。"

"天价茶"的品质真的"赛黄金"吗？有业内专家认为，同一产区的茶叶，差距不可能太大。即使是古茶树，虽然其生长环境、养分汲取方面的确比茶园里的好，但口感和品质差距绝不会像价格这么悬殊得离谱。

有业内人士透露，炒茶的模式是大玩家控制上游产业链，垄断产业生产，炒作抬高价格，囤积陈年老茶，以此带动新茶价格上涨。他们通过拍卖，自卖自买对敲拉高，炒到后期，成品茶已经供不应求，就开始出现"期茶"。

"坐庄的大玩家自然是最大的获利者。他们通过精心筹划，有组织地出货，把经销商严格分级，控制其发货，然后炒家放量甩货，套取最大利润。到最后，人们发现，最大的利益被炒茶的人拿走了，不少人被割了韭菜。"该业内人士说。

有炒茶现象就有崩盘的情况。黄先生回忆，2007年上半年，由于天气干旱，云南普洱茶减产一半，于是大量的茶商前来抢购，价格也被不断哄抬。最高的时候，1斤普洱茶拍出了40万元。在市场加速提升的时候，就是大炒家逃顶的时候，紧接着很多中炒家也跟着逃。因为一旦没有大炒家左手倒右手地抬价，价格很快会自然回落。加之普洱的价格很高，消费基础动摇，价格回落。短短半年后，普洱茶市场就崩盘了，价格一泻千里，跌至白菜价。大量的茶叶加工厂倒闭破产，茶农们也损失惨重。随后的2013年，普洱茶以相同的"套路"经历暴涨暴跌，惨痛经历历历在目。

（资料来源：谁在炒作"疯狂的茶市"，北青网，2022.4.26）

问：（1）在上述资料中，炒茶客采取了哪些措施扭曲供求？

（2）炒茶客为什么选择"牛栏坑肉桂"茶叶作为炒作商品？根据文中的信息，随着其他伪装"牛栏坑肉桂"茶叶的大量仿制，该商品的供求和价格将如何变化？

（3）茶叶炒作带来了哪些危害？

阅读资料 ▷▷

边 际 学 派

边际学派又称边际效用学派，是19世纪70年代到20世纪初，以边际效用价值论为理论基础的经济学派。边际学派也是以19世纪中期以前传统经济学的反对派面目出现的，其边际效用价值论起初用来反对古典政治经济学和马克思主义的劳动价值论。

一、产生背景

第二次科技革命深化，生产力飞跃发展，生产和资本集中加速，强化了从微观角度对企业如何降低成本、运用价格机制扩大销路等问题的研究；1825年，英国爆发了资本主义历史上第一次重大的、以生产过剩为标志的经济危机，生产过剩危机的加重强化了对市场供求关系的研究，由过去侧重生产、供给与成本，变为侧重消费、需求与效用。

二、主要理论观点

边际学派从消费者的立场出发，强调边际分析，提出了对抗劳动价值论的观点，代表着经济思想的争论和反思，是古典经济学向新古典经济学过渡的分水岭。

（1）一切都从边际出发，最后效用程度决定商品的价值，交换比例是商品最后效用程度之比的倒数，边际收益等于边际成本时，总效用最大。

（2）价值来源于效用，又以商品稀缺性为条件，价值尺度是边际效用，反对劳动价值论，他们从人对商品效用的主观心理估价引出价值，认为价值量取决于边际效用量，即满足人的最后的亦即最小欲望的那一单位商品的效用，这是一种与古典经济学家截然对立的主观价值论。

（3）认为需求和供给都是几个变量的函数。如果认为需求和供给都只是其自身价格的函数，那么就有了后来马歇尔的局部均衡分析。如果认为需求和供给是自身及其他产品的函数，那么就有了瓦尔拉斯的一般均衡理论。

（4）均衡分析是经济研究的基本思路，将资源配置作为经济研究的中心。

三、长远影响

（1）边际效用价值论体系在19世纪70年代的出现，是西方经济学主流发生重大转向的路标，是现代微观经济学核心形成的基石，使研究的重点转向微观分析（因为边际理论在最大化时考察的是参与市场活动的个体的边际成本与边际收益），分析单个市场和单个厂商的行为，并从强调生产、供应和成本转向强调消费、需求和效用。

（2）把高等数学以及人的行为心理因素等引入经济学分析中，将边际分析应用于个人决定中，如厂商按照"MC＝MR"组织生产的最佳产量决定就是应用边际分析的结果。

（3）将生产与流通、国内与国外的各种经济综合为一个整体，古典经济学之前偏重流通，古典经济学偏重生产。

（4）边际主义产生后的经济学即19世纪70年代后的经济学叫作新古典经济学，新古典经济学是古典经济学的延续，但它是以新的方法，从新的角度来论述自由放任思想。

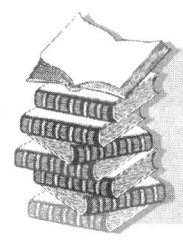

任务五
消费者行为分析——洞悉顾客的诉求

学习目标

知识目标

(1) 理解消费者需求和偏好；
(2) 理解效用论和边际效用递减规律；
(3) 掌握消费者行为理论。

能力目标

(1) 能确定消费者需求及其偏好；
(2) 能根据消费偏好和边际效用规律制订促销策略。

思政目标

(1) 从经济学角度，理解群众路线的科学性；
(2) 从满足消费者偏好角度，理解"从群众中来，到群众中去"的正确性。

经济现象引入 ▷▷

"Z世代"，指在1995—2009年间出生的人，又称网络世代、互联网世代。这一人群被认为是新的消费趋势所在，而危机感强烈的汽车车企在年轻化的战略中毫不犹豫将目光聚焦在这一人群上，费尽心思。

根据公安部发布的2021年全国机动车和驾驶人数据，汽车驾驶人达4.44亿人，其中25岁以下的年轻人占15.11%，占比持续增长。目前Z世代多数为有本无车的"本本族"，但未来五年随着这一庞大群体集中进入职场，消费能力的增加或将首先显现在汽车领域。即使目前无车，Z世代年轻人也已成为用车主力人群，对车的接触率和了解远超前辈，鉴于此，他们对车的偏好也正在成为车企努力想要了解并参考的内容。

新浪汽车联合《经济观察报》启动了"Z时代购车面面观之00后购车意向大调查"，在收集到的6 997个样本中，00后购车观呈现出了一个个性鲜明的轮廓。与简单表面的"年轻化"定义和前几代消费主力的偏好不同，00后的购车观似乎正在刷新汽车品牌的价值排行：00后对自主品牌的认可率达到最高值，超过30%的选择率已与德系平齐；同时，对于特斯拉、蔚来等新兴电动车品牌以及红旗、WEY等本土传统车企的新高端品牌，都表现出较大的兴趣；在对汽车动力追求和环保理念之间，多数人选择了前者；而在价格敏感度上则呈现出两个极端。

价格依然是最重要的因素。有52.1%的人选择"（更看重）价格，在自己的预算之中"。而与此同时，选择"不在乎牌子和价格，我喜欢就行"的又占了55.4%。这产生了一个看似矛盾的结论，一方面不在乎品牌和价格，但同时又要预算优先。究其原因，是因为有很大一部分年轻人可以得到家庭的资助，财力的宽裕使得豪华车对00后的吸引力巨大。有55.74%的00后在选择自己第一辆车的价位时选择了10万～20万元的价位，选择30万元以上价位的00后占26.22%。这意味着，占比超过81%的人选择了10万元以上的汽车，这是第一款车的理想价格区间。而这也意味着小型车和经济型车在未来的市场会面临较少的市场份额，当然此次调查的样本偏向于受教育程度较高的年轻人，这对结果本身也产生了影响。

分期付款是他们的消费态度。有14.75%的受访大学生认为，存款达到10万～20万元便可安心地购买自己的第一辆车，而剩余的调查对象都选择了存款达到20万元以上的选项。不过，仅有16.39%的调查对象选择在购买第一辆车时"付全款"，余下的调查对象则选择了"分期付款"。

00后购车时热衷于智能黑科技。对新事物本能的好感和高接受度，以及其所处的汽车技术正快速创新更替的环境，让00后对汽车的关注点以不再瞄准于动力等机械性能上，而开始聚焦于智能化技术，包括车联网和自动驾驶技术。在00后购车时最在意的指标中，"智能化"名列第一，获得了54.1%的支持率；颜值与品牌并列第二，获得了52.46%的支持率；而汽车动力性能被00后抛在身后，只获得了34.43%的支持率，占比居然为倒数第一。让人意外的是，在选择燃油车还是电动车的选项中，有30%的受访者表示"不在意，看眼缘"。其余受访者中，44%的人选择了燃油车，26%的人选择了电动车。

颜值担当。00后果真是颜值控，对外观的要求是越来越苛刻，时尚、漂亮是第一要素。在谈及"选车时最关注哪些因素"的问题时，受访者表示，最重视车辆的外观、安全性和质量因素，选择比例分别高达36.4%、21.6%和12.8%。对于Z世代来说：一款车如果连外观都造不好，你觉得还有必要考虑其他方面吗？

主流豪华仍是第一选择。在许多消费领域，00后虽然已经呈现出"去品牌化"的价值观，但在汽车消费上，品牌依然是重要的选择标准。在"选哪个派系汽车品牌"这一问题中，有31.8%的受访者选择了德系车，31.6%的受访者选择了中国自主品牌，27.46%的受访者选择了日系车。只有7%的受访者选择了美系车、2%的受访者选择了法系和韩系。显然，前辈们对合资品牌的执念在00后这里已经减退了很多。

总体来看，Z世代的年轻人（或者准确地说以00后为代表的新消费者）在汽车消费上，与我们的想象有所差别，但同20世纪八九十年代的消费者，仍有诸多相似的地方。中国的地域跨度很大，收入差别也很大，这意味着下一代人的需求也很多元化。

（资料来源：00后买车大调查："Z世代"年轻人的消费心理你真的懂，新浪汽车，2022.4.24）

问：（1）为什么车企重视对消费者购车喜好的调查？

（2）如果让你向00后推销小汽车，你会依次介绍哪些方面？

（3）你喜欢什么样的小汽车？

经济知识学习 ▷▷

一、消费者偏好

（一）消费需求

消费需求是指消费者对商品或服务的欲望和需求。人们在消费时，总会基于一定的动机，哪怕下意识的消费也反映出一个人的潜在诉求和喜好。

在任务2.1中，"需求"指的是居民的消费量，是购买欲望和支付能力的统一，侧重于说明市场上消费者对商品的购买数量。本项目所说的消费需求，是解析居民的消费动机，阐述居民为什么要消费商品。

例如，中国新能源车市场需求分析，指的是我国消费者大约能够购买多少新能源车，其目的是预测消费量，制订生产或销售计划。而00后的年轻人对新能源车的消费需求，指的是他们在购车时的动机和诉求、喜好等。所以，4S店预测本年度销售量时可以说"今年本市的新能源车需求大约有多少？"而比亚迪宋决定抢占00后市场时，问的是："年轻一代的消费者，对电动车的需求是怎样的呢"。

消费需求通常包含以下几个内容，一次消费行为，可以是基于其中一种需求，但更可能是多个需求的组合。

1. 对商品使用价值的需求

使用价值是商品的物质属性，也是消费需求的基本内容。人的消费不是抽象的，而是有具体的物质内容，无论这种消费侧重于满足人的物质需要，还是心理需要，都离不开特定的物质载体，且这种物质载体必须具有一定的使用价值。一般来讲，使用价值是消费需求的最主要因素。例如，绝大部分人购车的首要目的是出行，购买手机的主要目的是通信，购买早餐、衣服是为了解决温饱。

2. 对商品审美的需求

对美好事物的向往和追求是人类的天性，它体现于人类生活的各个方面。在消费需求中，人们对消费对象审美的需要、追求，同样是一种持久性的、普遍存在的心理需要。对于消费者来说，所购买的商品既要有实用性，同时也应有审美价值。从一定意义上讲，消费者决定购买一件商品也是对其审美价值的肯定。在消费需求中，人们对消费对象审美的要求主要表现在商品的工艺设计、造型、式样、色彩、装潢、风格等方面。人们在对商品质量重视的同时，总是希望该商品还具有漂亮的外观、和谐的色调等一系列符合审美情趣的特点。

3. 对商品时代性的需求

没有一个社会的消费不带有时代的印记，人们的消费需求总是自觉或不自觉地反映着时代的特征。人们追求消费的时代性就是不断感觉到社会环境的变化，从而调整其消费观念和行为，以适应时代变化的过程。这一需求在消费活动中主要表现为：要求商品趋时、富于变化、新颖、奇特、能反映当代的最新思想。总之，要求商品富有时代气息。

商品的时代性在商品销售中具有重要意义。从某种意义上说，商品的时代性意味着商品的生命。一种商品一旦被时代所淘汰,成为过时的东西,就会滞销,结束生命周期。为此,一方面,营销人员要使经营的商品适应时代的需要,满足消费者对商品时代感的需求;另一方面,生产者要能站在时代的前列,及时生产出具有时代特点的商品。

4. 对商品社会象征性的需求

所谓商品的社会象征性,是人们赋予商品一定的社会意义,使得购买、拥有某种商品的消费者得到某种心理上的满足。例如,有的人想通过某种消费活动表明他的社会地位和身份;有的人想通过所拥有的商品提高在社会上的知名度。对市场营销人员而言,了解消费行为中人们对商品社会象征性的需求,有助于采取适当的营销策略,突出高档与一般、精装与平装商品的差别,以满足某些消费者对商品社会象征性的心理要求。

5. 对商品优质服务的需求

随着商品市场的发达和人们物质文化消费水平的提高,优良的服务已经成为消费者对商品需求的一个组成部分,"花钱买服务"的思想已经被大多数消费者所接受。对市场营销者而言,要树立"全心全意为消费者服务"的宗旨和思想,真正实施全方位和终生服务的措施和行动,真正为消费者着想。

6. 对商品价值增值的需求

在商业时代,几乎人人谈及投资以使财富增值,很多大件商品的购买就是为了能够保值和增值。例如,购买多套商品房就是为了能够保值和增值;炒作普洱茶,越陈越好,可以囤积以待涨价套利。

课堂小思考:"Z世代"年轻人购车时,最重视车辆的外观、安全性和质量因素,分别属于哪种消费需求?部分年轻人宁愿选择购买二手豪车,又是基于哪种消费需求?

(二)消费者偏好

消费者购买商品时,总会表现出对某种商品、商店、品牌或商品的某种属性等相对更强的喜好,从而作为购买首选。例如,在越野车、跑车和迷你小汽车三个选项中,年轻人更喜好跑车;在国产、德系、美系、日系和韩系中,工薪阶层家庭更倾向于日系,而收入水平较低的年轻人倾向于选择外观炫酷的国产车。

这种对某一商品或几种商品组合的排序,表现出不同的喜好程度或者欲望程度的消费心理,称为消费者偏好。消费需求的取向,在很大程度上决定了消费者偏好。

消费者偏好有以下特征。

1. 消费者偏好在不同时期会变化

消费者偏好本身是一种心理因素,受年龄、消费潮流和他人劝导等因素的影响。因而,偏好是不断变化的,在不同时期,可能表现出截然不同的偏好。

例如,人在年轻时,喜欢外观炫酷、科技感强的跑车,所以本田思域在年轻人中选择比例很高;中年人变得沉稳,更喜欢性能强、操控性和舒适度高的小轿车。此外,25岁以下的年轻人,购车时有很多选择红色、蓝色等耀眼的颜色;35岁左右的中青年,选择白色占大多数;而到了45岁以上,更倾向于选择黑色。

2. 消费者偏好有明显的个体差异，也呈现出群体性

消费者偏好是多样化的，不同的人可能偏好不同，而相同偏好的人集合起来就是通常所说的消费群。

> 小知识：
> 消费群细分：根据偏好将消费者细分为不同群体，分别采取针对性的营销策略，成功率更高。例如，小汽车市场可以按照车型和使用方向细分为越野、跑车、商务车等消费群；还可以再按照消费支付能力细分为中、低、高档车消费群。成功的市场营销策略，首先要确定消费者偏好，细分好市场，选定自己的目标消费群。

艾媒报告中心数据显示，"Z世代"成为潮玩的重要消费用户，占比近4成。其中，23.6%的用户可以接受潮玩单价在500元以上，超30%的用户倾向于一次性购买全套潮玩。而对于喜爱的潮玩产品，12.3%的用户表示出新款就会买，这都凸显了年轻群体旺盛的消费力。

（资料来源：搞懂"Z世代"年轻人的消费观 才能挖掘这一生生不息的万亿市场，艾媒咨询，2022.4.16）

二、消费者效用

（一）效用的含义

效用（utility）是指消费者从消费某种商品中获得的满足程度。人们购买商品，是为了获得某种满足。效用的大小没有客观标准，完全取决于消费者的主观感受，所以效用大小和偏好程度一致。消费商品获得的满足程度越大，效用就越大，比如买到了心仪已久的汽车；反之，效用就越小，比如暂时购买了一辆低档汽车作为过渡；如果感受到痛苦，就是负效用，比如买了一辆二手车跑运输，结果总出故障。

（二）基数效用论和序数效用论

在衡量效用的问题上，西方经济学家提出了基数效用和序数效用的概念。

1. 基数效用论

基数效用论的基本观点：效用是可以计量并加总求和的，效用的大小可以用基数（1，2，3，…）来表示，正如长度单位可以用米来表示一样。例如，吃一个麦当劳巨无霸5个效用，喝一杯可口可乐3个效用，加起来8个效用。

基数效用论采用的是边际效用分析法，主要应用于厂商的营销决策。

2. 序数效用论

序数效用论的基本观点：效用作为一种心理现象无法计量，也不能加总求和，只能表示出满足程度的高低与顺序，因此，效用只能用序数（第一、第二、第三……）来表示。例如，消费者消费了汉堡包和可乐，从中得到的效用无法衡量也无法加总求和，更不能用基数来表示，但可以比较消费这两种商品所得到的效用。例如，认为消费1个汉堡包带来的效用大于1杯可乐带来的效用，那么就叫1个汉堡包的效用是第一，1杯可乐的效用是第二。

序数效用论采用的是无差异曲线分析法,主要应用于个人的理性消费决策。

(三) 边际效用递减

1. 总效用和边际效用

总效用 (total utility, TU) 是指从商品消费中得到的总的满足程度。

边际效用 (marginal utility, MU) 是指每增加一单位商品消费所增加的满足程度。

表 2.5-1 汉堡包消费效用表

消费量	总效用 (TU)	边际效用 (MU)
1	5	5
2	9	4
3	12	3
4	14	2
5	15	1
6	15	0
7	14	−1

如图 2.5-1 所示,当 MU>0 时,TU 增加;当 MU<0 时,TU 减少;当 MU=0 时,TU 达到最大值。所以,在营销活动中,如果促销措施无法让消费者增加效用,此时,消费者的总效用,即消费满足度达到最大值,此时应该果断停止既定措施,调整促销策略。

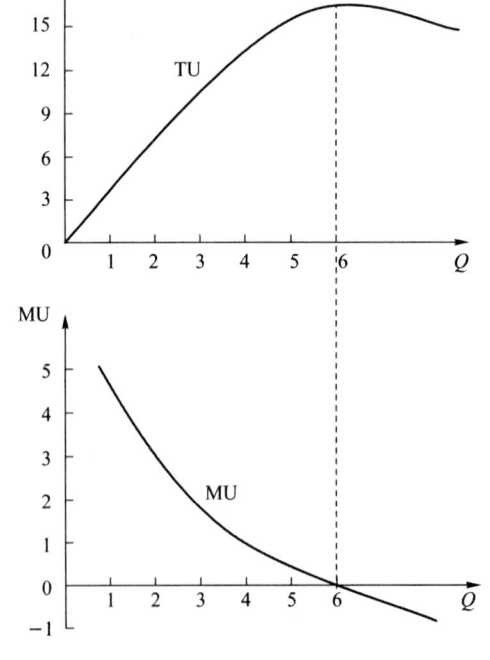

图 2.5-1 总效用和边际效用关系图

例如，夏天某些餐厅推出免费喝啤酒的促销活动，点餐的金额越多，送的啤酒越多。但啤酒带来的效用总会达到一个峰值，此时，店家就应该考虑采取新的促销措施，比如加送一个特色菜等。否则，一味地用免费啤酒促销，达到一定程度后，消费者反而觉得是一种累赘，效果适得其反。

2. 边际效用递减规律

在一定时间内，在其他商品的消费数量保持不变的条件下，随着消费者对某种商品消费量的增加，消费者从该商品连续增加的每一消费单位中所得到的满足程度（边际效用）是递减的。其原因如下。

生理和心理的原因。消费某商品越多，重复刺激导致生理上和心理上的兴奋度降低、感觉弱化，获得的满足程度降低，从而效用减少。一些家长教育挑食的小孩子时，在反复劝说无效的情况下，连续几天都做同一个菜给他吃。结果可想而知，之后的一段时间内，挑食的小孩子再也不敢耍脾气挑食了。

商品用途的多样性。商品有多种用途，如小汽车可以代步、旅游和炫耀等，消费者总是先把商品用于最重要的用途，然后是次要的用途，依此类推。随着重要性的降低，所得到的效用也随之减少。

不同的商品，不同的消费，边际效用递减的速度不同，如图 2.5-2 所示。

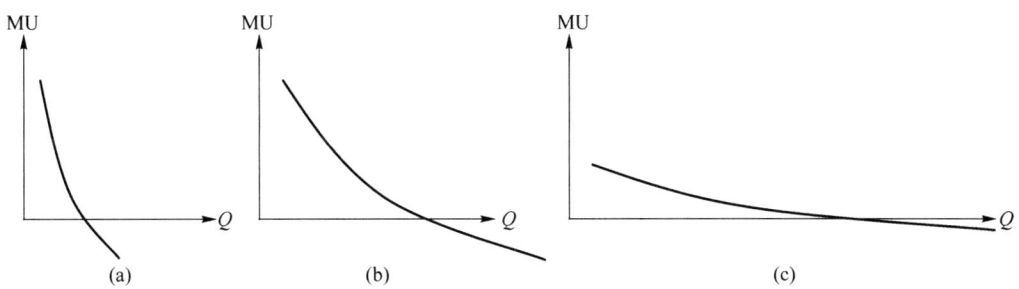

图 2.5-2　不同递减速度的边际效用

图（a）边际效用递减速度最快，消费者很容易就感到厌倦；图（c）递减速度最慢，消费者的消费量最多。

边际效用递减可以解释很多消费现象。1982 年第 1 届春节联欢晚会，在当时娱乐事业尚不发达的中国引起了极大的轰动。而年复一年，投入的人力、物力越来越大，技术效果越来越先进，场面设计越来越宏大，节目种类也越来越丰富。但不知从哪一年起，人们对春节联欢晚会的评价却越来越差了，原先在街头巷尾和茶余饭后的赞美之词变成了一片骂声，春节联欢晚会成了一道众口难调的大菜，晚会也陷入了"年年办，年年被骂；年年被骂，年年办"的怪圈。

三、消费者行为理论的应用

确定消费者的消费需求和偏好，利用边际效应理论，可以为企业营销决策作参考。

(一)满足消费者效用

消费者行为理论告诉我们,消费者购买商品是为了效用最大化,而且商品的效用越大,消费者愿意支付的价格越高。例如,欧美高端小汽车进入中国市场之前,都会进行详细深入的市场调查,从而采取相应措施:加长车身、扩大车容以及定价在超高收入者群体等,其目的在于满足并增加消费者的效用。

此外,在商品没有效用时就创造出效用,因为只要消费者能够从中得到满足,就会有购买的欲望。例如,一些酒店,推出1元的啤酒促销,从而吸引了更多的顾客。

(二)根据消费者偏好和效用开发、推销商品

根据消费者行为理论,企业在决定生产什么时,首先要考虑商品能给消费者带来多大效用。效用是一种心理感觉,取决于消费者的偏好。所以,企业要使自己生产出的产品能卖出去,而且能卖高价,就要分析消费者的心理,满足消费者的偏好。

例如,流行时尚对青年人(尤其是青年女性)的消费偏好影响很大,且不同时代有不同消费时尚。所以企业不仅要了解当前的消费时尚,还要善于发现未来的消费时尚。这样才能从消费时尚中掌握消费者的偏好及变动,并及时开发出能满足这种偏好的商品。同时,消费时尚也受广告的影响。一种成功的广告会引导一种新的消费时尚。所以,企业在开发商品时要定位于某一群体消费者的偏好。

欧美高端小汽车根据中国消费者的偏好加长车身,在中国发售限量版布加迪威航,根据青年一代的消费偏好选择混合型小汽车为主等,都属于根据消费偏好和效用进行的企业决策。

(三)尽量延缓边际效用递减

消费者行为理论还告诉我们,一种商品的边际效用是递减的。如果一种商品仅仅是数量增加,它带给消费者的边际效用就在递减,消费者愿意支付的价格就低。因此,企业要进行创新,商品要多样化,尽量延缓边际效用递减。例如,饭店消费超过300元赠送一个特色菜,超过500元赠送价值更高的一瓶红酒。

理论应用分析 ▷▷

基于相对宽松的成长环境、以悦己为核心的消费理念,Z世代人群的边际消费倾向明显高于前辈在同一年龄段时的水平。整体而言,Z世代出生以来家庭的基础物质条件相对丰富,成长在城镇的比例也更高,其消费更多地聚焦于个体的、升级类的需求(如图2.5-3所示),"随性购买"的比例也更高(如图2.5-4所示)。

Z世代多元和个性的需求不断推动供给端新消费品类的出现。在圈层、悦己和兴趣化的消费趋势下,Z世代成为潮玩、汉服等兴趣型消费的主体,也是游戏/电子书/视频/音乐等内容产品的核心用户。他们注重颜值,一方面,愿意为产品外观设计支付溢价;另一方面,也更重视自身形象的打造,是运动、美妆、医美的重要消费群体。线上美妆&洗护用品在不同代际人群中的消费占比如图2.5-5所示。运动鞋在各年龄层消费人数的分布如图2.5-6所示。

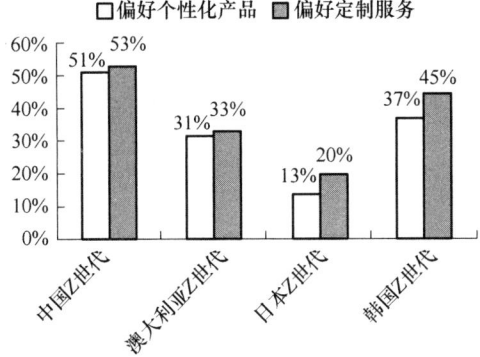
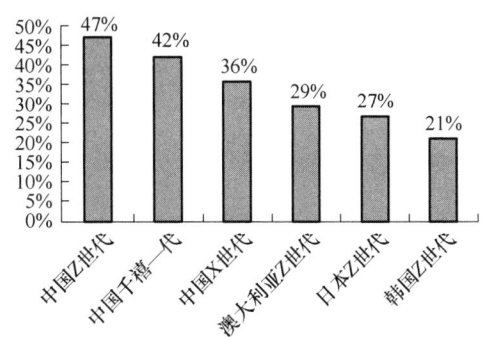

图 2.5-3 中国Z世代倾向于个性化产品与定制服务

图 2.5-4 中国Z世代更容易冲动购物

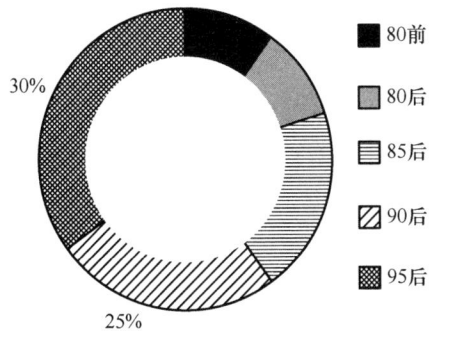
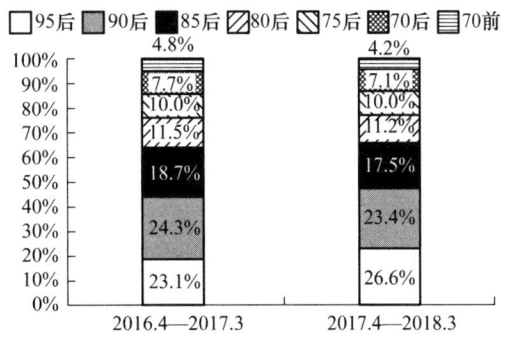

图 2.5-5 线上美妆&洗护产品在不同代际人群中的消费占比

图 2.5-6 运动鞋在各年龄层消费人数的分布

Z世代也是民族自豪感强、对国货认可度更高的一代。目前我国已经具备全世界最完备的产业链,国货品质持续提升,而Z世代成长在中国国际地位明显提升、国家综合实力日益强大的年代,相比其他代际有更强的文化自信(如图2.5-7所示)。根据晨星数据,在新疆棉事件后,阿迪达斯、耐克的天猫旗舰店4月销售额分别同比下滑78%、59%,李宁、安踏等国产品牌则显著增长,其中李宁销售额涨幅达800%。Z世代人群消费力的提升有望重塑此前国外品牌一直占优的服装、美妆等赛道的格局,为优秀国产品牌带来发展机遇(如图2.5-8所示)。

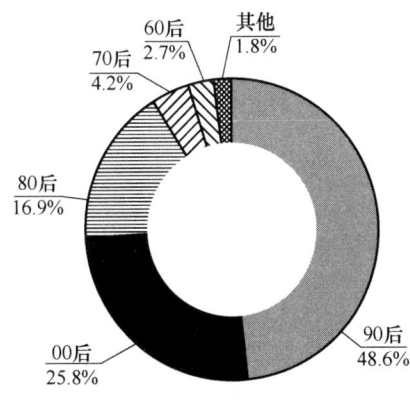
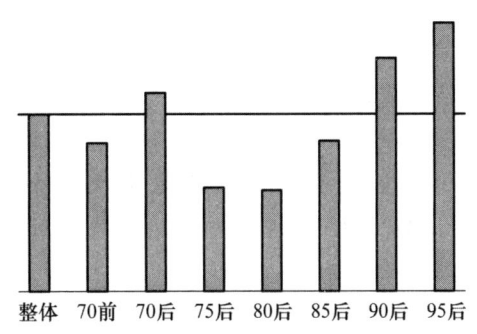

图 2.5-7 国潮相关内容关注年龄分布

图 2.5-8 不同代际线上国潮服饰消费占比提升程度

对于日常消费品类，Z世代的便利性诉求强，"宅消费"和"单身经济"特征显著，对外卖和各类到家服务的消费需求明显（如图2.5-9所示）。根据阿里数据，天猫生鲜送货服务这一典型的"懒系消费"在95后的用户间的增速最快（如图2.5-10所示）。

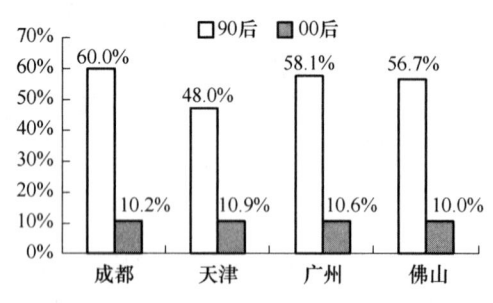

图2.5-9 部分城市90后和00后美团外卖用户占比

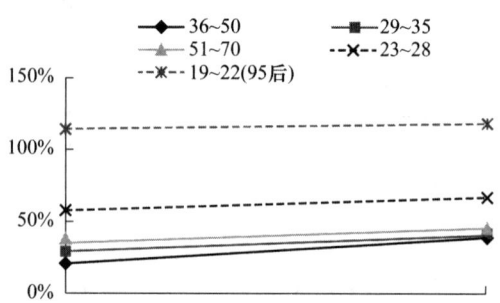

图2.5-10 天猫生鲜各年龄段用户同比增速

（资料来源：中国Z世代人群特征 新时代年轻人消费偏好特点研究，中为咨询研究部，2022.4.14）

问：（1）国产品牌建设，主要针对哪个年龄段的消费者？

（2）从资料中可以总结，Z世代消费群体的偏好有哪些？

（3）美团外卖、社区购的重点开发群体，应该是哪个年龄段？

（4）针对Z世代的服装营销，除必要的使用价值需求外，厂商最应该重视的，是哪几项消费需求？

综合能力训练 ▷▷

一、简答题

（一）洗发水广告，为什么每年要换一次广告视频和代言人？

（二）旅游资源八大类分别为：自然旅游资源的地质地貌景观（路南石林），水域风光（杭州西湖），生物景观（黄山迎客松），天象与气象景观（黄山云海）；人文旅游资源的遗址遗迹（北京故宫），旅游商品（景德镇瓷器），人文活动（傣族泼水节），建筑设施（苏州园林）。如果你要从事大学生旅游中介，你会选择哪个类别作为营销重点？

二、调查问卷分析

大学生潜在小汽车消费群体调查

（1）你的性别

□男　　　　　□女

（2）你打算毕业后多久买车？

□1年　　　□3年左右　　　□5年

(3) 你预期毕业时的收入是多少？
□3 000 元以下　　□4 000～5 000 元　　□5 000～8 000 元　　□8 000 元以上

(4) 你对汽车知识的了解程度是怎样的？
□非常了解　　　　□比较了解　　　　　□一般了解　　　　　□基本不了解

(5) 你获取车辆信息的途径是什么？_____（可多选）
□朋友介绍　　　　□车展　　　　　　　□4S 店　　　　　　　□户外广告
□网络　　　　　　□安全

(6) 你购车的主要原因是什么？_____（可多选）
□方便出行　　　　□享受生活　　　　　□显示地位　　　　　□工作需要
□身边朋友都买了车

(7) 如果购车，你选择的价位是多少？
□5 万左右　　　　□5 万～10 万　　　　□11 万～15 万　　　　□16 万～20 万
□20 万以上

(8) 你购车的支付方式是下面哪种？
□家庭赠送　　　　□家庭资助一部分　　□首付按揭　　　　　□等存够了一次付清

(9) 你购车的方式是下面哪种？
□4S 店　　　　　　□团购　　　　　　　□网购

(10) 你是否会选择二手豪车？
□是　　　　　　　□否

(11) 你偏向选择什么样的车型？
□小轿车　　　　　□新能源　　　　　　□野外 SUV　　　　　□城市 SUV
□MPV　　　　　　□跑车

(12) 你青睐哪个国家的小汽车？
□国产　　　　　　□日系　　　　　　　□韩系　　　　　　　□德系
□美系　　　　　　□其他

(13) 你选择的车辆动力类型是下面哪种？
□汽油　　　　　　□电动　　　　　　　□油电混合

(14) 你购车看重的因素是下面哪几种？
□品牌　　　　　　□性能　　　　　　　□外观（时尚）　　　□内饰做工
□车内空间大小　　□油耗　　　　　　　□车辆尺寸
□价格　　　　　　□发动机排量（动力）□售后服务　　　　　□安全系数

(15) 如果购车，你选择什么颜色的车辆？
□黑色　　　　　　□白色　　　　　　　□银色　　　　　　　□红色
□棕色　　　　　　□灰色　　　　　　　□蓝色　　　　　　　□绿色

根据全班同学的调查问卷统计，回答以下问题：
(1) 你们班同学的汽车消费需求有哪些？以哪一种需求为主？
(2) 根据选项（15）统计的数据排序，如果你是一名 4S 店销售顾问，你会怎样向年轻消费者推销？

（3）如果让你设计一款面向18～25岁年轻人的小汽车，你会设计出怎样一款车呢？

阅读资料 ▷▷

奥地利学派

奥地利学派是由"边际革命"三杰之一的卡尔·门格尔创立，其观点与19世纪以来经济学中的各流派有根本的不同。

一、产生背景

19世纪70年代以后，马克思主义在工人队伍中迅速传播，而为资本家辩护的种种经济学说，诸如成本论、效用论、节欲论等纷纷破产。奥地利学派以主观唯心精神来"改造"传统经济学以便对付马克思主义的意图，受到了资产阶级的热烈欢迎。

二、主要理论观点

1. 方法论

否定抽象演绎的方法，否定理论经济学和一般规律的错误态度，反对英国古典学派的价值论和分配论，特别是反对李嘉图的劳动价值论。它认为社会是个人的集合，个人的经济活动是国民经济的缩影。通过对个人经济活动的演绎、推理就足以说明错综复杂的现实经济现象。

2. 价值论

奥地利学派的理论核心是主观价值论，即边际效用价值论，价值量的大小也只取决于边际效用的大小。价值是主观的，产生于消费领域，不是生产资料将其价值转移于其产品，相反是产品价值赋予其生产资料以价值。商品要有价值，除有效用之外还必须"稀少"，即数量有限，以致它的得失成为物主快乐或痛苦所必不可少的条件。

3. 分配论

奥地利学派有各不相同的分配理论，门格尔认为劳动、资本和土地的收入是它们各自提供的效用的报酬；维塞尔则把它们当作补全财货价值中各个组成要素的价值"归属"问题；柏姆—巴维克则以现在财货的边际效用估价高于未来财货的"时差利息论"解释之。但他们都认为资本和土地的收入，或各自提供效用的报酬，或产生于现在财货与将来财货的不同估价，与剥削劳动毫不相干。

任务六
理性消费——用有限的资源追求幸福美好的生活

学习目标

知识目标
(1) 理解无差异曲线分析法；
(2) 掌握理性消费决策方法；
(3) 熟悉常见的非理性消费现象。

能力目标
(1) 能判断理性和非理性消费行为；
(2) 能分析消费行为并做出最优消费选择。

思政目标
(1) 树立正确的消费观；
(2) 理解人民群众幸福美好生活追求的内容。

经济现象引入 ▷▷

随着物质条件的改善，人们对精致生活的追求日益热切。但是越来越多的年轻人开始挥霍自己的薪水，过度追逐所谓的"品质生活"。他们追求生活的"讲究"，面包必须要吃全麦的，服装必须要穿大牌的，月入5 000元就敢刷信用卡买十几万元的车，如图2.6-1所示。

在这个消费主义盛行的时代，各种借贷平台无疑助长了人们的消费欲望。几次分期付款，就能让一个本来收入不错的"精致穷"还不上钱。还不上钱也不用担心，支付宝借呗、花呗，只需要点点手指现金立马到账。正规平台借完了最后还有各种高利贷可以帮你拆东墙补西墙，但是最后你不得不面对滚雪球一样越来越多的高额债务。

（资料来源：他们活成了精致的穷人，网易生活，2022.5.9）

"精致穷"有错吗？当然没有！

但是，他们却忘了：只有当你的能力配得上自己的野心时，你才能过得随心所欲。当一个拿着一个月父母给的1 500块的生活费的大学生，执着于买500块一支的口红和两三万元一款的名牌包包时，这不是对自己好，这根本就是没有自知之明。

要知道，消费是可以让人产生愉悦感，但当你没有能力消费时，除了让自己背负一身

图 2.6-1 "精致穷"的都市男女

债务,哪里还有那么多的愉悦感呢?以你的生活水平根本就承受不了这样的生活水准,你自以为活得很精致,其实,这样的生活方式和消费观只能让你越变越穷,你一直在过度消费,透支你往后的人生,总有一天,你会因为不堪重负而倒下。而那个时候,你所谓的精致生活只会剩下狼狈不堪。

大学生真正的精致,是由内而外散发的魅力,无须装给任何人看。精致是一个人骨子里透露出来的,对美好生活多一点点的追求和气质,绝不是被奢侈品堆砌出来的浮夸感。

(资料来源:那些被"精致穷"毁掉的大学生,知乎,2022.5.1)

问:(1) 在"精致穷"的年轻人群体中,消费与收入出现了什么问题?

(2) 结合人民群众美好生活的内容,大学生真正的"精致"生活,应该是什么样的?

经济知识学习 ▷▷

一、无差异曲线分析法

序数效用论是弥补基数效用论而产生的一种消费者行为理论,其分析方法是无差异曲线分析,目的在于做出效用最大化的理性消费选择。

(一) 无差异曲线

无差异曲线(indifference curve)表示消费者偏好相同的两种商品的所有组合,或者说它是表示能够给消费者带来相同的效用水平或满足程度的两种商品的所有组合。

汉堡包和可乐的商品消费组合如表 2.6-1 所示。

表 2.6-1 无差异的商品消费组合

商品组合	汉堡包	可乐
A	18	5
B	12	12
C	7	22
D	4	37

如图 2.6-2 所示，无差异曲线上的任何一点所代表的两种商品的不同组合所带来的总效用或总满足水平都是相等的，因此消费者愿意选择其中任何一种组合。

如图 2.6-3 所示，无差异曲线具有以下四个特征。

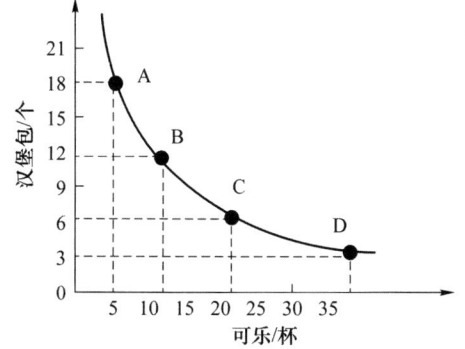

图 2.6-2 无差异曲线

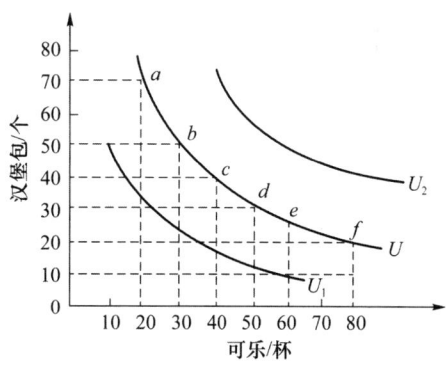

图 2.6-3 不同效用水平的无差异曲线

（1）同一坐标平面上可以有无数条无差异曲线。这表明在坐标图的商品空间上，消费者可以对两种任意组合商品进行效用或偏好的对比，确定它们的效用是无差异的。

（2）在同一坐标平面上任何两条无差异曲线不会相交。假设两条无差异曲线相交，那么交点同时在两条无差异曲线上。由于不同的无差异曲线表示不同的满足程度，这就意味着交点所代表的同一个商品组合对于有一定偏好的同一个消费者来说存在两种不同的满足程度，这与无差异曲线的定义相背离。

（3）对较高的无差异曲线的偏好大于对较低的无差异曲线的偏好。在同一平面上的无数条无差异曲线中，越靠近原点的效用水平越低，而离原点越远的效用水平越高。消费者通常对东西多的偏好大于东西少的，所以无差异曲线离原点越远，其所代表的效用水平越高。

（4）无差异曲线向右下方倾斜且凸向原点。无差异曲线的斜率反映了消费者愿意用一种商品替代另一种商品的比率。在多数情况下，消费者对两种商品都喜好，如果要减少一种商品的量，为了使消费者所得效用不变，就必须增加另一种商品的量。

（二）预算线

预算线又称家庭预算线或支出线，是表示在消费者收入和商品价格既定的条件下，消费者的全部收入所能够买到的两种商品的不同数量的各种组合。

如既定消费支出 100 元，汉堡包价格 5 元/个、可乐 4 元/杯，在 100 元全部用完的情况下所能购买的汉堡包和可乐的所有可能组合。

预算线表明了消费者消费行为的限制条件：购买商品所花的钱不能大于收入，这在既定条件下无法实现；不能小于既定收入，否则无法实现效用最大化。这种限制的计算公式为：

$$M = P_x \times Q_x + P_y \times Q_y$$

如图 2.6-4 中可乐和汉堡包的预算线为 $100 = 4 \times Q_x + 5 \times Q_y$。B 表示的可乐和汉堡包组合（15，8）正好用完 100 元；而 A 组合（10，8）只需要 82 元；C 组合（20，8）需要 132 元，当前支出额无法实现。

当收入增加而商品价格不动，则预算线向右平移，意味着可以购买更多的商品，获得更大的效用水平。当收入下降时，预算线向左平移，意味着较之前只能减少商品购买，获得较低的效用水平。收入变动对预算线的影响如图 2.6-5 所示。

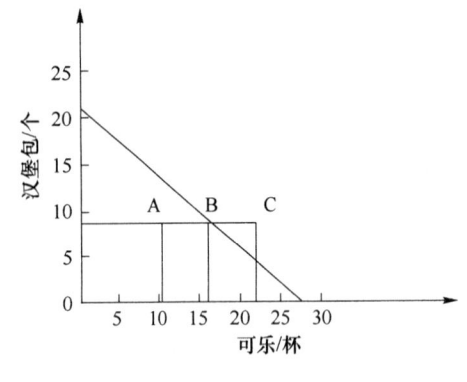
图 2.6-4　预算线

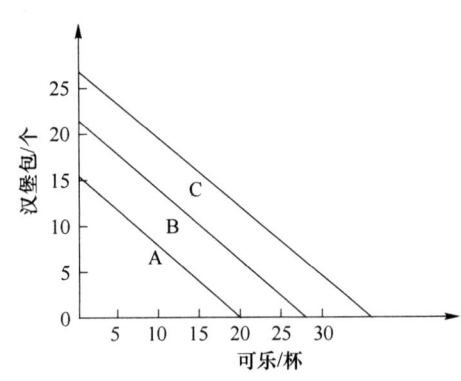
图 2.6-5　收入变动对预算线的影响

当收入不变，商品的价格变动，预算线也会变动。例如，汉堡包和可乐的价格都降低 10%，意味着同样的收入水平，可以买到更多的商品，效用水平上升。

二、消费者均衡

（一）消费者均衡

在消费者的收入和商品的价格既定的条件下，当消费者选择商品组合获取了最大的效用满足，并将保持这种状态不变时，称为消费者均衡。消费者均衡是研究单个消费者在既定收入条件下实现效用最大化的均衡条件，是消费者行为理论的核心。

如图 2.6-6 所示，无差异曲线与预算线相切于点 E，为消费者均衡点。在既定收入和价格水平下，此时的消费组合是收入全部用完时可能达到的最大效用水平。在 A 消费组合时，收入全部用完，但效用水平没有达到最大；在 B 消费组合，当前收入水平无法达到。

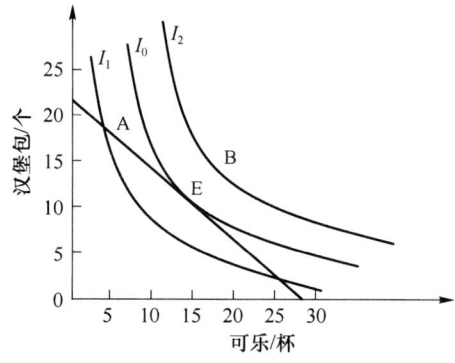

图 2.6-6 消费者均衡

（二）理性消费的原则

理性消费是指消费者在消费能力允许的条件下，按照追求效用最大化原则进行的消费，其核心思想就是既定收入下的效用最大化；或既定效用水平下，尽可能花最少的钱。

理性消费包含两个方面，一是防止资源浪费，如图 2.6-6 中的消费组合 A，所支出的资金和消费组合 E 一样多，但 E 所处的效用水平 I_0 要大于 A 所处的效用水平 I_1。这就是花大钱获得低水平效用。

例 2.6-1：支出既定时尽可能地获得最大的效用：同样是小城市 30 万元的预算，张三用 18 万元买一辆普通配置的 B 级车，用 12 万元首付买个二居室；李四用 10 万元买辆性价比很高的二手高配 B 级车，用 20 万元买一个三居室精装修的房子。比较起来，同样的支出水平下，李四的消费组合获得的效用水平，远高于张三所获的效用水平。

例 2.6-2：效用水平一致时尽可能减少支出。同样是小城市的同等效用消费组合，买同一楼盘的三居室和同级别的 B 级车，张三花了 30 万元。李四买房时，在楼盘多次咨询，同数名购房者一起集体购房，减少了 220 元/米²，首付减少了近 1 万；同时，他详细调查了同配置和性价比的四款 B 级车，其中一款车正在做展销，因此又节约了 1 万元。李四合计只花了 28 万元。

三、非理性消费

（一）非理性消费的定义、表现和原因

非理性消费是指对自己的需求和购买的商品或劳务没有清楚的了解，不能合理地确定消费水平、消费结构和消费方式。非理性消费行为表现为：不能理智地判断自己的消费需求；不能清晰地认识消费对象；不能根据自己的经济状况确定消费水平、消费结构和消费方式。

非理性消费的根本原因是不顾实际的情绪化消费。研究表明，非理性消费者往往受到以下心理因素的影响：贪便宜、冲动、盲目、发泄、轻信、炫耀和攀比等。

（二）常见的非理性消费现象

1. 冲动消费

冲动消费是指在外界因素促发下所进行的事先没有计划和意识的消费行为，具有事前无意识、无计划，以及外界促发下形成的特点。在冲动消费者身上，个人消费的情感因素超出认知与意志因素的制约，容易接受商品（特别是时尚潮流商品）的外观和广告宣传的影响。

例 2.6-3：某人陪她朋友去车展买车，结果看到一款红色多功能迷你小汽车，据说是今年最流行的新车款式，销量火爆，于是临时决定购买一辆。

对于这种一见钟情的商品要慎重，虽然一时铁了心要买，最好还是冷静一下，从收入水平、是否需要等角度综合权衡，或者冷静一天再做决定。

2. 炫耀消费

炫耀消费指的是通过对商品的超出实用和生存所必需的浪费性、奢侈性消费，向他人炫耀和展示自己的财力和社会地位，以及这种地位所带来的荣耀、声望和名誉。炫耀性消费在权力主导或贫富差距较大的国家最为常见。

很多时候，我们买一件商品，看中的并不完全是它的使用价值，而是希望通过该商品显示自己的财富、地位或者其他。所以，有些商品往往是越贵越有人追捧，比如一辆高档轿车、一部昂贵的手机、一栋超大的房子、一场高尔夫球赛、一顿天价年夜饭等。制度经济学派的开山鼻祖凡勃伦认为，那些难于种植并因此昂贵的花并不必然比野生的花漂亮，对于牧场和公园，一头鹿显然没有一头牛有用，人们更喜欢前者是因为它更加昂贵、更加稀少。

炫耀消费具有一些基本的标准。第一个标准是，炫耀消费应当是纯粹的消费。因此我们需要鉴别一些貌似消费而实际上是投资的"消费"。譬如，某官员以生日为名在高档场所宴请客人，其目的是赚更多的钱，消费只是一个幌子。第二个标准是，炫耀消费的心灵依附性。如果没有心灵上对消费所产生的高人一等的依附，如果消费的目的不是"显摆"，就不算是炫耀消费。譬如，有的富人一点小毛病也要到大医院开高价药，这种消费只是人们对于安全和权威的莫名信任和依托而已。

3. 贪便宜消费

贪便宜是人性的弱点之一，人们往往因为打折、送礼等促销手段而购买一些不需要的商品。贪便宜实际上是一种求利心理，比如说，有的人只要看到自己心仪的商品忽然降价、打折了，就会兴奋不已，迫不及待地掏钱购买。或者你买完商品后发朋友圈，商家就给你优惠券，不管是你自己用，还是给朋友用，都可以继续享受折扣。你明明知道这是商家的营销套路，但是很多人就是很喜欢，并且乐此不疲。再比如说，你买东西花了 69 元，加一元可以换购一件相同价值的产品，一看可以占很大的便宜，很多人毫不犹豫地就多加了一元钱，顺便替商家冲击了一下销量。

4. 攀比消费

攀比消费是指不同的消费者在消费水平、消费结构、消费方式等方面互相比较，试图赶上和超过别人的心理和行为。它有两种互相联系的比较明显的表现方式：一种是力图使自己的消费和别人一样,对周围的消费者所拥有的高档消费品和时髦的消费方式,尽量仿效,力图赶上消费的新潮流。另一种是力图使自己在消费上和别人不一样,在消费水平、消费方式、消费结构等方面总是标新立异、超过别人、突出自己,以使自己显得比别人富有、优越。这种现象不仅表现于日常的消费活动中,而且还比较突出地表现于婚丧嫁娶等活动。

5. 从众消费

从众消费是个体消费者基于群体压力或寻求社会归属感,把其他消费者的期望或行为作为自己行为参照的准则,进而在自己的产品评价、品牌选择以及消费方式上表现出迎合公众舆论或其他消费者期望的消费现象。该现象的产生,一方面可能是消费者顺从群体压力而做出被动的、消极适应性的消费行为;另一方面也可能是消费者寻求社会认同和群体归属而做出的主动的、自我调整式的、积极适应性的消费行为。在消费情境中表现为,消费者基于外部参照群体的期望来进行产品购买决策、在进行产品购买决策时赋予参照群体的意见和期望以较大权重、选择身边多数人偏好的品牌等。

理论应用分析 ▷▷

案例一:

理 性 购 车

私家车的方便性虽然大大高于公交车等公共交通工具,但是在选择和购买的过程中,也需要量力而行,绝不能盲目地去选择,适合自己的才是最好的!那么,什么样的车子才是适合自己的呢?可以参考以下选车的四个步骤。

第一步:搞清楚自己的首要需求。买车之前不妨先通过一些汽车垂直网站了解一下车型的相关资料,所谓磨刀不误砍柴工。汽车的本质,是让人们的出行更加方便。购车的原则是要能带来更多的幸福感。

第二步:搞清楚自己的预算。买车要量力而行,预算要综合考虑,比方说,预算十万,那么这十万是裸车的价格,还是包含了保险、购置税和一般装饰呢?再者,是全款买车还是贷款买车合适呢?后续保养费用多高?这些问题都需要提前考虑好。

第三步:根据自己的需求和预算,缩小选择范围。明确了需求,确定了预算,接下来要具体考虑的,是车辆的安全、外观、配置、动力、油耗等。由此,选出3~5款自己比较喜欢的车型,再对它们进行详细的比较。

第四步:试驾,选择性价比最高的车。首先,要精准了解车的全部配置,配置很重要,每一款车都有不少于五六种配置,配置不同,价格差距很大。其次,要关注动力系统,比如提速、转弯等操控方面表现如何。最后,通过试驾,在同等价格下,选出综合性价比最高、最让你满意的车型。

(资料来源:理性购车很关键 一定要做好这四步,汽车世界,2022.4.28)

案例二：

非理性购车行为

很多人在分析车市发展规律的时候，总是喜欢用堆砌数字的方式进行分析，核算不同车市分支的增长或下降情况，然后得出这些分支发展状况的具体结论，并以此预测未来车市的发展方向。但是消费者的购车过程却并非全部出于理性考虑，消费者易变、易冲动、易受外在因素影响，甚至会因为4S店工作人员态度的好坏改变购车意图。所以如果我们用数字来衡量消费者的非理性购车行为，是否会对车市的发展方向造成误判？

2021年大众在中国的销售量为240.5万辆，连续十余年霸占销售排行榜第一名。为什么大众汽车的销售量会这么高？如果我们不去考虑消费从众的因素，单纯性地用数据核算的方式，是永远也无法解开这个谜的，也无法解释当年速腾断轴事件后，虽然负面效应缠身，但是销量依旧位居前三名，你还能用数字分析的方式去解释这个现象吗？只能用消费从众的心理去分析，才能看透彻。

汽车凭借较高的单价成为人们身份的象征。所以，尽管2018年国内汽车销量出现30年来的下跌，但豪华汽车销量却呈现上升的态势，而这其中，豪华品牌的入门车型成了促成高档车实现销量增长的关键因素。不难看出，"好面子"始终是打开人们消费欲望的一把钥匙。

现在农村经济条件变好了，农民购车也变成一种时尚。以前总是说"人靠衣裳马靠鞍"，现在已经变成汽车成为身份的象征了。一些人买了车之后，马上开回村里，请客吃饭、放鞭炮，恨不得全村人都知道。他们买车并不是因为生活需要，而是单纯地通过高调展示买车，来宣示他的"实力"和"地位"。

（资料来源：不可忽略消费者的非理性购车行为，搜狐汽车，2022.4.11）

思考：（1）当预算一定时，如何实现理性购车？当你已确定所购车辆的性能和配置、保养费用等综合水平后，如何实现理性购车？

（2）案例二中，有哪些非理性消费行为？

综合能力训练 ▷▷

一、判断题

判断下列消费行为是否理性？如果是非理性，属于哪种非理性消费行为？

- 某大学生用网贷购买了一个名牌包包；
- 某大学生用自己暑假打工赚的钱，为自己换了一台心仪已久的手机；
- "6·18"大促销期间，某大学生买了十余件"特价"商品；
- 某大学生在"双十一"期间，对比了天猫、京东等四个大型购物平台的同品牌同款鞋子，选择最优惠的平台下单；
- 某大学生睡前刷抖音时，被主播推荐的一款"智能"手表吸引，买回来后发现自己根本用不上。

二、简答题

（一）结合个人亲身经历，谈谈自己曾经有哪些非理性消费行为？

（二）部分大学生购买电动车代步，也便于外出兼职打工。请你核算自己每个月的生活费，做出合理分配后，删掉不必要的开支，看看一个学期下来能够节约多少钱？以此为基础做预算，买一台什么样的电动自行车（含二手电动车），说明你的理由。

阅读资料 ▷▷

剑桥学派（新古典学派）

剑桥学派（Cambridge school），是19世纪末20世纪初，由英国经济学家马歇尔创建的一个学派，该学派在19世纪末20世纪初的资产阶级经济学界占据支配地位。

一、产生背景

第二次工业革命的完成，以及以边际学派为代表的庸俗经济思想的发展，给社会经济带来了巨大的影响。自由资本主义发展进入了一个新的阶段。此时以1890年马歇尔出版的《经济学原理》为基础，继承19世纪初以来的英国庸俗经济学传统，用折中主义的方法把供求论、生产费用论、边际效用论、边际生产力论等融合在一起，建立了一个以完全竞争为前提，以"均衡价格论"为核心的庸俗经济学体系，称为新古典学派。同时，由于马歇尔和他的忠实门生庇古、罗伯逊等长期在英国剑桥大学任教，所以新古典学派又被称为剑桥学派。

二、主要理论观点

（一）剑桥学派的核心内容是均衡价格论。他们用边际效用递减规律决定的需求曲线，与用边际生产费用递增规律决定的供给曲线，说明一种商品的均衡价格的决定。用均衡价格衡量商品的价值，从而以均衡价格论代替劳动价值论。

（二）在均衡价格论的基础上建立分配论，认为国民收入是各种生产要素共同创造的，各个生产要素在国民收入中所占份额的大小，取决于它们各自的供求状况所决定的均衡价格。对劳动、资本、土地的需求取决于各自的边际生产力。工资是劳动供求均衡时劳动的价格；利息是资本供求均衡时资本的价格；利润是资本家组织和管理企业以及冒风险的报酬；地租是农产品价格超过其生产费用的剩余，它取决于土地的边际生产力。

（三）剑桥学派颂扬自由竞争，主张自由放任，认为资本主义制度可以通过市场力量的自动调节达到充分就业的均衡。至于实际存在的失业，则认为主要是工资率缺乏伸缩性的结果。

（四）作为剑桥学派主要代表人物的庇古提出一整套福利经济学，他从边际效用基数论出发提出，国民收入量愈大，国民收入分配愈均等化，社会经济福利就愈大的命题。

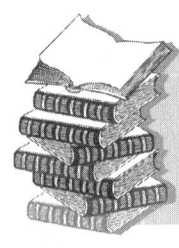

任务七
生产决策——时刻关注投入产出

学习目标

知识目标

(1) 理解短期生产和长期生产的相关概念；
(2) 掌握短期生产的劳动要素的最适投入；
(3) 掌握长期生产的最佳要素组合及规模经济。

能力目标

(1) 能统计短期生产数据，确定最适劳动投入；
(2) 能判断规模经济，确定最佳的资本、劳动要素投入。

思政目标

(1) 理解量变与质变的转换；
(2) 培养数据分析与思维习惯。

经济现象引入 ▷▷

2016—2020 年的 4 年间，我国新能源车的渗透率从 1% 提升到 5.8%。而从 2020 年到 2021 年年底，这一数字提升到了 12.7%。新能源车高歌猛进，大量资本涌入，将新能源车的产能推向一个又一个新的高峰。

不过，规模的扩大也使得更多环节的问题开始出现。一家投诉网站的数据显示，2020 年国内纯电动车总投诉量为 1 837 宗，同比增长 30.9%；2021 年总投诉量飙升至 4 000 件，同比增长 118%。其中，至少发生过一次车主投诉的纯电动车型有 153 款，增加了 42 款车型。

投诉量的走高表明，与新能源车刚启动市场化的阶段相比，新能源车的问题正处于爆发期。2021 年，国内纯电动车乘用车销售 288 万辆，同比增长 162%。目前，国内新能源车保有量达 784 万辆，在接下来的迅速扩容中，这些投诉所涉问题能否得到及时有效地解决，将直接决定新能源车接下来的普及效果。

从中国消费者协会发布的数据来看，对新能源车的投诉集中在质量方面，其中又以电池相关问题为主。协会提供的案例显示，一位车主在购买新能源车后，"三包"期内车辆经常出现半路熄火，且无法进行充电的情况。《经济观察报》的记者注意到，在多家投诉网站上，消费者对于电池续航里程虚标、衰减严重、电池故障等投诉比较集中。

除电池问题外,充电故障,如时间过长、充不进电、充不满电等现象也让部分新能源车车主十分困扰。在车质网上,一位特斯拉车主表示,自己的车每次都是在充到75%的电量时就自动中断充电,始终充不满电,在与特斯拉客服数次沟通后仍未解决。另外,电动车的投诉还涉及电机故障、电瓶漏电、车辆无故熄火、操作系统故障、系统黑屏等问题。这些均成为新能源车发展道路上必须解决的问题。

(资料来源:新能源车快速扩张的并发症 每卖14辆就有1辆被召回,汽车之家,2022.4.9)

问:(1)新能源车扩张过快,造成了哪些不良后果?
(2)在现实生活中有哪些盲目扩张招致失败的企业案例?

经济知识学习 ▷▷

一、企业生产

(一)企业生产经营的前提:生产要素

生产要素是指,进行社会生产经营活动时所需要的各种经济资源。生产要素包括劳动力、资本、土地、企业家才能4种要素。随着科技的发展和知识产权制度的建立,技术、信息也作为相对独立的要素投入生产。生产要素通过市场进行交易,遵循供求定理,形成各种各样的生产要素价格。

(1)劳动 L(labour)是指人们从事生产活动时在体力和智力方面的能力消耗,分为体力劳动和智力劳动。

(2)资本 K(capital)是指生产活动中所使用的人们过去劳动的产物,包括资本货物(机器设备、厂房建筑物和原材料等)和金融资产(股票、债券和借款等)。

(3)土地是指生产活动中所占用或消耗的自然资源,包括购买或租赁的土地、水电石油、森林及矿产等资源。

(4)企业家才能是指企业家经营企业的能力。前面三种要素都必须通过企业家来进行有效的组合才能生产商品。

在西方经济学研究中,为简化分析的过程,一般只考虑劳动和资本两种要素的投入。

(二)短期生产和长期生产的划分

在分析企业技术效率与经济效率时,特别要注意短期生产与长期生产的区分,其标准是生产要素能否全部调整,与时间长短无关。全部要素可以调整,为长期生产;如果一定时期内有一种要素不可调整,则为短期生产。不同的企业,短期生产与长期生产的时间长短不同。为简化研究,西方经济学只考虑投入资本和劳动两种生产要素,而产出为一种商品。

例2.7-1:对一个小服装厂而言,所需的所有要素(工人和缝纫机)在三个月内就可以调整,那么,三个月以内就是短期生产,三个月以上就是长期生产。但对一个大型汽车厂而言，所需的所有要素需要三年才能调整。在三年之内只能调整工人，不能调整生产线设备，则三年之内就是短期生产，三年以上才是长期生产。

短期生产是企业不能调整全部生产要素的时期，因此在分析企业短期技术效率时，我们分析资本要素不变时，如何调整劳动要素投入量，从而实现技术效率。在分析长期生产的技术效率时，企业可以调整全部生产要素，而企业全部生产要素的变动就是企业规模的变动，因此，企业长期生产的技术效率的实现就是要确定一个适度规模。

二、短期生产决策：劳动要素的最适投入

（一）总产量、平均产量和边际产量

总产量（TP）是指企业在一定时期内用一定量的某种生产要素所生产出来的商品总量；平均产量（AP）是指平均每单位某种生产要素所生产出来的产量；边际产量（MP）是指增加一个单位某种生产要素所增加的产量。

例 2.7-2：对于生产新能源车动力电池的企业来说，其拥有的机器设备和厂房在短期内是固定的，但是所雇用的劳动力是可以调整的，企业生产负责人必须统计劳动力和产量的情况，以便考察最佳的劳动力投入量，如表 2.7-1 所示。

表 2.7-1　某动力电池工厂数据线车间短期劳动力与产量情况统计（产量单位：万个）

可变投入量/L	固定投入量/K	总产量/TP	平均产量/AP	边际产量/MP
1	10	3	3	3
2	10	10	5	7
3	10	24	8	14
4	10	36	9	12
5	10	40	8	4
6	10	42	7	2
7	10	42	6	0
8	10	40	5	−2

如表 2.7-1 所示，在电池数据线生产中，短期而言机器设备等资本投入不变，固定为 10 万元，劳动力则可以随便变化，如临时招聘或从企业其他车间调入。劳动力的变动，必然导致产量变化。当劳动力从 1 个人增加到 2 个人时，总产量从 3 万个增加到 10 万个，也就是劳动力增加 1 个单位，总产量变动了 7 万个，所以对应的边际产量为 7 万个；当劳动力从 7 个人增加到 8 个人时，总产量从 42 万个减少为 40 万个，也就是说劳动力增加 1 个单位，总产量变动了 2 万个（负值），所以对应的边际产量为 −2 万个。

（二）短期生产决策

在短期生产中，诸如厂房、设备等资本要素不变，而只有劳动投入量可以变化。短期生产决策就是分析劳动要素的最适投入量，即在资本要素既定下如何投入劳动获得最佳产

量，从而实现技术效率。

（三）边际产量递减规模

边际产量递减规律（又称边际报酬递减规律或边际收益递减规律），是指在技术水平不变的情况下，其他生产要素不变，连续投入一种生产要素，最初这种生产要素的增加会使产量增加，但超过一定限度时，边际产量递减，并最终导致总产量减少。根据表 2.7-1 可做出相应的劳动投入与产量关系图，如图 2.7-1 所示。

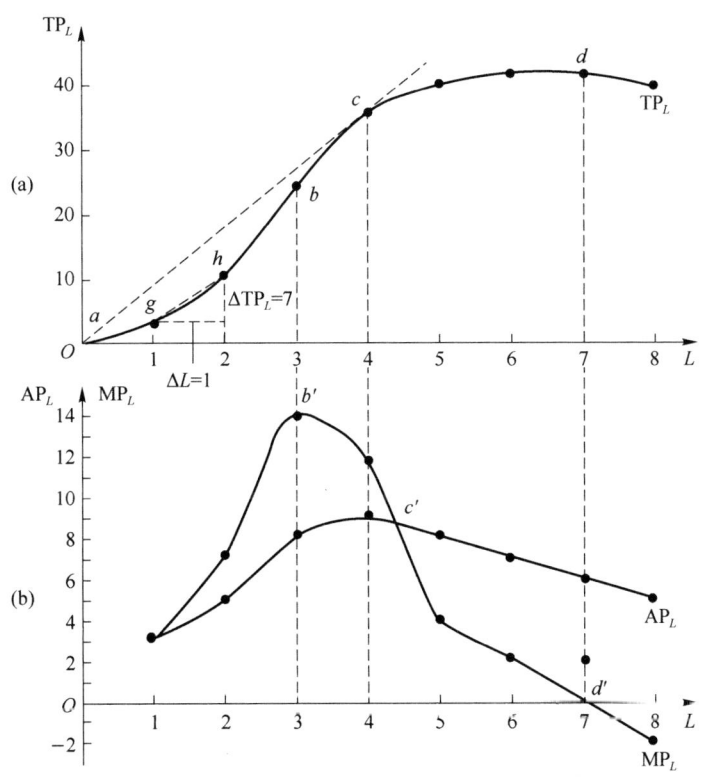

图 2.7-1　一种可变要素的投入与产量之间的关系

如图 2.7-1 所示，随着可变要素劳动力的投入量不断增加，边际产量最终变为负值。比如，当企业每台设备雇用 8 个工人时，工作场所会变得十分拥挤，劳动者在做工作的时候会相互碍事。因此，在增雇第 8 个工人时，总产量实际上会减少，所以边际产量变为负值。

综上所述，我们可以对各种产量曲线相互间的关系归纳如下：

（1）当 TP 上升时，MP 为正；当 TP 下降时，MP 为负；因此，当 TP 为极大时，MP=0。

（2）当 MP>AP 时，AP 上升；当 MP<AP 时，AP 下降；当 MP 曲线通过 AP 曲线的最高点时，MP=AP。

> **小知识：**
> 设某班级学生的平均身高为170厘米（相当于AP），若转入一位新同学，其身高为180厘米（相当于MP），即原先全班的平均身高小于转入者（即AP<MP），这样就会由于转入者的身高的"拉动"，使得后来全班的平均身高增加（相当于AP呈递增）了；反之若班上转入一位新同学，其身高为160厘米（相当于MP），比原班上的身高小时（MP<AP），则该班上新的平均身高会下降（即AP此时呈递减）。
> 这个例子比较形象地说明了平均产量和边际产量的关系。

（四）劳动要素的最适投入区域

根据短期生产的劳动与产出图，可以判断最佳的劳动投入量。

图2.7-2为一种可变要素投入时生产的三个阶段，其中L表示该可变要素为劳动。

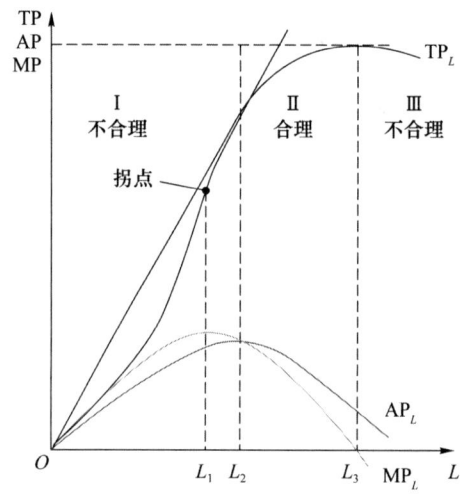

图2.7-2 一种可变要素投入时生产的三个阶段

在第Ⅰ阶段中，可变要素的投入量从0增加到L_2个单位时，在这一阶段各种产量曲线的变化特征为：AP上升并达到最大值；MP达到最大值后开始递减，但始终大于劳动的平均产量；TP始终递增。所以，此阶段称为平均产量递增阶段。说明在本阶段，固定要素投入相对过多，增加可变要素的投入有利于两者搭配比例更加合理化。因此，第Ⅰ阶段可称为生产力尚未充分发挥的阶段，在该阶段理性企业对可变要素的投入不会停止。

在第Ⅱ阶段中，AP虽开始下降，但仍相当高；同时MP>0，这时继续投入生产要素，仍会有额外的产出。因此，第Ⅱ阶段可称为生产的经济阶段，也称为生产的合理区域。

在第Ⅲ阶段中，MP<0，TP开始下降，这表示可变生产要素投入过多，不但不能增加生产，反而使总产量减少，使生产者蒙受双重损失：一是资源的浪费，二是总产量的减少。因此，第Ⅲ阶段可称为生产不经济的阶段。

综合以上所述，可知第Ⅰ阶段中要素的生产力尚未充分发挥，不是最有利的生产阶段。第Ⅲ阶段中要素的边际产量为负，总产量开始下降，此种情形不但无利，而且有害，因此也不是有利的生产阶段。第Ⅱ阶段则无上述两阶段的缺点，故为生产合理阶段。如果企业以平均产量最大为目标，则劳动投入量在 L_2 点就可以了；如果企业以产量最大化为目标（如临近交货企业赶工生产时），则选择 L_3 点。

如果企业以利润最大化为目标，则要考虑成本、商品价格等因素。AP 最大或 TP 最大都不一定是利润最大化点，但利润最大化点一定是在该区域内。在现实生活中难以准确判断劳动投入多少为宜，但可以从资本和劳动的价格予以估算，如果相对于资本的价格而言，劳动的价格较高，则劳动的投入量靠近点 L_2 对于生产者较有利；若相对于资本的价格而言，劳动的价格较低，则劳动的投入量靠近点 L_3 对于生产者较有利。

二、长期生产决策：资本、劳动要素的规模和最适组合

（一）长期生产决策

在长期内，所有的生产要素投入量都是可变的。长期生产决策就是要分析在技术水平不变的条件下，由资本和劳动两种可变生产要素投入量的一定组合所能生产的最大产量。

由于资本和劳动的投入量都可变，所以长期生产决策有三种情况。

（1）产量既定时，资本和劳动不同比例投入，考察资本和劳动的最佳投入比例和数量。其决策标准是成本最小。

（2）成本既定时，资本和劳动不同比例投入，考察资本和劳动的最佳投入比例和数量。其决策标准是产量最大。

（3）资本和劳动同比例增加时，资本和劳动的投入量增加但是比例不变，由此分析生产规模扩大的合理性。其决策标准是产量增加的比率大于规模扩大的比率。

（二）规模收益

在长期生产决策中规模扩张最为典型。规模扩张指的是在资本和劳动投入比例不变的情况下，等比例地扩大规模。例如，连锁餐饮公司增设分店，且分店的设备和员工安排基本相同；生产企业增设流水线，且设备及配置的员工比例不变；旅游公司增设旅游线路，投入相同的车辆和员工。

当企业资本和劳动要素同比例增加时，生产规模将扩大，此时其产量的增加有三种可能。

（1）产量增加的比率大于生产规模扩大的比率，称为规模收益递增。

（2）产量增加的比率小于生产规模扩大的比率，称为规模收益递减。

（3）产量增加的比率等于生产规模扩大的比率，称为规模收益不变。

1. 规模经济

规模经济又称内在经济，是指在一定科技水平下生产规模的扩大，产量快速增加，使长期平均成本下降的趋势。规模收益递增会带来规模经济。反之，当规模扩大使得平均成本增加时，称为规模不经济。

企业规模扩大引起规模经济的原因如下。

（1）专业化。在小企业中，一个工人可能要做好几种作业；在大企业中工人多，可以分工分得更细，实行专业化。这有利于工人提高技术的熟练程度，从而提高劳动生产率。

(2) 可以使用专用化的设备和较先进的技术。小企业因为生产量少，只能采用通用设备。大企业生产量大，可采用专用设备和较先进的技术。而先进、大型的设备单位能力的制造和运转费用通常比小设备要低。例如，大高炉比小高炉、大型电机比小型电机单位能力的制造成本和运转成本要低。

(3) 生产要素具有不可分割性，而庞大的投资需要规模生产才能产生经济效益。按国际标准单个汽车厂年产量 30 万辆才能达到规模经济，而我国本土 100 多家汽车生产厂中年产量达到 5 万辆以上的只有十余家。

(4) 其他因素。例如，大规模生产便于实行联合化和多种经营；便于实行大量销售和大量采购（可以节省购、销费用）；可以对副产品进行综合利用。

导致规模收益递减的因素主要是管理问题导致生产效率降低。

(1) 在规模扩大后，企业内部合理分工被破坏，生产难以协调。

(2) 管理环节太多，高层管理人员很少接触基层，会造成文牍主义和官僚主义。

(3) 产品销售规模庞大、环节加长。

(4) 获得企业决策的各种信息困难。

2. 规模扩张决策

企业规模有一个限度，即生产规模的扩大正好使得收益递增达到最大。在具体决策时，若规模收益递增即规模经济，则选择继续扩大规模；反之则缩小规模。

对于不同的行业与企业来说，适度规模的大小是不同的，其考虑的因素如下。

第一，行业技术特点。需要的投资越大，所用的设备越复杂先进，适度规模就越大，如冶金、汽车、机械、造船、化工等重工业。反之，所用设备简单、技术要求低的行业，适度规模就小，如服装、服务类行业。

第二，市场条件。市场需求越大，且标准化程度越高，企业的适度规模越大，如彩电企业。反之，适度规模就小，如盒饭店。

图 2.7-3　企业很容易陷入盲目扩张

第三，其他条件，如经济发展水平、资源、技术进步等。影响企业适度规模的因素有很多，因此规模选择是一个动态的过程。例如，中国近二十年经济发展迅速，国民收入水平提高，小汽车需求飞速发展，德国大众、日本本田等企业在中国投资所建分厂的规模也随之扩大,利润也大幅度增加。

当规模收益递增时,企业才能扩大规模;当企业规模扩张引起收益递减时,企业应该努力改革以促进规模经济。道理很简单,但实际经营中为什么那么多企业陷入不理智的扩张呢?究其原因,是因为企业一旦进入疯狂扩张的快车道,由此带来的短期效应、市场影响以及内部管理层的提拔,所导致的惯性使得企业已经无法停止扩张。

理论应用分析 ▷▷

案例一:

某电子厂短期生产决策

某电子厂数据线生产车间的一个开关生产工位,有一台5米长的半自动生产设备,根据近半年的统计,劳动力投入及产量变动数据如表2.7-2所示。

表2.7-2 某电子厂开关生产工位生产统计

日期	劳动力/人	产量/件	日期	劳动力/人	产量/件
2.16	1	260	5.18	4	2080
2.19	2	600	5.25	10	3620
3.4	3	1200	6.12	5	2680
4.11	6	3120	6.13	7	3360
4.22	9	3600	6.22	8	3520
4.26	11	3500	—	—	—

根据以上表格做出以下分析。

1. 填制产量表

填制如表2.7-3所示产量表。

表2.7-3 产量表

劳动力投入/人	总产量/件	平均产量/件	边际产量/件
1	260	260	—
2			
3			
4			
5			
6			
7			
8			
9			
10			
11			

2. 根据表格绘制劳动力投入产量曲线图

绘制如图 2.7-4 所示劳动力投入产量曲线图。

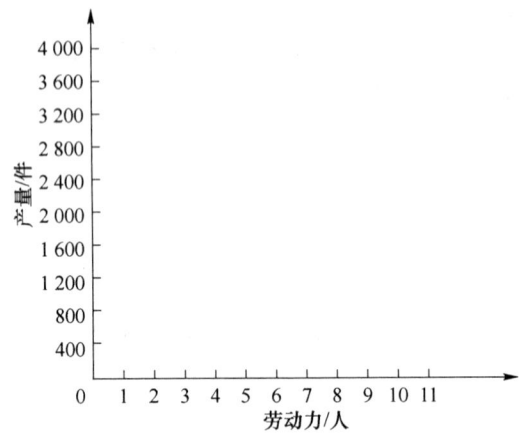

图 2.7-4　劳动力投入产量曲线图

3. 综合图表分析

（1）根据图 2.7-4 分析边际产量和总产量的变化关系。当边际产量大于 0 时，总产量上升还是下降？当边际产量小于 0 时，总产量如何变化？当边际产量等于 0 时，总产量如何？

（2）由于客户催单，工厂要求以最快的速度生产完毕，此时选择投入多少劳动力为宜？

（3）当时间足够，投入多少劳动力为宜？（机器设备的成本是固定的，不管每天投入多少劳动力和完成多少操作量，机器设备成本都不变。此时唯一变动的成本就是劳动力成本，最佳的劳动力投入是多少？）

（4）对于一家酒店而言，酒店建筑、设备等一旦投入就无法改变，短期能够变化的只有员工（即劳动力）数量。淡季游客很少，旺季游客爆满。根据上述分析，淡季时怎样投入劳动力，旺季时呢？

案例二：

特斯拉的扩张

从 2008 年推出首款车型 Tesla Roadster 到产品遍及全球，特斯拉在 13 年间实现全球市场扩张，数百万辆汽车被世界各地的用户消化。这家硅谷电动汽车公司一直渴望足够大的体量与规模，尽管尚无法与丰田、大众等传统老牌车企相比，但在电动汽车领域，它堪称王者。

2021 年，特斯拉全球销量近 94 万辆，同比增长 188%，已连续 4 年蝉联全球最畅销电动汽车品牌。特斯拉旗下车型 Model 3 成为首个累计销量突破百万辆的电动车型。与此同时，特斯拉的市值一路高歌猛进，超越丰田、比亚迪、通用，成为全球市值最高的车企。

2016 年，Model 3 的推出使大量订单涌向特斯拉，受限于产能，销售规模难以进一步提升。这让特斯拉 CEO 马斯克看到，要拓展海外市场，首先要建立工厂、确保产能，他在全球各地寻觅合适的生产基地。

特斯拉工厂目前已建成和在建的 6 座超级工厂主要分布在美国（4 座）、中国（1 座）以及欧洲（1 座），全面生产整车、电池电机、光伏产品等。汽车制造以加州弗里蒙特工厂、上海临港超级工厂、柏林超级工厂、德州奥斯汀超级工厂为主。内华达州超级工厂则负责生产特斯拉电池。

在欧洲市场实现全覆盖后，基于巨大的市场潜力与相对低廉的制造成本，马斯克目前最看重的，还是中国这样的新兴市场。

上海超级工厂是特斯拉全球第二座整车组装工厂，于 2019 年 1 月动工，同年 12 月实现首次交付，设定最大产能为 45 万辆/年。2020 年周产量已经达到 8 000 辆，2021 年全年产能达 47 万辆。

马斯克掌握着最成熟的电动汽车生产技术，通过中国超级工厂迅速扩大产量，一举降低成本，并通过特斯拉的高端电动车品质保证和成本降低支撑的降价促销，2021 年在中国销售了 48.41 万辆，其中仅 12 月份就销售了超过 7 万辆。

（资料来源：解密特斯拉的全球扩张之路，汽车之家，2022.4.14）

问：（1）判断特斯拉近几年在中国的规模扩张是否属于规模经济？其原因是什么？
（2）当上海超级工厂建成后，为什么特斯拉要开足马力生产达到甚至超过产能最大值？

综合能力训练 ▷▷

一、分析题

（一）某小五金厂购置了一台新的冲压设备，通过安排不同数量的员工可以改变产量。以下是 3—4 月的生产数据统计。

表 2.7-4　某工程不定期劳动力投入与产量统计

日期	工人数/人	产量/吨	日期	工人数/人	产量/吨	日期	工人数/人	产量/吨
3.3	8	13	3.27	4	15	4.14	0	0
3.8	6	17	3.30	3	12	4.19	2	8
3.12	1	3	4.7	7	16	4.22	5	17

根据以上资料分析如下问题。
（1）填写劳动投入产出表（表 2.7-5）。

表 2.7-5　劳动投入产出表

劳动投入量（L）	总产量（TP）	边际产量（MP）	平均产量（AP）
0	0	0	0
1			
2			
3			

续 表

劳动投入量（L）	总产量（TP）	边际产量（MP）	平均产量（AP）
4			
5			
6			
7			
8			

（2）绘制生产曲线图（如图2.7-5所示）。

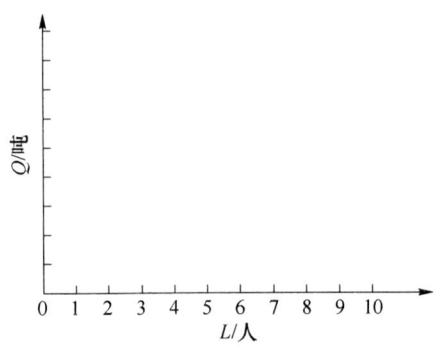

图2.7-5　生产曲线图

（3）根据图2.7-5分析，当企业接到客户订单，需要尽快完成生产并交付，选择投入多少人？当企业处于生产淡季，需要考虑尽可能让生产线的每个员工达到最大产出时，选择投入多少人？企业最佳产量处于多少人到多少人之间？

（二）某服装生产厂经过长期统计发现，如表2.7-6所示四种要素组合都能达到同一生产规模。

表2.7-6　某服装厂四种要素组合

组合方式	资本（K）	劳动（L）	产量（Q）
a	6	1	50
b	3	2	50
c	2	3	50
d	1	6	50

当前要素市场上，资本每单位2万元，劳动每单位1万元。该厂选择投入3单位资本和2单位劳动。请问是否合理，为什么？

二、简答题

台塑是王永庆经营的第一家企业，该企业生产的是PVC塑胶粉，这在当时具有广阔的市场需求。当时台湾省的人力成本是每小时1元，每天可工作10小时，大大低于欧洲、美国和日本。但生产塑料粉必须要有厂房、设备，包括运输、仓库、管理层、销售队伍等一整套不可缺少的设施设备和员工队伍,这就要花很大一笔基础费用。

刚开始,每个月的产量是100吨,分摊下来的平均成本非常高。尽管人力成本只有对手的20%,但平均成本仍然要高于当时国际价格45%。

王永庆分析,平均成本降低不下来,如果仅考虑需求,减少产量,平均成本会更高,更加缺乏竞争力。因此,以扩大生产来降低平均成本是关键。于是,他决定把产量扩大到平均成本最低的月产量1 200吨,并引进先进的设备和技术。值得注意的是,台湾省是当时世界上生产烧碱的基地,PVC原料成本很低,这样在实现了总成本最低的同时,又使得平均成本低于世界同行,有了这种优势台塑很快打开了国际市场。

请问台塑规模经济的基础和有利条件是什么?

阅读资料 ▷▷

新古典综合派

新古典综合派又称后凯恩斯主流派,是产生于美国的现代凯恩斯主义的一个重要学派。新古典综合派试图在凯恩斯的总量经济范畴基础上,用新古典个量分析的理论和方法去构造一个所谓和谐统一的新经济学殿堂。

一、产生背景

新古典综合派是在第二次世界大战后新的经济历史条件下,在诠释、扩展凯恩斯主义的过程中,融合新古典经济学而形成的。

凯恩斯的《通论》问世后,西方经济学家们对其大加推崇。为了使凯恩斯主义更易为经济学界所接受,较好地为西方国家制定经济政策服务,不少被称为"凯恩斯主义者"的经济学家们开始发表研究、解释《通论》的论著,对它进行修订和理论扩展工作。对《通论》的拓展研究因第二次世界大战后历史条件的改变而变得日益迫切。新古典综合派正是战后经济发展变化后,新的历史条件下的产物。新古典综合派虽然是在第二次世界大战后形成的,但是对凯恩斯主义和新古典学说的综合起始于战前。

二、主要理论观点

新古典综合派的整个理论由其基本理论体系、经济增长论和经济周期论等构成。基本理论体系主要由三部分组成:一是新古典经济理论加上工资刚性假设条件的总供给曲线;二是从IS-LM模型到导出的需求曲线;三是菲利普斯曲线与总供求曲线的结合。

(一)总需求曲线

商品市场均衡条件为:$I(r)=S(Y)$,货币市场均衡条件为:$M/P=L(r,Y)$,将以上两式联立,把Y和r作为未知数,可得出总需求Y和价格P的关系式:$Y=F(P)$该式即为凯恩斯模型的总需求曲线的公式。总需求曲线(AD曲线)表明,在商品市场和货币市场同时均衡的条件下,价格水平与总收入(或总产量)的变动方向相反。总需求曲线是从

IS-LM 模型推导出来的，而该模型又是新古典理论与凯恩斯主义结合，所以总需求曲线体现了两种理论的综合。

（二）总供给曲线

总供给曲线（AS 曲线）的求取方法。为了简化起见，有些新古典综合派的学者，将达到充分就业之前的曲线以一条水平线来近似代表它。这样，总供给曲线分为两部分：一部分是水平线，它表示在尚未到达充分就业产量以前的价格与产量的关系；另一部分是垂直线，它描述达到充分就业产量以后的价格与产量的关系。由于总供给曲线形如反写的"L"，所以又将它称为反"L"形总供给曲线。它在一定意义上体现了凯恩斯宏观经济学说与新古典经济理论的综合。

（三）宏观经济政策

新古典综合派的宏观经济目标是：充分就业、物价稳定、经济增长和国际收支平衡。经济政策就是为了同时达到这些目标而制定的手段和措施。政府通常将财政政策和货币政策相互配合起来使用，以求同时实现上述几项宏观调控目标。

1. 财政政策

财政政策是政府根据既定目标，通过财政收入和支出的变动以影响宏观经济活动场水平的经济政策。政府调整总收入和支出的财政政策的主要手段有：改变政府购买水平、改变政府转移支付水平和改变税率。

2. 货币政策

中央银行执行货币政策的主要工具有：公开市场业务、调整中央银行对商业银行的贴现率、调整法定准备率。

3. 货币政策和财政政策的配合

新古典综合派认为，凯恩斯提出的政策主张是针对20世纪30年代大萧条的，当时有效需求不足，失业严重。政府应实行扩张性的货币政策和财政政策，放松银根，减少税收，扩大政府支出，以刺激投资和消费，弥补有效需求的不足。新古典综合派指出，二次大战后的经济状况与30年代大萧条时期迥异。政府干预经济的政策措施也应该多样化，政策组合方法应有所改变。50年代，汉森等人提出补偿性财政货币政策；60年代前期，托宾、海勒等人主张增长性财政货币政策；60年代后期，进入政策多样化时期。

任务八
成本决策——控制成本才最具竞争力

学习目标

知识目标

(1) 了解会计成本、机会成本和经济利润；
(2) 熟悉各种成本及其相互关系；
(3) 掌握成本最小化原则及其主要措施。

能力目标

(1) 能根据企业成本和产量统计数据，核算各类成本并预测成本变化趋势；
(2) 能根据企业成本变化趋势及经营状况制定控制成本的措施。

思政目标

(1) 培养精益求精的工匠精神；
(2) 理解国家"降本增效"政策的意义。

经济现象引入 ▷▷

2021年刚开始，特斯拉就在新能源电动车领域扔出了一颗炸弹：国产 Model Y 正式上市，长续航版起售价33.99万元，较官网预售价下调了14.81万元；高性能版更是一举下调了16.51万元。

据各大媒体统计，在本次宣布 Model Y 降价前，特斯拉 Model S、Model X、Model 3 及 Model Y 四款车型已合计降价7次。

特斯拉能够多次下调价格，可以直接看到的原因是成本的下降，尤其是电池成本的变化。

相比于整车补贴价格，近十年来，新能源电动车所使用的动力电池，成本下降了接近80%，能量密度与续航里程提升了接近3倍。来自宁德时代的数据显示，在一般纯电动车的物料成本构成中，动力电池所占的成本大约占整车成本的30%~40%。

近些年来，特斯拉将降低成本的重心之一放在电池上，致力于开发制造经济、长寿的电池。在电池技术路线上，特斯拉采取了磷酸铁锂电池和三元锂电池并举的策略。部分车型配备磷酸铁锂电池后，成本更低。

智圈检索了特斯拉上海超级工厂开建之后的专利，与电池相关的专利申请占比超过25%。迄今，在电池冷却、安全、电荷平衡等领域拥有140多项核心专利技术。

时间	调价原因	起售价
2019年10月	国产版Model3标准续航升级版发布	35.58
2019年12月	补贴后售价调整	33.1
2020年1月	价格调整	29.9
2020年4月	符合补贴政策	27.155
2020年10月	采用无钴电池	24.99

图 2.8-1　特斯拉连续降价及其原因

其中，特斯拉（加拿大）汽车公司（Tesla Motors Canada）ULC 于 2020 年 7 月 9 日公布了一项名为"用于金属锂电池和无阳极电池的含二氟硼酸锂和四氟硼酸锂的电解质"的专利。该发明涉及可再充电电池系统，并且具体地介绍了改善在锂金属和无阳极的锂电池中的容量保持率的方法，以及用于这种电池系统的电解质溶液。这一发明颠覆了此前的业界共识，如果这一技术不久应用于电池行业，电池成本还将继续降低！

此外，国产之后，各种物料成本更低。而为了进一步压缩成本，Model Y 还采用了一系列创新技术。比如，Model 3 零件总数从 Model S/X 的 3 万个下降到 1 万个，最后却在白车身的铝铸件上耗费了太多成本，因此 Model Y 采用了可以将 70 个零部件合为一体的铝铸工艺，甚至为此专门研发了新型铝合金材料，定制了足以压铸出 Model Y 整个后车体的压铸机。

Model Y 还改进了车顶内衬，摒弃了 Model 3 传统的纤维复合材料，转而采用注塑成型的塑料结构，成本更低，更易于装配。

特斯拉压低成本，进一步支持其降价促销，目的是什么？要知道，特斯拉从一开始就是从高端做起，品牌溢价堪比豪华品牌，并且已经积累了电池管理系统开发、自动驾驶、软件定义硬件的真正核心技术。

为什么要放弃唾手可得的品牌溢价，放弃日益增长的利润率呢？马斯克究竟想要特斯拉做什么？唯一可以解释的就是希望特斯拉占领更多的市场了。

对市场占有率的追求一方面是在上海建厂之时与中国政府签订的对赌协议，规定从 2023 年开始特斯拉每年的纳税额必须达到 22.3 亿元，否则特斯拉建设工厂的土地将会被收回。有分析称，特斯拉要完成对赌协议，则必须让产能和年销售规模双双达到 50 万辆/年。

另一方面更深层次的原因还是和马斯克的初心有关——特斯拉最终要做全球电动车的普及者和引领者。

如果说 2014 年马斯克亲手推倒自身的专利围墙是其梦想的第一步，在将积累数十载的专利悉数展露给新能源车领域的客户后，挥舞"价格大砍刀"则是其梦想的第二步。

马斯克和特斯拉，想要做 21 世纪电动汽车时代的 Model T。

从 1909 年至 1927 年，福特通过流水线降本增效，把 Ford Model T 型车价格从 850 美元降至 300 美元以下，前后售出了 1 500 万辆，第一次把汽车变成了普惠大众的商品。

（资料来源：特斯拉频繁降价的背后，汽车之家，2022.4.22）

问：（1）特斯拉降低成本带来了哪些好处？

（2）特斯拉降低成本的措施有哪些？

经济知识学习 ▷▷

一、机会成本决策

(一) 经济学意义上的成本与利润

1. 机会成本

在有限的资源面临多个选择时，某种选择的机会成本，就是放弃的其他用途中可能获得的最大收益。由于机会成本没有体现在会计账目上，所以又称为隐性成本。

例如：某人拥有 30 万元资金，有 3 种可能的投资选择，开饭店年收益 3 万元，炒房年收益 3.5 万元，存银行年收益 1.05 万元。如果投资开饭店，则放弃了 3.5 万元和 1.05 万元两种可能的收益，其中最大收益 3.5 万元就是选择开饭店的机会成本；如果选择炒房，则机会成本为 3 万元。

2. 会计成本

会计成本是指企业在经营过程中所实际发生的一切成本，包括工资、利息、土地和房屋的租金、原材料费用、折旧等。这些成本会逐笔登记在会计账目中，又称显性成本。

3. 经济利润

当考虑会计成本和机会成本时，企业利润分为会计利润和经济利润。

$$会计利润＝总收益－会计成本$$

$$经济利润＝总收益－会计成本－机会成本$$

会计利润要大于经济利润，在利润最大化原则中分析的是经济利润，因为只有经济利润才能反映资源的优化配置和有效利用。

(二) 机会成本决策

当稀缺的经济资源总面临多个选择时，将各种可能途径进行比较，选择其中机会成本最小的那个，才可以获得最大的经济收益，这就是机会成本决策。

机会成本决策就是权衡资源的各种可能收益，以便分析现行的决策是否最优，从而实现利润最大化。当然，机会成本决策仅仅是从经济角度予以考虑，有时候决策并不能只考虑经济因素。比如，某大学毕业生选择打工年收入 3.6 万元，在做生意父母的指导下搞服装批发年收益 3 万元，按照机会成本决策应该选择打工，但搞服装批发这种无风险的创业既能满足该毕业生的成功欲，也能有更大的发展潜力，还能经常陪在父母身边，综合下来选择第二种更好。

二、短期成本分析

(一) 短期成本

短期成本是指企业短期生产中的各项支出,是短期决策的重要依据,如表 2.8-1 所示。

表 2.8-1 短期成本表

Q	TFC	TVC	STC	SMC	ATC	AFC	AVC
0	100	0	100	—	—	—	—
1	100	28	128	28	128	100	28
2	100	52	152	24	76	50	26
3	100	70	170	18	57	33	23
4	100	86	186	16	47	25	22
5	100	108	208	22	42	20	22
6	100	134	234	26	39	17	22
7	100	164	264	30	38	14	23
8	100	214	314	50	39	12	27
9	100	300	400	86	44	11	33
10	100	446	546	146	55	10	45

(二) 短期总成本

短期总成本 (short-run total cost, STC) 是短期内生产一定量商品所需要的成本总和,包括固定成本和可变成本。

总固定成本 (total fixed cost, SFC) 是指企业在短期内必须支付的不能调整的生产要素的费用。总固定成本不随产量变动而变动,不管生产与否,固定成本都已存在,包括厂房、设备及管理人员的工资等。

总可变成本 (total variable cost, SVC) 是指企业在短期内必须支付的可以调整的生产要素的费用。可变成本随产量变动而变动,未生产时可变成本为 0,主要包括生产员工工资、原材料和能源等支出。

$$STC = SFC + SVC$$

如图 2.8-2 所示,可变成本曲线从原点出发,分三个阶段:起初可变成本的增加率要大于产量的增加率,这是因为最初增加产量时,固定生产要素与可变要素的效率未得到充分发挥;之后可变要素增加率小于产量增加率,因为此时固定生产要素与可变生产要素的效率得到充分发挥;超过一定限度后,根据边际收益递减规律,可变成本增加率再次大于产量增加率。

固定成本不随产量变动而变动,因而是一条平行于产量轴的直线;总成本与可变成本之间的距离为不变成本,其形状及变动规律与可变成本曲线一样。

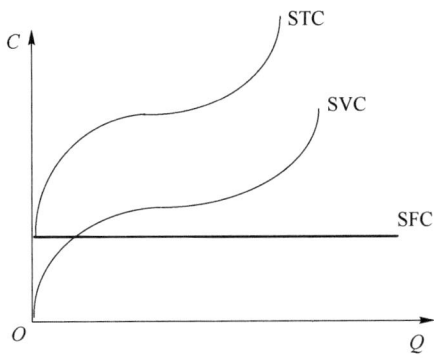

图 2.8-2 短期总成本、固定成本和可变成本的关系

（三）短期平均成本

短期平均总成本（short-run average cost，SAC）是指短期内生产每一单位商品平均所需要的成本。

$$SAC=\frac{ATC}{Q}$$

平均固定成本（average fixed cost，AFC）是指单位产品上分摊的固定成本，等于固定成本除以产量。

$$AFC=\frac{TFC}{Q}$$

平均可变成本（average variable cost，AVC）是指单位产品上分摊的可变成本，等于可变成本除以产量。

$$AVC=\frac{TVC}{Q}$$

（四）短期边际成本

短期边际成本（short-run micro cost，SMC）是指短期内企业每增加一单位的产量所增加的成本。

$$SMC=\frac{\Delta STC}{\Delta Q}$$

如图 2.8-3 所示，平均可变成本随着产量的增加先递减然后再逐渐增加，即平均可变成本曲线是一条 U 型曲线，根源在于边际收益递减规律。

平均固定成本随着产量的增加而减少，这是因为固定成本总量不变，产量越大，分摊到每一单位商品上得固定成本就越少。

短期平均成本曲线的变动规律由平均固定成本和平均可变成本共同决定，因此其变化规律也是先减后增，呈 U 型。

短期边际成本曲线随着产量的增加先减后增，即边际成本曲线呈 U 型，这是由边际收益递减规律所致。在边际产量递增阶段，随着劳动投入量的增加，每增加一单位劳动所增加的产量是递增的，因而每增加一单位产量所需要增加的劳动就是递减的，从而企业为了购买劳动而增加的成本就会递减。在边际产量递减阶段，情况正好相反。

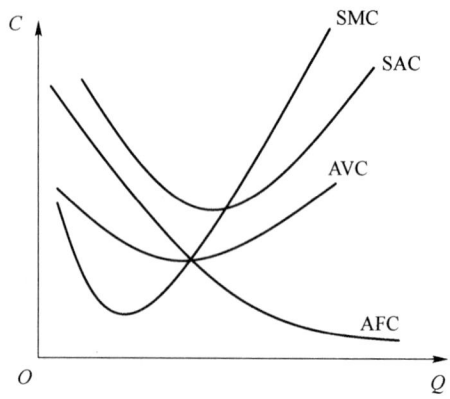

图 2.8-3 短期平均成本、平均固定成本和平均可变成本、短期边际成本的关系

三、长期成本分析

（一）长期成本

长期成本是指在规模可以变动、各种要素数量都能变动的情况下，生产一定产量所必须支付的所有要素的费用，含机器、厂房、设备、劳动、原材料等所有生产所需的要素。

（二）长期成本的分类

长期总成本（long-run total cost，LTC）是指在长期中生产一定产量商品所需要的成本总和。长期总成本曲线如图2.8-4所示。

长期平均成本（long-run average cost，LAC）是指长期中平均每单位商品的成本。长期平均成本曲线如图2.8-5所示。

长期边际成本（long-run micro cost，LMC）是指长期中每增加一单位商品所增加的成本。长期边际成本曲线如图2.8-5所示。

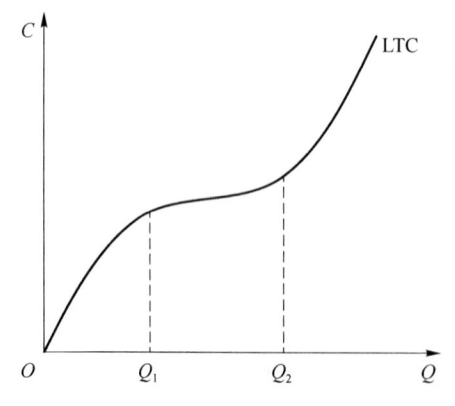

图 2.8-4　长期总成本曲线

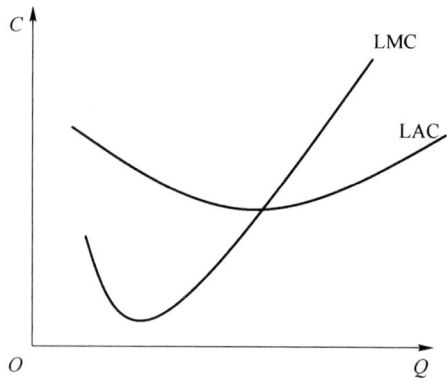

图 2.8-5　长期平均成本、长期边际成本曲线

长期总成本变化分三个阶段,在 OQ_1 阶段长期成本增加率大于产量的增加率;在 Q_1Q_2 阶段小于产量增加率;Q_2 之后又大于产量增加率。

长期平均成本随着产量的增加先下降后上升,呈 U 型,但比短期平均成本平坦,这说明长期中平均成本变化比较平缓。这是由于在长期中全部生产要素可以随时调整,从规模收益递增到规模收益递减有一个较长的规模收益不变阶段,而在短期中,规模收益不变阶段很短,甚至没有。

长期边际成本先下降后上升,当长期平均成本下降时,长期边际成本小于长期平均成本;当长期平均成本上升时,长期边际成本大于长期平均成本。

四、成本决策

(一) 成本最小化原则

利润等于收益减去成本,在市场竞争激烈的情况下,要通过增加收益来增加利润很困难。因为无论是提高价格,还是扩大市场销售量,都不是容易的事情。而成本属于企业内部可控范围,因此在竞争市场上,实现成本最小化是企业实现利润最大化的最佳途径。

> **小知识:**
> 洛克菲勒非常重视成本,成本计算到了一美分的千分之一。如果可能,他会追究一个油桶塞子的去向。他曾质问一位炼油经理:"你们提炼 1 加仑原油为什么要花 1 分 8 厘 2 毫?东部的一个炼油厂干同样的工作只需花 9 厘 1 毫!"这不仅仅是 9 厘 1 毫的区别,而是成本翻倍的区别。正是对这种低成本的追求,在油品价格从 85 美分降到 6 美分,企业依然保持盈利。

在生产决策中我们考虑了短期要素的最佳投入区间以及长期中要素的最适投入组合。但这仅仅考虑了生产要素投入量与产量之间的关系,并不能说明企业就是盈利的或者实现了利润最大化。在现实中,由于市场商品价格下跌或生产要素价格上涨,即使按照 MR=MC 的利润最大化原则生产,也不一定是盈利的,当然此时会实现亏损最小化。

企业盈利与否要看总收益和总成本的差额,所谓技术效率只是说明企业在自身现有的生产技术条件下做到了最好,达到了最佳产量。当产量既定时,从收益来看,总收益取决于价格,而价格由市场决定,如果价格太低必然亏损;从成本来看,短期固定成本不变,且企业不能退出市场,企业的盈利状况取决于平均成本和平均收益(价格),如果价格低于平均成本,企业就会亏损。从这一角度讲,企业实施成本最小化原则,是提高竞争力、应对市场风险的关键。

(二) 控制成本的主要措施

降低成本的目的是获得更多的利润、增加抗风险能力,从而增加竞争力。但是成本最小化只是手段,降低成本不能降低商品质量和性能,相反应该促进商品品质的提高,否则企业商品卖不出去,成本再低也是空谈。

1. 技术进步

技术进步是降低成本、提高品质的最佳手段。技术创新是提高生产率的关键,可以提高单位时间和同等要素下的产量;技术进步可以促进新产品开发,促进质量和性能提高等;技术进步伴随着管理的变革和经营管理水平的提高。

> **小知识:**
>
> 1913年,福特应用创新理念和反向思维逻辑推出流水线生产方式,使每辆T型汽车的组装时间由原来的12小时28分钟缩短至10秒钟,生产效率提高了4 488倍!同时,生产量从年产量12万辆提高到50万辆,成本降至每辆260美元,而当时美国人均年收入为5 301美元。福特因此占领了庞大的市场,被称为"为世界装上轮子的人"。但20世纪70年代世界进入买方市场后,福特这种顺应单品种、大批量的流水线生产模式,越来越不适应多品种、小批量的市场需求。因此,企业应该促进技术的不断变革。

2. 消除无效费用

企业生产的必要成本难以降低,为了技术开发还有必要提高研发费用,因此降低成本的主要对象是消除无效费用,如降低不合格产品率、消除浪费等。

为了适应市场需求多品种、小批量的变化,日本丰田汽车公司推出精益生产方式。精益生产方式是战后日本汽车工业遭到"资源稀缺"和"多品种、少批量"的市场制约的产物。精:不投入多余的生产要素,只在适当时间生产必要数量的市场或下道工序急需的产品。益:所有经济活动都要有效。它的实质是管理过程的优化,大力精简中间管理层;推行生产均衡化、同步化,实现零库存与柔性生产;推行全生产过程的质量保证体系;减少和降低任何环节上的浪费;最终实现拉动式准时化生产。

3. 控制支出

降低成本要从源头抓起,为了严格控制支出可以从一开始就减少成本增加的可能。因此,对企业的所有支付要进行详细的调查和分析,查明其去向和使用效率,尽可能减少支出。

沃尔玛从1962年的杂货店到如今已成为世界上最大的连锁零售企业,低成本战略是其制胜的法宝,正如沃尔玛所说:天天平价是最好的广告和最大的竞争力。作为销售企业,沃尔玛降低成本的主要举措就是控制支出。例如,直接向工厂统一购货和协助供应商减低成本,使得进货成本比竞争对手低2%~6%;建立高效运转的物流配送中心,保持低成本存货,仅库存成本一项就降低50%;对日常经费进行严格控制,在行业平均水平为5%的情况下,沃尔玛整个公司的管理费用仅占销售额的2%,这2%的销售额用于支付公司所有的采购费用、一般管理成本、上至董事长下至普通员工的工资。为维持低成本的日常管理,沃尔玛在各个细小的环节上都实施节俭措施,如办公室不配置昂贵的办公用品和豪华装饰、店铺装修尽量简洁、商品采用大包装、减少广告开支、鼓励员工为节省开支出谋划策等。另外,沃尔玛的高层管理人员也一贯保持节俭作风,即使是总裁也不例外。首任总裁萨姆与公司的经理们出差,经常几人同住一间房,平时开一辆二手车,坐飞机也只坐经济舱。沃尔玛一直想方设法从各个方面将费用支出与经营收入比率保持在行业最低水平，使其在日常管理方面获得竞争对手无法抗衡的低成本管理优势。

理论应用分析 ▷▷

案例一：

某物流公司业务网点决策

某物流公司在郴州设立业务网点，发送货物。设立之初，固定投资主要有三项：一是在郴州市零担物流园租赁仓库一间，用于货物的临时储存；二是购置小货车一辆，用于揽件和送货上门；三是购置必要的装卸设备和办公设备。这些设施和设备属于前期投资，无论业务量怎样都已经支出，因此属于固定成本。以5年为期，分摊到每天的固定成本为1 200元。其余成本主要是随着业务量变化而变动的人工、燃油等费用，属于可变成本。货运价格为350元/吨，即每增加1吨货物，收益增加350元。网点初期以业务量为主要目标，尽可能多拉业务，但实际上亏损较大。请根据表2.8-2数据予以分析。

表2.8-2 郴州网点日成本收益统计表

业务量(Q)/吨	总固定成本(TFC)/元	总变动成本(TVC)/元	总成本(TC)/元	总收益(TR)/元	总利润(π)/元	平均成本(AC)/元	平均可变成本(AVC)/元	边际收益(MR)/元	边际成本(MC)/元
0	1 200	0	1 200	—	—	—	—	—	—
1	1 200	600							
2	1 200	800							
3	1 200	900							
4	1 200	1 050							
5	1 200	1 400							
6	1 200	2 100							

根据表2.8-2绘制图2.8-6，将AC、AVC、MR、MC、π绘制在同一图中。

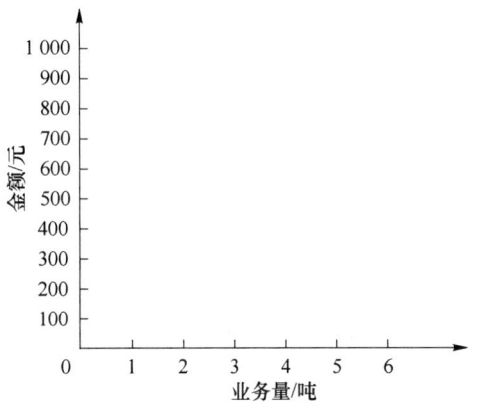

图2.8-6 改革前的AC、AVC、MR、MC、π曲线

问：(1) 当 MR＜MC 时，利润如何变化？

(2) 当 MR＞MC 时，利润如何变化？

(3) 日业务量为多少吨时最优？

第二年，该网点开展改革，从追求业务量扩张改为争取盈利，追求利润最大化。因此，网点裁掉了小货车和装卸设备，改为和其他网点合伙或根据业务量临时租赁。同时，对员工进行了优化，原管理员兼业务员；通过租赁叉车等措施减少固定成本，裁掉了装卸工。因此，变动成本也降低。此外，通过提供报关代理、上门打包等一系列附加服务，提高了货运价格，达到 400 元/吨。请根据表 2.8-3 分析。

表 2.8-3　改革后郴州网点日成本收益统计表

业务量 (Q)/吨	总固定成本(TFC)/元	总变动成本(TVC)/元	总成本(TC)/元	总收益(TR)/元	总利润(π)/元	平均成本(AC)/元	平均可变成本(AVC)/元	边际收益(MR)/元	边际成本(MC)/元
0	1 000	0	1 000	—	—	—	—	—	—
1	1 000	280							
2	1 000	520							
3	1 000	700							
4	1 000	860							
5	1 000	1 080							
6	1 000	1 340							
7	1 000	1 640							
8	1 000	2 040							
9	1 000	2 800							

根据表 2.8-3 绘制图 2.8-7，将 AC、AVC、MR、MC、π 绘制在同一图中。

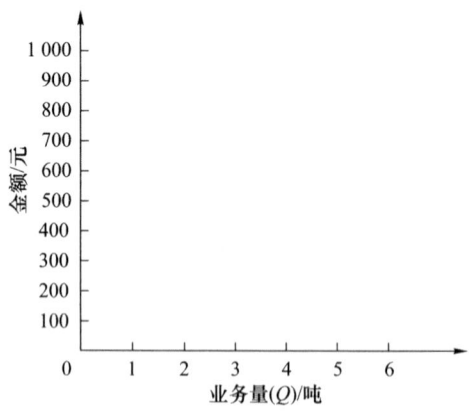

图 2.8-7　改革后的 AC、AVC、MR、MC、π 曲线

问：(1) 当 MR＜MC 时，利润如何变化？当 MR＞MC 时，利润如何变化？

(2) 改革后每天业务量以多少吨为最优？

(3) 对比改革前后，降低成本和提高价格对利润有什么样的作用？

案例二：

吉利汽车的低成本战略

1997年吉利开始造车时其厂房小得像个汽车修理厂，而2004年吉利已跻身于国内市场销量前10之列。2005年多数厂家利润同比下滑，而吉利的净利润却达到了2.6亿元，比2004年增长了6182万元。而奇瑞的同期利润只有9500万元，比2004年（1.88亿元）下降了近一半。

这应该归功于低价格的自由舰。2005年上半年，吉利纯利润只有4078万元，同比下降23%。而下半年自由舰25879辆的销量为吉利扭转了利润下滑之势。2006年自由舰继续畅销，1~7月销量总和为40863辆，其中5月创下了6971辆的单月最高销量。

吉利在自由舰上依然是主打其低价策略。只不过这次承载吉利低价的是外观和做工都让人眼睛一亮的中级车，借用吉利高层的说法，它的"大小和性能与本田思域相仿"，后者是本田的王牌中级车。然而，自由舰比配置相近的本田思域价格却低了近4万元。

在讲究品牌、名声的汽车市场，出身草根的吉利，非常善于利用自己的强项，"不能造出比别人好的车，就造比别人便宜许多的车"。低成本战略被吉利用到极致，在中国多元化的汽车消费市场上，这就是吉利的生命力。

"低成本"与自主创新

吉利选用丰田发动机形成量产后，遭到丰田涨价的牵制，每台发动机从1.75万元涨到2.2万元。

对此，吉利在资金并不宽裕的情况下"下血本"搞技术自主研发。2002年国内没有一家企业能研发和制造CVVT发动机，吉利投入2亿元做CVVT发动机的研发，这对于当时缺少资金的吉利来说绝对是一个天文数字。同年，吉利投入0.3亿元开发变速箱。

目前，吉利自主研发的变速箱和发动机形成的成本优势，已经为它的产品带来了相应的价格优势。根据吉利发布的数据，外购一台1.8升的发动机要2.5万元，而吉利自己生产只要1万元；同样，自主变速箱每台可节省1000~1300元。

以技术换优惠

在兰州项目和湘潭项目签署之前，吉利曾经和多个城市接触，最终选择兰州和湘潭，这很大程度上是因为当地地方政府提供的优惠条件。以兰州项目为例，该项目组建的公司注册资本为4亿元，双方各持57.5%和42.5%的股权，其中吉利方面以固定资产、技术使用和现金做投资，兰州市市政府则只做现金投入，也就是说兰州市市政府将掏出至少1.7亿元的"真金白银"。

父子配套

当吉利控股的变速箱公司量产后，开始对外供货。吉利对这种既扩大了规模，又降低了成本，还保持了绝对领导力的"父子配套"关系感觉很满意。而这种紧密的配套关系，也恰恰是吉利"低成本"要素所最需要的。此外，一群与吉利没有任何资本关系但是伴随吉利造车一起成长起来的配套商，也与吉利建立起了"父子配套"关系——它们对吉利极其忠诚，往往以低于行价很多的价格为吉利供货。例如，上海威乐在吉利创立时就为吉利供应汽车空调，现在吉利几十万辆车用的都是威乐的空调，威乐也因此成长得颇具规模，与此同时威乐为吉利的汽车空调采购每台至少节省1000元成本。

问：(1) 吉利在低成本上采取的主要措施是什么？
(2) 吉利为什么如此重视低成本战略？

综合能力训练 ▷▷

一、分析题

某高职应届毕业生，目前面临三项选择。

选项一：到本地某民营企业上班，前5年平均工资5000元/月，预计5年内升职到主管，但也很难再有上升空间，升职后平均工资7000元/月；本地基本生活费平均2000元/月，购房成本75万元。

选项二：到沿海发达地区工作，前5年平均工资5000元/月，预计5年后可升职到经理或更高职位，升职后平均工资10000元/月；发达地区基本生活费3000元/月，购房成本350万元。

选项三：通过专升本再升学到研究生，前后共5年，预计5年的学杂费、生活费共计8万元。毕业后考入某国企，预计平均工资7000元/月，基本生活费1000元/月（单位有免费餐），购房成本20万元（公积金冲销后实际支出）。

问：(1) 各选项的机会成本是多少？
(2) 仅从经济角度看，哪个选项最优？

二、案例分析题

丰田汽车的低成本战略，成也萧何，败萧何

不少网友或许都听过这样一句话，丰田总是能把成本控制到最低、利润控制到最高。那么丰田公司又是如何做到的呢？难道是在"偷工减料"吗？其实不然，丰田取得成功的真正原因是真正做到了开源节流。丰田的生产方式至今都是业内标杆，值得所有汽车品牌学习和借鉴。具体来看，大致分为以下几点。

第一，从根本上节省资金。想必大家都知道，基本没有一个汽车制造企业可以做到全部自产的，很多零部件都需要进口。大部分公司用到的方法是把这些外包企业聚集在一起砍价，压缩这些小企业的利润。而丰田选择的是直接购买这些公司的股份，成为其背后的股东。这样，丰田直接就可以在源头上节省资金，还能赚取利润。

第二，拒绝生产方面的浪费。何谓生产浪费？对于汽车企业来说，最大的浪费来自机床等设备的采购和维护。大部分企业为了寻求更为先进的技术，将老旧设备大量更换为先进的设备；而丰田汽车则选择在原有设备的基础上不断升级和改造。这样一来，大大减少了采购新设备的资金需求，同时一套设备生产的汽车多了，分摊到每辆汽车的设备使用成本就降低了。

最后一点，注重人才培养和控制生产量。除了豪华品牌之外，大部分汽车的产量都十分充足，这样就会造成压货的情况。丰田会对每一款车进行评估，哪款车大概能销售多少就生产多少。除此以外，丰田企业的员工往往都是集多种技能于一身，如果遇到销售淡季，每一个员工都可以被分配到其他工作岗位上，既避免了大量招工，也避免了大量裁员。总而言之，丰田在汽车制造和人才控制上还是很有建树的，值得同领域企业学习和借鉴。

（资料来源：丰田公司是如何做到低成本高利润的？汽车世界，2022.4.21）

2009年夏季以来，丰田汽车质量问题频现，随后其陆续在全球召回"质量问题车"近800万辆。为了降低成本，丰田公司的许多零件生产以及组装都是在海外进行的。"品质维持与降低成本"之间的矛盾，已经成为包括丰田在内的日本车企的难题。这使得人们不得不考虑这样一个问题，企业过度追求低成本会不会导致忽视产品质量？

丰田这一系列从内到外的成本控制确实收到了很大的效果，其成本下降达到了业内的极致。尽管丰田宣称降低成本与保证质量可以并存，但从"刹车门"事件我们可以看出事实并非如此。

过度追求低成本，致使丰田忽略了顾客对质量的要求。丰田公司尽可能用替代品来代替钢制零部件，从其自身来说是降低了成本，但同时其产品的质量也相对地降低了。有媒体报道，丰田公司为了降低成本，在中国销售的大部分车型都没有安装前后防撞钢梁。一块钢板花费不了多少钱，而丰田为了节约成本就可以把这么关键的安全部件省略掉，我们就不得不怀疑在我们看不到的地方，丰田为了节约成本还省略了什么？

丰田把成本压力向供应商转移，导致了其供应商的利润压力加大。因为国内制造成本高，为了降低成本，丰田选择了全球化的供应体系，这极大地增加了质量控制的难度，就像丰田在顾客看不到的地方节约成本那样，其供应商也可能会在丰田看不到的地方节约成本。导致这次丰田汽车召回的零件油门踏板就是印度生产的。

为了实现规模经济而过度追求全球化，不可避免地会忽略产品质量。1995年后丰田公司开始了从保守到激进的转变，在疯狂地扩张战略目标下，提高生产速度和降低成本被放在了首位。2005—2009年是丰田扩张最快的5年，同时也是丰田在全球召回事件频发的5年。

为了"拧干毛巾上的最后一滴水"，过分地强调成本的降低，在逐层下达中对质量的要求不断降低。

（资料来源：丰田汽车低成本之殇，汽车世界，2022.4.22）

问：（1）丰田公司的低成本战略带来了怎样的好处？
（2）丰田公司采取了哪些措施来降低成本？
（3）一味地降低成本，可能会产生哪些危害？

阅读资料 ▷▷

新凯恩斯主义

新凯恩斯主义是指20世纪70年代以后在凯恩斯主义基础上吸取非凯恩斯主义某些观点与方法形成的理论。

1. 产生背景

20世纪70年代兴起的新古典综合学派学者们认为，凯恩斯主义经济学在理论上是不恰当的。他们断言，宏观经济学必须建立在厂商微观经济的基础上。他们主张，应当用建立在市场始终出清和经济行为者始终实现最优化的假定基础之上的宏观经济理论来取代凯恩斯主义经济学，凯恩斯主义经济学已寿终正寝了！事实上，这种诊断是极大地夸张了。基于此，80年代产生了新凯恩斯主义经济学。

2. 新凯恩斯主义的核心命题

曼奎和罗默明确表示："新凯恩斯主义经济学"意味着对如下两个问题做出解答：

① 这个理论违背古典派的两分法吗？它断定名义变量（如货币供应）的波动影响实际变量（如产出量和就业）的波动吗？货币非中性论吗？

② 这个理论假定经济中的实际市场不完善性是理解经济波动的关键吗？不完全竞争、不完全信息和相对价格黏性这些思考是理论的核心吗？

对于以上两个问题，新凯恩斯主义经济学做出了肯定的回答。因为价格是黏性的，所以古典派的两分法破产了。因为不完全竞争和相对价格的黏性是理解价格为何呈黏性的主要原因，所以实际的不完善性具有决定性。新古典主义模型和新凯恩斯主义模型之间的主要差别在于价格是由谁确定的。新凯恩斯主义模型假定制定价格的是垄断企业，而非完全竞争企业。

80年代后，新凯恩斯主义一直偏向于理论上的发展，缺乏实践经验依据。

3. 新凯恩斯主义的政策

就一直对实际工资黏性展开各种解释的那些新凯恩斯主义者说来，已得出一些政策结论，特别是降低持续高度失业的政策。林德贝克、斯诺沃认为，为了降低内部人员的权力，为了使局外人对雇主更具吸引力，制度改革是必要的。

(1) 从理论上说，降低权力的政策包括：

① 工作保障法规的软化可以降低雇佣和解雇劳工的流转成本；

② 工资关系的改良可以降低罢工的可能性。

(2) 有助于给局外人以公民权的政策：

① 培训局外人以便提升他们的人力资本和边际产量；

② 改善劳工流动性的政策，如住房市场；

③ 使工资具有更大灵活性的利润分享安排；

④ 失业补偿制度的再设计以便鼓励寻找工作。

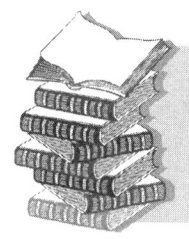

任务九 利润最大化——企业经营的原动力和生存之本

学习目标

知识目标

(1) 了解企业的本质和生产要素；

(2) 理解产量、收益、成本和利润的概念；

(3) 掌握利润最大化原则及其标准。

能力目标

(1) 能根据利润最大化原则判断企业经营水平；

(2) 能根据边际决策法判断企业决策是否合理。

思政目标

(1) 理解农村产权制度改革的重大意义；

(2) 理解扫黑除恶对维护市场经济的重要意义和作用；

(3) 树立正确的经济价值观：在法律和道德的范围内追求利润最大化。

经济现象引入 ▷▷

马克思引用《工联和罢工》的著者登宁的话："资本害怕没有利润或利润太少，就像自然界害怕真空一样。一旦有适当的利润，资本就胆大起来；如果有10%的利润，它就保证到处被使用；有20%的利润，它就活跃起来；有50%的利润，它就铤而走险；为了100%的利润，它就敢践踏一切人间法律；有300%的利润，它就敢犯任何罪行，甚至冒绞首的危险。如果动乱和纷争能带来利润，它就会鼓励动乱和纷争。走私和贩卖奴隶以及野蛮的美洲掠夺战争就是证明。"

（资料来源：资本论，卡尔·马克思）

1903年，福特汽车公司在美国密歇根州成立，其创始人亨利·福特，是个勇于创新不甘躺平的老板，也是个努力奋斗永不停息的老板。

1913年，刚成立十周年的福特汽车公司开发出了世界上第一条流水线，把汽车的装配速度提高了4 488倍。在流水线上，每隔10秒钟就有一台T型车驶下生产线。这一创举使福特生产的T型车一共达到了1 500万辆，缔造了一个前所未有的世界纪录。

汽车产量上来了，还不小心缔造了一个世界纪录，当然是一件可喜可贺的事儿，但亨利·福特却不这么想，他在犯愁。因为他能造出这么多的汽车，并不等于他能卖出这么多汽车，若产品积压太多，那就会面临破产。

这位具有创造性思维的老板，在1914年推出了一项震惊美国商界的重大改革：将工人每天工作时间从9小时减少到8小时，日薪却从当时的2.5美元提到5美元。而当时底特律汽车工人的平均日薪才2.25美元。

"作为领导者，雇主的目标应该是，比同行业的任何一家企业都能给工人更高的工资。"亨利·福特的工资观念体现了"开明的利己思想"：如果连生产汽车的人都买不起汽车，还指望谁来买？如果没有人买得起，他造的汽车卖给谁？

在5美元"新政"之前，福特汽车公司的员工流动率高达380%。因为19世纪初的汽车工厂，不仅声音嘈杂，而且操作危险，工人一不小心就会被机器绞断手臂，生产汽车是一份危险而悲惨的工作。所以，员工干一段时间就得换工作，谁也不愿意因为一份工作就缺胳膊少腿，况且这份工作的工资也并不高。

在亨利·福特推出5美元"新政"之后，一切都大不一样了。

首先，稳定了员工队伍。高工资推出后，福特汽车公司的劳动力的流动率降低了90%，旷工率更是从10%降到了0.3%。员工的稳定使福特拥有了一批技术熟练并且经验丰富的老员工。这批骨干员工是福特不断改进效率、不断拓展市场的强大动力。

其次，高工资结合福利有助于实现低成本。工人对工厂有深厚的感情，提高效率、增产节约的创造性办法层出不穷。好的建议往往来自认真工作的工人们。用高架传送装置把铸铁从铸造厂运送到机器车间，这为运输部节省了70个人。据估计，福特公司在节约上得到的收益超过四千万美元：如果每个零件都节省一分钱，一年的总数可达上百万美元。从清扫的垃圾中一年可以获取60万美元；采用一种特殊螺丝一年可节省50万美元……"工资解决了十分之九的精神问题"，亨利·福特总结道，"就像我们并不知道工资要高到什么程度一样，价格要低到什么程度我们也不知道。"

最后，高工资造就了一个具有强劲消费能力的中产阶层。福特模式在美国的普及，孕育了大规模的美国中产阶级，这让美国一举成为全世界最大的消费市场。福特汽车公司销售量飙升，并正式开启了全球化扩张的腾飞之路。1923年，美国机动车保有量为1500万辆，人均0.135辆；2014年的数据是2.6亿辆，人均0.816辆。报纸将亨利·福特盛赞为"为世界装上轮子的人"。

福特汽车公司的成功表明，企业真正强大的是它的员工，而不是它的机器。在大制造工业体系内，提高工人待遇和促进企业发展是正相关的，这是革命性的劳资关系。

福特的故事并不仅仅是汽车产业的故事，而是整个美国产业升级转型的故事，是美国成为超级大国的故事。福特模式带来的庞大消费市场，带动了包括钢铁、玻璃、木材、橡胶、油漆、棉花、铁路和航运等行业的发展，促进了道路、学校、餐饮、旅馆、建筑、郊区、旅游、加油站、炼油、巡警、交通法规、汽车金融等的发展。

这样，努力建设自己，努力提高工人待遇的美国，在大量中产阶级组成的全球第一消费市场促进下，最终完成了产业升级，成为一个真正的超级大国。

（资料来源：福特高工资的奥妙，经济学堂，2022.4.24）

思考：（1）如果企业没有利润，企业资产将如何变化？同一区域同一行业，如果企业的利润率低于同行，在市场竞争中将出现何种劣势？由此总结，利润对企业的重要性。

（2）福特为什么要给员工涨工资？

（3）你怎么看待当前中国某些企业提出的"996"福报问题？

图 2.9-1　20 世纪 20 年代福特汽车的生产车间

经济知识学习 ▷▷

一、市场与企业

（一）产权

产权（property right）是经济所有制关系的法律表现形式。产权是指合法财产的所有权，这种所有权表现为对财产的占有、使用、收益、处分。

产权是市场交易得以进行的第一前提。例如，你拥有一辆小汽车的完整产权，你才能有资格在市场交易中处置它，可以出租、抵押或转让。反之，如果你要以对方的小汽车作为还款抵押或购买二手车，你必须确定对方拥有该车的产权。完整的产权如图 2.9-2 所示。

党的十九届五中全会提出，深化农村集体产权制度改革，发展新型农村集体经济。农村集体产权制度改革主要包括 3 类：一是资源性资产改革，将一些耕地、草地及林地等，进行农村土地承包经营权确权登记颁证，之后推进土地的规模化经营，让集体经济更加壮大；二是非经营性资产改革，主要是为村民提供公共服务，比如国家加大对农村的投入，体育设施、卫生院、学校等都是非经营性的；三是经营性资产改革，这种资产数量最庞大，比如集体修的厂房、集体购买的设备等，经营性资产可以激励经济发展壮大，更重要的是可以让农民除了土地收益外多了一份财产收益。

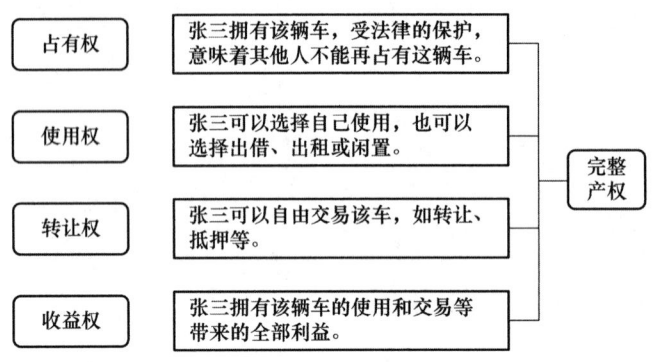

图 2.9-2　完整产权的构成

农村产权制度改革的重大意义在于：不仅可以有效地防止集体资产流失，还能够通过改革进行全面清产核资，摸清家底，建立健全监督管理机制，堵上集体资产流失漏洞；可以有效地落实农民集体收益的分配权，增加农民收入；可以更好地加快集体经济的发展，通过建立产权交易平台，让集体资产能交易、能投资、能增值，实现集体经济发展壮大；可以帮助乡村建立健全乡村治理体系，通过健全农村集体经济组织，赋予集体经济组织特别法人主体地位，使农村集体发展有组织、有载体。

(二) 市场

市场是商品买卖交易的场所，可以是农贸市场、大型商场、股票交易所等实体，也可以是天猫、京东、掌上股市等虚拟体。市场是社会分工和商品生产的产物，哪里有社会分工和商品交换，哪里就有市场。

市场有两个突出特征。

• 平等性：指市场上经济活动参加者之间的关系是平等的，同时互相承认对方是自己产品的所有者。平等性原则下，市场交易完全以商品本身的价值和等价交换原则进行，否定经济活动中的特权和登记，从而促进商品经济条件下资源的合理流动。

• 竞争性：指经济活动的参与者之间存在广泛的、自由的竞争，优胜劣汰。市场竞争性来源于要素资源的自由转移和流动，有利于提高生产效率，并对要素资源进行合理利用。例如，电动车利润较高，且代表了未来发展方向，很多汽车制造商都进入该市场（经过政府同等条件的审批），从而促进了资本、劳动力从燃油车产业向电动车产业转移。

> 小知识：
> 我国政府严厉打击欺行霸市、强买强卖行为。法律规定，在集贸市场、批发市场、车站码头、旅游景区等场所欺行霸市、强买强卖、收取保护费、故意破坏正常经济秩序的市霸、行霸、路霸等，属于黑恶势力违法犯罪活动。中共中央、国务院发出的《关于开展扫黑除恶专项斗争的通知》，将欺行霸市列为重点打击对象之一。

（三）企业

关于企业本质的探讨，最著名的是科斯的交易成本理论。交易成本，简言之是为了交换活动而耗费的成本，即为了达成协议或完成交易所需耗费的经济资源。

在信息不完备的条件下，交易双方为了各自的利益，各种调查、谈判和合同履行等使得交易复杂、成本高昂。于是，一些交易采用企业内部交易方式，由内部提供产品或服务。

市场上资源的配置由价格机制调节，而企业对资源的配置则通过管理协调完成。企业是价格机制的替代物，是一种替代市场进行资源配置的组织。企业以追求利润为根本目的，但现代社会要求企业也必须承担一定的社会责任。

二、利润

（一）利润

1. 总收益、平均收益和边际收益

- 收益（return，R）是指厂商出卖商品获得的全部收入，即价格和销售额的乘积。
- 总收益（total return，TR）是指企业销售一定量商品所获得的全部收入。
- 平均收益（average return，AR）是指企业平均销售一单位的商品所得到的收入。
- 边际收益（micro return，MR）是指企业每增加一单位商品的销售所增加的收入。

以 Q 表示产量，则收益之间的关系如下：

$$TR = AR \times Q$$
$$AR = \frac{TR}{Q}$$
$$MR = \frac{\Delta TR}{\Delta Q}$$

2. 总成本、平均成本和边际成本

成本（cost，C）是指企业生产经营所消耗的各类生产要素的价值，即各类资源消耗的货币支出。

总成本（total cost，TC）是指企业在一定时期内生产的所有商品耗费的成本总和。

平均成本（average cost，AC）是指企业平均生产一单位的商品所耗费的成本。

边际成本（micro cost，MC）是指企业每增加一单位的商品的生产所增加的成本。

3. 利润

利润（π）就是总收益减去总成本的差额。边际利润（M_π）是指每增加一单位商品所增加的利润额。

$$\pi = TR - TC$$
$$M_\pi = MR - MC \text{ 或 } M_\pi = \frac{\Delta \pi}{\Delta Q}$$

(二)利润最大化原则

企业从事生产或出售商品不仅要求获取利润,而且要求获取最大利润。因为利润是企业生产继续的保证,而利润最大化才能获得强大竞争力。由于各种因素,企业很难做到利润最大化,但是毫无疑问,追求利润最大化是企业生产和发展的原动力和生存之本。

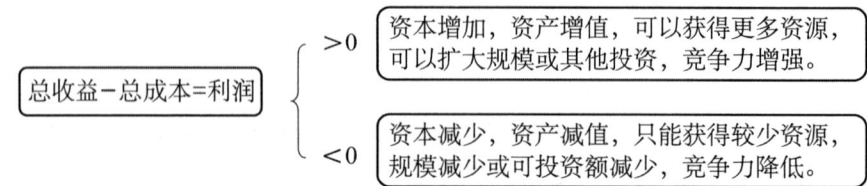

企业利润最大化原则是产量的边际收益等于边际成本,即 MR=MC。

如果企业的边际收益大于边际成本,意味着企业每多生产一单位的商品用于销售所增加的收益大于因多生产这一单位商品所增加的成本,意味着总利润还可以增加,企业仍有利可图,因而会增加产量。

如果企业的边际收益小于边际成本,意味着企业每多生产一单位的商品用于销售所增加的收益小于因多生产这一单位商品所增加的成本,意味着总利润在减少,因而会减少产量。

无论边际收益大于还是小于边际成本,企业都会改变产量,以使利润增加,只有在边际收益等于边际成本时,企业才不会调整产量。

三、利润最大化决策

(一)边际分析法

边际分析法是把追加的支出和追加的收入相比较,二者相等时为临界点,企业边际决策如下。

(1) 判断企业经营状况是否达到最优状态:若 MR=MC,则企业经营水平达到了当前条件下的最佳状态;若 MR≠MC,表示企业经营水平有待改进。

(2) 判断决策是否合理:若 MR>MC,边际利润增加,决策合理;若 MR<MC,边际利润减少,决策不合理。

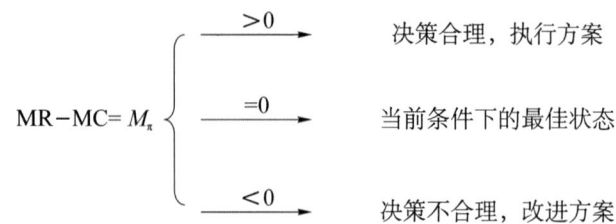

在经济活动中,资源追加、产量增加等决策最为常见,此时不必要考虑收益和成本总量,而应该看边际量变化。例如,养猪场扩大生猪养殖数量,固然会增加收益,但同时随

着投入设备、人力和饲料的增加，也会导致成本增加。到底应不应该增加生猪养殖数量呢？通过严谨的核算成本与收益后，如果增加一头猪的养殖，带来的收益增加大于成本增加，此时扩大养殖是合理的；如果增加一头猪的养殖，带来的收益增加小于成本增加，此时扩大养殖不合理。

课堂小思考：
  A公司新开发了一种产品，已投入500万元，若要开发成功，则必须再追加100万元。但市场调查显示，由于竞争对手抢先推出新产品，A公司新产品的预计收益减少为300万元。公司的高层会议上，正在讨论是否继续追加这100万元将产品开发出来，你的意见是什么？

（二）利润最大化的实现

MR＝MC是企业实现利润最大化的根本原则和判断标准，企业是通过生产和经营活动来实现利润最大化的。而在具体的生产经营中，企业通过投入各种生产资源生产出商品，从而获得一定的收益同时产生一定的成本。前者是技术效率，后者是经济效率，企业实现利润最大化要同时实现技术效率和经济效率。

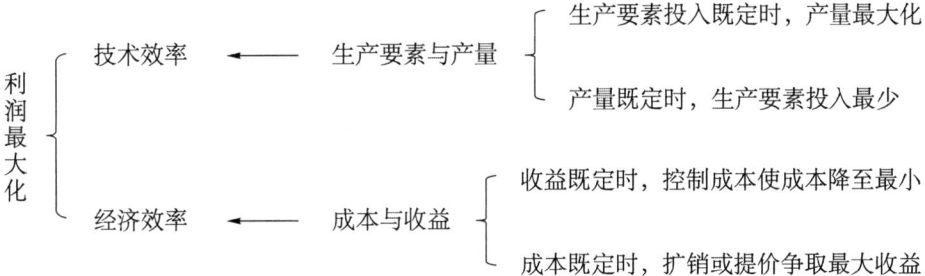

1. 技术效率

企业技术效率是指投入与产出之间的关系，如果用既定的投入生产出了最大的产量，或生产既定产量时投入最少，就实现了技术效率。

实现技术效率，即充分地利用了现有的投入，是实现利润最大化的基础。因为如果现有的投入都没有得到充分利用，当然谈不上利润最大化。但技术效率本身并不等于利润最大化。因为利润是购买投入的支出（成本）与销售商品得到的收入（收益）之间的差额。决定成本的不仅有所购买的要素的投入量，还有要素的价格，即成本为所购买要素的投入量与价格的乘积。

2. 经济效率

经济效率是成本与收益之间的关系，当成本既定收益最大或收益既定成本最小时，就实现了经济效率。

成本与收益涉及生产要素与商品的价格，这些价格是在市场上决定的。短期而言生产要素有可调整与不可调整之分，成本也有可变成本与固定成本之分。长期而言一切生产要素都可以调整，成本也都可以变动。

3. 技术效率和经济效率的辩证关系

在经济学中，研究技术效率的内容称为生产理论，研究经济效率的内容是成本理论。

技术效率和经济效率都是生产效率问题。前者纯粹是从生产技术的角度考虑技术的可行性，比方说生产一定量的商品，应当投入多少劳动力、设备。而后者还需要考虑生产要素的相对价格、如何使用生产要素才能使生产成本最低。技术上有效率的不一定就是经济上有效率的。就一个工程而言，若仅从技术角度考虑，则投入一定数量劳动力再加少量先进的设备就是有效率的。然而，如果劳动工资很低，而先进设备却十分昂贵，那么从经济效率角度考虑，宁可用更多的劳动力，用些简陋的老设备代替先进设备，这样会更合算些。反之亦然。

例如，近年来我国快递业推动分拣自动化，引进自动分拣机代替人工分拣快件，也就是用资本替代劳动。假设某快递公司采用半自动分拣线，投资额为30万元，配置员工为40人，日均分拣量可达到的最大值为5万件；采用自动分拣线，投资额为300万元，配置员工为10人，日均分拣量可达到的最大值为5.5万件。这两种设备及其人员配置，都达到了生产量的最大值，也就是说实现了技术效率，但是人员工资不同、单个快件分拣的平均收益不同、设备折旧不同，所产生的利润就不同。

假设当前人工成本是100元/天，机器折旧均为5年，单个快件分拣的平均收益为0.1元，核算成本收益如下。

第一种配置：日均成本4 164.38元，收益5 000元，利润835.62元。

第二种配置：日均成本2 643.84元，收益5 500元，利润2 856.16元。

由此可见，第二种配置的利润远高于第一种，第一种配置实现了技术效率，但没有实现经济效率；第二种配置则同时实现了技术效率和经济效率。

然而，在15年前，人工成本仅仅是40元/天的时候，第一种配置的利润明显高于第二种。这也是为什么在2008年以前，快递公司普遍采用人工分拣，而2022年以后逐渐上马自动化分拣线的原因所在。

理论应用分析 ▷▷

案例一：

农产品加工的成本收益分析

在国家乡村振兴战略的政策扶植下，某高职学生的家长发挥自己家传手艺的优势，在村里搞了一个小作坊，专门做当地有名的传统食品——切粉。凭借过硬的技术和严格的品质，生意火爆，每天能卖出十余袋切粉，每袋20斤，120元/袋。切粉制作工艺复杂，是个考验技术和体力的累活，该学生的父母每天起早贪黑，尽可能多地生产切粉。

该学生学习了经济学课程之后，劝父母以后不要生产太多，因为并不是卖得越多，赚得越多，而是有一个最佳的量，按最佳量生产时利润最大。请根据表2.9-1找到最佳产量点。

表 2.9-1 切粉成本收益分析

业务量(Q)/袋	总固定成本(TFC)/元	总变动成本(TVC)/元	总成本(TC)/元	总收益(TR)/元	总利润(π)/元	边际收益(MR)/元	边际成本(MC)/元
1	50	30					
2	50	90					
3	50	130					
4	50	190					
5	50	270					
6	50	370					
7	50	490					
8	50	630					
9	50	790					

根据表 2.9-1 作图 2.9-3，含 MR、MC、π 三条曲线。

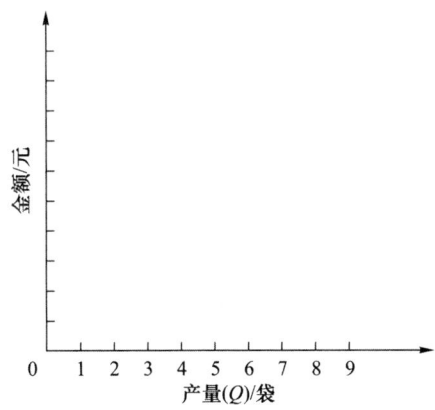

图 2.9-3 生产切粉的 MR、MC、π 曲线

问：(1) 如果每天产销量定为 6 袋，是否合理？
(2) 如果每天产销量定为 9 袋，是否合理？
(3) 要达到利润最大化，应该每天生产多少袋最为合理？

案例二：

经不起亏损的大型车企

2021 年 4 月 8 日，北京宝沃向北京市第一中级人民法院申请破产清算。福田汽车对北京宝沃相关事项将计提大额减值准备，预计会导致 2021 年度利润总额减少 47.04 亿元左右，加上因持有北京宝沃的股权确认投资收益等的影响，预计会导致 2021 年度利润总额减少 53.26 亿元左右。

此前北京宝沃已有破产迹象。公告表示，北京宝沃自成立以来亏损严重，为偿还历史债务将资产抵债或抵押,加之受实际控制人引战失败的影响,资金链断裂,融资困难,债务出现严重危机,至今未能恢复生产。自2021年年底以来,北京宝沃生产经营所必需的相关资产被北京市第三中级人民法院查封,北京宝沃临时股东大会决议判断北京宝沃不再具备持续经营能力。

公开资料显示,福田汽车在2014年斥资500万欧元收购德国宝沃,意在进军乘用车领域,并于2016年推出首款SUV车型,当年总销量超过3万辆。福田汽车宣称奔驰、宝马、宝沃、奥迪为"德系同门四兄弟",号称"BBBA"。

不过,随着新车型的增加,北京宝沃的亏损连年扩大。福田汽车财报显示,2016年至2018年,北京宝沃销量分别为3万辆、4.4万辆和3.29万辆,营业收入分别为45.39亿元、57.6亿元、30.6亿元,净亏损分别为4.84亿元、9.85亿元、25.4亿元,累计三年亏损40.14亿元。

负债累累的宝沃成为福田汽车沉重的包袱。福田汽车正通过出售资产和定增缓解财务压力。4月1日,福田汽车拟向控股股东北汽集团非公开发行14.29亿股股票,占发行前总股本的21.73%,发行价格为2.10元/股,较当日二级市场折价20.45%。此次定增募资约30亿元,扣除发行费用后将全部用于补充流动资金和偿还债务。

(资料来源:"北京宝沃申请破产清算,殃及福田汽车,2021年亏损50亿",红星新闻,2022.4.9)

克莱斯勒的根本问题在于长期资金不足,而20世纪60年代和70年代初的兼并更加重了这一危机。实际上,克莱斯勒的兼并都是不成功的,它所兼并的企业也大多在70年代末赔本卖掉。例如,克莱斯勒兼并了法国塞卡汽车公司、英国路特汽车公司,但是这些公司都极不成功,克莱斯勒为此耗费了大量资金也无济于事,最后只好赔本卖掉了事。

1978年12月,李·艾柯卡成为濒临倒闭的克莱斯勒公司总裁。而1978年克莱斯勒公司亏损2.5亿美元,1979年亏损10亿美元。艾柯卡就任之后,于1980年推出K型车。K型车在80年代初为克莱斯勒带来了它急需的销售额和利润,还为公司提供了保持良好的发展势头达数年之久的基本车体结构,使克莱斯勒节省了一大笔研发费用。

但艾柯卡被巨大的成功搞得迷失了方向,他没有把宝贵的资金投入到开发新产品和更新厂房设备上,而是将数十亿美元投入不明智的产业多样化和并购企业。

克莱斯勒公司的决策失误还在于它缺乏远见——它推迟建设新厂,只重视利润高的产品,削减研究开发费用,追求单件产品利润最大化等。

(资料来源:兰德决策——机遇预测与商业决策,天地出版社,1998:515-521)

问:(1)根据宝沃汽车案例,阐述亏损对企业的危害。

(2)根据边际分析法,分析克莱斯勒公司各项决策是否合理?如何看待短期和长期、单种商品与企业整体的利润最大化原则。

综合能力训练 ▷▷

一、问答题

李四租赁了张三的门面用于经营饭店,合同约定租赁期5年。第二年,因收益未达到预期，李四将该门面转租给王五，约定租赁期为 4 年。请问，王五是否可以租赁该门面？如果可以，要与李四约定哪些内容？王五租赁后，谁应该向张三支付租金？

二、分析题

（1）某航空公司从 A 城市到 B 城市的航线，每天上午 9 点起飞一架飞机，有座位 100 个，票价 350 元。单程飞行固定成本为 2 万元，可变成本为 100 元/人，即增加 1 人，成本增加 100 元。在今天 8：30 停止售票时，已有乘客 85 人。此时，新到 1 名乘客要求乘坐该航班，但他只愿意出 150 元，是否可以接受？为什么？如果他只肯出 80 元，是否可以接受？

（2）某电子厂由于业务量扩大，决定增设一个生产车间。如果雇佣 100 名工人，只增加 10 台机器，每天可生产 1 万件；如果增加 20 台机器，只雇佣 50 名员工，也可以达到该产量。根据市场调查的结果，每名员工每天的工资为 100 元，而每台机器每天的折旧及其他耗费是 500 元。现在企业决定选择第二套方案，请问是否合理？

阅读资料 ▷▷

凯恩斯主义

凯恩斯主义又称凯恩斯主义经济学，是建立在凯恩斯的著作《就业、利息和货币通论》的思想基础上的经济理论，主张国家采用扩张性的经济政策，通过增加需求促进经济增长。

一、产生背景

自第一次世界大战后，英国日趋衰落。20 世纪 20 年代英国经济长期萧条，失业问题空前严重。特别是 1929 年爆发空前深刻的世界经济危机后，整个资本主义世界陷于严重困境，这使剑桥学派的经济理论濒于破产。面临这一形势，原属剑桥学派的凯恩斯于 1936 年以叛离传统理论的姿态，出版了《就业、利息和货币通论》一书，抨击他称之为"古典学派"的马歇尔、庇古的观点，建立自己的宏观经济理论，为挽救资本主义制度的危机寻求新的出路和理论根据。而剑桥学派的价值论和分配论，经过修改补补，迄今仍是微观经济学的基础。

二、主要理论观点

（1）宏观的经济趋向会制约个人的特定行为。18 世纪晚期以来的政治经济学或者经济学建立在不断发展生产从而增加经济产出，而凯恩斯则认为对商品总需求的减少是经济衰退的主要原因。由此出发，他认为维持整体经济活动数据平衡的措施可以在宏观上平衡供给和需求。因此，凯恩斯的和其他建立在凯恩斯理论基础上的经济学理论被称为宏观经济学，以与注重研究个人行为的微观经济学相区别。

（2）主要结论是经济中不存在生产和就业向完全就业方向发展的强大的自动机制。而新古典主义经济学所谓的萨伊法则认为价格和利息率的自动调整会趋向于创造完全就业。试图将宏观经济学和微观经济学联系起来的努力成了自凯恩斯的《就业、利息和货币通论》后经济学研究中最富有成果的领域。一方面，微观经济学家试图找到他们思想的宏观表达；另一方面，货币主义和凯恩斯主义经济学家试图为凯恩斯经济学理论找到扎实的微观基础。二战后，这一趋势发展成为新古典主义综合学派。

三、凯恩斯主义的推演逻辑

（1）以往假设的充分就业均衡建立在萨伊定律基础之上，其前提是错误的，因为总供给与总需求函数的分析结果显示，通常情况下的均衡小于充分就业情况下的均衡。

（2）之所以存在非自愿失业和小于充分就业的均衡，其根源在于有效需求不足；因为总供给在短期内不会有大的变化，所以就业量取决于总需求。

（3）有效需求不足的原因在于"三个基本心理因素，即心理上的消费倾向，心理上的灵活偏好，以及心理上的对资本未来收益之预期"。

（4）政府不加干预就等于听任有效需求不足继续存在，听任失业与危机继续存在；政府须采取财政政策刺激经济而非货币政策，增加投资，弥补私人市场之有效需求不足。

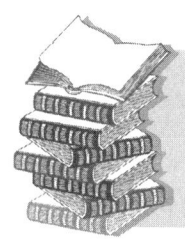

任务十
完全竞争市场——将成本降低到行业平均水平以下

学习目标

知识目标

（1）熟悉四大市场的结构及其特征；
（2）掌握完全竞争市场均衡与经营策略。

能力目标

（1）能准确判断市场的类型；
（2）能分析完全竞争市场状况并制定企业经营策略。

思政目标

（1）养成分类分析思维；
（2）理解乡村振兴中市场经营人才培养的重要性。

经济现象引入 ▷▷

中国牙膏市场60年

一、两大品牌南北称雄：1949—1982年

新中国成立后的计划经济期间，上海中华牙膏和天津蓝天牙膏两个国产品牌一直分享了中国庞大的牙膏市场；素有"南有中华，北有蓝天"的美称。在当时的计划经济条件下，牙膏定产包销，销售是靠各级百货站分销，可以说没有竞争。

二、国内品牌雨后春笋：1983—1991年

1983年工业自销，国内新品牌如雨后春笋破土而出，涌现出两面针、冷酸灵、黑妹、芳草、草珊瑚、小白兔、黄芩等数百个品牌，竞争异常激烈。但大部分牙膏的品质较差，包装粗糙，没有明确的品牌目标，品牌的含金量也谈不上，只是单纯地追求销量，并没有市场份额等概念。大家除了建设渠道和猛打广告外，似乎再也找不到其他的营销方式。

三、洋品牌洗牌中国市场：1992—2005 年

1992 年世界最大的牙膏品牌高露洁进入中国市场，1995 年世界上最大的清洁用品公司宝洁公司的佳洁士进入中国，短时间内利用强大的营销攻势抢占了中国的高端市场。

在高露洁、宝洁的大集团营销攻势下，国内品牌在市场上溃不成军。曾经声名显赫的中华，不得不"嫁给"联合利华公司（Unilever）。兵败如山倒的众多国产品牌，几乎全军覆没。

但中国市场实在是太大了，两强在总份额中占的比重并不大，还无法左右整个市场。大量国有品牌很快脱颖而出，形成自己的特色和市场。冷酸灵推出了针对饮食保护牙齿的牙膏，田七推出了药物牙膏，蓝天六必治推出了茉莉花茶味的牙膏……国产牙膏品牌各自保持自己的特色，守住市场一隅。

四、四大品牌称霸中国：2005—2015 年

2005 年后，佳洁士新品不断，促销攻势一浪高过一浪；高露洁则兵败如山倒，份额很快下滑到 17%，勉强排在第二位。两匹黑马是联合利华的中华牙膏和好来化工（hawley&hazel）的黑人牙膏。到 2005 年中期，佳洁士牙膏、高露洁牙膏、黑人牙膏、中华牙膏四个品牌占据了国内 70% 的市场份额，四大品牌称霸中国。

国内 TP 市场实际上形成了三大板块。一是外资及合资强势品牌板块，主要由高露洁、佳洁士、黑人、中华组成。二是民族传统品牌板块，主要包括两面针、冷酸灵、黑妹、蓝天六必治、田七等。三是新兴品牌板块，主要包括 LG 竹盐、纳爱斯、Lion、舒爽等。

虽然牙膏市场由三大板块组成，但实际上高露洁、佳洁士、黑人、中华合计份额超过了 70%。经济学的四企业集中度理论在牙膏市场显得正确无比。

五、国产品牌翻盘：2016 年至今

随着消费者需求的不断升级，我国牙膏市场产品线不断向前延伸，市场细分不断明显，国产品牌通过不断深化特色和加强产品质量，各自抢占细分市场，建立自己的稳固消费群，打破外国品牌控制市场的局面。例如，云南白药牙膏，以其鲜明的中药特色，在医药牙膏市场占据牢固的位置；冷酸灵强调对牙齿的养护，是牙齿敏感消费群的首选；高露洁、黑人等外国品牌依然掌控着口腔清洁市场。

2016 年国内牙膏市场占有率排名前十的品牌分别是黑人(20.6%)、云南白药(17.8%)、佳洁士(11.1%)、高露洁(9.8%)、冷酸灵(5.8%)、中华(5.6%)、舒客(4.8%)、纳爱斯(3.2%)、舒适达(2.6%)、六必治(1.4%)。2021 年国内牙膏年销售前十名的品牌变为云南白药(13.9%)、

黑人(9.4%)、佳洁士(7.8%)、冷酸灵(7.2%)、高露洁(5.1%)、舒客(4.7%)、中华(3.3%)、舒适达(1.9%)、纳美(1.7%)、云南三七(1.5%)。在这样的市场份额下,没有哪个品牌再具有影响整个市场的能力,只能不断地强化自己的特色,稳固现有的市场,寻求突破。

(资料来源:中国牙膏市场变迁,东方财富网,2022.5.2)

思考: (1) 根据企业数量多少、进出难易程度、竞争激烈程度将我国牙膏市场发展的前四个时期分别排序。

(2) 第五时期,牙膏企业提高竞争力的关键办法是什么?

经济知识学习 ▷▷

一、市场结构及其特征

(一) 市场结构

市场结构是指市场的垄断与竞争程度。不同的企业处于不同的市场结构,其竞争目标和手段也不一样。例如,汽车市场、洗发水市场和菜市场面对的同行企业竞争和市场需求是不同的,其主要竞争策略也不一样。

(二) 市场结构划分标准

1. 市场集中程度

市场集中程度是指大企业在市场上的控制程度,用市场占有额来表示。其常用评判指标为四家集中率,即 GR4:表示某一行业最大的四家企业在整个市场的销售额中所占的比例。

一个行业企业规模越小,企业数量越多,集中程度越低,其竞争越激烈;反之,垄断趋势越强。

2. 进出市场的难易程度

一个行业的门槛越低,企业进出市场越容易,其竞争程度越高;反之垄断程度越高。

3. 商品差别

商品差别是指同一种商品在质量、外形号、品牌、包装、服务等方面的差别。在大多数市场,差别化的产品会吸引相应偏好的消费者,从而形成一定程度的垄断。因此,差别越明显,垄断程度越高;差别越小,竞争越激烈。

4. 市场结构类型及特征

根据上述标准,可以将市场划分为表 2.10-1 所示的四种结构:完全竞争市场、垄断竞争市场、寡头市场、垄断市场。

表 2.10-1 市场结构类型

市场类型	市场集中程度	企业数量	进出限制	商品差别	经营策略	举例
完全竞争	零	很多	无	无	低成本	农产品
垄断竞争	较小，GR4<40%	几十上百	较小	特色鲜明	差别化	洗发水、餐饮
寡头	高，GR4>60%	几家	很大	有或无	扩大规模降价或联盟	汽车、钢铁
垄断	最高，一家集中率为100%	一家	不能进入	一种	价格歧视	电力、自来水

市场结构是动态的，不同时期、不同范围的市场其结构不同。例如，我国牙膏市场就经历了4种市场结构的演变；再如，肯德基、麦当劳、必胜客、德克士等连锁快餐市场，属于寡头市场，但扩大到整个快餐市场又属于垄断竞争市场。

二、完全竞争市场

(一) 完全竞争市场

完全竞争市场是一种竞争不受任何阻碍和干扰的市场结构。

完全竞争市场最大的特点是：商品具有同质性；买卖双方都只是价格的接受者，且价格在短期内不变，而在其他市场上不同企业的商品价格不同，且随着销量增加，企业会采取不同的价格策略。因此，在完全竞争市场上"价格=平均收益=边际收益"。蔬菜产地批发市场菜农收益如表 2.10-2 所示。

表 2.10-2 蔬菜产地批发市场菜农收益表

价格(P)/(元·千克$^{-1}$)	销量(Q)/千克	总收益(TP)/元	平均收益(AR)/元	边际收益(MR)/元
1	1	1	1	1
1	2	2	1	1
1	3	3	1	1
1	4	4	1	1

(二) 完全竞争市场的短期均衡

边际收益等于边际成本作为利润最大化的条件在任何一种市场任何一家企业都成立，但由于完全竞争市场的企业只能接受市场的价格，因此短期内，利润最大化时企业不一定是盈利的，如图 2.10-1 所示。

市场价格就是增加一单位商品生产或销售所增加的收益，即边际收益。按照利润最大化原则，企业应该按照"边际收益=边际成本（MR=MC）"组织生产，而市场商品和生产要素的价格是变化的，这就导致企业利润出现以下几种可能。

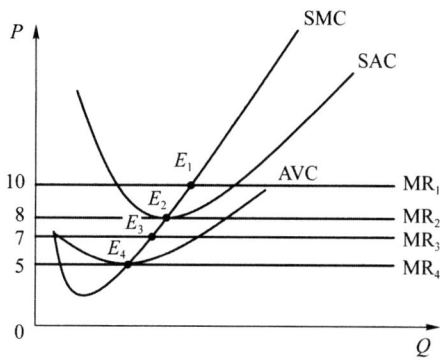

图 2.10-1 完全竞争市场上短期均衡生产的各种情况

- 价格高于平均成本，按照"MR=MC"原则在 E_1 点组织生产，此时企业盈利。
- 价格等于平均成本，按照"MR=MC"原则在 E_2 点组织生产，此时企业收支两抵。
- 价格小于平均成本高于平均可变成本，按照"MR=MC"原则在 E_3 点组织生产，收益小于成本，但高于可变成本。此时，企业产生亏损（当然，根据"MR=MC"原则组织生产，此时的亏损是最小的），但是还能够弥补全部可变成本和部分固定成本，生产比不生产有利，因此继续组织生产。
- 价格等于平均可变成本，按照"MR=MC"原则在 E_4 点组织生产，收益正好等于可变成本。此时，企业亏损，组织生产仅能弥补可变成本，其亏损额正好等于固定成本，而固定成本不管理生产还是停产都一样大，因此企业可生产，可不生产。所以，当价格等于平均可变成本时，称为停止营业点。

所以季节性生产的企业，如酒店，淡季时亏损仍然组织营业，其原因就是此时营业收益虽然小于平均成本但是高于平均可变成本，营业比停业有利。

(三) 完全竞争市场的长期均衡

由于完全竞争市场上企业可以自由进出市场且企业只能接受市场价格，当供给小于需求、价格较高、行业利润较大时，企业会扩大生产，其他企业会涌入该市场，从而整个市场供给增加、价格下降、利润下滑。反之，供过于求价格较低，企业亏损会减少生产或者退出，导致市场价格上升，利润增加。因此长期竞争的结果只能是行业利润为零。

(四) 完全竞争市场的企业经营策略

在完全竞争市场上，企业经营的根本策略是：降低成本，只要本企业的平均成本低于行业平均成本水平，企业就是盈利的。

完全竞争市场上企业高成本导致的亏损如图 2.10-2 所示，企业 A 按照"MR=MC"组织生产，均衡点在 E_A，但此时平均成本为 1.8 元，高于市场价格 1.5 元，企业是亏损的，亏损额为阴影部分面积。

完全竞争市场上企业低成本带来的盈利如图 2.10-3 所示，企业 A 按照"MR=MC"组织生产，均衡点在 E_A，但此时平均成本为 1.2 元，低于市场价格 1.5 元，企业是盈利的，盈利额为阴影部分面积。

在完全竞争市场上企业是价格的接受者，而市场上商品和生产要素的价格总是变化的，此时谁的成本低，则在市场价格较高时谁的利润就比同行多，而价格低迷时亏损就比同行少。

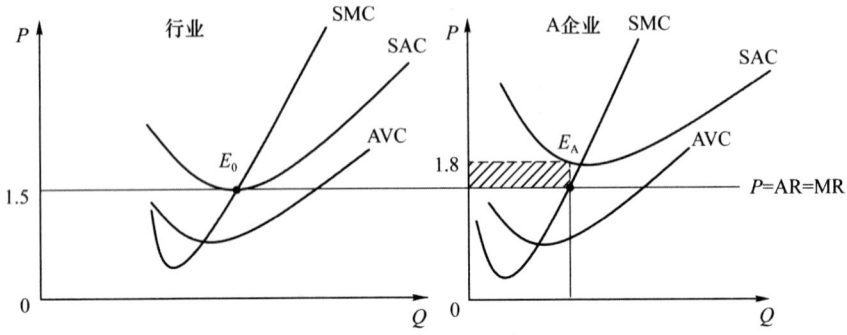

图 2.10-2　完全竞争市场上企业高成本导致的亏损

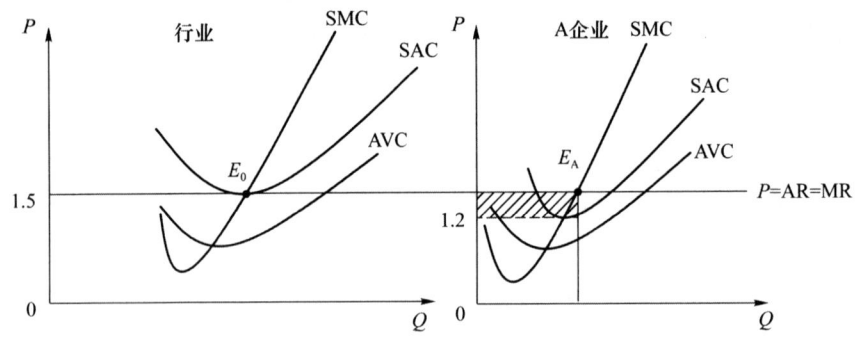

图 2.10-3　完全竞争市场上企业低成本带来的盈利

（五）完全竞争市场的评价

1. 优点

完全竞争市场全面地排除了所有垄断和限制，资源充分地自由流动，竞争激烈，可以有效地促进市场公平，提高生产效率，满足消费者需求。

2. 缺点

由于低成本是企业在完全竞争市场最根本的经营策略，因此企业为了利润往往不择手段地降低成本，导致一系列损害消费者的隐患。例如，最接近完全竞争市场的盒饭市场、街头小吃摊等，使用地沟油、用劣质食材等食品安全问题层出不穷。

理论应用分析 ▷▷

在20世纪90年代中后期，政府发动"菜篮子"工程，提出了"市长保证菜篮子"的口号。于是，很多地方财政拨款投资修建大型养鸡场（如图2.10-4所示）供应鸡蛋。结果，运营1年后全部亏损，不得不撤出这一市场。其中，北京就是典型之一，政府投资3 000多万元，配置现代化的设施设备，并组织了包括书记、场长等在内的管理队伍和

150多名员工。但是,运营后一直亏损,已不可能收回成本。值得注意的是,20世纪90年代的农村,养猪为过年,养鸡为花钱,北京周边的河北农村养鸡卖蛋是普遍现象,还有不少人家修建简陋的养鸡场(如图2.10-5所示),大量鸡蛋销往城市。当时,还没有"土鸡蛋"、"饲料蛋"和"人造鸡蛋"之说,市民买鸡蛋就是为了改善一下生活,并没有对鸡蛋分等级。

图2.10-4 城市现代化养鸡场

图2.10-5 农村养鸡场

问:(1)20世纪90年代鸡蛋市场最接近哪种市场结构?
(2)比较一下农村养鸡场和城市现代化养鸡场,谁的成本高?
(3)为什么当时政府经营的养鸡场会亏损?

综合能力训练 ▷▷

一、问答题

某大学城有三所大学、两所中职学校,培育了当地的餐饮一条街。据统计,该条街光盒饭店就有40多家,各饭店的菜式和价格出奇地统一。某同学发现这些盒饭店的环境较差,甚至一半以上的盒饭店是原来的工地临时建筑改装而成,菜品少、分量一般。因此,该同学打算集资创业,在餐饮街开一个盒饭店,他计划采取豪华装修,增加菜品并按周推出特色菜,每三个菜送一个汤。请问,该同学的创业计划合理吗?为什么?

二、案例分析题

(一)食品安全一直是困扰中国的难题,食品安全问题可以用"触目惊心"来形容。毒豆芽、牛肉膏、染色馒头、毒血旺、瘦肉精、致早熟奶粉、地沟油等事件如重磅炸弹一个接着一个向消费者袭来。

据调查,我国的食品工业近几年呈现出了快速发展的势头。我国登记注册的食品生产加工企业有44.8万家,其中10个人以下的小作坊或小工厂占了80%。登记注册的食品经营单位有323万家,提供餐饮服务的单位有210万家,种植养殖环节依靠的还是两亿多分散农户。但在食品工业快速发展的同时，我国的相关管理制度却仍然处在落后阶段，两者明显不能匹配。诚信缺失，监管不到位，是食品安全出问题的主要原因之一，导致我国食品安全问题屡见不鲜、屡禁不止。

问：(1) 为什么我国食品安全问题层出不穷？

(2) 媒体在采访东莞一家墨汁粉丝加工作坊时，问作坊老板为什么要这样干。老板说："大家都这么干，我不这么干我吃什么？"为什么他会这么说？

(二) 某同学家住郴州东江湖景区，近几年随着政府开发力度加大和居民短途游激增，湖区旅游业很兴旺，游客量成倍增加，催生了当地的民宿市场。很多资本投入东江湖景区，环绕湖区的民宿、酒店多达400多家，但假期依然供不应求。该同学劝说父母将自家临湖的四层小楼改造成民宿，他的理由是：楼房临湖，楼后就是环湖公路；房间本身的架构适合改造民宿，工程量不大；酒店设备可以用附近两所三星酒店淘汰下来的床铺桌椅，成本不高；一家人完全可以承担起游客接待工作，不需要再雇人；自家菜地种植的蔬菜基本能够满足游客餐饮需求，只需要采购肉类。

问：(1) 该同学的策划是否合理？

(2) 经营该民宿的关键措施是什么？

阅读资料 ▷▷

新剑桥学派

新剑桥学派是现代凯恩斯主义的另一个重要分支。在理解和继承凯恩斯主义的过程中，该学派提出了与新古典综合派相对立的观点，试图在否定新古典综合派的基础上，重新恢复李嘉图的传统，建立一个以客观价值理论为基础，以分配理论为中心的理论体系；并以此为根据，探讨和制定新的社会政策，以改变资本主义现存在分配制度来调节失业与通货膨胀的矛盾。

一、新剑桥学派的形成

20世纪70年代西方国家的滞涨引起人们对凯恩斯主义的反思，一些经济学者开始探讨凯恩斯宏观经济理论存在的缺陷，如缺乏对收入决定的长期和动态分析，缺乏微观经济理论基础。对此美国和英国的凯恩斯主义者提出了不同的看法：美国凯恩斯主义者把新古典学派的微观经济理论与凯恩斯的宏观经济理论结合起来，最终形成了新古典综合的经济理论；英国凯恩斯主义者力图同新古典理论进一步决裂，在李嘉图、马克思与凯恩斯之间架起一座桥梁，加以沟通，将"凯恩斯革命"进行到底，这就是后来的新剑桥学派。

二、新剑桥学派的主要理论观点

(1) 收入分配论

新剑桥学派认为，以要素边际生产力为基础的新古典经济学的收入分配理论是不科学的，也是不合理的，这在本质上是一种为资本剥削劳动做辩护的庸俗的分配理论。凯恩斯的宏观经济理论没有商品价值论，也没有否定新古典学派的以边际效用论为基础的商品价值理论。对此，新剑桥学派回到古典经济学的传统，从李嘉图的劳动价值论出发进行研究。

（2）价值论

斯拉法先探讨没有剩余的简单商品生产体系中的价值决定，然后在此基础上再探讨有剩余的商品生产体系中（即资本主义经济体系中）的价值决定。他认为，商品价值由生产商品所消耗的劳动量决定，即由特定技术条件下生产各种商品所用的投入之间的比例决定。

（3）经济增长理论

新剑桥学派经济增长理论的一个最重要的特点是把经济增长同收入分配问题结合起来考察，一方面阐述如何通过改变收入分配方式来实现经济的稳定增长，另一方面说明在经济增长过程中收入分配变化的趋势。

（4）对"滞胀"的解释

新剑桥学派认为，要解释和说明经济"停滞膨胀"的原因，必须抛弃物价水平仅仅取决于货币数量的传统理论，回到凯恩斯关于物价水平主要受货币工资率支配的论断上来。他们从区分商品市场类型或不同类别的经济部门着手，结合价格形成中的垄断因素、货币工资谈判中的阶级冲突因素，来说明通货膨胀的原因，进而解释滞胀现象。

三、新剑桥学派的主要政策主张

新剑桥学派认为，工人和资本家两大阶级之间的收入分配不平等是资本主义社会"病症"的根源。在经济增长的过程中，两极分化在加剧。收入分配的不平等又反过来阻碍经济的增长和发展，并带来一系列社会、经济、政治问题。政府必须对收入分配制度进行改革，实现收入分配的均等化，并且必须把它当成最重要的宏观干预目标。

新剑桥学派主张首先加强初级产品的需求和供给增长之间的调节机制。这就要求各国政府（或各国际团体），单独地或协同一致地持有比私人厂商凭借自己力量愿意持有的更多的初级产品储备，并随时以稳定价格为目的干涉市场。

任务十一 垄断竞争市场——打造特色

学习目标

知识目标

(1) 理解垄断竞争市场特征；
(2) 熟悉垄断竞争市场形成条件；
(3) 掌握垄断竞争市场的企业均衡与经营策略。

能力目标

(1) 能确定垄断竞争市场状况；
(2) 能制定垄断竞争企业的经营策略。

思政目标

(1) 培养数据分析习惯；
(2) 理解并高度认可民族品牌。

经济现象引入 ▷▷

企查查数据显示，目前在业和存续的牙膏企业有3 531家，其中2021年新增183家。据中国口腔护理用品工业协会统计：2021年全国主要牙膏生产企业销售收入约330亿元人民币，功效型产品市场份额占94%。从产品功效看，美白类、中草药类牙膏仍然是主要诉求，中草药类牙膏市场份额达26%，美白类牙膏市场份额达25%，抗敏感牙膏市场份额达10%。特色明显的产品其市场拓展更快。

一、主要的美白牙膏品牌

依托全网大数据，根据品牌评价以及销量评选，品牌网2021年美白牙膏十大品牌排行榜前十名分别是狮王（LION）、黑人（DARLIE）、舒适达、佳洁士（Crest）、皓乐齿（Ora2）、花王（Kao）、两面针、竹盐（LG）、汉高（Theramed）、玛尔斯。

二、主要的中草药牙膏品牌

中草药牙膏产品有片仔癀、云南白药、济川药业、同仁堂、哈药集团、恒康医疗等。

从价格来看，片仔癀牙膏定位为超高端市场，但其基础款产品（牙火清牙膏）的价格在同类型中草药牙膏基础款中处于中等水平。

从成分上看，片仔癀牙膏产品配方均以珍稀片仔癀成分为核心，而其他大多数中草药牙膏以普通草本植物为主要成分，片仔癀牙膏具有明显的成分优势。

从功效上看，片仔癀牙膏主打清火护龈，与云南白药牙膏止血功效形成差异，且产品种类多，各个功效均有所覆盖，能够满足市场多样化需求。

三、主要的防龋牙膏品牌

根据各牙膏品牌天猫旗舰店截至 2021 年 3 月防龋牙膏销量情况排名可知，黑人牙膏多种防龋牙膏产品入围 TOP10，价格根据规格不同而不同，说明黑人防龋牙膏产品受到消费者青睐。

从市场占有率来看，根据中国口腔清洁用品护理协会市场研究小组发布的《2021年度中国口腔清洁护理用品行业市场报告》，云南白药牙膏的市场份额呈逐年上涨趋势，同比上涨 7％，仍位列第一；高露洁首次跌落前四，降为第七；其他品牌排名变动不大。如图 2.11-1 所示，市场份额排名前十的品牌依次为：云南白药、黑人、佳洁士、舒客、狮王、舒适达、高露洁、皓齿健、纳美、冷酸灵。

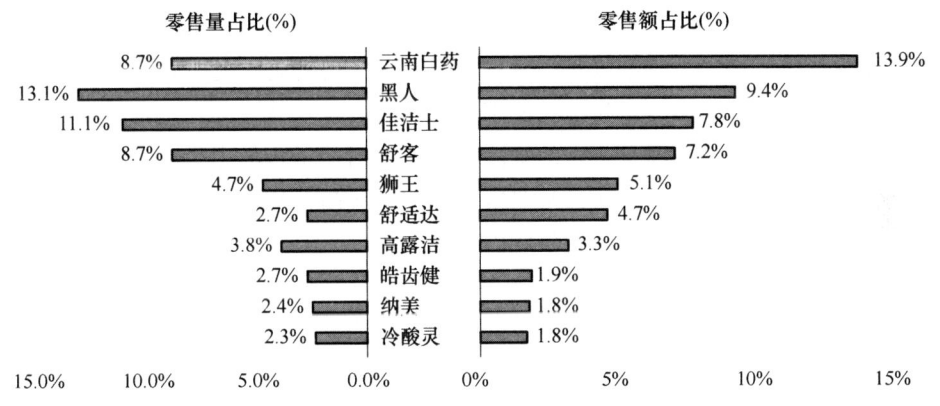

图 2.11-1　市场份额排名前十的品牌的占比

从销售额来看，中国牙膏行业 CR5 达 56.9％，CR4 为 38.3％，整体而言，牙膏行业市场集中度较高。

我国牙膏产业已经进入成熟期，市场细分程度高，跨行业投资者不断进入，行业竞争加剧，市场竞争十分激烈。不管是新进入企业的产品创新，还是原有企业的产品发展，都需要新的定位、新的概念、新的功效、新的味道。

（资料来源：中国牙膏行业市场前瞻与投资规划分析报告，前瞻产业研究院，2022.4.25）

思考：（1）根据 CR4 数据判断，当前我国牙膏市场最接近哪种市场类型？

（2）牙膏市场分为哪几个细分消费群？

（3）竞争最激烈的是哪个细分市场？为什么？

经济知识学习 ▷▷

一、垄断竞争市场

(一) 垄断竞争市场

垄断竞争市场是指一个市场中有许多企业生产并出售相近但不同质商品的市场结构。这种市场组织兼有垄断和竞争的特征。

在垄断竞争市场上,由于企业商品的差别性,企业在其特定的消费群体有一定的垄断性。例如,洗发水市场,有人忠于飘柔洗发水,有人必购霸王防脱发洗发水。

(二) 垄断竞争市场形成的条件

垄断竞争市场形成的条件有以下三点。

(1) 生产集团中有大量的企业生产有差别的同种产品,这些产品彼此之间都是非常接近的替代品,如牛肉面和鸡丝面。这里的产品差别不仅指同一产品在质量、构造、外观、销售服务方面的差别,还包括商标、广告上的差别和以消费者的想象为基础的虚构的差别。例如,虽然 A 和 B 两家饭店出售的同一菜肴(以清蒸鱼为例)在实质上没有差别,但是消费者在心理上却认为一家饭店的清蒸鱼比另一家的鲜美,此时存在虚构的差别。一方面,由于市场上的每种产品之间存在差别,每种带有自身特点的产品都是唯一的,因此每个厂商对自己的产品价格都有一定的垄断力量,从而使得市场中带有垄断的因素。另一方面,由于有差别的产品之间相互又是非常相似的替代品,每一种产品都会遇到其他大量的相似产品的竞争,市场中又具有竞争的因素。

(2) 一个生产集团中的企业数量非常多,以至于每个厂商都认为自己的行为影响很小,不会引起竞争对手的注意和反应,因而自己也不会受到竞争对手的报复措施的影响,如盒饭、理发行业。

(3) 厂商的生产规模比较小,因此进入和退出一个生产集团比较容易。

在现实生活中,垄断竞争的市场组织在零售业和服务业中是很普遍的,如修理、糖果零售业等。

二、垄断竞争市场的均衡

在短期内,其他企业难以进入或生产相同特色的商品,也生产不出可与之竞争的差别商品,因此垄断竞争企业可以凭借自己的商品差异建立在某个消费群体的垄断地位。因此,在短期内,在根据"MR=MC"原则组织生产的基础上,企业可以采取垄断企业一样的经营策略,即歧视定价,尽量扩大利润。

长期的情形则不同。因为在垄断竞争市场上每家企业的规模都不大且数量很多,企业退出市场比较自由,所以在短期内有利润时,就会吸引新的企业加入;反之出现亏损时,就会有企业退出。而且企业的差异化商品是可以创新或模仿的，当其他企业推出新的差别商品或模仿本企业特色的商品时，竞争趋于激烈，企业的利润就会下降，最终的结果是垄断竞争市场经济利润趋于零。

三、垄断竞争市场的企业经营策略

由上述分析可知，垄断竞争市场中企业在短期内可以通过差异商品建立垄断地位，从而获得超额利润，但长期而言企业的利润会趋于零。因此，如图 2.11-2 所示垄断竞争市场的企业经营策略是：通过差别化竞争，不断推出新的特色，从而将长期变成一个个短期，始终保持在一定消费群体的垄断地位。因此，垄断企业的成功取决于：差别化竞争。

差别化竞争的实质是商品差别，从消费者偏好和效用出发，在商品质量、功效、外观、包装等方面创造自己的特色，使得消费者可以轻易认知并喜好。根据边际效用递减规律，企业的商品不仅要有特色，还要不断地推出新的特色，从而不断强化这种偏好，在特定消费群体中形成长期稳固的垄断地位。

在商品差别中，品牌是差别的集中体现。但首先要有高质量、满足消费者偏好的商品，这是基础；其次要通过广告宣传使之深入人心。

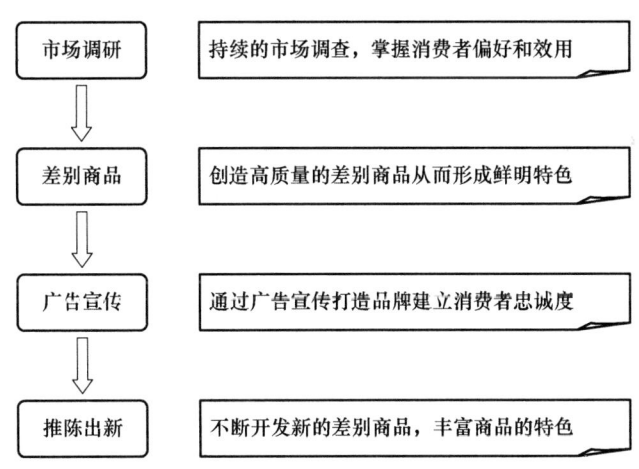

图 2.11-2　垄断竞争市场的企业经营策略

四、垄断竞争市场评价

尽管垄断竞争市场上的产品平均成本与价格相比完全竞争市场要高，资源有浪费，但消费者可以得到有差别的产品，从而满足不同的需求。与垄断市场相比，垄断竞争市场上的产品产量更高，价格更低。此外，垄断竞争强调特色和推陈出新，有利于鼓励创新。

理论应用分析 ▷▷

霸王洗发水的市场传奇

一、延续二十年的奇迹

深绿色的葫芦瓶，标志性的人物头像 LOGO，大大的"育发"二字……很少有品牌像霸王洗发水一样将其统一的包装形象一直延续了二十年。品牌烙印虽能够根深蒂固却早已没有了冲击力，再加上成龙代言的广告被年轻人戏谑恶搞，还给人留下了老气横秋的印象。

毋庸置疑，品牌的老化、中草药文化的输出、广告受众的变迁、消费者的教育等，是这几年摆在霸王面前亟待解决的痛点问题。但很少有人知道，霸王近几年不仅在尝试年轻化，而且还取得了相当不错的成绩。探究霸王洗发水品牌年轻化背后的营销秘籍，或许可以为品牌的年轻化转型提供一些借鉴。

二、一战成名

2005 年霸王在国内市场的份额只有可以忽略不计的 0.7%，经过一系列运作后，霸王举起了中草药这杆大旗，并突出"防脱"这一独特功能。当时，左手捧着中草药，右手牵着明星成龙，凭借"中药世家"和"防脱"这独一无二的概念加持，霸王洗发水以"黑马"姿态在日化市场左冲右突，俨然一颗行业明星。

2009 年霸王品牌在中国洗发水品牌中市场占有率排名第四，市场占有率已经达到 8.6%，而在中草药洗发水市场占有率方面霸王品牌排名第一，且远远超过排第二位的品牌。

同时，霸王洗发水不断推出新的产品，如霸王乌发、霸王育发，并在 2009 年推出追风洗发水四大系列。霸王洗发水的包装也是花样百出，不同容量、不同功效的洗发水，其包装和价格各不相同。据调查，霸王洗发水的价格普遍较高，200ml 规格终端售价超过 50 元，小瓶装售价也达到 20 元以上，远远高于飘柔、潘婷等品牌同规格洗发水的售价。

三、急转直下

2010 年 7 月 14 日，有期刊曝出霸王洗发水含致癌物质二恶烷，当月霸王洗发水市场销量急剧下跌 18%。霸王集团称报道不实，二恶烷来源于原材料，且含量低不影响人体健康。但越来越多的媒体采访报道，霸王防脱功能并不像广告说的那么好。防脱市场主要集中在 35 岁以上的成功男士，这一群体比较理性，更看重的是效果。

（资料来源：霸王洗发水案例分析，观研报告网，2022.4.28）

问：（1）霸王洗发水能够迅速崛起，抢占大片市场的根本原因是什么？

（2）为什么霸王洗发水的价格可以远远高于飘柔、海飞丝等品牌？

(3) 从霸王洗发水销售量的快速上升到暴降，辩证分析垄断竞争市场上广告宣传与商品质量的关系。

综合能力训练 ▷▷

一、计算分析题

某行业有上百家企业，其中市场占有率排名前五的企业的市场占有率分别为：10.2％，9.3％，8.2％，7.3％，7％。

计算该市场头部四家企业的集中率，判断该市场属于哪种市场结构。

二、问答题

某大学城附近有上百家饭店、酒楼，大多数生意清淡，但有一家鱼火锅店生意火爆。该店只经营鱼火锅，汇集南北口味，以香辣鱼火锅、酸菜鱼火锅最为出名。

问：(1) 为什么其他饭店生意清淡而该鱼火锅店生意兴隆？
(2) 如何保障该鱼火锅店的持续盈利？

阅读资料 ▷▷

货币学派

货币学派是20世纪五六十年代，在美国出现的一个经济学流派，亦称货币主义（Monetarism），其创始人为美国芝加哥大学教授弗里德曼。

一、产生背景

第二次世界大战后，美、英等发达资本主义国家，长期推行凯恩斯主义扩大有效需求的管理政策，虽然在刺激生产发展、延缓经济危机等方面起了一定作用，但同时引起了持续的通货膨胀。弗里德曼从20世纪50年代起，以制止通货膨胀和反对国家干预经济相标榜，向凯恩斯主义的理论和政策主张提出挑战。

60年代末，美国的通货膨胀愈演愈烈，特别是1973—1974年在所有发达资本主义国家出现的高物价上涨与高失业同时并存的"滞胀"现象，凯恩斯主义理论无法做出解释，更难提出对付这一进退维谷处境的对策。于是，货币主义开始流行起来，并对美、英等国的经济政策产生了重要影响。

二、主要理论观点

以弗里德曼为代表的货币主义的基本观点，可概括为以下几个命题。

(1) 货币需求函数是一个稳定的函数，意指人们平均经常自愿在身边贮存的货币数量与决定它的为数不多的几个自变量（如人们的财富或收入、债券、股票等的预期收益率和预期的通货膨胀率等）之间，存在着一种稳定的并且可以借助统计方法加以估算的函数关系。

（2）引起名义国民收入发生变化的主要原因在于，货币当局决定的货币供应量的变化。假如货币供应量的变化会引起货币流通速度的反方向变化，那么货币供应量的变化对于物价和产量会产生什么影响，将是不确定的、无法预测的。

（3）在短期内，货币供应量的变化主要影响产量，部分影响物价，但在长期内，产出量完全是由非货币因素（如劳动和资本的数量，资源和技术状况等）决定的，货币供应只决定物价水平。

（4）资本主义经济体系本质上是稳定的，只要让市场机制充分发挥其调节经济的作用，资本主义将能在一个可以接受的失业水平条件下稳定发展，凯恩斯主义调节经济的财政政策和货币政策不是减少了经济的不稳，而是加强了经济的不稳定。因此，弗里德曼强烈反对国家干预经济，主张实行一种"单一规则"的货币政策。这就是把货币存量作为唯一的政策工具，由政府公开宣布一个在长期内固定不变的货币增长率，这个增长率（如每年增加3%～5%）应该是在保证物价水平稳定不变的条件下与预计的实际国民收入在长期内会有的平均增长率相一致。

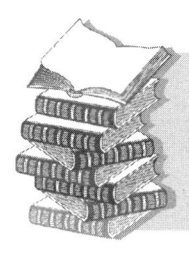

任务十二
寡头与垄断市场——大鱼吃小鱼的游戏

学习目标

知识目标

（1）理解寡头市场特征及其均衡；
（2）熟悉寡头市场竞争策略；
（3）理解垄断市场特征及其均衡；
（4）熟悉垄断市场经营策略。

能力目标

（1）能分析寡头市场状况并制定企业经营策略；
（2）能分析垄断市场状况并制定企业经营策略。

思政目标

（1）理解国家反垄断法的经济意义；
（2）理解国家种业战略的重大意义。

经济现象引入 ▷▷

早在 2018 年，领导人就指出"十几亿人口要吃饭，这是我国最大的国情。良种在促进粮食增产方面具有十分关键的作用。要下决心把我国种业搞上去，抓紧培育具有自主知识产权的优良品种，从源头上保障国家粮食安全"。

2021 年 7 月 9 日，习近平总书记主持召开的中央全面深化改革委员会第二十次会议审议通过《种业振兴行动方案》。种业是保障国家粮食安全的重要命脉，尤其是当前环境异常变化、自然灾害频发、新冠疫情反复，容易引发经济社会发展的不确定性和风险，更加需要保障国家粮食安全，守好风险底线。加快种业发展，从源头上保障国家粮食安全，不仅是中国应对全球气候变化、自然灾害及复杂国际环境挑战的重大任务，也是维护我国粮食安全的关键科学问题和总体国家安全的必然抉择。

据统计，2021 年全球十大种业公司基本垄断了种子市场，其中德国拜耳（孟山都）占比 25%，美国柯迪华占 20%，中国先正达占 15%，德国巴斯夫占 10%，法国立马格兰占 5%，其他公司仅占 25%，市场 GR4 高达 70%。凭借自己庞大的市场份额和先进种子技术，孟山都、柯迪华等在国际市场上呼风唤雨，掌控中小国家农业发展命脉。

种业是农业的"芯片"，种业既是国家基础性、战略性的核心产业，也是高精尖产业，是高科技含量、高附加值和高资本投入的高科技产业。从全球来看，我国种业总体还处于竞争弱势，科技竞争愈演愈烈，构建现代生物育种创新体系，从源头上保障国家粮食安全，彻底解决种质资源等卡脖子问题，是当前政策的核心考量。

在以国内大循环为主体、国内国际双循环相互促进的新发展格局下，国内外经济形势越复杂多变，越要稳住"三农"这个基本盘，越要保障粮食安全，而"国以农为本，农以种为先"，种业发展关系到农业基础地位。

而疫情冲击下经济社会能够保持平稳，关键在于"手中有粮，心中不慌"，实现"谷物基本自给、口粮绝对安全"是头等大事、立命之本。无论是城市保卫战，还是国内外农产品价格战，最终都会体现到农产品保供战。缺乏充足供给，导致粮价波动频繁，蔬菜价格高涨缓降，都是供需尚未平衡、农业尚未不稳固的表现。

因此，需要将农业生产压得更实、更稳，粮食生产能够在稳面积、稳产量、稳政策的基础上，实现增效益；蔬菜生产能够确保稳产能、调结构、补链条、提质量。

种业作为农业的源头，需要带好头，只有种业能够实现现代化高质量发展，才能夯实农业发展基础，使得农业的压舱石地位更加稳固，稳定器作用更加牢固。

（资料来源：种业关系国家粮食安全，中泰证券研究所，2022.4.24）

思考：（1）孟山都为什么可以影响国际种业市场？

（2）谈谈党中央出台《种业振兴行动方案》的战略意义。

经济知识学习 ▷▷

一、寡头市场

（一）寡头市场

寡头市场也称寡头垄断市场，是指一种商品的生产和销售只有几家企业提供或少数几家大企业所控制的市场结构。在现实经济中，寡头常见于重工业部门，如汽车、钢铁、造船、石油化工、有色冶金、飞机制造、航空运输等部门。

（二）寡头市场的均衡

相互依存是寡头市场最突出的特征。由于企业数目少而且占据市场份额大，不管怎样，一个厂商的行为都会影响对手的行为，进而影响整个市场。所以，每个寡头在决定自己的策略和政策时，都非常重视对手对自己这一策略和政策的态度与反应。这样，寡头企业之间有激烈竞争，同时又可以通过各种方式达成共谋或协作。因此，在短期内寡头市场的均衡极为复杂。

从长期来看，寡头企业会调整规模至最佳状态，如果此时盈利，则停留在该市场，此时其他有实力的企业发现有利可图会进入该市场，如近十年来中国汽车市场爆炸式发展，世界汽车企业巨头纷纷进入中国，而国内企业也纷纷入行。汽车生产企业的增加导致供过于求，行业利润减少，如果寡头企业调整规模至最佳后仍然亏损，则企业会退出市场，导致市场趋向垄断。

（三）寡头市场竞争策略

寡头垄断市场存在明显的规模经济性，规模过小会造成很高的平均成本，这使得大规模生产占有强大的优势，大公司不断壮大，小公司无法生存，最终形成少数企业激烈竞争的局面。所以规模经济是每一个寡头企业的追求。

> **小知识：**
> 1915年福特建成了第一条生产流水线，实现了一分钟生产一辆汽车的愿望，年产量累计达到50万辆。随着产量的增加，汽车的成本也大幅下降，从1909年的950美元，降到了1916年的360美元，11年后，也就是1927年，T型车的累计产量突破了150万辆，市场占有率达到50%。

1. 价格战

在寡头市场价格战非常普遍，这是因为低价倾销有利于在短期迅速增加销售额，提高市场占有率，进而扩大生产规模，从而降低成本，形成竞争优势。但同时其他寡头企业为维护自己的利益，也会降价竞争，结果是率先降价的企业并没有从降价中扩大市场份额，而大家的收益都减少了。因此，价格战对于寡头企业来讲是两败俱伤，应尽量避免。

当某一家企业成本较低，或者销售渠道更为通畅时，在价格战中会有更大的优势，有更多的降价空间可以挤垮对手，更通畅的销售渠道也便于比销售对手更快地实施价格政策。

2. 联盟

由于寡头市场只有少数几家企业，这使得相互之间的联合成为可能，寡头企业也意识到，只要组成联盟，就可以像垄断企业那样行动，通过控制产量来提高市场价格，从而扩大利润。例如，主要石油国家组成石油输出国组织OPEC，协调各国石油政策，商定原油产量和价格。但是在巨大的市场供求之下，当市场供过于求时，寡头企业为追求短期效益必不遵守联盟协议，历史证明各类寡头联盟都只是短暂的，而且为了防止垄断，政府也不会坐视寡头联合。但市场整体供不应求时，这种联盟就会延迟较长时间。

综上所述，基于质量、技术和低成本的规模经济是寡头经营策略的关键，当市场供过于求时价格战越发激烈，而供不应求或价格战导致全面亏损时联盟趋势越明显。

二、垄断市场

（一）垄断市场

垄断市场又称完全垄断市场，指在市场上只存在一个供给者和众多需求者的市场结构。垄断市场的假设条件有三个：第一，市场上只有唯一一个厂商生产和销售；第二，该厂商生产的商品没有任何接近的替代品；第三，其他厂商进入该行业都极为困难或不可能，所以垄断厂商可以控制和操纵市场价格。

在垄断市场上，需求多缺乏弹性，但仍然可以按照弹性的大小细分市场。例如，如电力市场的商业用电、工业用电和居民用电，都是缺乏弹性的，但商业用电的弹性＜工业用电的弹性＜居民用电的弹性。

（二）垄断企业的均衡

在垄断市场上，企业可以决定商品产销量和价格。决定垄断企业行动的仍然是利润最大化原则，也必须按照"MR＝MC"来组织生产。

在短期内，垄断企业均衡是"MR＝SMC"，根据市场价格和生产要素的成本情况，垄断企业也会像完全竞争市场上的企业一样存在盈利最大化、盈亏平衡和亏损最小化三种情况，如图2.12-1所示。

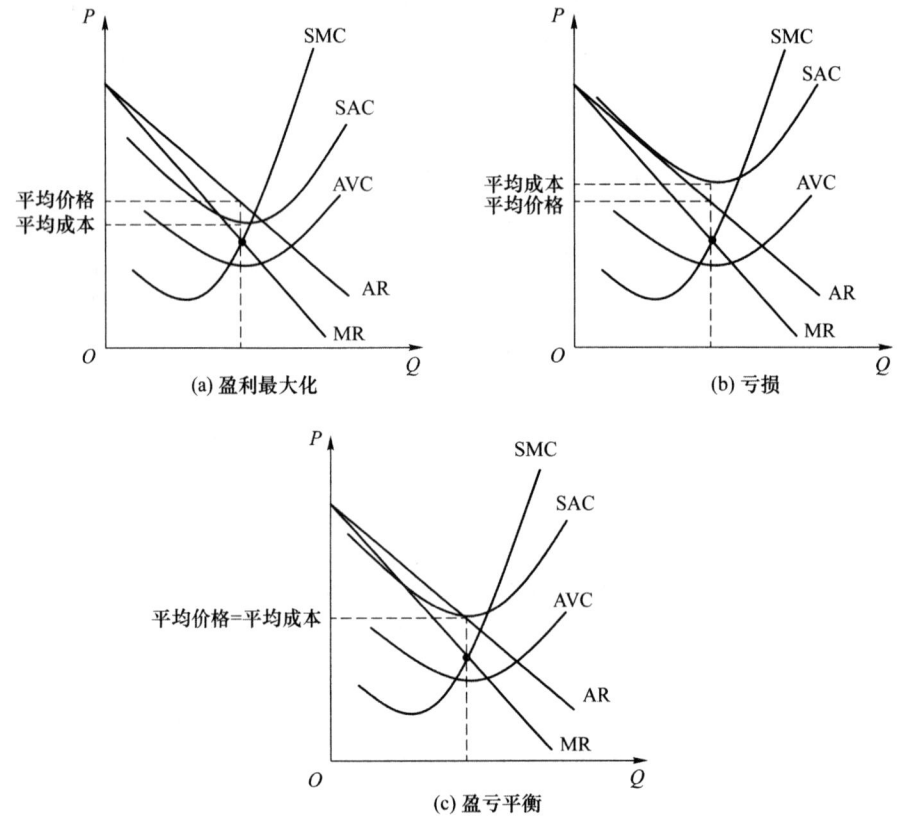

图 2.12-1 垄断企业的短期均衡

从长期来看，垄断企业可以调整所有生产要素，按照"MR＝LMC"来组织生产。由于排除了其他企业进入的可能，如果无论如何调整都不获利，企业就会考虑退出；如果在短期内盈利，或者经过调整后摆脱了亏损，企业就可以长期保持这份利润。

例如，德国埃森煤矿是德国鲁尔区煤炭垄断者，也是世界上规模最大的煤矿，但是进入20世纪80年代后由于矿产枯竭，其开采成本一度达到进口价格的7倍，不得不于1986年关闭。

（三）垄断企业的经营策略

由于垄断企业是市场唯一的供应者，因此在按照"MR＝MC"组织生产的基础上，还可以通过调整价格，将利润额扩大，通常采取的措施是歧视定价。

歧视定价是指同样的商品向不同的消费者收取不同的价格。例如，我国电力公司针对不同的消费群体及不同消费量实行了多达20余种价格。价格歧视必须在以下三种条件满足的情况下才可以实行：

（1）其他企业不可能进入或提供替代品，如国家规定民企不得向外界提供电力；

（2）同一市场消费者存在明显不同的消费弹性，如商业用电和居民生活用电的弹性相差较大；

（3）企业可以将不同市场和不同消费者分开，如电力公司将工业用电和居民用电电网分开才能实施不同定价，否则消费者之间转卖，价格歧视就失去可能。

达到以上条件时，垄断企业会对缺乏弹性的消费群体收取高价，而对弹性较大的消费群体收取较低价格，这样销售量不会降低，而总收益大幅度增加。电力企业单一定价和歧视定价如图2.12-2所示。

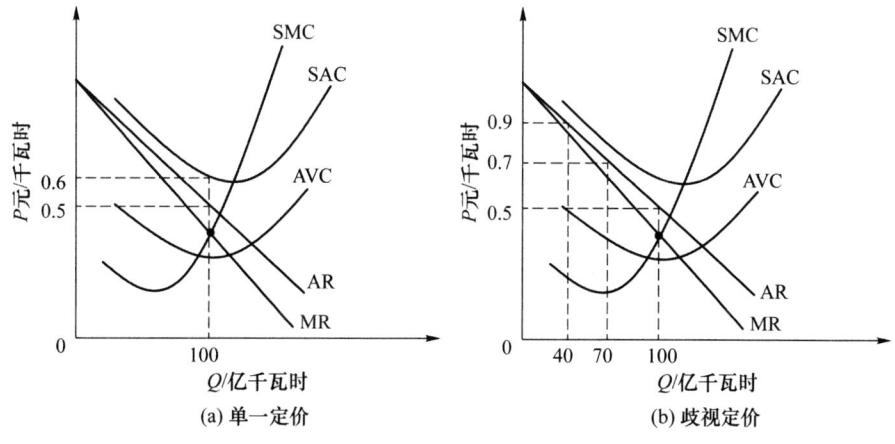

图2.12-2　电力企业单一定价和歧视定价

如图2.12-2所示，按照"MR＝MC"的原则提供100亿千瓦时电量，此时平均成本为0.6元/千瓦时，平均收益（即价格）为0.5元/千瓦时，当实行单一定价时，企业亏损10亿元。如果按照歧视定价，对商业用电的40亿千瓦时收取0.9元，对工业用电的30亿千瓦时收取0.7元，而居民用电的30亿千瓦时仍然收取0.5元，此时100亿千瓦时的总成本为100×0.6＝60亿元，而总收益变成40×0.9＋30×0.7＋30×0.5＝72亿元，盈利12亿元。

（四）对垄断市场的评价

1. 缺点

相对于竞争市场，垄断市场提供的商品少、价格高，导致生产资源的浪费；消费福利减少，因为消费者要用高价才能买到较少的商品；垄断企业的商品质量和服务态度通常较差；垄断企业的超额利润和高价格加速了贫富分化；行政性垄断常常带来资源浪费和低效率。

2. 优点

首先，有利于实现规模经济，由于垄断企业的规模可以很大，因而可以获得规模经济带来的好处。其次，垄断企业研究和开发的能力较强（尽管垄断企业没有研发的积极性）。

理论应用分析 ▷▷

案例一：

2021 汽车市场

2021年中国品牌乘用车销量954.3万辆，同比增长23.1%；市场份额为44.4%，较2020年上升了6.0个百分点。除此之外，美系和法系车市场份额也均有所上升。

2021年，汽车销量排名前十位的企业集团销量合计为2 262.1万辆，同比增长1.7%，占汽车销量总量的86.1%，较2020年同期下降了1.8个百分点。如图2.12-3所示，总体来看，我国汽车行业市场集中度较高，CR3达到46.2%，CR5达到63.1%。但2021年行业市场集中度有所下降，说明我国汽车行业品牌竞争日益激烈。

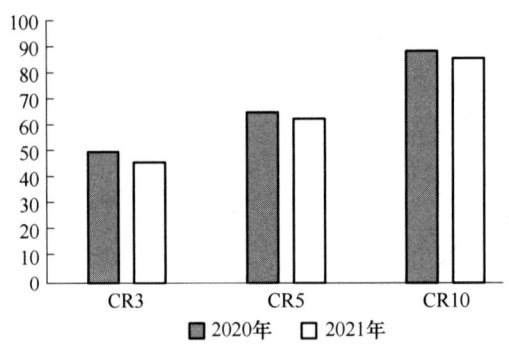

图 2.12-3　2020—2021年中国品牌汽车市场集中度变化

总体来看，我国汽车品牌市场的市场格局较为稳定。领先企业地位稳固，行业市场集中度稳中有降。

（资料来源：中国汽车整车制造行业需求前景预测与投资战略规划分析报告，前瞻产业研究院，2022.4.21）

问：(1) 中国品牌汽车市场接近于哪种市场类型？

(2) 中国汽车企业经营策略是以联合为主，还是以降价促销为主？

(3) 随着行业集中度下降，竞争会趋向何种变化？

案例二：

垄断的危害

当代社会，压在中国民众身上的三座大山已被教育、住房和医药替代，其中教育和住房已被躺平的年轻人婉拒，但医药却让我们别无选择。为应对这些社会难题，国家陆续施行了"教育减负"、"房住不炒"和"医保集采"的措施，力求改善民生，维护普通大众的权益。在医药方面，政策施行后，原有的低价高效常用药和救命药出现了"降价即死"的反常现象，要么涨价不断，要么供应短缺甚至消失。事出反常必有妖，常用药的反常，除了环保等因素造成原料药价格出现上涨外，更多的原因是人为垄断。

"巴曲酶注射液"是急性脑梗死的救命药，也是该病不可替代的唯一药品，而北京托毕西药业有限公司是中国唯一一家能够生产巴曲霉注射液的药企。但是，因垄断行为被处罚的为什么是先声药业而非托毕西？这背后还有一段资本博弈的故事。先声药业对巴曲酶注射液筹划已久，但碍于自研的巨大投入，更乐意通过收购国内唯一生产厂家来实现产出。

先声药业多次向托毕西抛出橄榄枝，但托毕西对收购一直很抵触。由于巴曲酶原料药生产商全球只有瑞士的 DSM Pentapharm，于是先声药业釜底抽薪，通过高出市场价好几倍的价格拿到了巴曲酶原料药在中国境内的独家代理并拒绝向托毕西销售原料药，导致托毕西于 2020 年停产。在资本博弈下，救命药的停产最终受到伤害的是等待救命的患者。

最终，先声药业的垄断行为被举报到了市场监管总局。面对举报，先声药业辩解拒绝向托毕西销售原料药的原因是自研需要原料药，库存不够。市场监管总局的调查表明，先声药业自研需用量仅为 0.8203 升，其库存量不仅满足自研需求，也完全不影响对外销售。先声药业也明确表示，通过垄断货源以原料药作为筹码实现收购托毕西药业的目的。巴曲酶注射液的市场断供严重影响相关疾病的治疗，市场监管总局依法对先声药业按其销售额的 2%（也就是 1.007 亿元）罚款。

（资料来源：药企垄断老百姓"救命药""拒售抬价"获顶格罚款，生物探索，2022.4.19）

问：（1）垄断对消费者的危害有哪些？
（2）国家反垄断的目的是什么？

综合能力训练 ▷▷

一、案例分析

巴西淡水河谷公司、澳大利亚必和必拓公司、英国力拓集团三个铁矿石生产、开发、营销集团，合称铁矿三巨头，掌控着全球 70% 的铁矿石供应。近二十年来，三大巨头利用对铁矿石市场的控制权，沆瀣一气屡屡涨价，坐收渔利。

市场数据显示，国内铁矿石主力期货在 2021 年 11 月 19 日触及近两年低点 509.5 元/吨，此后强势反弹，到 2022 年 2 月 11 日直逼 850 元/吨，涨幅逾 66%。

铁矿石价格居高不下，业内铁矿三巨头受益匪浅。淡水河谷 2021 年实现净利润 224 亿美元，同比大增 176 亿美元。公司铁矿石产能由 2020 年年底的 3.22 亿吨，增至 2021 年年底的 3.4 亿吨，第四季度铁矿石粉矿销量创历史同期纪录，达到 8 250 万吨，环比增长 22.6%。

力拓在 2021 年实现净利润 210.9 亿美元，同比大增 116%，派发有史以来最高的全年总股息，达到每股 10.4 美元，派息率为 79%。

必和必拓则在 2022 年上半财年（2021 年 7 月至 12 月）实现经营利润 148 亿美元，同比增长 50%，基本每股收益 1.86 美元，同比增长 144%。

中国是世界第一大铁矿石进口国。而本轮铁矿石涨价的同时，我国铁矿石的库存量却处于高位。据 Mysteel 统计数据，2021 年 11 月 12 日以来，全国 45 个港口进口铁矿石库存总量持续攀升，截至 2022 年 2 月 18 日，进口铁矿石库存总量突破 1.6 亿吨，环比累库 144.11 万吨。

"疯狂的石头"引起了监管层的关注。2022 年 1 月 28 日至 2 月 28 日，一个月内，国家发改委七度发声，强力调控铁矿石市场。有关方面分析认为，当前铁矿石市场供需总体稳定，国内库存处于多年高位，近期价格过快上涨，存在炒作成分。国家发改委将高度关注铁矿石市场价格变化，会同有关部门深入调查，加强监管，严厉打击散布虚假信息、哄抬价格、恶意炒作等违法违规行为，研究进一步采取有力有效措施，切实保障铁矿石市场价格平稳运行。

在监管部门密集发声下，效果在市场上显现，铁矿石期货价格一度降至 661.5 元/吨，较 2 月上旬高点下挫两成有余。

作为钢铁上游原材料，铁矿石价格不稳定会对整个制造业产生不利影响。由于国内铁矿石主要依靠进口，保供工作难度较大，一方面国内生产要加把劲，另一方面还要控制需求，即控制高耗能产业。

（资料来源："疯狂的石头"扰动市场，国际金融报，2022.3.3）

问：（1）三大铁矿石巨头为什么能联合涨价？

（2）结合我国基础设施建设现状，铁矿石涨价有哪些危害？

二、看图分析

图 2.12-4 是某市自来水厂的短期生产均衡曲线图。

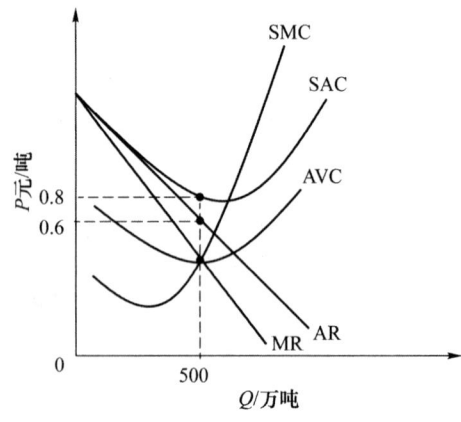

图 2.12-4　某市自来水厂短期生产曲线

企业按照"MR＝MC"在 500 万吨产量规模组织生产，问：

（1）按照单一定价，此时企业盈利还是亏损，金额为多少？

（2）从歧视定价和弹性角度分析，自来水厂可采取什么样的措施扭亏为盈？

阅读资料 ▷▷

理性预期学派

理性预期学派是西方经济学派之一，20世纪70年代出现，主要代表为美国的卢卡斯、萨金特和华莱士等。理性预期学派认为，各个经济行为主体在做出当前的行动决策时，除考虑到当前有关经济变量（如物价、工资率及资产的收益率等）的情况外，还要对这些变量将来会有的情况做出"预期"。所谓"理性预期"是指，预期应与可得信息做出的最优预测相一致，但是这个预测并不一定是准确无误的，导致理性预期不准确的原因是可得信息不一定等于所有信息。由此得出结论，政府为了把失业率压低到"自然失业率"以下，以承受一定程度的通货膨胀为代价而扩大货币供应量的政策措施是无效的，只会导致货币工资率和一般物价水平的上涨，而失业率则始终会保持在"自然失业率"的水平上。理性预期学派主张政府干预经济的措施越少越好。

一、基本观点

理性预期学派的基本论点是：人们在经济活动中，根据过去价格变化的资料，在进入市场之前就对价格做出预期，这样，他们的决策才是有根据的。市场会发生一些偶然情况，我们将这些偶然情况称为干扰因素，可以事先计算干扰因素的概率分布，因此可以选出风险最小的方案，以预防不利后果的侵害。例如，在确定房租、债券利息、议定工资、规定供给价格时，都可把未来价格波动估计进去，订得高一些，以防止因通货膨胀而降低实际收入。因此，合理预期起了加速通货膨胀的作用。同时，由于政府对经济信息的反应不如公众那样灵活和及时，所以政府的决策不可能像个人的决策那样灵活，因此政府的任何一项稳定经济的措施，都会被公众的合理预期所抵消，成为无效措施，迫使政府放弃实行。因此，理性预期学派认为，国家干预经济的任何措施都是无效的。要保持经济稳定，就应该听任市场经济的自动调节，反对任何形式的国家干预，所以一般认为，理性预期学派是比货币学派更彻底的经济自由主义。

穆斯在《理性预期与价格波动理论》一文中，发展了适应性预期理论，首次提出"理性预期"理论。他假定：经济信息是稀缺的，经济体系不会浪费，而是充分利用了信息；预期形成方式主要依赖于描述经济的有关体系构成；公众的预期对经济体系运行不产生实质性影响。

在上述假定前提下，穆斯阐发了其理论要点。

其一，理性预期是使厂商利润最大化的预期，是人们有效地利用代价昂贵的信息后形成的，因而它是理性的，其结果与客观的理论预测一致。

其二，理论预期是观察到的过去经验的规律性总结，它可以指导人们的经济行为。由于它与理性预期结果一致，因而理性预期可以构成经济行为的基础。

其三，理性预期模型中存在随机误差项，表明厂商和经济学家都不能无所不知地掌握一切信息，因而会对其产出行为发生影响。

其四，最主要之点在于，理性预期模型说明，规则的经济政策不会对实际经济行动产生影响。只有当经济体系受到预料之外的冲击时，才会使实际产量偏离其正常轨道。显然，这一结论部分地否定了凯恩斯主义经济政策的有效性。

穆斯的理性预期模型是理性预期理论的雏形，还存在明显的缺陷与不足。70年代后，卢卡斯等人循着这一思路，提出了较为完整、较为系统的理性预期理论。

二、分析方法

理性预期学派首先从分析方法入手，批判了凯恩斯主义的分析方法，指出其存在的问题，并用自己的预期方法取代或补充了凯恩斯主义的分析方法。理性预期学派指出，凯恩斯主义的分析前提是不现实的，分析方法是有缺陷的。

第一，充分就业的假定前提并不存在。全世界都产生了资源短缺和能源紧张的问题。资源的有限性和供给不足已成为经济增长的瓶颈。在这种情形下，资源闲置已不复存在，从而供给已经出现结构性变化，即能源、原材料等方面的供给已无弹性，生产已达到潜在的水平，就业已达到自然就业水平，故总供给已达到最大限度。

第二，量分析方法过于一般化，没有考虑微观因素，凯恩斯主义的总量分析侧重于政府干预对国民经济总体的影响，没有考虑市场机制的作用和公众对经济政策的反应。因而，依据这种分析方法制定的经济政策也就不一定正确，并不能发生应有的效力。为此，理性预期学派指出，要用微观分析补充一般宏观分析的不足，并建立一种微观和宏观相结合的分析方法。

第三，用总量分析方法建立的宏观经济模型没有考虑"个人决策"的作用，理性预期学派指出，个人决策的作用与人们对经济形势的预期有关。因此，个人决策对经济活动的变化有决定性作用；而个人决策依赖于人们的理性预期，所以公众的理性预期是影响客观经济变化的主要因素之一。理性预期就是利用公众的理性预期方法，来考虑产量、就业量、价格总水平的决定及变动。

理性预期的分析方法主要是微观分析与宏观分析相结合的方法。理性预期的方法具体反映在理性预期理论的分析前提中，即理性预期的三个基本假说：自然率假说、理性预期假说和货币中性假说。

三、经济政策

第二次世界大战以后，西方主要发达国家的经济经历了20世纪五六十年代经济发展的又一个黄金时代。这一方面是由于当时发生了以原子能、电子计算机和空间技术为标志的第三次科技革命，促进了生产力的极大发展；另一方面是由于凯恩斯国家干预政策的实施，延缓了经济危机的发展。但进入70年代，西方国家经济开始陷入"滞胀"局面：一方面，生产过剩，产品积压，企业破产，工人失业，经济停滞不前；另一方面，物价持续上涨，而且涨幅较大。经济停滞和通货膨胀并存的现实使凯恩斯主义在理论上破产，在实践中处于两难境地。根据凯恩斯的有效需求理论，经济危机和通货膨胀互不相容。有效需求不足导致生产萎缩，从而引发经济危机，需求过度才导致通货膨胀。若要刺激经济增长，就要扩大财政开支和货币发行，增加社会总需求，这无疑会加剧通货膨胀。若要控制通货膨胀，就要缩减财政开支和货币发行。控制社会总需求，而这又会加深经济危机。当被许多国家奉为圭臬的凯恩斯主义在理论上无法自圆其说，在实践中无能为力时，经济学又一次陷入危机。在这种背景下，旨在以理性预期方法说明凯恩斯宏观经济政策无效性的理性预期学派应运而生，盛极一时。

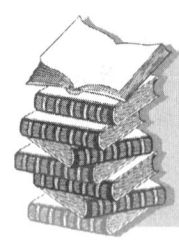

任务十三
工资的来源与决定——如何获得高工资？

学习目标

知识目标
(1) 理解工资的来源和劳动供求；
(2) 熟悉工资的决定因素及差异原因；
(3) 掌握提高工资的方法。

能力目标
(1) 能根据市场供求状况和劳动者特征预测其工资变化趋势；
(2) 能针对本身的条件和劳动市场供求状况制定增加工资的措施。

思政目标
(1) 树立正确的金钱观；
(2) 坚定知识就是财富的观点。

经济现象引入 ▷▷

一个叫约翰、一个叫哈里的两个年轻人，同时进入一家蔬菜贸易公司。

三个月后，哈里很不高兴地走到总经理的办公室，向总经理抱怨说："我和约翰同时来到公司，现在约翰的薪水已经增加了一倍，职位也升到了部门主管。而我每天勤勤恳恳地工作，从来没有迟到、早退，对上司交代的任务总是按时地完成，从来没有拖沓过，可是我的薪水一点没有增加，职位依然是公司的普通职员。"

总经理没有马上回答哈里的问题，而是意味深长地对他说："这样吧，公司现在打算预订一批土豆，你先去看一下哪里有卖的，回来我再回答你的问题。"

于是，哈里走出总经理办公室，找卖土豆的蔬菜市场去了。半小时后，哈里急匆匆地来到总经理办公室，向总经理汇报："二十公里外的集农蔬菜批发中心有土豆卖。"

总经理问："一共有几家卖土豆的？"

哈里挠了挠头说："我刚才只是看到有卖的，没有留意有几家，你等一会儿，我再去看一下。"说完又急匆匆地跑出去了。二十分钟后，哈里喘着气跑回总经理办公室汇报，"报告总经理！一共有三家卖土豆的。"

总经理问:"土豆的价钱是多少?三家的价格都一样吗?"

哈里愣住了,挠了挠头说:"总经理,你再等一会儿,我去问一下价格。"说完,又要往外跑。

这时,总经理叫住他:"你不用再去了,你去帮我把约翰叫来吧。"

三分钟后,约翰和哈里一起进了总经理办公室,总经理先对哈里说:"你先坐下来休息一下吧。"然后对约翰说:"公司现在打算预订一批土豆,你去看一下哪里有卖的?"

四十分钟后,约翰回来向总经理汇报:"在二十公里外的集农蔬菜批发中心有三家卖土豆的,其中两家是0.9美元一斤,但一个老头的只卖0.8美元一斤。我看了一下他们的土豆,发现老头的土豆不仅便宜,而且质量最好,因为他是自己农场种植的。如果我们需求量大,价格还可以优惠,并且他有货车,可以免费送货。我已经把老头带回来,就在公司大门外等着,要不要让他进来具体谈一下?"

总经理说:"暂时不用了,你让他先回去吧。"于是约翰就出去了。这时,总经理才对看得目瞪口呆的哈里说:"你都看到了吧!如果你是总经理,你会给谁加薪晋职呢?"哈里惭愧地低下了头。

问:(1)同样的时间和岗位,谁为公司创造的价值更大?
(2)为什么公司选择提拔约翰而不是哈里?

经济知识学习 ▷▷

一、工资理论

(一)劳动与工资

工资是劳动力提供劳动的报酬,即企业支付给劳动这种生产要素的价格,是公民最主要的收入形式。扣除物价上涨因素后,按照实际购买力来衡量的工资称为实际工资。

(二)劳动需求

1. 边际生产率
劳动边际生产率是指在其他条件不变的情况下,增加一单位劳动所增加的收益。根据边际报酬递减规律,劳动边际生产率是递减的。

2. 企业对劳动需求的原则
企业对劳动的需求,取决于边际收益与边际成本的比较,如图 2.13-1 所示。当"边际收益＞边际成本"时,企业会购买劳动;反之,当"边际收益＜边际成本"时,企业会裁员。

因此,工资率越低,或商品中劳动成本越低,企业对劳动的需求量越大,反之减少。企业为了实现利润最大化,会把劳动使用到劳动的"边际收益＝边际成本"为止。

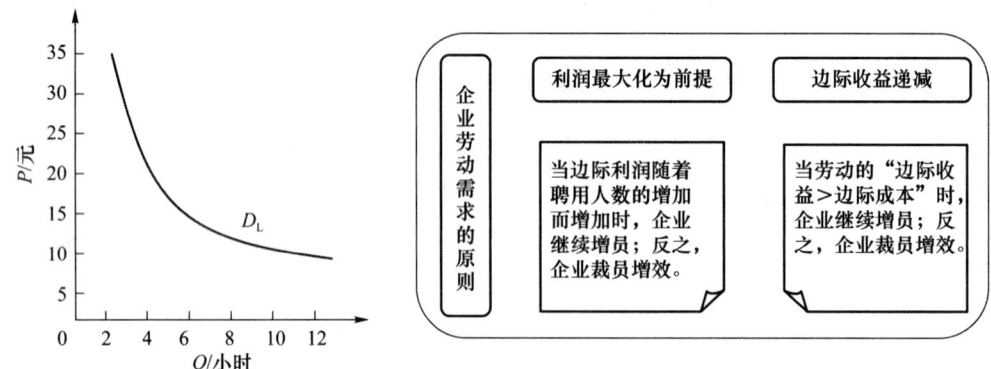

图 2.13-1 劳动需求曲线

(三) 劳动供给

劳动供给的影响因素有很多,其中最主要的是工资即劳动的价格。如图 2.13-2 所示,劳动的供给比较特殊,刚开始的时候,随着工资的上涨会增加供给,因为此时工资不高(收入较低),劳动者愿意多干点活;工资涨到一定程度时,劳动者宁愿少工作而多休闲。

例:某企业由于订单较多,决定每天晚上让员工加班 3 小时,为了提高大家的积极性,加班工资增加为 20 元/小时。但通知下达后,普通员工热烈欢迎,而高级技术员工和主管们却怨声载道。

(四) 均衡工资的决定

劳动的需求和供给决定了劳动的工资水平,如图 2.13-3 所示。

图 2.13-3 是劳动市场处于完全竞争条件下的均衡工资决定,表示的是一个区域劳动市场的平均工资水平。如果市场存在一定程度的垄断,如工会控制劳动供给或者企业联合招聘时,就可以通过人为控制劳动的供给或需求,从而改变市场的均衡工资。如劳动者组成工会垄断劳动供给,通过迫使政府规定法定工作时间、打击非法用工等减少劳动的供给,从而提高工资水平;企业联合招聘垄断劳动的购买,或多用机器、改进技术等以减少劳动需求,从而降低工资水平。

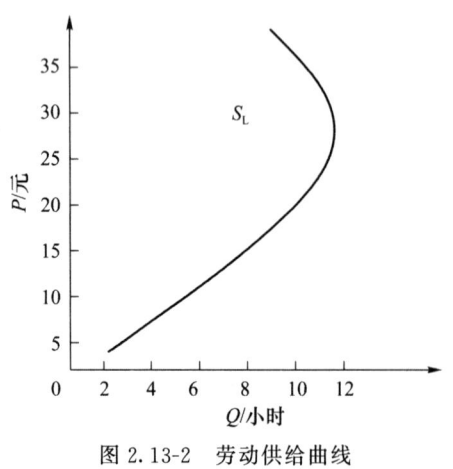

图 2.13-2 劳动供给曲线

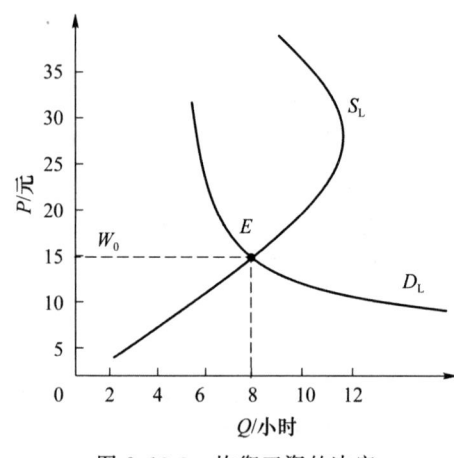

图 2.13-3 均衡工资的决定

为什么一线明星的收入动则上千万元,而普通大学生的工资才4 000元/月左右?直接原因是,一线明星的供给非常少,往往只有几十位甚至更少。他们拥有巨大的粉丝群体,签约明星打广告,可以影响庞大的人群,从而提高品牌知名度和销售量,因此成千上万的企业会选择一线明星代言。

二、工资差异

(一) 工资差异的原因

劳动市场供求决定的均衡工资,只反映了劳动的平均工资水平。在现实生活中,由于劳动者从事的行业、职业以及所处的市场环境不同,其工资存在很大差异。

1. 劳动者提供的劳动数量和质量的差别

劳动质量越高,劳动者的劳动生产率越高,单位时间创造的价值就越多,按照企业购买劳动的原则,愿意支付的工资就越高。所以,技术含量比较高的复杂劳动、生产流程中责任大的岗位往往工资要高一些。现在不少大学生的工资不如民工的工资高的重要原因之一就是,大学教育与市场需求脱节,部分刚毕业的大学生不能很好地胜任相关工作,其劳动生产率比民工还低。

2. 市场的竞争情况

劳动市场供大于求时,劳动者的工资会偏低;供不应求时,劳动者的工资会偏高。所以,劳动市场的竞争越大,企业给出的工资越低。由于行业垄断,国企的"正式工"采取终身制,人员不能自由流动,国企只能终身雇佣这些员工而不能引进劳动市场自由竞争,导致公务员、金融、石油、电力等行业的"正式工"工资水平很高。

3. 企业工种和劳动条件等非货币利益的差异

不同工作之间,由于安全、辛劳、环境、声誉等方面有时差距很大,因此心理成本不同。例如,办公室文员的工资比下水道清洁工的工资少;电子厂员工比煤矿工人的工资低。

一般来讲,劳动质量的差异是决定工资报酬水平及工资差距的核心因素。

(二) 提高工资的方法

1. 提高劳动质量,这是获得高工资的前提

企业严格按照劳动的"边际收益>边际成本"的原则购买劳动,因此劳动者单位时间创造的收益越高,企业愿意支付的工资就越高。所以,提高工资的根本之道是提高劳动生产率,即单位时间生产财富的能力。这就要求劳动者不断学习进步,提高工作的技术含量和经验。大学生就业工资水平较低,就是因为大学教育与社会需求的脱节导致大学生刚工作时劳动生产率低;而同时大学生是工资水平增长最快的人群,这是因为大学生学习能力强,随着工作年限的增加,技术水平快速提高,工作经验越来越丰富,劳动生产率快速提高。

2. 进入供不应求的劳动市场,这是获得高工资的基础

劳动质量只能说明企业愿意给员工支付高工资,或者说对于企业来讲这是值得的,但是到底支付多少,还要看劳动市场的供求情况。供不应求的劳动市场,工资水平才高。所以,要尽量进入一个供不应求的劳动群体,当然长期来讲劳动市场的供求状况是会发生变化的,因此要提高自己的劳动质量来维持自己的难以替代性,因为任何劳动市场的高端人才群体,总是供不应求的。

课堂小思考:大学是毕业前的加油站,作为高职生,在求学期间可以采取哪些措施,帮助自己在毕业时找到一份工资待遇较高的工作?

经济现象分析 ▷▷

案例一:

2022届高校毕业生就业形势

教育部有关负责人表示2022届高校毕业生的规模和增量均创历史新高,而疫情对就业的影响仍在持续,就业形势依然严峻。毕业生规模持续增加,2022届高校毕业生预计达到1 076万,同比增加167万,规模和增量均创历史新高。在毕业生的学历构成中,本科以上学历达422万,占比大约4成;专科毕业生人数达654万,占比大约6成!

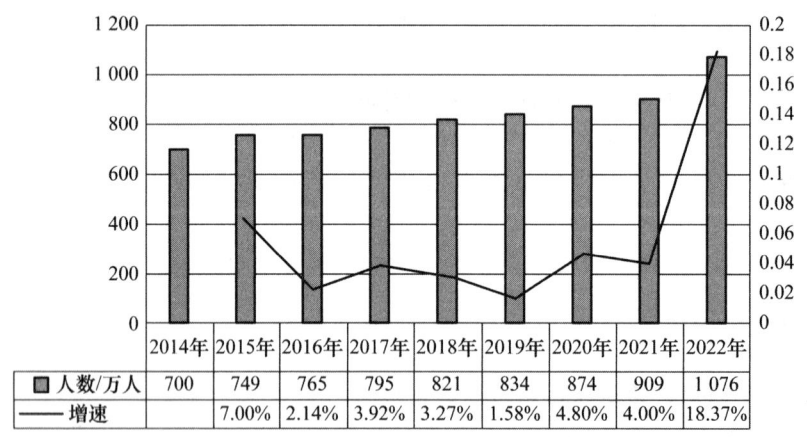

年份	2014年	2015年	2016年	2017年	2018年	2019年	2020年	2021年	2022年
人数/万人	700	749	765	795	821	834	874	909	1 076
增速		7.00%	2.14%	3.92%	3.27%	1.58%	4.80%	4.00%	18.37%

图2.13-4 2014—2022年中国高校毕业生数量及增速

就业需求增加,就业供给却没跟上来!目前疫情对大学生就业的影响仍在持续,部分中小企业扩大吸纳就业的能力下降,散发的疫情对校园招聘活动产生不利影响。智联校园招聘发布的一项报告显示,春节后毕业生整体简历量同比增长223.6%,与之对比的是,总体职位量的同比增幅为21.2%!此外,就业的结构性矛盾尚未得到根本缓解,存在就业难与招人难并存的现象,不同专业、行业和地区间用人需求差异较大。

(资料来源:2022届高校毕业生就业形势仍然严重 大学生如何进行就业,就业创业信息网,2022.4.12)

案例二：

大学生工资反不如工厂打工者？

很多大学生在毕业后都会遇到各种各样的问题，无法解决，也不敢去应对，尤其是一些大学生的学历很高，在毕业以后能够通过自身学历找到好的工作，可是在工作后却发现自己竟然还没有一些工厂流水线工人的工资高，流水线工人的月薪有的达到了 8 000 元甚至过万元。

这种现象其实在社会上还是普遍存在的。一些大学生毕业时只进入了一些小公司做最底层的工作，月薪 3 000 元或者月薪 5 000 元很常见，尤其是冷门专业的年轻人在毕业以后工资常常不如工厂里的打工者，即便是专业比较热门的大学生，其工资也仅仅能够在 5 000~7 000 元左右徘徊，比不过月薪上万元的流水线工人。

工资收入与劳动的强度成正比。普通的打工者学历比较低，通过熬夜加班才能够有高收入。可是，刚毕业的普通大学生却不会有太长的工作时间。劳动强度、工作压力不同，劳动者的收入自然会有所不同。

有时候大家会嘲笑大学生的收入比较低，可是当他们在职场中工作三五年以后，其薪酬待遇要比工人的薪酬待遇高很多。甚至有些大学生凭借高学历或者丰富的经验，可以在一线城市里达到年薪 30 万元以上。

调查显示，2022 届本科毕业生平均起薪达到 5 825 元，高职毕业生为 4 000 元。而麦可思《2016—2021 届大学毕业生培养质量跟踪评价》研究了毕业生工作三年和五年的薪资水平，数据显示：高职毕业生工作三年后月收入达 6 880 元，与同届毕业半年时月收入相比，涨幅 73%；高职毕业生工作五年后月收入达 8 560 元，与同届毕业半年时月收入相比，涨幅 133%。

（资料来源：为何有些大学生学历高 工作后还没有工厂工人薪资高，中国高校就业网，2022.4.25）

问：（1）根据案例一分析，为什么疫情以来大学生就业工资（实际购买力水平）下降？

（2）根据案例二分析，为什么大学毕业生的工资比工厂流水线工人的工资还低？

（3）大学生毕业三五年后，薪酬水平大幅度提高的根本原因是什么？

综合能力训练 ▷▷

一、问答题

在东莞、深圳的工业园，大量的电子厂门口总是常年摆着招聘流水线员工的公告，尤其是暑假生产高峰期。底薪 4 500 元，月薪基本达到 7 500 元左右。为什么电子厂总是在招聘呢？原来老板也是有套路的，每年生产高峰期就高薪招聘，一旦过了高峰期就解聘部分人，甚至解聘一半。淡季生产量小，企业不可能养闲人。

为什么电子厂淡季解聘员工？老板招聘、解雇流水线员工的依据是什么？

二、案例分析题

（一）天价月嫂

"天价月嫂"一度成为网络热搜名词，动则过万元的工资让人直呼"请不起"。但实际上，绝大多数月嫂的工资并不高，之所以出现天价月嫂，更多的是人们对家政服务行业的偏见。因为月嫂等家政服务人员长期处于底层劳动群体，从事没有"技术含量"的工作，一旦出现少数工资高的人，很多人便惊讶于该现象的"不合情理"。

前两天，一位网友分享了自己请月嫂的经历。她说，为了能够坐好月子，她花了5万元高薪聘请了一个月嫂。一开始，别人都说她被人忽悠了，为什么要花那么多钱请月嫂呢？可等她出了月子后，看她脸蛋红润、身材也恢复后，周围的朋友都开始找她要月嫂的联系方式。网友说，多亏了这个月薪5万元的月嫂，让她身体能够尽快恢复好，不仅没有受苦受累，还瘦了三十多斤。

其实，像网友这样愿意花高价雇天价月嫂的人不在少数。央视财经曾做过这样一个调查，发现薪资超过2万元的月嫂都很抢手，往往都被预定了好几个月。

愿意为天价月嫂支付高额薪资的人，并不是因为钱多得没处花，而是看中了他们的专业。一个天价月嫂，不仅懂得科学育儿，还懂得心理、营养、康复等学科的知识，越是专业的月嫂赚的钱就越多。

从一些人的偏见也可以看出，有些人看上去是在积极赚钱，实际上却是陷入了一种垃圾赚钱定律。他们只是羡慕别人的高薪资，却选择性地忽视了人家高薪资背后的专业。被垃圾赚钱定律欺骗的人常常是在用战术上的辛苦掩盖战略上的懒惰，因此再用力的付出也换不来对等的价值。

（资料来源：月嫂凭什么不能高收入，新浪看点，2022.4.16）

问：（1）从市场供求来看，为什么会出现天价月嫂？

（2）从购买方来看，为什么有人愿意出高价聘请专业月嫂？

（3）为什么我们要不断努力去增长自己的专业能力？

（二）2021年高校毕业生就业薪酬分析

据智研咨询发布的《2022—2028年中国高等教育行业市场调研分析及发展规模预测报告》调查数据显示，2021年博士、硕士、本科、专科的月起薪算数平均值分别为14 823元、10 113元、5 825元、3 910元；中位数分别为15 000元、9 000元、5 000元、3 500元。不同学历起步薪酬对比如图2.13-5所示。

从毕业后进入的部门来看，研发部门等技术性部门薪资最高。2021年研发部门专科学历的毕业生平均薪资为5 551元，本科学历毕业生平均薪资为6 180元，硕士学历毕业生平均薪资为7 339元，博士及以上毕业生平均薪资为11 307元。人力资源部门、财务部门、销售部门、物流部门、生产部门、行政部门和市场部门等其他部门不同学历毕业生的薪资情况如图2.13-6所示。

任务十三 工资的来源与决定——如何获得高工资?

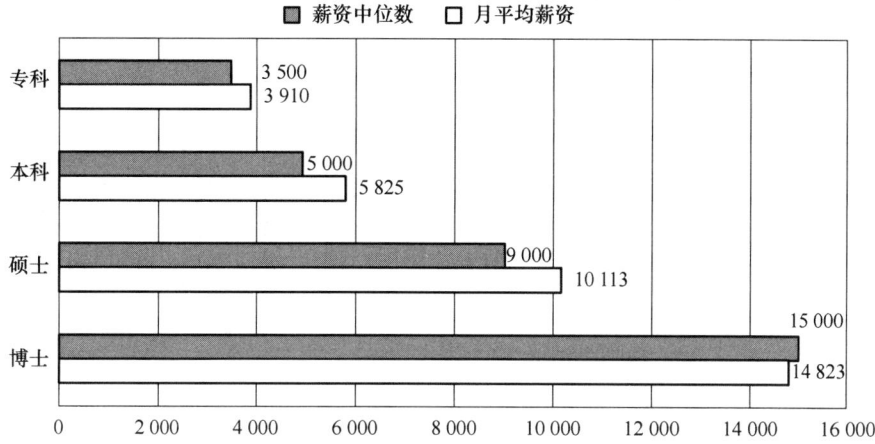

图 2.13-5　不同学历起步薪酬对比

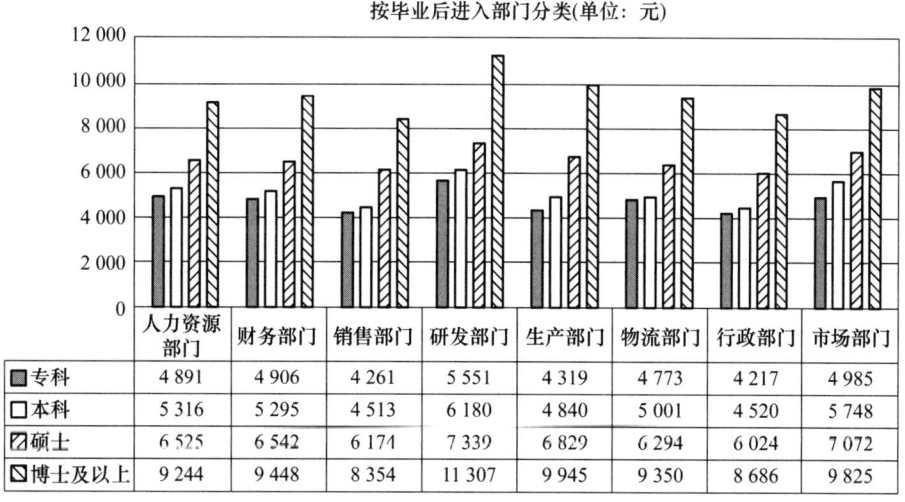

图 2.13-6　不同入职部门毕业生起薪对比

服务业和快消业等行业毕业生进入后的薪资待遇较低。以高职毕业生为列,快消行业高职毕业生平均薪资为 4 200 元,服务业高职毕业生平均薪资为 4 303 元。不同行业毕业生起薪对比如图 2.13-7 所示。

(资料来源:2021 年高校毕业生就业薪酬分析,智研咨询,2022.1.21)

问:(1)为什么博士毕业生起薪远高于高职毕业生?

(2)为什么技术研发部门给出的毕业生起薪高于行政部门?

(3)从市场供求原理来讲,为什么快消品销售行业给出的大学毕业生起薪明显低于其他行业?

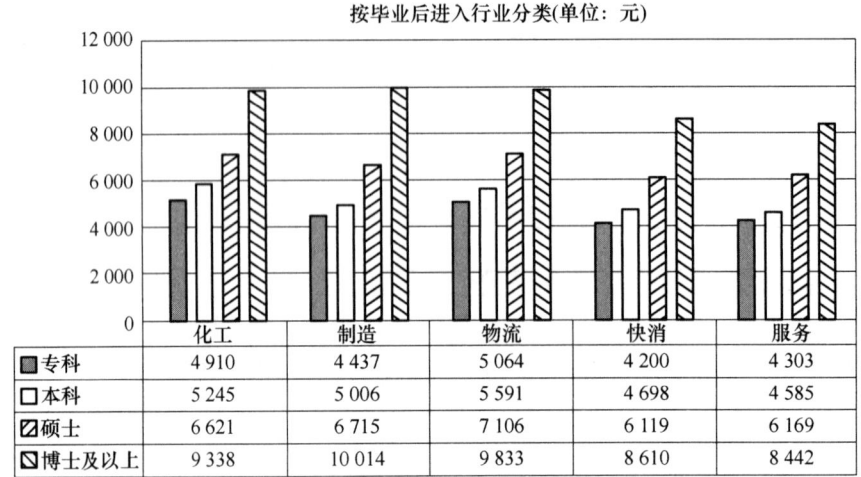

图 2.13-7 不同行业毕业生起薪对比

阅读资料 ▷▷

新自由主义

新自由主义（neoliberalism）是指 20 世纪 30 年代以来产生的经济自由主义思想。以斯密为代表的古典经济学派时期的经济自由主义主张实行完全放任的经济自由，而新自由主义主张实行在国家干预下的经济自由。

一、新自由主义的产生和发展

新自由主义是资本主义经济、政治、社会矛盾发展的产物。它的产生和发展大体经历了四个阶段：早期新自由主义创立时期，新自由主义受冷落与自我雕琢时期，新自由主义勃兴时期，新自由主义政治化和向全球蔓延时期。

(一) 新自由主义创立时期

新自由主义产生于 20 世纪二三十年代的经济社会与政治环境。一方面，第一次世界大战结束后自由资本主义开始向垄断资本主义转变；另一方面，出现了实践中的社会主义。社会经济环境与政治环境的变化使得古典自由主义经济理论遇到了前所未有的挑战，由此引发了对自由主义经济思想的大讨论。

(二) 新自由主义受冷落与自我雕琢时期

20 世纪 30 年代爆发的资本主义世界经济大危机，是对古典经济自由主义理论的一次全面否定，实际上宣告了资本主义自由竞争时代的结束。于是，一种反映国家垄断资本主义要求的、主张以扩大政府支出创造需求和通过政府干预推动经济增长的凯恩斯主义应运而生，主导国家垄断资本主义的宏观经济运行长达 40 年之久，新自由主义受到冷落。

（三）新自由主义勃兴时期

以20世纪70年代初期爆发的两次石油危机为导火线，整个资本主义世界陷入了"滞胀"（高通胀、高失业、低经济增长）的困境。凯恩斯主义政策束手无策。在这种情况下，多年受冷落的新自由主义适应了这一需要，在美、英等国否定凯恩斯主义的声浪中，占据了美、英等国的主流经济学地位。

（四）新自由主义政治化和向全球蔓延时期

自20世纪80年代以来，资本主义由国家垄断向国际垄断发展。为了适应这种需要，新自由主义开始由理论、学术向政治化、国家意识形态化、范式化发展，成为美、英国际垄断资本推行全球一体化理论体系的重要组成部分。其标志性事件是1990年由美国政府炮制的包括十项政策工具的"华盛顿共识"。

二、主要理论观点

新自由主义是一个包括众多学派的思想和理论体系，包括伦敦学派、货币学派、理性预期学派、公共选择学派和供给学派等。其主要观点如下。

（一）经济理论方面

新自由主义继承了资产阶级古典自由主义经济理论的自由经营、自由贸易等思想，并走向极端，大力宣扬自由化、私有化和市场化：自由化，自由是效率的前提，"若要让社会裹足不前，最有效的办法莫过于给所有的人都强加一个标准"；私有化、私有制是人们"能够以个人的身份来决定我们要做的事情"，从而成为推动经济发展的基础；市场化，离开了市场就谈不上经济，无法有效地配置资源，反对任何形式的国家干预。

（二）政治理论方面

（1）否定公有制。当集体化的范围扩大了之后，经济变得更糟，而不是具有更高的生产率，因此，不能搞公有制。

（2）否定社会主义。社会主义就是对自由的限制和否定，必然导致集权主义。集权主义思想的悲剧在于：它把理性推到至高无上的地位，却以毁灭理性而告终，因为它误解了理性成长所依据的那个过程，因此是一条通往奴役之路。

（3）否定国家干预。任何形式的国家干预都只能造成经济效率的损失。

（三）战略和政策方面

新自由主义极力鼓吹以超级大国为主导的全球一体化。经济全球化是人类社会发展的一个必然趋势和一个自然的历史过程。但经济全球化并不排除政治和文化的多元化，更不等于全球经济、政治、文化一体化。新自由主义并不是一般地鼓吹经济全球化，而是着力强调要推行以超级大国为主导的全球经济、政治、文化一体化，即全球资本主义化。

任务十四
市场失灵与政府治理——看得见的手

学习目标

知识目标

(1) 理解市场失灵的含义；
(2) 熟悉市场失灵的常见表现；
(3) 掌握微观经济政策使用对象与效果。

能力目标

(1) 能准确判断市场失灵类型并预测其后果；
(2) 能准确判断微观经济政策并预测其作用效果。

思政目标

(1) 理解自由放任的资本主义与为人民服务的社会主义在市场经济上的差别；
(2) 从微观市场调控的出发点，认识社会主义制度的优越性。

经济现象引入 ▷▷

在党的领导下，全民投身抗疫，构筑起新冠疫情防控的坚固长城。满城飞奔的外卖小哥封控中回不了所居住的小区，有一些只能在路边将就过夜。武宁路桥下一家亮着灯的咖啡馆门外，每晚会有几十位外卖小哥打地铺。平台规定，"团队骑手"可以由站长统一安排食宿，如果部分骑手不习惯或不接受统一住宿，可以获得住宿补贴，骑手可以联系各自的站长或配送经理了解具体的保障措施。

然而，在新冠疫情防控关键时期，有人为攫取不义之财动起了歪脑筋。今日，上海长宁警方又成功抓获一名使用伪造车辆通行证倒卖生活物资的违法嫌疑人。长宁公安分局天山路派出所民警开展街面巡控时，发现一名男子正从一辆无任何标识的商务车中搬运出大量生活物资，这名男子只佩戴了普通医用口罩而无其他任何防护措施。

民警上前询问，男子神色紧张、逻辑混乱，民警发现他的"车辆通行证"制作粗糙，经过进一步甄别核对，民警确认这名男子持有的"车辆通行证"系伪造，随即将他传唤至派出所做进一步调查。

据违法嫌疑人张某交代，他发现居民团购外卖的需求激增，便动起歪脑筋，从朋友处拿到假证图片后自行打印，利用假证驾车外出，贩卖生活物资牟利。

鬼迷心窍的不止张某一人，4月18日市场监管局执法总队根据网上巡查线索，对上海恒翌医疗器械有限公司新冠疫情防控期间销售的11种防疫用品涉嫌哄抬价格的行为进行核查。据查，当事人从事酒精、消毒液等防疫用品销售的经营活动。新冠疫情防控期间，大幅提高相关产品的销售价格，通过微信朋友圈等宣传手段，以社区团购的形式向小区居民销售防疫用品，主要涉及75％酒精、84消毒液、医用免洗洗手液、消毒泡腾片、医用手套、医用口罩、防护面罩、防护眼镜、隔离衣（蓝色反穿衣）、大白防护服和N95口罩等共11种商品。

经查，在4月12日到4月16日的团购订单中，当事人销售75％酒精、84消毒液、医用免洗洗手液、消毒泡腾片、医用手套、防护面罩、N95口罩等7种商品的进销差价率均超过了2022年3月19日（含当日）前7天内或平时销售同一商品的最高进销差价率。

例如，当事人销售的规格为500ml的75％酒精消毒液，在3月13—19日期间，进销差价率为261.45％；在4月12日到4月16日的团购销售中，进销差价率为376.19％。

当事人的上述行为构成哄抬价格的行为，已立案调查，市场监管部门将依据价格监管法律、法规，从严从重从快处理。

（资料来源：借疫敛财 严厉查处，半岛晨报，2022.4.22）

问：（1）现实生活中有哪些损害人民群众的市场现象？

（2）同为发展市场经济，但资本主义强调自由放任，社会主义要求适度调控，哪种更符合人民群众的利益？

经济知识学习 ▷▷

一、市场失灵的含义

市场失灵是指由于市场机制不能充分地发挥作用而导致的资源配置缺乏效率，或资源配置失当的情况，通常也被用于描述市场力量无法满足公共利益的状况。

二、市场失灵的表现

在微观经济领域，市场机制配置资源的缺陷具体表现如下。

(一) 外部负效应问题

外部负效应是指某一主体在生产和消费活动的过程中，对其他主体造成的损害。外部负效应实际上是生产和消费过程中的成本外部化，但生产或消费单位为追求更多利润或利差，会放任外部负效应的产生与漫延。例如，化工厂的内在动因是赚钱，为了赚钱最好是让工厂排出的废水不加处理就进入下水道、河流、江湖等，这可以减少治污成本，增加企业利润，但这会对环境保护，对其他企业的生产和居民的生活带来危害。

(二) 竞争失败和市场垄断的形成

竞争是市场经济中的动力机制。竞争是有条件的，一般来说竞争是在同一市场中的同类产品或可替代产品之间展开的。但一方面，分工的发展使产品之间的差异不断拉大，资本规模的扩大和交易成本的增加阻碍了资本的自由转移和自由竞争。另一方面，市场垄断的出现减弱了竞争的程度，使竞争的作用下降。当企业获利依赖于垄断地位赚取超额利润时，竞争与技术进步就会受到抑制。

(三) 公共产品供给不足

公共产品是指消费过程中具有非排他性和非竞争性的产品。所谓非排他性也就是一旦这类产品被生产出来，生产者不能排除别人不支付价格的消费。所谓非竞争性是因为对生产者来说，多一个消费者，少一个消费者不会影响生产成本。这类产品有国防设备、公安设备、航标灯、路灯、电视信号接收装置等。由于公共产品的非排他性和非竞争性，私人是不会愿意提供的，因为私人提供该产品，无法排除他人消费，如私人搭建路灯，无法阻止他人免费享受照明。然而，公共产品是全社会成员所必须消费的产品，它的满足状况也反映了一个国家的福利水平。这样一来，公共产品生产的滞后与经济发展的需要之间的矛盾就十分尖锐。

(四) 信息不对称

经济活动的参与者具有的信息是不同的，一些人利用信息优势进行欺诈，这会损害正当的交易。当人们对欺诈的担心严重影响交易活动时，市场的正常作用就会丧失，市场配置资源的功能也就失灵了。

在旧车市场上，每一辆旧车的质量好坏是不同的，只有卖者知道车的真实质量，买者对每一辆车的具体情况并不了解，只知道此种车的一般质量，因而愿意根据一般质量支付价格，那些低于平均质量的次品车就可以乘机脱手。这种信息不对称现象在技术含量较高的产品市场中普遍存在。例如，补牙齿、维修车辆、医疗等，产品（或服务）出售方清楚产品的质量和真实价值，而购买方因学识水平限制，无法准确判断产品（或服务）的价值，于是产生了以次充好、过度消费等问题。

三、市场调节的弊端

市场调节是由经济规律自发地调整社会经济的运作，即：由供需转变造成价格的涨跌，调整社会劳动力和生产资料在各个部门的分配，调整生产制造和商品流通。但是市场调节并不是万能的，存在自发性、片面性、滞后性等缺点和弊端。

(1) 自发性：市场调节的自发性是指企业经营者为了自身的个人利益，损害别人的权益，不管不顾整体利益。

(2) 片面性：市场调节的片面性是指企业经营者不可能彻底把握市场各领域的信息内容，也控制不了经济转变的发展趋势，而盲目做出经济管理决策。

(3) 滞后性：市场调节的滞后性是指从价格产生、价格信号传递到商品生产的调整有一定的时间差。

四、微观经济政策

由于市场失灵的存在,以及市场调节本身的弊端,因此政府制定一系列反对干扰市场正常运行的立法以及环保政策等,统称为微观经济政策。常见的微观经济调控措施包括以下几项。

(一)外部性政策

由于外部性造成资源配置缺乏效率的原因是由于私人部门用于决策的成本与社会实际付出的成本之间出现偏差,因此矫正外部性影响的指导思想是:外部经济影响内在化,为决策者提供衡量其决策的外部性的动机。矫正外部性影响的主要措施有:依法、处罚、税收、补贴、企业合并以及明确产权。

(1)依法处罚:我国高度重视环境保护,制定了严格的法律法规,对破坏环境、损害公众的外部负效应现象,予以罚款、责令整改等,有效遏制了企业释放外部负效应。

(2)税收和补贴:迫使厂商考虑外部成本或外部利益的手段之一,是政府采取税收和补贴政策,即向施加外部不经济的厂商征收恰好等于外部边际成本的税收,而给予提供外部经济的厂商等于外部边际收益的补贴,以便使得厂商的私人边际成本与社会边际成本相等,诱使厂商提供最优的产量。但是,这种方法遇到的最大问题是如何准确地以货币形式衡量外部性的成本收益,如污染环境所造成的社会成本到底有多大。所以有时政府只是近似地估计这些成本。

(3)企业合并:将施加和接受外部成本或利益的经济单位合并是解决外部性的第二种手段,如果外部性的影响是小范围的,如一家小餐馆对一家洗衣店造成了污染,则由政府出面,以适合的价格把洗衣机卖给这家餐馆,通过合并,外部成本内部化。

(4)明确产权:现代产权理论认为,产权的界定可以有效地克服外部性,促进资源的优化配置,这就为解决外部性问题、提高资源配置效率提供了新的思路。例如,最近几年提出的排污权交易理论认为,作为生态环境的所有者,政府可以创建一种生态环境的新产权(排污权)。如果法律规定保护经济主体向生态环境排污的权利,那么经济主体就可以向政府购买排放这种权利,并可以进行权利的买卖,即进行排污权交易。排污权交易理论点燃了人们进行生态环境其他权利交易的热情,碳排放权交易、水权交易、林权交易、矿业权交易等纷纷涌现出来,在发达国家取得了良好的效果。

(二)反垄断政策

针对不同的垄断,政府可以分别或同时采取行业的重新组合和处罚等手段,而这些手段往往是根据反垄断法制订的。

1. 行业的重新组合

如果一个垄断的行业被重新组合成包含许多厂商的行业,那么厂商之间的竞争就可以把市场价格降下来。被重新组合的行业竞争程度越高,市场价格就越接近于竞争性价格,政府采取的手段是分解原有的垄断厂商或扫除进入垄断行业的障碍并为进入厂商提供优惠条件。例如,中国石油、电信行业,早期是一家独大,后来几经拆分重组,形成三驾马车相对竞争的局面。

2. 反垄断法

反垄断法又称为反托拉斯法，是政府反对垄断及垄断行为的重要的法律手段，许多发达国家都有反垄断法。1890年，洛克菲勒的标准石油公司垄断了美国95%的炼油能力、90%的输油能力和25%的原油产量，连英国、德国的石油生意也被垄断。同年，美国出台反垄断的《谢尔曼法》。1911年，美国最高法院根据《谢尔曼法》判决标准石油公司为垄断公司，应该解散。经此判决，洛克菲勒的石油帝国被拆分成了37家地区性的石油公司。

3. 行业的管制

对垄断采取的另一种可供选择的矫正手段是对垄断厂商实行管制，管制的措施主要包括：价格控制；价格和产量的双重控制；税收或补贴；国家直接经营。2021年7月我国市场监管总局叫停虎牙、斗鱼合并，系国内互联网领域首例禁止集中案件，对规范互联网行业投资并购、防止资本无序扩张具有重要意义。

对垄断行业，政府也可以采取直接经营的方式来解决由于垄断的造成的市场失灵。由于政府经营的目的不在于利润最大化，所以可以按照边际成本或者平均边际成本决定价格，以便部分地解决由于垄断产生的产量低和价格高等低效率问题。

（三）公共品政策

所有社会都面临着公共产品的供给问题，公共产品的供给通常由政府负责。具体来说，纯公共品应该由各级政府来提供，并且又根据其受益范围的大小，把公共品划分为不同的层级：全国范围受益的公共品由中央政府提供，如国防、外交等；地区范围受益的公共品由各级地方政府提供，如教育、治安、消防等。对于混合公共品则应该由政府和私人联合提供，如交通、通信等。对于私人产品则应该完全通过市场机制来提供。

> **小知识：**
>
> 经过8年努力，中国如期完成新时代脱贫攻坚的目标任务，近1亿建档立卡农村贫困人口全部脱贫，贫困发生率由2012年的10.2%降为个位数以下，年均减贫1000万人以上。中国在过去的5年里向扶贫投入近7000亿美元，约占每年经济产出的1%。
>
> 对美国而言，在贫困地区扶贫的投入，从经济学角度大部分都是沉没成本，对经济发展的贡献比较低。他们会认为同样的资源（资金）投入发达地区往往能带来更高的回报。因此，全世界99%的资本主义国家都不愿意做这种费力不讨好的事情。

（四）信息不对称政策

对政府而言，对于信息不对称市场，为了保证市场的正常运转，政府需要制定一些法规来约束和制止欺诈行为。

对厂商和消费者来讲，为减少信息不对称带来的决策失误，无论是厂商，还是消费者，都要通过各种途径找到更好的传递信息和搜索信息的途径。首先，厂商可以提供保修承诺或以广告来向消费者传递优质产品的信号；其次，可以建立独立的质量监督、认证机构，帮助消费者识别劣质产品；再次，还有合同解决办法（在合同中对交易双方进行行为约束）和信誉解决办法（允许提供优质产品的厂商获得超额利润——"信誉租金"，从而形成一种有效的激励机制)。

理论应用分析 ▷▷

案例一：

养猪散户的辛酸泪

"谷贵伤民，谷贱伤农"，在众多行业中，猪肉产业价格周期性变化最为明显。

历史上，上一轮的猪周期演绎于2018—2021年。2017年9月非洲猪瘟的爆发，导致能繁母猪和生猪存栏量都大幅减少，推动2019年生猪价格创出历史高点。在此期间，A股畜牧板块走出上涨行情，中证畜牧指数上涨65.18%。2020年年末，随着生猪产能逐渐恢复至正常年份，春节之后猪价开始明显下跌。2021年10月，猪肉价格下探至历史低点。

然而，即使价格最高位运行期间，农村中小养殖户和那些散户养猪根本没挣到钱。为什么这么说呢？

对于农村地区从事生猪养殖的中小养殖户和散户来讲，很多人都处于盲目养殖的状态，信息远远滞后于市场的变化。按道理来讲，生猪价格行情上涨，养殖户应该能挣到钱。特别是去年年底到现在这段时间，一头猪能挣过去三头猪的钱，但实际上很多中小养殖户却没有挣到钱。因为过去生猪价格比较低，养猪挣钱不容易，再加上农村环保治理和非洲猪瘟疫情的影响，很多中小散户已经放弃了农村的生猪养殖，转而从事其他行业。

当真正的猪周期行情来临时，他们手中已经没有猪了。这就是无法跟上市场的走势，无法获得即时消息，做出正确判断。农村从事种养殖业的农民通常会犯的错误是，大家种什么，我跟着种什么，大家养什么，我跟着养什么。这样一来，就会造成供大于求，市场价格下跌。当价格下跌，没钱可赚时，大家一窝蜂又转身去干别的事情了。这时候价格又上来了，但是农民已经不再从事生猪养殖。

(资料来源：养猪农民的心酸：为何中小养殖户总是赶不上趟？搜狐财经，2022.4.9)

案例二：

一药难求

2022年4月24日，湖北钟祥市65岁老农田间劳作时，被短尾蝮蛇咬伤。武汉交警接力护送，将他送达中部战区总医院，经救治脱离危险(详见《长江日报》2022年4月25日15版报道)。

每年春夏之交是湖北省蛇咬伤的高发期。然而，全省仅少数几家医院储备了救命的抗蛇毒血清。为什么保命的抗蛇毒血清离百姓这么远呢？

究其原因：一是抗蛇毒血清实行国家统一定价，生产成本高，利润薄，而且技术门槛高，导致很多生产厂家不愿意去研制和生产，目前全国只有上海赛伦生物技术有限公司生产出售；二是抗蛇毒血清的运输和储存要求高，保质期只有短短几个月，报废率高；三是每年被毒蛇咬伤的病人相对较少，没有财政补贴，医院储备抗蛇毒血清经常是亏本的。

有人大代表提出，应按照区域重点配置，确保每个地市州患者在遭遇蛇袭时，都能在4至6小时"窗口期"内用上血清。

（资料来源：春夏之交蛇伤高发，抗蛇毒血清缘何"一药难求"，长江日报，2022.5.7）

案例三：

汽车保养的"坑"

一些新手司机甚至是老司机，为了图省事，在车子保养期间，全程都不在场，很多保养项目，如更换机油、机滤、空调滤网等，4S店或者外面的修车店做与没做，做得是好是坏，都很难发现。如果汽车维修店在保养过程中"动手脚"，那么吃亏的肯定是那些"甩手掌柜"，所以我们必须了解汽车保养常见的"坑"。

机油以次充好。在通常情况下，全合成机油更换的周期为10 000千米或一年，而矿物质机油更换的周期为5 000千米或3个月。如果加的是矿物质机油，却按全合成机油更换周期来设定，那么在后5 000千米时，很可能会出现发动机磨损加剧、声音变大、动力变差、启动困难等情况。

只换机油，不换机油滤芯。因为机油滤清器更换比较麻烦，很多无良商家直接就懒得换，或者是拆下来检查一下有没有问题，如果问题不是很严重，清洗一下就又给客户装了回去，然后告诉客户换了，还收了客户的钱。同样，花了冤枉钱，还容易造成车子的损坏。

保养过程中增加不少无关紧要的项目。4S店首保的时候，默认的保养内容很多，这些保养内容看似很有道理，实际上都是忽悠新司机口袋里钞票的，如添加燃油添加剂、清理油路、打蜡等。

把小问题严重化，零部件只换不修。在4S店修过车的车主想必都知道，车子原本就是一个小毛病，遇到黑心的商家，可能会把问题说得很严重。原先只需要维修的部件，他非要给你更换，原先只要更换一个单独的零部件，他非要给你把整个总成都换掉。有的甚至威胁说，即便能修，修好了以后也可能会经常坏，还不如全部更换成新的。像这类的术语，基本都是想多收客户材料费和工时费。

（资料来源：老司机总结的6条保养铁律，车世界，2022.4.19）

问：（1）案例一农村养猪散户跟不上市场节奏，属于市场调节弊端中的哪一点？政府应该如何避免养猪散户的损失？

（2）案例二政府对抗蛇毒血清实行国家统一定价，属于反垄断政策的哪一项措施？

（3）案例二医院不愿意储备抗蛇毒血清，这体现了市场失灵的哪一现象？

（4）案例三4S店在车辆保养中的损害客户利益的行为，属于市场失灵的哪一现象？应该如何规避？

综合能力训练 ▷▷

一、单选题

（1）某些不法分子利用农村老年人缺乏医学常识的弱点，专门到偏远乡村组织所谓义诊和促销活动，向老年人推销毫无医疗价值的劣质保健药品，体现了市场失灵中的（　　）。

　　A. 外部负效应　　　　B. 垄断　　　　C. 公共物品　　　　D. 信息不对称

（2）某工地为了赶工，昼夜不停地施工，严重影响了周边居民的休息，体现了市场失灵中的（　　）。

　　A. 外部负效应　　　　B. 垄断　　　　C. 公共物品　　　　D. 信息不对称

（3）为了方便夜间出行，某村集资给主干道和村广场添置路灯，然而部分家庭表示支持该项决策但就是不出资，最后村委会通过向县政府申报资金才得以装上路灯。这体现了市场失灵中的（　　）。

　　A. 外部负效应　　　　B. 垄断　　　　C. 公共物品　　　　D. 信息不对称

二、案例分析题

（1）2021年10月18日，定安县综合行政执法局执法人员对某养猪合作社的养猪场项目进行现场检查，发现该养猪合作社现有生猪存栏约800头，养殖废水经固液分离和沼气池处理后进入沼液池，沼液池内安装一根白色暗管，沼液通过白色暗管排入西北侧未硬化的水塘中。该行为违反了项目污水不外排的污染防治要求。某养猪合作社存在私设暗管排放沼液的违法行为，定安县综合行政执法局对该违法行为立案调查。

某养猪合作社私设暗管将沼液排入未硬化的水塘中的行为，违反《中华人民共和国水污染防治法》第三十九条的规定。根据《中华人民共和国水污染防治法》第八十三条第三项的规定，定安县综合行政执法局于2022年1月10日，对某养猪合作社处罚款19.5万元。同年1月22日，依据《中华人民共和国环境保护法》第六十三条第三项的规定，将相关责任人移送公安机关行政拘留。

（资料来源：海南公布2022年第一期生态环境执法典型案例，潇湘晨报，2022.4.18）

问：① 养猪场用暗管排放污染水，属于市场失灵中的哪种表现？

② 政府采取了何种措施遏制该现象？

（2）中央经济工作会议强调，"十四五"经济工作要稳字当头、稳中求进，各地区各部门要担负起稳定宏观经济的责任，要积极推出有利于经济稳定的政策，政策发力适当靠前。

2022—2025年，国资央企要完成国企改革三年行动任务，稳步推进电网、铁路等自然垄断行业改革。改革重点是对国有企业的跨行业、跨领域、跨企业的专业化整合重组、国企混改以及企业的科技创新带来机遇和动力，着力激发企业活力和发展内生动力。

要狠抓绿色低碳技术攻关，加快先进技术推广应用。加快建立绿色低碳循环产业体系，推进钢铁、有色金属、石油石化、建筑、交通、建材等领域节能降碳。坚决遏制"两高"项目盲目发展。

财政要加大对国家基础研究、应用基础研究创新体系的支持力度，针对工业母机、高端芯片、新材料、新能源车等加强关键核心技术攻关。中央企业要肩负起产业链"链主"责任，开展补链强链专项行动，加强上下游产业协同，积极带动中小微企业发展，争取在高端装备制造领域创造一批突破性、标志性成果。

（资料来源：国资央企应着力抓好这9件事，中外企业文化，2022.3.18）

问：① 国家推动电网、铁路等垄断企业改革，属于微观经济政策的哪一项？具体又是哪一项政策？

② 企业碳排放属于市场失灵的哪一现象？

③ 财政支持科学研究与创新，并要求央企免费向中小微企业推广，属于微观经济政策的哪一项？

阅读资料 ▷▷

中国特色经济学

改革开放40多年来，以马克思主义为指导的中国特色经济学在总结改革开放成功经验的基础上发展起来，提炼出一系列新概念、新规律、新范式，形成了具有中国特色的经济理论和分析框架，又对实践产生了巨大指导作用。

一、农村家庭联产承包责任制：奠定中国特色经济学的实践底色

家庭联产承包责任制是农民自发采取的改革措施，1979年在党的十一届三中全会精神鼓舞下，家庭联产承包责任制迅速推广。实践表明，它给农业、农村、农民带来了发展动力，带来了希望。

农民的积极性提高后，乡镇企业也发展起来。20世纪80年代初，在中国有一道新的风景线——火车上、长途汽车上，经常看到一些农民模样的人带着大包小包，走向全国各地。他们是新兴的乡镇企业的推销员，带着样品和订单，到处推销本企业的产品。这样，大一统的计划产品市场被打破了，充满活力的乡镇企业商品市场形成了。这是奇迹，也是必然现象。中国经济逐渐走向市场经济，乡镇企业功不可没。

二、建立经济特区：为形成社会主义市场经济理论打开突破口

兴办经济特区，是党和国家为推进我国改革开放和社会主义现代化而做出的一项重大决策，是探索中国特色社会主义道路上的一次伟大创举。以经济特区为突破口和有力引擎，我国实现了从高度集中的计划经济体制到充满活力的社会主义市场经济体制、从封闭半封闭到全方位开放的历史性跨越，中国特色经济学也完成了从研究封闭半封闭经济体到研究开放型经济体、从研究稳态经济体到研究转型经济体、从研究计划经济到研究社会主义市场经济的华丽转身。特别是创造性地把社会主义制度和市场经济有机结合起来，逐步

形成了社会主义市场经济理论和中国特色对外开放理论，奠定了中国特色经济学的基础。

三、国有企业股份制改革：国有企业改革理论丰富和发展起来

20世纪90年代，国有企业实施股份制改革。股份制企业可以采取股份有限公司的形式，也可以是上市公司，但一个共同的特征是：产权清晰。股份制改革的主要意义不在于开辟了向资本市场融资的渠道，而是切实转换企业运行机制。为此，必须健全企业法人治理结构，包括股东会、董事会、监事会、经理，进一步完善考核制和任期制，建立现代企业制度。以股份制改革和建立现代企业制度为基础，国有企业改革理论逐步丰富和发展起来。

四、从林权改革到农村土地确权：中国特色产权理论建立

2008年6月，中共中央国务院颁布了《关于全面推进集体林权制度改革的意见》，确定林地承包到户，大大调动了林农的积极性。党的十八大召开前后，试行了农田和宅基地及其上面农民自建住房的确权工作。具体地说，农民的承包地有承包经营权，农民的宅基地有宅基地使用权，农民在宅基地上自建的住房有房产权，三权和三证（农民承包土地经营权证、农民宅基地使用权证、农民在宅基地上自建住房的房产证）配套。

五、农村新气象和农民创业热：为人力资源理论增添新内容

改革开放以来，中国人力资源的流动数量和流动速度是世界罕见的，因此研究农村与城市之间人力资源的双向流动成为中国特色经济学的重要内容。人力资源流动是提升人力资源质量的重要条件，因为人力资源流动意味着有更多的就业机会、创业机会在等待着各种专业人才、技术工人，这也鼓励更多的劳动者去深造、学习，以适应市场的需要。

六、中国特色新型城镇化：孕育出中国特色城镇化理论

中国特色的新型城镇化是"就地城镇化"和"以人为本的城镇化"，它孕育出有中国特色的城镇化理论。也就是说，中国经济学者研究中国城镇化问题，不可能照搬其他国家的城镇化模式和做法，而只能从中国的实际和实践出发，找到有中国特色的城镇化规律，求解适合中国国情的办法，总结出与其他国家不同的结论，构造起全新的分析框架。

七、精准扶贫：中国特色经济学要关注并推动实现共同富裕

扶贫问题是中国特色经济学研究的重要问题，这与西方经济学有很大的不同。西方经济学把人抽象成"理性人"，实际上忽略了人的各种需求。而中国特色经济学在研究中把人还原为现实人，关注满足人的各种现实需求，关注调动人的积极性、主动性、创造性。西方经济学缺乏人文关怀，也缺少推动实现社会共同理想的内容。而中国特色经济学关注

社会共同理想的实现,是为实现全面建成小康社会、实现中华民族伟大复兴中国梦等社会中长期目标和人民共同富裕而服务的,它研究的主题和核心是解放和发展生产力、让人民群众的生活质量不断提高、使社会主义制度的优势不断发挥出来。因而,它不仅研究人民群众积极性的涌现和物质生产的增长,而且始终关注人们觉悟的提高和道德水平的提升,是更加贴近现实需求、更加人性化的经济学。

八、经济新常态和转变发展方式:开启中国特色经济学创新空间

最近几年,我国经济发展进入新常态,提高经济发展质量和效益的重要性日益凸显。中央提出要主动适应、把握、引领经济新常态,就是按经济发展规律办事,不做违背经济规律的事情。现阶段,高速增长已不符合经济发展规律,它至少会带来或加剧五个方面的后果:资源过度消耗,生态环境破坏,部分行业产能严重过剩,低效率,错过结构调整和技术创新的最佳时机。因此,在新常态下推动经济发展的主要任务是调结构,去产能,补短板,加快转变经济发展方式。

中国特色经济学是马克思主义经济理论在中国发展创新的重大成果,生动鲜活的中国特色社会主义经济实践是其发展基础和创新源泉。中国特色经济学必将继续随着中国特色社会主义的发展壮大而茁壮成长、开枝散叶。

模块三

宏观经济学基本理论与应用

经 济 学 基 本 理 论 与 应 用

任务一　国民收入与个人收入——该给劳动者切多大的蛋糕？

任务二　经济指数——如何查验国民经济体检表？

任务三　国民消费、储蓄和投资——民众的钱该怎样高效支配？

任务四　货币和金融——如何为经济运行添好润滑剂？

任务五　通货膨胀与通货紧缩——经济出了什么问题？

任务六　经济周期——经济是怎样四季循环的？

任务七　劳动就业——经济发展中的重中之重

任务八　货币政策——谁是最后的放贷人？

任务九　财政政策——用好宏观经济调控的左手

任务十　国际贸易——如何做好地球村的买卖？

任务十一　国际金融与汇率——怎样防止看不见的金融战争？

任务十二　经济增长与经济发展——政府要做好的永恒思考题

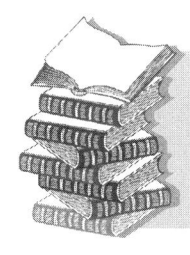

任务一
国民收入与个人收入——该给劳动者切多大的蛋糕?

学习目标

知识目标

(1) 了解国民收入的概念,能区别 GDP 和 GNP;
(2) 理解个人收入与人均可支配收入。

能力目标

(1) 能从社会经济现象中正确认识 GDP;
(2) 能用相关经济学原理分析我国城乡居民的收入分配差距。

思政目标

(1) 从我国 GDP、可支配收入快速增长角度来说明中国特色社会主义制度的优越性;
(2) 从我国城乡居民的收入分配差距角度来说明中国特色社会主义共同富裕还任重道远。

经济现象引入 ▷▷

GDP 与可支配收入

(1) 数据显示,北京、上海 2021 年的人均 GDP 已经达到富裕国家水平,其中北京人均 GDP 18.39 万元,按年平均汇率折合 2.28 万美元;按照世界银行划分各国贫富程度的标准,北京已经达到中上等富裕国家水平,大大超过了 1.227 6 万美元的"标准线"。与此同时,2021 年北京城镇居民人均可支配收入 81 518 元,仅为人均 GDP 的 44% 左右;农村居民人均纯收入仅为 33 303 元。

问: 从人均 GDP 到人均可支配收入,为什么会"蒸发"了这么多?

(2) 小姚是北京市某高校 2021 年应届硕士毕业生,目前在一家高新技术企业从事新材料的研发工作。小姚目前每个月的平均税前收入约 9 500 元,包括基础工资、岗位工资和奖金。扣除五险一金及个税后,实发工资约 7 500 元。在有些人看来,对刚毕业的学生来说这一工资水平已经很不错了,但除去各种开销后,他的积蓄不到工资的一半。他给记者算了一笔账:与其他两个同学合租一套 20 世纪八九十年代的老房,自己住其中一个十余平方米的单间,租金每个月 1 500 元;每个月基本伙食费约 2 000 元;如果算上应酬(同学、同事近期结婚的特别多),还要多花约 1 000 元;交通费、手机费、上网费、水电费等开支 800 元;每个月寄回家 500 元;每个月的积蓄不足 1 700 元。小姚说,生活在北京让他觉得很没有安全感,就算老板给他加工资,也赶不上通货膨胀的速度。

问:① 小姚人均可支配收入是多少?

② 计算人均可支配收入的实际增长时,必须扣除什么因素的影响?

经济知识学习 ▷▷

一、国民总收入

(一) 什么是国民总收入

国民总收入(GNI)原称国民生产总值(gross national product,简称 GNP),也就是说,两者是一个概念的不同叫法。由于国民生产总值(GNP)的名称与其反映的内容不是很相符,所以联合国在 1993 版《国民核算体系》("System of National Account",简称 SNA)中将其改为国民总收入(GNI)。不过由于习惯问题,一些地方仍习惯性地使用 GNP 的说法。

国民总收入是指物质生产部门劳动者在一定时期所创造的价值。从社会总产值中扣除物质消耗后的剩余部分就是国民总收入,国民总收入(价值形态)=社会总产值-已消耗生产资料价值,或国民总收入(实物形态)=社会总产品-已消耗生产资料。

国民总收入是反映整体经济活动的重要指标,因此常被使用于宏观经济学的研究中,亦是国际投资者非常关注的国际统计项目。

(二) GDP 和 GNP 的区别

反映国民总收入的两个主要统计数字是本地生产总值(GDP,即国内生产总值)及本地居民生产总值(GNP,即国民生产总值),前者计算一段特定时期本地进行的生产总值,而后者则计算本地居民的总体收入。

GDP(国内生产总值)指一个国家或地区领土范围内,本国或地区的居民和外国居民在一定时期内所生产和提供的最终使用的产品和劳务的市场价值。GDP 一般通过支出法和收入法两种方法进行核算。用支出法计算的国内生产总值等于消费、投资、政府支出和净出口之和;用收入法计算的国内生产总值等于工资、利息、租金、利润、间接税和企业转移支付和折旧之和。GDP 是一国范围内生产的最终产品的市场价值,因此是一个地域概念。

GNP(国民生产总值)指某国国民所拥有的全部生产要素所生产的最终产品和市场价值。它是本国国民生产的最终产品市场价值的总和,是一个国民概念,即无论劳动力和其他生产要素处于国内还是国外,只要是本国国民生产的产品和劳务的价值都记入国民生产总值。

(三) 正确认识 GDP

在过去一个相当长的时期,人们认为 GDP 神圣不可侵犯,认为 GDP 就是一切,存在

GDP迷信。GDP指标最为严重的缺陷在于它不能用来度量社会福利,因为迄今为止经济学家们还不能找到满意的指标体系来度量休闲、幸福、健康、环境等直接或间接决定或影响人们福利状况的基本因素。当人们砍伐一片森林,并用砍伐的树木加工成为各种家具或其他物品,然后通过市场销售而进入消费过程,从GDP看,这个国家或地区似乎变得更加富有了。但是,从经济福利的角度来看,这个国家或地区很可能会变得更加贫困。

首先,GDP之"误",源于GDP的局限性。这种局限性分为GDP指标本身的局限性和GDP总量的局限性,以及用GDP衡量的经济增长速度的局限性和人均GDP的局限性。例如,人均GDP是一个平均数,完全抹杀和掩盖了收入、财产、生活状况等方面的地区差别、城乡差别、行业差别、群体差别、阶层差别。还有人将其局限性或缺陷概括为:一是不能反映社会成本;二是不能反映经济增长的方式和为此付出的代价;三是不能反映经济增长的效率、效益和质量;四是不能反映社会财富的总积累;五是不能衡量社会分配和社会公正。

其次,GDP之"误",误在错把手段当目的。增长和发展,是两个既相联系又相区别的范畴,发展需要增长,没有增长就没有发展,但发展不能简单地等同于增长,增长是手段,发展是目的。以GDP增长为目的所带来的最大负面效应就是增长的不经济,学术界将其称为"有增长,无发展"或"无发展的增长"。这种不经济直接影响到增长的可持续性。以GDP的增长与自然资源损失为例,由于现行的GDP核算中,不仅没有扣除自然资源损失,而且将其中过度开采的资源和能源,特别是不可再生资源,按照附加值计算在GDP总量之中,这就人为地夸大了经济效益。

再次,GDP指标作为国民经济核算工具,还会受到货币与人口等因素的干扰而失去准确性。尽管可采用不变价格与人均GDP等计算方法来予以修正,但是货币政策传递过程中的复杂性和越来越频繁的人口在区域甚至国家之间的自由流动,都会使这些修正方法受到相当大的局限而产生重大误差,以致不能向决策者和整个社会提供经济增长的准确信息。

二、GDP的核算方法

(一)收入法

收入法也称分配法,是从生产过程创造的收入角度对常住单位的生产活动成果进行核算的方法。即:

增加值＝劳动者报酬＋固定资产折旧＋生产税净额＋营业盈余

(二)支出法

支出法是从最终使用角度来反映国内生产总值最终去向的一种方法,最终使用包括货物和服务的总消费、总投资和净出口三部分内容。即:

增加值＝总消费＋总投资＋出口－进口

(三) 生产法

生产法是从货物和服务活动在生产过程中形成的总产品入手，剔除生产过程中投入的中间产品价值，得到新增价值的方法。即：

$$增加值 = 总产出 - 中间投入$$

三、人均可支配收入

(一) 什么是个人收入与人均可支配收入

个人收入是指一个国家一年内个人年得到的全部收入。个人收入是个人从各种途径所获得的收入的总和，包括工资、租金收入、股利股息及社会福利等所收取得来的收入。个人收入反映了该国个人的实际购买力水平，预示了未来消费者对于商品、服务等需求的变化。个人收入指标是预测个人的消费能力、未来消费者的购买动向及评估经济情况的好坏的一个有效指标。

人均可支配收入是指个人收入扣除向政府缴纳的个人所得税、遗产税和赠予税、不动产税、人头税、汽车使用税以及交给政府的非商业性费用等以后的余额。个人可支配收入被认为是消费开支的最重要的决定性因素。因而，常被用来衡量一个国家国民生活水平的变化情况。

(二) 人均可支配收入增长的计算方法

在一定时期内，由于物价上涨的因素，使得相同的货币所能购买到的生活消费品和社会服务的数量与基期相比相应减少，造成货币的购买力下降，货币贬值。因此，计算人均可支配收入的实际增长时，必须扣除价格因素的影响。在目前国家统计部门所编制的各种价格指数当中，最能反映物价对人民生活影响程度的是居民消费价格指数。在计算人均可支配收入的实际增长时，都是扣除居民消费价格指数。

$$人均可支配收入实际增长率 = 报告期人均可支配收入 \div 基期人均可支配收入 \div 居民消费价格指数 - 100\%$$

四、生产要素收入

(一) 什么是生产要素

生产要素是指进行生产经营必须具备的条件，主要包括资本、技术、土地、劳动力等。

按生产要素分配，就是凭借资本、技术、土地、劳动力等生产要素而取得个人收入的分配方式。

（二）生产要素参与收入分配的形式

在我国现阶段，按生产要素分配的形式是多种多样的，主要有：

（1）按资本要素分配。按资本要素分配是指私营企业主生产经营取得的税后利润，债权人取得的利息收入、股息分红和债券、股票交易收入等。

（2）按技术、信息要素分配。按技术、信息要素分配是指科技工作者、信息工作者提供新技术和信息资料取得的收入。

（3）按土地要素分配。按土地要素分配是指凭借土地取得的收入。

（4）按劳动力要素分配。按劳动力要素分配是指劳动者所获得的工资收入。

理论应用分析 ▷▷

案例：

如何看待我国城镇居民的收入分配差距

我国城镇居民的收入分配问题已经成为社会各界关注的焦点。劳动和社会保障部劳动工资研究所的专家苏海南、徐振斌通过对20世纪90年代，尤其是"九五"期间我国城镇居民收入分配基本状况的分析，得出这样的基本评价：20世纪90年代，我国城镇居民收入分配总体上适应了市场经济发展的需要，不同收入群体的分布呈现出"中、底部大，上头小"形状，基本反映出市场机制发挥基础性调节的作用；计划经济高度集中统一的分配体制被打破，根据统计数据计算得出的描述城镇居民收入和消费差距的基尼系数比较适中。

但是，进入21世纪来，我国城镇居民收入分配确实存在着诸多不良现象和问题。例如，在城镇居民收入分配中，体制内的"平均主义分配"和体制外的"收入差距过大"两种极端现象同时并存。据调查，许多企业基本工资最高与最低标准相比，仅为3倍左右；机关单位最高工资仅是最低工资的4.28倍（不含工龄工资）；事业单位基本工资最高与最低标准相比只有2.81倍（不含工龄工资）。按行政职务的收入分配差距过小，按技术职务（技术要素）的收入分配差距则更小。在有统计数据的收入分配差距来看，最高收入者与最低收入者的收入差距，每年正在以3.10%的增长速度扩大；最高收入者的消费性支出与最低收入者的消费性支出，每年正以1.81%的增长速度扩大；依据收入分配的基尼系数变动情况，财富正在以1.83%的年平均增长速度向少数富人集中。收入分配行为不规范：一是工资支付不规范，据有关方面调查汇总，2021年，全国各地拖欠农民工工资共计达13.65亿元；二是工资提取不规范，在实行工效挂钩企业，计划外、基数外提取工资现象较普遍；三是部分企业建立补充养老保险超过工资总额4%的标准进成本，变相提高收入；四是企业经营管理人员职位消费随意性强，缺乏合理有度的约束；五是事业单位创收活动没有规范的制度规定，分配行为不规范，透明度低。整体收入分配结构仍不合理：一是工资收入结构不合理，制度内工资低，制度外劳动报酬高，项目繁多，未纳入工资内；二是按多种要素分配的收入比重不大，与中央关于"允许和鼓励资本、技术等要素参与收益分配"的要求尚有差距。2011年至2021年，城镇居民年人均工资收入占人均全部年收入的比重，不仅没有相对下降，反而上升了0.52个百分点。

问：

（1）如何看待目前我国收入分配过程中存在的诸如结构不合理、收入分配不规范等问题？

（2）你对我国不同收入群体的分布呈现出"中、底部大，上头小"形状这一描述是否认可？

（3）产生"收入差距过大"是否有不可避免的客观因素？

综合能力训练 ▷▷

案例分析一：

吃狗屎与GDP的故事

两个经济学系的大学生走在路上，看到路边有一坨狗屎，A对B说："你把这坨狗屎吃了，我就给你5 000万元。"B为了钱毫不犹豫地吃了一坨狗屎，A也爽快地掏出了5 000万元的支票给了B。他们继续走着，但是心里都有了一个疙瘩。A心想，他吃了一坨狗屎，我就给他了5 000万元，真不值。B心里想，我吃了一坨狗屎，才拿到5 000万元，真不值。突然在路边，又出现了一坨狗屎。于是，B要报复A，说道："你把这坨狗屎吃了，我就还你5 000万元。"A看到有这么一个机会可以弥补损失，于是也毫不犹豫地吃了。但是，两个人回过头来想想又觉得不对，两个人什么都没得到，却一人吃了一坨狗屎。于是，他们把这个笑话告诉了他们的经济学导师，导师激动地喊道："天哪！你们刚才做了什么？你们就在刚才创造了一个亿的GDP啊！"

问： 这个故事说明了什么？

案例分析二：

GDP不是万能的，但没有GDP是万万不能的

越来越多的人（包括非常著名的学者），对GDP衡量经济增长的重要性发生了怀疑。斯蒂格利茨曾经指出，如果一对夫妇留在家中打扫卫生和做饭，这将不会被列入GDP的统计之内，假如这对夫妇外出工作，另外雇人做清洁和烹调工作，那么这对夫妇和佣人的经济活动都会被计入GDP。说得更明白一些，如果一名男士雇佣一名保姆，保姆的工资也将计入GDP。如果这位男士与保姆结婚，不给保姆发工资了，GDP就会减少。

德国学者厄恩斯特·冯·魏茨察克和美国学者艾墨里·B·洛文斯、L·亨特·洛文斯在他们合著的《四倍跃进》中对GDP在衡量经济增长中的作用更是提出了诘难，他们生动地写道："在乡间小路上，两辆汽车静静驶过，一切平安无事，它们对GDP的贡献几乎为零。但是，其中一个司机由于疏忽，突然将车开向路的另一侧，连同到达的第三辆汽车，造成了一起恶性交通事故。'好极了'，GDP说。因为随之而来的是：救护车、医生、

护士、意外事故服务中心、汽车修理或买新车、法律诉讼、亲属探视伤者、损失赔偿、保险代理、新闻报道等,所有这些都被看作是正式的职业行为,都是有偿服务。即使任何参与方都没有因此而提高生活水平,甚至有些还蒙受了巨大损失,但我们的'财富'——所谓的GDP依然在增加"。

需要进一步指出的是,国内生产总值其中所包括的外资企业虽然在我们境内从统计学的意义上给我们创造了GDP,但利润却是汇回他们自己的国家的。他们把GDP留给了我们,把利润转回了自己的国家,这就如同在天津打工的安徽民工把GDP留给了天津,把挣的钱汇回了安徽一样。看来GDP只是一个"营业额",不能反映环境污染的程度,不能反映资源的浪费程度,看不出支撑GDP的"物质"内容。在当今中国,资源浪费的亮点工程、半截子工程,都可以算在GDP中,都可以增加GDP。

尽管GDP存在着种种缺陷,但这个世界上本来就不存在一种包罗万象、反映一切的经济指标,在我们现在使用的所有描述和衡量一个国家经济发展状况的指标体系中,GDP无疑是最重要的一个指标。正因为有这些作用,所以我说,GDP不是万能的,但没有GDP是万万不能的。

问:(1)GDP有哪些局限性?

(2)为什么说GDP不是万能的,但没有GDP是万万不能的?

阅读资料 ▷▷

琼·罗宾逊夫人与《经济哲学》

琼·罗宾逊夫人(1903—1983年)是经济学领域的女中豪杰。她30岁时就发表了经典著作《不完全竞争经济学》,一生写了约30本书、数百篇论文和数不清的评论。有人说:"罗宾逊是伟大而慷慨的老师,对于无数经济学家(以及她的学生)而言,罗宾逊的一生和她的著作都能给人以启迪和滋养,她的著作是主流经济学分析荒原中昭示生的希望的一片绿洲。"以苛评他人著称的熊彼特在20世纪40年代就说,罗宾逊夫人是经济学领域中最受欢迎的人,她在这一领域的前进道路上处于领先位置。自由市场原教旨主义的领军人物弗里德曼认为,《不完全竞争经济学》是开拓性的著作,作者是一流的技术经济学家。更有甚者,1995年的诺贝尔经济学奖得主卢卡斯抱怨说,罗宾逊夫人应在首届(1969年)就获奖。

诡诞的事实引来人们的好奇,有人专文探讨罗宾逊夫人为什么没有获得诺贝尔经济学奖的问题,给出的理由有四个:毁灭性地批判一般均衡分析、不用新的数学技术、左派立场和女性经济学家的身份。这样的理由能部分地说明问题,但没有触及问题的实质。根本的原因在于,罗宾逊夫人在批判这一经济学的过程中揭穿老底,让主流经济学学科的自私性质暴露于光天化日之下。

弗里德曼说,经济学是和物理学、化学一样的实证科学。这样的学科定性类如痴人说梦,但暗含之意很值得我们琢磨。既然经济学是这种性质的学科,那么在研究经费、岗位设置、政策制定话语权和社会名望等资源的争夺战中就能以"科学帝国主义"的阵势压倒其他人文社会科学学科,把更多的实际利益拿到手。反观罗宾逊夫人,基于学术良知和专业素养说话,她与人合著的教科书《现代经济学导论》(1973年)开篇便说:"经济学说、分析和现代问题这三个题目，既可以作为同时开设的课程中的科目，也可以对它们进行连续的研究。"这样的主张让主流经济学圈子吃惊不小。首先，这是向亚当·斯密、李斯特和马克思研究传统的回归。此种传统强调，经济学是对经济生活智慧的探究，不是如何赚钱甚至套钱的技巧。其次，这违背了主流经济学只能有数学，不能有其他内容的"圣训"，让学生接触现实和历史。

罗宾逊夫人的主张由来已久。1962年出版的《经济哲学》一书通篇探讨经济学的学科性质，得出的结论不但不会被主流经济学圈子认可，而且会被认为是对这一学科及其强势地位的致命性威胁。

首先是经济学学科性质的事实认定。罗宾逊夫人基于学术良知认为，经济学的学科性质与自然科学没有关系。"在形成意识形态的全部观念和看法中，那些涉及经济生活的观念和看法所起的作用很大，而一直以来，经济学本身就部分是各个时期主流意识形态的载体，部分是科学研究的方法。"（《经济哲学》，商务印书馆2011年版，第2页。下引此书，只注页码。）"经济学的一只脚是无法检验的假设，另一只脚是无法检验的口号，经济学只能一瘸一拐地前行"（第28页）。"经济学的本质就根植于民族主义之中"（第135页）。罗宾逊夫人的学术影响巨大，是英国剑桥学派的领军人物。以这样的影响和身份说话，主流经济学圈子千辛万苦编造出来的经济学科学神话遭到致命性威胁是情理之中的事情。本想为主流经济学成为科学（实际是被打扮为科学）助一臂之力的诺贝尔经济学奖，怎么能授予这样一个"行规"破坏者呢？

其次是经济学学科定性的哲学逻辑。虽然主流经济学一再强硬地坚持经济学是科学的观点，但我们见不到任何经济学家拿出像样的理由支撑这一观点。这从一个特定角度证明，经济学确为意识形态。罗宾逊夫人基于学术良知而来的观点既老实又符合实际。"如果没有悄悄介入的道德评价，我们就不可能对一种制度进行描述。比如说，我们从制度外部对制度进行观察意味着这个制度不是唯一可能存在的制度，在对这一制度进行描述的时候，我们（大鸣大放地或默默地）将其与其他现实的或想象的制度进行比较。差异意味着选择，选择意味着评判。我们不能不作评判，我们的评判源自已经深深浸入我们的人生观并且在某种程度上已经印在我们脑海中的伦理预设"（第15，16页）。如上看法基于哲学本体论的认知而来，使主流经济学处于更加危险的境地，"不管怎样，所有的经济学家照样都是人，所以不能使自己摆脱人的思维习惯"（第67页）。是啊，经济学家是人，其研究对象是人的行为，人研究人怎么能和自然科学家研究石头或毛毛虫一样呢？这正是罗宾逊夫人要告诉我们的常识性真理。如果主流经济学继续狡辩，罗宾逊夫人还会有更强劲的哲学逻辑在等着他们。主流经济学的逻辑前提是自私的经济人，在秉持这一点的同时又说自己是如自然科学一样的科学。人性自私是全称判断，其中必然包括经济学家。经济学家研究人的经济行为时，自己的自私本性能清除干净吗？说能清除干净无异于说经济学家能抓住自己的头发飞天；说不能清除干净便不打自招地供认，自己在研究人的经济行为时自私本性照样存在且发挥作用。在此种情况下说经济学是如物理学、化学一样的实证科学，地球人能相信吗？罗宾逊夫人的哲学逻辑把主流经济学逼入绝境。如果授予她诺贝尔经济学奖，就等于认可她有关学科性质的观点。在此种情况下，主流经济学编造的经济学是科学的神话还有什么存在的正当性呢？怎么在靠这一神话忽悠人的过程中获取利益呢？

最后是核心概念分析。为了更好地说清经济学的学科性质问题，罗宾逊夫人对经济学的核心概念进行了精梳细爬式的分析。分析的结果同样让主流经济学倒吸了一口凉气。"效用是一个循环论证且无懈可击的形而上学概念"（第54页），"效用的重点是证明自由放任的正确性"（第61页），而"隐藏于自由放任之后的真相，是所有资本主义国家的政府都在通过推动贸易和生产来征服领土并移植制度，以帮助自己国家的公民获得优势……自由贸易学说本身，实际上就是一份英国国家利益的规划书"（第138页）。面对罗宾逊夫人的论述，主流经济学肯定既气又恼且怕。在19世纪，李斯特揭穿主流经济学老底的行为使主流经济学受伤不轻，最难以辩驳的证据是德国靠李斯特学说而由"担水劈柴的粗工"一跃成为世界经济发展中的佼佼者。到了20世纪，突然又杀出一个罗宾逊，真是旧伤未愈又添新伤。鉴于这种情况，不管这个经济学领域的女中豪杰有多大的学术成就，诺贝尔经济学奖也不能授予她，她对主流经济学科学神话的维护和强势地位的保持威胁太大了。

任务二
经济指数——如何查验国民经济体检表？

学习目标

知识目标
(1) 了解消费者信心指数、人口负担系数、基尼系数；
(2) 掌握恩格尔系数、消费者物价指数的计算。

能力目标
(1) 能用恩格尔系数、消费者物价指数、消费者信心指数、人口负担系数、基尼系数等分析相关的社会经济现象；
(2) 能根据相关系数的变化分析国民经济发展情况。

思政目标
(1) 通过认识我国恩格尔系数数据的不断走低，加深对中国特色社会主义的正确认识；
(2) 通过认识我国消费者物价指数长期保持低位，增强对祖国的自豪感。

经济现象引入 ▷▷

我国恩格尔系数的降低说明了什么？

美国农业部经济研究局发布2018年全球各国和地区恩格尔系数（食品和烟酒占居民人均消费支出比重）显示：美国8.1%、新加坡8.7%、英国11.3%，恩格尔系数非常低，属于很富足级别。巴西17.2%、南非26.4%、印度32.1%、俄罗斯35.4%，恩格尔系数低或比较低，属于相对富裕或富裕级别。老挝60.5%、埃塞俄比亚60.4%、尼日利亚60%，恩格尔系数非常高，属于贫穷级别。

我们国家的情况呢？

1978年恩格尔系数平均值为60%，属于贫穷级别。

2003年恩格尔系数平均值为40%，属于小康级别。

2015年恩格尔系数平均值到30.6%，属于相对富裕级别。

2019年恩格尔系数平均值为28.2%，属于富足级别。

2021年恩格尔系数平均值为29.8%，仍然保持在富足级别。

从1978年以来，我国恩格尔系数数据的不断走低，用经济学的数据理论证明了，改革开放以来，我们老百姓的生活确实是越来越好的。

进入21世纪后，我国的社会现实情况可以看得出，城乡广大居民的生活质量正稳步提高。特别值得一提的是，在物质生活进一步改善和提高的同时，城乡人民的精神生活也得到了进一步充实。用于陶冶情操、增进身心健康的文化艺术、健身保健、医疗卫生等方面的支出稳步增长，用于子女非义务教育和自身再教育的支出大幅度提高。

问：(1) 你了解恩格尔系数（定律）吗？

(2) 我国恩格尔系数的降低说明了什么？

经济知识学习 ▷▷

一、恩格尔系数

（一）什么是恩格尔系数

恩格尔系数是食品支出总额占个人消费支出总额的比重。

19世纪中期，德国统计学家和经济学家恩格尔对比利时不同收入的家庭消费情况进行了调查，研究了收入增加对消费需求支出构成的影响，提出了带有规律性的原理，由此被命名为恩格尔定律。其主要内容是指一个家庭收入越少，用于购买生存性的食物的支出在家庭收入中所占的比重就越大。对一个国家而言，一个国家越穷，每个国民的平均支出中，用来购买食物的费用所占比例就越大。

（二）恩格尔系数的计算公式

食物支出变动百分比÷总支出变动百分比×100%＝食物支出对总支出的比率（R_1）

食物支出变动百分比÷收入变动百分比×100%＝食物支出对收入的比率（R_2）

其中，R_2 又称为食物支出的收入弹性。

（三）恩格尔系数的世界现状

联合国根据恩格尔系数的大小，对世界各国的生活水平有一个划分标准，即一个国家平均家庭恩格尔系数大于60%为贫穷；50%～60%为温饱；40%～50%为小康；30%～40%属于相对富裕；20%～30%为富裕；20%以下为极其富裕。按此划分标准，20世纪90年代，恩格尔系数在20%以下的只有美国，达到16%；欧洲、日本、加拿大，一般在20%～30%之间，是富裕状态。东欧国家，一般在30%～40%之间，相对富裕，剩下的发展中国家，基本上分布在小康。21世纪10年代后，西方发达七国恩格尔系数在15%以下，欧洲其他发达国家和亚洲四小龙一般在20%～30%之间，是富裕状态。但非洲的大多数国家和亚洲少数国家恩格尔系数大于60%，为贫穷状态。

1978年中国农村家庭的恩格尔系数约为68%，城镇家庭约为59%，平均计算超过60%，中国是贫困国家，温饱还没有解决。当时中国没有解决温饱的人口为2.48亿人。改革开放以后，随着国民经济的发展和人们整体收入水平的提高，中国农村家庭、城镇家庭的恩格尔系数都不断下降。到2003年，中国农村居民家庭恩格尔系数已经下降到46%，城镇居民家庭约37%，加权平均约40%，就是说已经达到小康状态。2021年恩格尔系数平均值为 29.8%，保持在富足级别。可以预测，中国农村、城镇居民的恩格尔系数还将不断下降。

二、消费者物价指数

（一）什么是消费者物价指数

消费者物价指数的英文缩写为 CPI，是根据与居民生活有关的产品及劳务价格统计出来的物价变动指标，通常作为观察通货膨胀水平的重要指标。通俗地讲，CPI 就是市场上的货物价格增长百分比。一般市场经济国家认为 CPI 增长率在 2%～3% 属于可接受范围内。

（二）CPI 的计算公式

$$\mathrm{CPI} = \frac{一组固定商品按当期价格计算的价值}{一组固定商品按基期价格计算的价值} \times 100$$

采用的是固定权数按加权算术平均指数公式计算，即 $\mathrm{CPI} = \Sigma KW / \Sigma W$，固定权数为 W，其中公式中分子的 K 为各种销售量的个体指数。

CPI 表示对普通家庭的支出来说，购买具有代表性的一组商品，在今天要比过去某一时间多花费多少。例如，如果 2015 年某国普通家庭每月购买一组商品的费用为 800 元，而 2020 年购买这一组商品的费用为 1 000 元，那么该国 2020 年的消费价格指数为 125%（以 2015 年为基期）（CPI=1 000÷800×100=125），也就是说上涨了 25%（125−100=25）。

（三）中国 CPI 商品组构成和各部分比重

1. 2011 年 CPI 商品组构成和各部分比重调整

（1）食品 31.79%；

（2）烟酒及用品 3.49%；

（3）居住 17.22%；

（4）交通通信 9.95%；

（5）医疗保健个人用品 9.64%；

（6）衣着 8.52%；

（7）家庭设备及维修服务 5.64%；

（8）娱乐教育文化用品及服务 13.75%。

2. 2016 年 CPI 商品组构成和各部分比重调整

2016 年 1 月起，国家统计局对 CPI 构成分类及相应权重进行了调整，这次 CPI 统计口径变更主要体现在两个方面，一是构成分类发生变化，二是各分类的权重有了变化。调整后的 CPI 构成八大类为食品烟酒、衣着、生活用品、医疗保健、交通通信、娱乐教育、居住、其他用品。新口径下"食品"项占 CPI 比重在 17%～21% 之间，居住调整到近 20%。

(1) 最新CPI构成权重调整特征

① 八大类中"食品"与"烟酒"合并。从构成分类看，本次变化最主要的是将八大类中的"食品"与"烟酒"合并，构成新的"食品烟酒"项。另外，八大类部分项目的名称也有所变化。

②"食品"与"非食品"两分法没有变化。虽然新口径将八大类中的"食品"与"烟酒"合并，但原先"食品"与"非食品"的两分法并没有改变，即"食品"项中并不包含"烟酒"与原先口径一致。

③"食品"权重明显降低。我们估计新口径下"食品"项占CPI比重在17%～21%之间（老口径约为32%）。我们估计"烟酒"占CPI的新比重约在5.5%～6.5%之间（老口径约为3.5%）。

(2) 最新权重调整对于CPI的影响

① 将导致CPI年度平均水平降低0.2～0.3个百分点。在同等条件下，食品项目权重被大幅度地降低，导致全年CPI水平降低0.2～0.3个百分点。例如，按照中性假设，若按照老权重计算，2016年CPI增速平均水平为2.0%；若按照新权重计算，2016年CPI增速平均水平为1.7%～1.8%。

② 将改变CPI增速的运行方向：2016年上半年的高位回落变为低位回升。按照中性假设，若按照老权重计算，则CPI变化趋势呈现上半年高位回落；若按照新权重计算，则演变为从2016年2月份后低位回升。其主要影响的是2月至5月CPI的方向和节奏。

(3) 货币政策应该如何应对CPI的变化

重方向，轻幅度。不同的计算方法会导致不同的CPI运行，政策对于CPI的变化更应该是看重趋势方向，忽略淡化幅度大小。新、老CPI都是政策关注的焦点。

如今，国家统计局暂未对CPI构成的分类及相应权重做出新的调整。

三、消费者信心指数

(一) 什么是消费者信心指数

消费者信心指数（consumer confidence index，CCI）是反映消费者信心强弱的指标，是综合反映并量化消费者对当前经济形势评价和对经济前景、收入水平、收入预期以及消费心理状态的主观感受，是预测经济走势和消费趋向的一个先行指标，是监测经济周期变化不可缺少的依据。

(二) 消费者信心指数的构成

消费者信心指数由消费者满意指数和消费者预期指数构成。消费者的满意指数和消费者预期指数分别由一些二级指标构成：对收入、生活质量、宏观经济、消费支出、就业状况、购买耐用消费品和储蓄的满意程度与未来一年的预期及未来两年在购买住房及装修、购买汽车和未来6个月股市变化的预期。

(三) 消费者信心指数编制背景

20世纪40年代,美国密歇根大学的调查研究中心为了研究消费需求对经济周期的影响,首先编制了消费者信心指数,随后欧洲一些国家也先后开始建立和编制消费者信心指数。

1997年12月,中国国家统计局景气监测中心开始编制中国消费者信心指数。北京作为全国的首都,在广泛借鉴国内外经验的基础上,于2002年年初,在省市一级率先建立了消费者信心指数调查制度。2002年四季度,北京市统计局正式向社会发布"北京消费者信心指数",并确定了今后按季度调查发布的制度。

2021年10月的大样本调查共收回问卷12 004份,有效问卷11 024份。在抽样过程中,首先将31个省、自治区和直辖市分成东部、西部、南部、北部、中部五个区域,依据国家统计局和第六次人口普查的相关数据,综合各地区、性别、年龄的人口分布情况作为样本抽样数额的参考,计算出消费者总体信心指数及消费者分类信心指数。根据大样本调查结果,当期(2021年)消费者的总体满意指数为135.90,未来一年(2022年)的总体预期指数为141.84,未来五年(2027年)的总体预期指数为153.09。

四、人口负担系数

(一) 什么是人口负担系数

人口负担系数也称抚养系数、抚养比,是指人口总体中非劳动年龄人口数与劳动年龄人口数之比。人口负担系数用百分比表示,它表明,从整个社会来看,每100名劳动年龄人口负担多少非劳动年龄人口。人口负担系数可分为人口总负担系数、少儿负担系数、老年负担系数。

人口总负担系数为少儿负担系数与老年负担系数二者之和。少儿负担系数和老年负担系数所反映的负担性质不同。一般来说,少年儿童尚未成为劳动适龄人口,社会和家庭为他们的成长必须付出一定的费用。如果他们中途夭折,社会对他们的付出就无法收回。老年人则不同,除个别人外,他们都已为社会做出一定的贡献,他们享用的部分实际上是他们过去劳动的扣除。因此,分别计算少儿负担系数和老年负担系数,可以反映人口年龄结构变化对社会经济发展带来的某些影响。

(二) 人口负担系数的计算

$$总负担系数 = \frac{P_{0\sim14} + P_{65+}}{P_{15\sim64}} \times 100\%$$

$$少儿负担系数 = \frac{P_{0\sim14}}{P_{15\sim64}} \times 100\%$$

$$老年负担系数 = \frac{P_{65+}}{P_{15\sim64}} \times 100\%$$

其中:$P_{0\sim14}$为0~14岁少年儿童人口数;

P_{65+} 为 65 岁及以上老年人口数；

$P_{15\sim64}$ 为 15～64 岁劳动年龄人口数。

(三) "人口机会窗口"期与人口红利

国际上一般把人口负担系数≤50%称为"人口机会窗口"期。

一个国家或地区的"人口机会窗口"开启期间，其人口有如下三个特征为发展提供机遇：一是劳动力人口供给充分，劳动力人口年龄结构较年轻，且价格比较便宜，如果就业充分，会创造出较多的社会财富；二是由于劳动力人口年龄结构较年轻，使得储蓄率较高，如果资本市场健全，能将储蓄转化为投资，会加速经济增长；三是由于人口老龄化高峰尚未到来，社会保障支出负担轻，财富积累速度比较快。

一国人口生育率的迅速下降在造成人口老龄化加速的同时，少儿抚养比例迅速下降，劳动年龄人口比例上升，在老年人口比例达到较高水平之前，将形成一个劳动力资源相对丰富、抚养负担轻、于经济发展十分有利的"黄金时期"，人口经济学家称之为"人口红利"。"人口红利"或者说人口年龄结构变化对经济增长的影响主要包括两个方面：一是对生产领域的影响，二是对消费和储蓄的影响。从"人口红利"对消费和储蓄的影响来看，劳动年龄人口增长停止或者说老龄人口比例增加在一定时期内并不必然带来储蓄率的下降，相反还有可能使储蓄率进一步上升。

(四) 中国人口负担（年龄结构）的现状

2021 年 5 月 11 日，国家统计局发布第七次全国人口普查公报。中国人口负担（年龄结构）的现状呈现以下趋势。

（1）从总体规模看，我国人口总量呈低速增长趋势。

国家统计局数据显示，1953 年至 2020 年，我国人口总数逐年递增，但增长速度自八十年代起呈下降趋势。2020 年我国总人口总体规模达 14.1 亿人，与 2010 年第六次人口普查的 13.3 亿人相比，增加了 7 205 万人，增长 5.38%，午平均增长率为 0.53%，与 2000 年至 2010 年间的 0.57% 的年平均增长率相比，下降 0.04 个百分点。官方预计，"十四五"时期将是 21 世纪最后一个人口完全正向增长的发展规划期，"十五五"时期将迎来中国人口总量的"拐点"。

（2）从年龄结构看，老龄化程度加深，未富先老现象明显。

第七次人口普查数据显示，我国人口老龄化趋势明显加重，且出现未富先老的现象。一方面，我国老龄人口数量和占比提高，2020 年我国 65 岁以上人口达 1.91 亿人，占总人口比重达 13.50%，与 2010 年的 8.9% 相比上升了 4.6 个百分点，这表明我国老龄化程度进一步加深；另一方面，对比世界其他国家来看，2020 年我国人均 GDP 为 1.05 万美元，人口老龄化比例达 13.5%，而发达国家日本、韩国达到相似老龄化比例（65 岁以上人口占比 13.5%）的时间分布为 1993 年、2016 年，当时其人均 GDP 分布为 3.58 万美元、2.76 万美元，远高于我国当前水平，表明我国正面临未富先老现象。

（3）从人口分布看，城镇化进程加快，人口流动加快。

当前，中国城镇化处于高速发展阶段。2020 年我国常住人口城镇化率达 63.9%，相较于 2010 年的 49.7%，上升了 14.2 个百分点，年均增速 1.4%，且实现了《国家人口发展规划（2016—2030年）》和"十三五规划"中设定的目标（常住人口城镇化率达60%）。此次普查数据也显示，伴随着经济快速发展，我国人口迁徙和流动也更为活跃。从地区分布来看，2020年东部、中部、西部、东北地区人口分别占比39.9%、25.8%、27.1%、6.9%；与2010年相比，东部和西部地区分别上升2.2、0.2个百分点，中部和东北地区分别下降0.8、1.2个百分点。

（4）从人口素质上看，中国人口受教育水平大幅度提高。

普查数据显示，2020年我国15岁及以上人口、16岁至59岁劳动年龄人口平均受教育年限提高至9.9年、10.8年，相较于2010年的9.1年、9.7年，分别提高了0.8年和1.1年。其中劳动年龄人口平均受教育年限基本达到《国家人口发展规划（2016—2030年）》中制定的目标（10.8年）。此外，2020年全国拥有大学、高中文化程度的人口占比分别为15.5%、15.1%，相较于2010年的8.9%、14.0%，分别提升了6.6个百分点、1.1个百分点。以上数据表明，我国劳动年龄人口受教育程度显著提升，这对于加快转变经济发展方式，促进中国经济实现高质量发展具有重要意义。

五、基尼系数

（一）什么是基尼系数

基尼系数，或译为坚尼系数，是20世纪初意大利经济学家基尼，根据劳伦茨曲线所定义的判断收入分配公平程度的指标。基尼系数是比例数值，在0和1之间，是国际上用来综合考察居民内部收入分配差异状况的一个重要分析指标。

（二）基尼系数通行算法

基尼根据洛伦茨曲线提出的判断分配平等程度的指标。如图3.2-1所示，设实际收入分配曲线和收入分配绝对平等曲线之间的面积为A，实际收入分配曲线右下方的面积为B。并以A除以$(A+B)$的商表示不平等程度。这个数值被称为基尼系数或称洛伦茨系数。如果A为零，基尼系数为零，表示收入分配完全平等；如果B为零，则系数为1，收入分配绝对不平等。收入分配越是趋向平等，洛伦茨曲线的弧度越小，基尼系数也越小，反之，收入分配越是趋向不平等，洛伦茨曲线的弧度越大，那么基尼系数也越大。

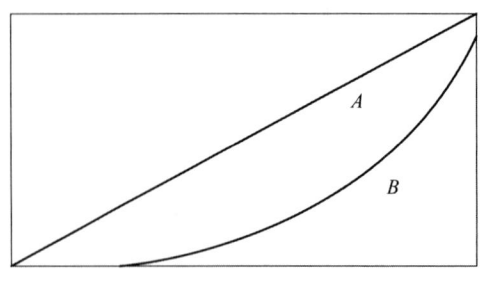

图3.2-1 基尼系数示意图

（三）基尼系数的现状

按照联合国有关组织规定：基尼系数低于 0.2 表示收入绝对平均；在 0.2～0.3 之间表示比较平均；在 0.3～0.4 之间表示相对合理；在 0.4～0.5 之间表示收入差距较大；在 0.5 以上表示收入差距悬殊。国际上通常把 0.4 作为收入分配差距的"警戒线"。一般发达国家的基尼指数在 0.24～0.36 之间，美国偏高，为 0.4。国家统计局数据显示，1978 年中国收入基尼系数为 0.317，2008 年达到峰值 0.491，此后见顶回落，维持在 0.46～0.47，2019 年为 0.465。近年来，农村可支配收入快速上涨，城乡之间收入差距变小，这也是基尼系数高位放缓的主要原因。

（四）现阶段中国更加重视公平和共同富裕

改革开放之初，一穷二白，钱少人多，生产要素上劳动过剩、资本稀缺，劳动力的话语权弱、资本的话语权强，为了促进增长、做大蛋糕，所以收入分配上以效率优先、让一部分先富起来为基本导向，衍生了一系列对资本友好的制度，比如户籍制度、土地财政、社保制度、税收制度、地方招商等。经过 40 多年改革开放的发展，随着老龄化、少子化加速到来，"刘易斯拐点"出现，人口红利渐远，开始出现劳动稀缺、资本过剩的逆转，各大城市上演"抢人大战"，劳动力的话语权提升，同时收入差距过大导致社会不稳定性因素增多。习近平总书记在庆祝中国共产党成立 100 周年大会上的重要讲话中强调，"着力解决发展不平衡不充分问题和人民群众急难愁盼问题，推动人的全面发展、全体人民共同富裕取得更为明显的实质性进展"。所以要提高劳动在国民收入分配中的份额、适当抑制资本，收入分配上更重视公平、分好蛋糕、共同富裕，要"反垄断和防止资本无序扩张""把逐步实现全体人民共同富裕摆在更加重要的位置上""先富带后富帮后富""合理调节过高收入，鼓励高收入人群和企业更多回报社会""推动更多低收入人群迈入中等收入行列"、清理校外培训、推出房产税等。这有助于高质量发展，促进双循环，扩大内需，发展实体经济、制造业、硬科技、新基建等。这是经济社会发展到现阶段的客观要求，是时代的力量。

理论应用分析 ▷▷

案例：

消费者物价指数（CPI）下降，为何民众仍感物价高？

国家统计局 2020 年 11 月 10 日发布数据显示，10 月 CPI 同比上涨 0.5%，涨幅比上月回落 1.2 个百分点，创 2009 年 11 月以来新低。在此前，中国物价发展一直平稳，而在 2020 年，物价却发生了变化，此变化与 2020 年的新冠疫情是分不开的。另外，在猪肉供应增加的推动下，不断下跌的食品价格 11 月使中国的通货膨胀率降至 11 年来新低。CPI 下降的同时，市场上某些产品价格则持续上涨，如医疗防护用品等。某银行发布的 2020 年第 1 季度城镇储户问卷调查显示，62.9% 的居民认为物价"高，难以接受"。

问：(1) CPI 下降，为何还有产品价格则持续上涨？
(2) CPI 下降，为何民众仍感物价高？

综合能力训练 ▷▷

1. 读如图 3.2-2 所示中国、日本和韩国人口负担系数比较图，回答下列问题。

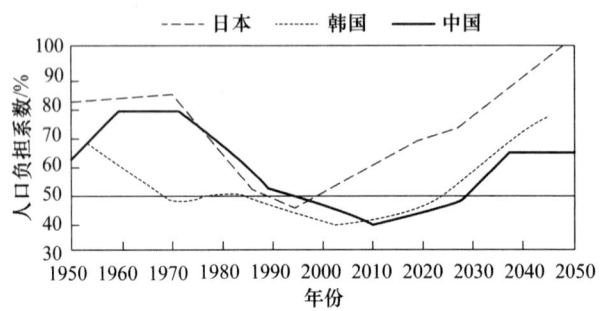

注：①人口负担系数=(14岁及以下人口数+65岁及以上人口数)/15~64岁人口数×100%；
②15~64岁指劳动人口年龄。

图 3.2-2 中国、日本和韩国人口负担系数比较图

(1) 国际上一般把人口负担系数≤50%称为"人口机会窗口"期。中国人口负担系数在_____年前后达到最低值，此时的人口负担系数约为_____。

(2) 在 1990 年前和 2030 年后，中国的人口负担系数均超过了 50%，试分析它们形成的不同原因。

(3) 日本、韩国均抓住了"人口机会窗口"期，促进了经济的腾飞，"人口机会窗口"对一个国家和地区的经济发展有何作用？

(4) 中国应采取哪些措施抓住"人口机会窗口"的良好时机，促进经济发展？

2. 阅读下列材料回答问题：

材料一：近年来，我国经济快速发展，城乡居民收入大幅度提高，同时也出现了城乡及地区差距扩大、部分社会成员收入差距扩大、经济社会发展不协调等问题。这些问题引起社会各界的广泛关注与重视。

材料二：经济学上推崇的"橄榄型"收入分配结构，是低收入和高收入相对较少，中等收入占绝大多数的收入分配结构，可以说是最理想的收入分配结构，这种结构要比我国目前的"金字塔型"稳定得多。

材料三：党的十九届五中全会强调全体人民共同富裕，党的十七大提出了要着力提高低收入者收入，逐步提高扶贫标准和最低工资标准，建立企业职工工资正常增长机制和支付保障机制。创造条件让更多群众拥有财产性收入。保护合法收入，调节过高收入，取缔非法收入。初次分配和再分配都要处理好效率和公平的关系，再分配更加注重公平。决心构建"橄榄型"收入分配结构。

(1) 根据材料一回答有人认为："贫富差距是市场经济的必然，构建社会主义和谐社会不必关注它。"你是如何看待这一观点的？

(2) 用经济学知识，分析中央决心构建"橄榄型"收入分配结构的意义。

阅读资料 ▷▷

凯恩斯与《就业、利息和货币通论》

英国经济学家约翰·梅纳德·凯恩斯，因开创了经济学的"凯恩斯革命"而称著于世。1883 年 6 月 5 日生于英格兰的剑桥，14 岁以获得奖学金进入伊顿公学（Eton College）主修数学，曾获托姆林奖金（Tomline Prize）。毕业后，以获得数学及古典文学奖学金入学剑桥大学国王学院。1905 年毕业，获剑桥文学硕士学位。之后又滞留剑桥一年，从师马歇尔和庇古攻读经济学，以准备英国文官考试。1906 年以第二名的成绩通过文官考试，入选印度事务部。任职期间，为其第一部经济著作《印度通货与金融》（Indian Currency and Finance，1931）做了大量研究准备工作。1908 年辞去印度事务部职务，回剑桥任经济学讲师至 1915 年。其间 1909 年以一篇概率论论文入选剑桥大学国王学院院士，另以一篇关于指数的论文获亚当·斯密奖。概率论论文后稍经补充，于 1921 年以《概率论》（A Treatise on Probability）为书名出版。第一次世界大战爆发不久，即应征入英国财政部，主管外汇管制、美国贷款等对外财务工作。1919 年年初作为英国财政部首席代表出席巴黎和会。同年 6 月，因对赔偿委员会有关德国战败赔偿及其疆界方面的建议愤然不平，辞去和会代表职务，复归剑桥大学任教。不久后，表明其对德国赔偿问题所持看法的《和平的经济后果》（The Economic consequences，1919）一书出版，引起欧洲、英国及美国各界人士的大争论，使其一时成为欧洲经济复兴问题的核心人物。在任教的同时，撰写了大量经济学文章。1921—1938 年任"全国互助人寿保险公司"（National Mutual Life Insurance Company）董事长期间，其对股东的年度报告一直为金融界人士必读而且是抢先收听的新闻。1940 年出任财政部顾问，参与战时各项财政金融问题的决策，在他的倡议下，英国政府开始编制国民收入统计，使国家经济政策的拟订有了必要的工具。1944 年 7 月率英国政府代表团出席布雷顿森林会议，并成为国际货币基金组织和国际复兴与开发银行（世界银行）的英国理事，在 1946 年 3 月召开的这两个组织的第一次会议上，当选为世界银行第一任总裁。返回英国不久，因心脏病突发于 1946 年 4 月 21 日在萨塞克斯（Sussex）家中逝世。因其深厚的学术造诣，曾长期担任《经济学杂志》主编和英国皇家经济学会会长，1929 年被选为英国科学院院士，1942 年晋封为勋爵，1946 年剑桥大学授予其科学博士学位。

1936 年其代表作《就业、利息和货币通论》（The General Theory of Employment，Interest and Money，简称《通论》）出版时，凯恩斯一反过去的立场，转而强调贸易差额对国民收入的影响，相信保护政策如能带来贸易顺差，必将有利于提高投资水平和扩大就业，最终导致经济繁荣。凯恩斯认为，传统贸易理论以各项生产要素，包括劳动力已经充分就业为前提，宣扬按照比较成本原理进行贸易，既有充分就业，又享分工之利。但现实生活中并不存在这一前提，却经常存在大量非自愿失业，如果一国按照传统理论自由贸易，虽可从事有比较优势的部门的专业化生产，取得某些分工之利，但放弃或缩小比较优势不大或无比较优势的部门的和平，则必然是失业更趋严重。故凯恩斯断然提出传统贸易理论不适用于现代资本主义。他还批评传统理论只注重分工的利益和强调对外收支均衡的自动调节过程，而完全忽略贸易差额对国民收入就业的影响。他认为就一国而言，后者较前者更重要，因为顺差能增加收入，使资金流入，利率降低，投资提高，就业扩大；逆差则可能很快就会产生顽固的经济衰退。凯恩斯赞成贸易顺差，推崇重商主义，认为"重商主义学说里含有入学真实成分"。不过，在肯定重商主义某些观点的同时，他也承认"实行重商主义所能取得的好处仅限一国，不会泽及全世界"。在《通论》中，凯恩斯由投资乘数原理出发，对贸易差额与国民经济盛衰的关系做了进一步阐述。他认为投资的乘数作用表现为，一个部门的新增投资，不仅会使该部门的收入增加，而且会通过连锁反应，引起其他有关部门的收入增加，还会通过连锁反应，引起其他有关部门追加新投资，获得新收入，致使国民收入总量的增长若干倍于最初那笔投资。而一国的总投资既包括国内投资（它决定于国内的资本边际效率和利息率），也包括国外投资（它决定于贸易顺差额），"增加顺差，乃是政府可以增加国外投资之唯一直接办法；同时若贸易为顺差，则贵金属内流，故又是政府可以减低国内利率、增加国内投资动机之唯一间接办法。"除此之外，凯恩斯还强调贸易顺差本身对国民经济的作用亦犹如投资。他认为出口是对本国产品有需求，如同投资，是一种"注入"（Injection），能使国民收入增长；而进口则是对舶来品消费的增加，如同储蓄，是一种泄露，会减弱投资乘数的作用，使国民收入减少。因此，凯恩斯极力鼓吹贸易顺差，并提出应尽力扩大出口，同时借助保护关税和鼓励"购买英国货物"以限制进口的政策主张。上述凯恩斯关于乘数理论及贸易顺差的分析，后经英国学者哈罗德和美国学者马赫洛普等人的论证而发展为对外贸易乘数理论。

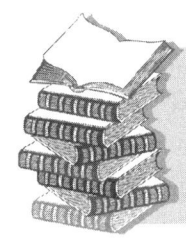

任务三
国民消费、储蓄和投资——民众的钱该怎样高效支配?

学习目标

知识目标
(1) 理解消费、储蓄和投资概念;
(2) 了解影响解消费、储蓄和投资的因素。

能力目标
(1) 能观察社会经济中消费、储蓄和投资现象的变化;
(2) 能用相关经济学原理对消费、储蓄和投资现象的变化进行合理分析。

思政目标
(1) 能用辩证唯物主义看待消费、储蓄和投资的关系;
(2) 学会在生活中正确处理好消费、储蓄和投资的关系。

经济现象引入 ▷▷

中国人应该花钱还是存钱

在中国人的传统观念中,有所谓勤俭持家的说法。有人说:"大富靠天,小富靠俭。"这种勤俭是美德的说法在中华儿女的心目中是根深蒂固的。事实上,对于每一个家庭而言,存在许多方面的不确定因素。储蓄是为了"积谷防荒",为了家人有一个安稳的日子,节俭作为美德是有其道理的。但是如果每一个家庭都勤俭,这对于整个经济体来说并非好事。少数家庭减少消费对经济影响比较小;但是如果大家都不消费,经济体的总需求就会减少,厂商产品无法销售出去,经济体系就会受到很大影响。

问:中国人应该多花钱还是多存钱?

经济知识学习 ▷▷

一、消费

(一) 消费的含义与影响因素

1. 什么是消费

消费是指一个国家或地区一定时期内居民个人或家庭为满足消费欲望而用于购买消费

品和劳务的所有支出。

2. 影响消费的因素

影响居民个人或家庭消费的因素很多，如收入水平、消费品的价格水平、消费者个人的偏好、消费者对其未来收入的预期，甚至消费信贷及其利率水平等。

其中最重要的无疑是居民个人或家庭的收入水平。因此，宏观经济学假定消费及其消费的规模与人们的收入水平存在着稳定的函数关系。

（二）消费函数

消费函数是指消费支出与决定消费的各种因素之间的依存关系。

以 c 代表消费，以 y 代表收入：

$$c=c(y)（满足条件 dc/dy>0）$$

如果是简单的线性消费函数，则为：

$$c=a+by\ (1>b>0)$$

二、储蓄

（一）储蓄的含义与影响因素

1. 什么是储蓄

储蓄是指一个国家或地区一定时期内居民个人或家庭收入中未用于消费的部分。

2. 影响储蓄的因素

影响储蓄的因素很多，如收入水平、财富分配状况、消费习惯、社会保障体系的结构、利率水平等。

但其中最重要的无疑是居民个人或家庭的收入水平。

宏观经济学假定储蓄及其储蓄规模与人们的收入水平存在着稳定的函数关系。

（二）储蓄函数

储蓄函数是指储蓄与决定储蓄的各种因素之间的依存关系。

储蓄是收入减去消费后的余额，即：

$$s=y-c$$

以 s 代表储蓄，以 y 代表收入：

$$s=s(y)（并满足条件 ds/dy>0）$$

三、投资及其决定

（一）投资需求

1. 什么是投资

投资是指建设新企业、购买设备、厂房等各种生产要素的支出以及存货的增加，其中主要指厂房和设备。

2. 投资主体分类

投资包括私人投资（I）与政府投资（G）两个部分。

(二) 决定投资的主要因素

1. 利率

利率是指一定时期内利息额与借贷资金额（本金）的比率。利率与投资反方向变动。这是影响投资的首要因素。

2. 预期收益

预期收益也称为期望收益，是指没有意外事件发生时根据已知信息所预测能得到的收益。通常未来的资产收益是不确定的。不确定的收益可以用多种可能的取值及其对应的概率来表示，这两者的加权平均，即数学期望值，就是资产的预期收益。

预期收益与投资同方向变动。投资是为了获得利润，预期收益（利润率）必须高于利率。利率与利润率反方向变动。

影响预期收益的主要因素有：

（1）对投资项目产出的需求预期；

（2）产品成本；

（3）投资税抵免等。

3. 折旧

指对固定资产在使用过程中的损耗进行价值补偿。通常根据原始价值和预计使用年限平均计算。一台机器买的时候 1 100 元。预计（就是估计）可以使用 10 年，10 年后就要报废，报废后的废物可以变卖 100 元，若用会计里的平均年限法提折旧，就是用（1 100－100)/10＝100 也就是每年提的折旧是 100 元。

资本存量越大，折旧也越大，越需要增加投资以更换设备和厂房，这样，需折旧的量越大，投资也越大。折旧与投资同方向变动。

4. 风险

风险（投资风险）是指投资主体为实现其投资目的而对未来经营、财务活动可能造成的亏损或破产所承担的危险。投资风险是投资主体决定是否投资所进行预测分析的最主要内容。导致投资风险的主要因素有：政府政策的变化；管理措施的失误；形成产品成本的重要物资价格大幅度上涨或产品价格大幅度下跌；借款利率急剧上升等。除此之外，也受经济形势、投资者乐观悲观情绪、未来预期等因素影响。

它与投资反方向变动。

5. 各种非经济因素

非经济因素主要有：政治、意识形态、法律、人文环境、劳动力素质、政府管理、公共设施、生活设施、教育环境因素等。

四、家庭理财的几种主要投资方式

家庭理财的投资方式主要有 14 种，它们是储蓄、债券、股票、基金、房地产、外汇、古董、字画、保险、彩票、基金、钱币、邮票、珠宝。在这 14 种投资方式中，古董和字画具有丰厚的增值内涵，但需要丰富的专业知识和鉴赏能力，非一般人能操作；邮票在家庭收藏中较为普遍，但作为一种投资，见效并不十分明显，更适合个人的爱好收藏；外汇，其运作受国际金融形势的影响，有很大的不可预测性，风险性较大；彩票，近乎赌博，只能作为生活的一种调味剂……因此，最为常见的家庭理财方式还是集中在银行储蓄、债券、房地产、保险、股票、期货几种工具的运用上。

（一）银行储蓄

银行储蓄是指人们将自己的闲置资金存入银行并且从中收取利息的存款活动。储蓄是大部分人传统的理财方式，从理财的角度讲，储蓄宜以短期为主，重在存取方便，而又享受利息；长期储蓄，依现有银行利息，考虑通货膨胀和利息税等因素，钱存得越久，贬值的风险就越大。

怎样合理储蓄呢？

先说活期存款，如果只存活期，宜半年去银行作一次结息，然后本息再存，因为 6 月 30 日是活期存款账户的结算日，适时取息再存，可收到滚存利息的收益。

再说定期存款，银行中有一种称为短期滚存的方法，也称"12 存单法"，即每个月固定存一张一年期的存单，12 个月就有 12 张存单，一年后每个月都有一张存单到期，既保证了固定利率，又可满足家庭灵活开支，如果存单到期不用可继续滚存，这样不但享受比活期高的利率，还可拥有及时调整投资方向的余地。

（二）债券

债券是一种以发行人信用为基础发行的有价证券，是社会各类经济主体，比如政府、企业、银行等，为筹集资金而向债券投资者出具的、承诺按一定利率定期支付利息并到期偿还本金的债权债务凭证。目前，债券主要分为国债、企业债和金融债。

国债分为凭证式国债和记账式国债。前者不可上市流通，可提前兑取，但需要支付一定手续费，特别是一年内提前支取，还不计息，因此存在一定的风险性；后者可以上市流通转让。国债利息比银行略高，风险性小，也不交利息税，因此较受百姓欢迎，但不易买到。

企业债券是由企业为筹措资金而发行的债券，收益率可能比同期国债高，但风险性也较大，有到期不能偿还的风险，购买宜选择信誉等级 AA 级以上的大企业。

金融债券是由金融机构发行的债券，一般不针对个人。

由于考虑到资金变现的问题，购买债券时，第一，应该关注债券的流通性和期限，可上市流通的债权便于变现，中短期债券有利于防止利率的变动；第二，进行分散购买，即在不同的时间购买同一（不同）期限的同一（不同）债券。

（三）股票

股票是股份公司发行的所有权凭证，是股份公司为筹集资金而发行给各个股东作为持股凭证并借以取得股息和红利的一种有价证券。股票高风险也可能高回报。投资占收入的 10% 左右为宜。炒股之前最好积累一些股票和财经方面的经验，建议选择绩优股，并搞各股组合，以分散风险。按巴菲特理论，5~10年的投资应该赚大于赔，因此要做好长期投资的打算并保持良好的心态。

（四）期货

期货，英文名是Futures，与现货完全不同，现货是实实在在可以交易的货（商品），期货主要不是货，而是以某种大众产品（如棉花、大豆、石油等）及金融资产（如股票、债券等）为标的的标准化可交易合约。因此，这个标的物可以是某种商品（如黄金、原油、农产品），也可以是金融工具。所谓期货交易，是指交易双方在期货交易所买卖期货合约的交易行为。期货交易是在现货交易基础上发展起来的、通过在期货交易所内成交标准化期货合约的一种新型交易方式。交易遵从"公开、公平、公正"的原则。买入期货称"买空"或称"多头"，亦即多头交易，卖出期货称"卖空"或"空头"，亦即空头交易。

期货交易的买卖又称在期货市场上建立交易部位，买空称作建立多头部位，卖空称作建立空头部位。开始买入或卖出期货合约的交易行为称为"开仓"或"建立交易部位"，交易者手中持有合约称为"持仓"，交易者了结手中的合约进行反向交易的行为称"平仓"或"对冲"，如果到了交割月份，交易者手中的合约仍未对冲，那么持空头合约者就要备好实货准备提出交割，持多头合约者就要备好资金准备接受实物。一般情况下，大多数合约都在到期前以对冲方式了结，只有极少数要进行实货交割。

（五）贷款买房

用明天的钱来圆今天的梦，已渐成为时尚，贷款买房尤为突出。

买房或者为了自己居住，或者想通过房价升温转手获得差价收益，不论哪种，都属于家庭中较大的一项财务开支。投资住房应考虑地段、质量、售价及付款方式、环保、物业管理和户型朝向等因素。同时一定关注是否有房产证，没有房产证的房子是没法转让和买卖的。

（六）购买保险

保险的英文是Insurance或insurance，本意是稳妥可靠的保障；后延伸成一种保障机制，是用来规划人生财务的一种工具，是市场经济条件下风险管理的基本手段，是金融体系和社会保障体系的重要支柱。

保险是指投保人根据合同约定，向保险公司支付保险费，保险公司对于合同约定的可能发生的事故因其发生所造成的财产损失承担赔偿保险金责任，或者被保险人死亡、伤残、疾病或者达到合同约定的年龄、期限等条件时承担给付保险金责任的商业保险行为。

从经济角度看，保险是分摊意外事故损失的一种财务安排；从法律角度看，保险是一种合同行为，是一方同意补偿另一方损失的一种合同安排；从社会角度看，保险是社会经济保障制度的重要组成部分，是社会生产和社会生活"精巧的稳定器"；从风险管理角度看，保险是风险管理的一种方法。

保险可分为保障型保险和投资型保险两种。

前者重在保障，后者除此之外，还拥有投资功能。投资保险与银行储蓄、债券、股票相比最大的区别在于，前者是依靠机构、专家进行投资，而后者依靠个人单独的力量。与个人理财相比，机构理财拥有一支高素质的理财专家队伍，投资渠道更广泛。因此，投资保险不仅保值，还可能获得丰厚的红利回报，获得增值。

理论应用分析 ▷▷

案例：

政府可采取了哪些刺激经济增长的措施？

我们知道，就内需而言，如果不考虑政府支出，重要的是消费和投资。消费函数理论说明了消费的稳定性，它告诉我们，要刺激消费是困难的。从1996年5月到2002年2月，我国经历了货币政策的一个降息周期（连续8次）。但对内需的拉动有限，居民储蓄一直在增加，《中国统计年鉴2021》的数据显示，截止到2020年年底，我国的住户存款余额为92.5986万亿元，再加上有关部门发出的数据，我国2021年的住户存款增加了9.9万亿元，住户总存款达102.5万亿元，平均每人的存款7.27万元，这说明拉动消费并不容易。

拉动内需的重点在于拉动投资。第一，我们要区分投资与消费的差别。例如，我们一直把居民购买住房作为消费，这是一个误区。按照经济学的观点，居民住房是一种投资，要用刺激投资的办法拉动这项投资。应该说，在我国人口多，居住条件仍然比较差的情况下，在未来几十年中，住房仍然是投资的热点，只要政策得当，住房可以增加内需，带动经济增长。第二，在我国经济中，民营经济已经有了长足的发展，成为经济的半壁江山。投资中的企业固定投资应该是以民营企业投资为主。这就要为民营企业投资创造更为宽松的环境。

问：还有哪些措施能刺激经济增长？

综合能力训练 ▷▷

案例分析一：

根据下列资料分析

（1）中国改革前，城镇居民的收入水平非常低，年工资在500元至600元之间小幅波动，即便退休后收入也与工作期间相差无几。而收入分配制度的平均化，企业负担养老、医疗和意外事故等方面的费用，比较稳定的经济环境，又使城镇居民面临的风险很小，因而预防性储蓄动机也很弱。

（2）随着改革开放的不断深入，1978—1990年中国城镇居民的消费行为发生了变化。到1993年，城镇居民的人均年收入比1978年提高了155.1%，消费水平提高了172.1%，食品消费支出占消费总支出的比重也从60%左右下降到50.13%，洗衣机、彩电、冰箱等耐用消费品的百户拥有量则从几乎为0上升到1993年的86.36、79.46、56.68，同期城镇居民人均储蓄余额也由1978年年底的89.82元增加到1993年年底的3486.34元。这一时期收入的快速增长，使职工将自己增加的收入的一部分储蓄起来，以避免退休后由于收入的下降而造成消费水平的大幅下降，从而平滑各期的消费；而同时，城镇居民间的收入差距不断拉大，使其消费行为表现出一种较明显的"攀比性"。根据世界银行《1992年世界发展报告》的统计，1990年我国与埃及同属于低收入国家，人均GNP分别为370美元和610美元，我国人均每日摄取的蛋白质只有65克，低于埃及的84.6克，而我国耐用消费品的普及率却是相当高的，每千人拥有的电视机是267台，远高于埃及的101台。

（3）从20世纪90年代初到现在，中国城镇居民的消费行为又出现了新的情况。这一时期城镇居民收入水平增长放慢，消费水平增长缓慢，而居民储蓄存款余额却以每年20%左右的速度高速增长，截止到1997年年底，城镇居民人均储蓄余额已经达到了37 147.6元。其原因主要有两个。一是较强的流动性约束。流动性约束理论认为，由于现实中流动性约束的存在，人们并不是在任何时候都可以借到钱，他们只能消费当前的财富，所以为了保证收入下降时消费水平不会大幅下降，消费者就会被迫降低当前的消费，增加储蓄，以此来作为对收入下降效应的一种保险。中国城镇居民面临着消费结构的进一步升级，从万元以内的消费过渡到上万元的消费，这使其只能依靠自身的储蓄以便在未来获得想要的消费。此外，随着教育体制的改革，子女教育费用在快速上涨，它在居民支出中占的比重越来越高，这就导致城镇居民预期未来子女教育费用会迅速上升。在贷学金制度尚未建立的情况下，父母必然会选择增加储蓄，以备子女教育之需。二是居民未来收入不确定性的增加。例如，职工面临着工资减少、下岗和失业的风险，医疗保健制度改革和劳动保障制度改革等改革措施的不断出台，使城镇居民对未来收入的预期减少，而对未来支出的预期增加，从而更担心未来消费水平下降。

（4）21世纪最近十年来，中国消费者发生了较大的变化。①消费品类：逐渐从大众产品向高端产品升级。②消费方式：电商渗透率越来越高，线下和线上渠道的用户满意度差距正在缩小。③消费趋势：品牌忠诚度提高，越来越多的消费者只关注少数与自己契合的品牌。④出境游更为普及：2015年中国出境旅游人数突破7 000万人，平均每人1.5次。⑤推崇健康的生活方式：注重饮食健康，积极参与体育健身，并购买运动产品，2020年，体育产业总规模超过3万亿元，占GDP比重达1.0%。

问：中国居民各时期的消费和储蓄如何影响总需求？请用相关经济学原理说明。

案例分析二：

我国的储蓄问题

我国一直是一个储蓄率很高的国家，截至2001年8月，我国城乡居民储蓄存款余额为7.06万亿元，首次突破7万亿元大关，增长12.3%，增幅比2000年年同期高6.1个百分点，比2000年年底高5.4个百分点。8月份储蓄存款增加881亿元，比2000年同月多增加861亿元。年累计储蓄存款增加6 254亿元，比2000年同期多增加2 748亿元。其中，活期储蓄增加2 423亿元，比2000年同期少增加415亿元；定期储蓄增加3 661亿元，比2000年同期多增加2 396亿元。定期储蓄存款增加表明储蓄存款稳定性增强。

为了刺激我国的经济增长，使大量的居民储蓄向投资转化，我国央行多次调整利息，

2002年2月20日，中国人民银行再次宣布，降低金融机构人民币存、贷款利率。这已经是自1996年5月1日央行首次降息以来的第八次降息，但是实际效果并不明显，我国的居民储蓄还是呈不断上升的势头。

2000年到2017年我国总储蓄率呈先升后降之势。统计局数据显示，我国储蓄率由2000年的37.6%上升至2008年的51.9%，增加了14.3个百分点，2008年是储蓄率变化的显著拐点，之后储蓄率逐步下滑至2017年的46.6%，下降了5.3个百分点。

在2020年财经年会上，中国金融学会会长周小川称，中国目前国民储蓄率为45%。据IMF预测，2023年中国国民储蓄率将降至41.61%，较历史峰值下滑10个百分点，但相对于其他国家特别是欧美国家来说，还是处于高位。

问：(1) 什么是消费函数、储蓄函数？

(2) 根据所学的知识说明决定一国储蓄率的原因，并简要说明我国储蓄率居高不下的原因。

阅读资料 ▷▷

萨缪尔森与《经济学》

保罗·萨缪尔森 (Paul A. Samuelson, 1915—2009)，1935年毕业于芝加哥大学，随后获得哈佛大学的硕士学位和博士学位，并一直在麻省理工学院任经济学教授。他发展了数理和动态经济理论，将经济学提高到新的水平。他是当代凯恩斯主义的集大成者，经济学的最后一个通才。他是当今世界经济学界的巨匠之一，他所研究的内容十分广泛，涉及经济学的各个领域，他是世界上罕见的多能学者。萨缪尔森首次将数学分析方法引入经济学，帮助经济困境中上台的肯尼迪政府制定了著名的"肯尼迪减税方案"，并且写出了一部被数百万大学生奉为经典的教科书。

该教科书就是流传颇广的《经济学》，被翻译成日、德、意、匈、葡、俄等多种文字，据报道销售量达1 000多万册，成为许多国家和地区制定经济政策的理论根据。现在，许多国家的高等学校将《经济学》作为专业教科书。该书对经济学中的三大部分——政治经济学、部门经济学、技术经济学都有专门的论述。他的《经济学》从宏观经济学到微观经济学，从生产到消费，从经济思想史到经济制度呈现了他与前人相比的新创见。这部著作在内容、形式的安排上也可谓匠心独具，他在每一章的开头加上历代名人的警句，言简意赅地概括全章的主题，使读者不像是在啃枯燥的理论书，而是在读一部有文学色彩的史书。这一巨著的出版，为普及、推广其理论创立了良好的条件。他于1947年成为约翰·贝茨·克拉克奖的首位获得者，并于1970年获得诺贝尔经济学奖。

任务四
货币和金融——如何为经济运行添好润滑剂？

学习目标

知识目标
(1) 了解货币层次、货币流通规律和金融体系；
(2) 理解货币危机及原因。

能力目标
(1) 能识别各种金融机构；
(2) 能区分货币危机、金融危机现象，并能初步分析其原因。

思政目标
懂得中国特色社会主义货币、金融的共性与个性及优越性。

经济现象引入 ▷▷

M2 与 GDP

在改革开放以来的40多年中，我国的M2与GDP的比例一直在稳步上升（如表3.4-1所示），从1978年的30%上升到2000年的134%。其水平已位居世界前列。2000年我国的这一比例，既高于美国（50%）、日本（126%）、英国（105%）等发达国家，也高于许多新兴工业化国家，比如韩国（68%）、巴西（39%）和新加坡（121%）。2021年我国的这一比例高达208%。

表 3.4-1 中国 M2/GDP 历史数据

年 份	M2 指标值/亿元	GDP 绝对额/亿元	M2/GDP
2021 年	2 382 900	1 143 669.7	2.08
2020 年	2 186 795.89	1 013 567	2.15
2019 年	1 986 488.82	986 515.2	2.01
2018 年	1 826 744.2	919 281.1	1.98
2017 年	1 690 235.31	832 035.9	2.03
2016 年	1 550 066.67	746 395.1	2.07
2015 年	1 392 278.11	688 858.2	2.02
2014 年	1 228 374.81	643 563.1	1.9
2013 年	1 106 524.98	592 963.19	1.86

续 表

年 份	M2 指标值/亿元	GDP 绝对额/亿元	M2/GDP
2012 年	974 148.8	538 580	1.8
2011 年	851 590.9	487 940.2	1.74
2010 年	725 851.8	412 119.3	1.76
2009 年	610 224.5	348 517.7	1.75
2008 年	475 166.6	319 244.59	1.48
2007 年	403 442.21	270 092.3	1.49
2006 年	345 577.9	219 438.5	1.57
2005 年	298 755.7	187 318.9	1.59
2004 年	254 107	161 840.2	1.57
2003 年	221 222.8	137 422	1.6
2002 年	185 006.97	121 717.4	1.51
2001 年	158 301.9	110 863.1	1.42
2000 年	134 610.29	100 280.1	1.34
1999 年	119 897.9	90 564.4	1.32
1998 年	104 498.5	85 195.5	1.22

通常认为，这一指标比例反映了一国经济的金融深度。但 M2/GDP 比例的大小、趋势和原因则受到多种不同因素的影响。M2/GDP 实际衡量的是在全部经济交易中，以货币为媒介进行交易所占的比重。总体上看，它是衡量一国经济金融化的初级指标。通常来说，该比值越大，说明经济货币化的程度越高。

问：(1) M2 和 M2/GDP 的含义是什么？

(2) 中国 M2 与 GDP 的比例为什么位居世界前列？

经济知识学习 ▷▷

一、货币与货币流通

(一) 货币

1. 什么是货币

货币是一种被人们所接受的，用作交换媒介、计价单位和具有价值储藏作用的商品或者法定的凭据。货币的本质是充当一般等价物的商品。货币是商品，它和一般商品一样是实在的商品体，具有一般商品的特性；货币又是一种特殊商品，它是一切商品共同的价值表现材料，执行着一般等价物的作用。

2. 货币的职能

货币的职能是由货币的本质决定的，是货币本质的表现。在发达的商品经济中，货币具有价值尺度、流通手段、贮藏手段、支付手段和世界货币五种职能。

（1）价值尺度：价值尺度是货币表现、衡量、计算商品价值的尺度。货币能够充当价值尺度，是因为货币本身也是商品，具有价值。货币在执行此职能时，只是观念的货币。

（2）流通手段：货币的流通手段是指货币充当商品交换媒介的职能。货币执行流通手段的职能，必须是现实的货币，但可以是不足值的货币。

（3）贮藏手段：贮藏手段是指货币退出流通领域当作独立的价值形式和社会财富贮藏起来的职能。执行贮藏手段职能的货币，既不能是观念上的货币，也不能是价值符号，而必须是足值的金属货币。

（4）支付手段：货币的支付手段是指货币用来清偿债务或支付赋税、租金、利息、工资等的职能。支付手段是随着商品交换过程中赊账买卖的出现而产生的。货币用作偿还赊购欠款时，就执行支付手段的职能。

（5）世界货币：世界货币是指货币在世界市场充当一般等价物的职能，是在前几个职能的基础之上发展起来的。当商品流通越出国界产生国际贸易关系后，货币便在世界经济关系中发挥作用。

3. 货币的形式

（1）货币由实物货币向金属货币的演化：在简单物物交换时期，贝壳、食盐等实物都曾充当过货币的角色，之后随着扩大的物物交换和一般商品交换形式的逐步出现，出现了金属货币（主要是金银），并且固定地充当了一般等价物。

（2）货币由金属货币向纸币的演化：金属货币向纸币的演化是由货币形式的内在矛盾决定的，与货币的价值尺度和流通手段的职能也是分不开的。从货币的价值尺度的职能来看，商品价值观念地表现在一个金量上，这个金量则由纸象征地可感觉地体现出来。纸币只有代表金量，才成为价值符号；从货币的流通手段的职能来看，在货币不断转手的过程中，单有货币的象征存在就够了。

（3）信用货币：信用货币是指代替金属货币充当支付手段和流通手段的信用证券，主要包括以下几种。

① 由银行信用产生的各种信用凭证，如支票、汇票、期票、存款货币等。

② 银行券。银行券是信用货币的主要形式，它是由发行银行发行的用以代替商业票据的银行票据。现代国家的主要货币形式是由一个国家的中央银行垄断发行的不能兑现的信用货币。

③ 存款货币。存款货币是指能够发挥货币作用的银行存款，主要是指活期存款。

④ 电子货币。电子货币是指应用电子计算机进行存储、转账、购买和支付。

⑤ 其他信用货币。例如各种信用卡、贮值卡、电子钱包等。

（二）货币流通

1. 货币层次

随着信用制度的产生和发展，货币范围不断扩展，出现了 M_0、M_1、M_2、M_3、M_4……边界不同的货币层次。

M_0＝现金（纸币和硬币）

$M_1＝M_0$＋所有金融机构的活期款

$M_2＝M_1$＋商业银行的定期存款和储蓄存款

$M_3＝M_2$＋其他金融机构的定期存款和储蓄存款

$M_4＝M_3$＋其他短期流动资产（如国库券、商业票据、短期公司债券、人寿保单等）

通常把 M_0 和 M_1 称为狭义货币，即主要是为交易目的而持有的货币。狭义货币作为现实经济活动中购买能力或支付能力的载体，体现着货币作为交换媒介的作用，直接影响着社会的货币供给量，对整个宏观经济运行具有很大的影响。

通常把 M_2、M_3、M_4……称为广义货币，是对货币外延的扩大。广义货币与狭义货币的差别主要体现在流动性的程度上，随着货币层次的提高，其流动性呈递减态势。在一定条件下，广义货币可以转化为狭义货币。

2. 货币乘数

（1）货币乘数：货币乘数是指中央银行创造或消灭一单位的基础货币能使货币供应量增加或减少的数量。

（2）货币乘数的公式：货币乘数是货币供给量对基础货币的倍数，用公式表示为

$$m＝\Delta M_s/\Delta B$$

式中，m 为货币乘数，ΔB 表示基础货币的改变量，ΔM_s 代表货币供给量的改变量。货币乘数的大小取决于存款机构必须保留的存款准备比率和储备资产的变动规模。

（3）决定货币乘数的因素：决定货币乘数的因素有现金比率、法定准备金率、超额准备金率、定期存款与活期存款间的比率。

① 现金比率：现金比率是指流通中现金与活期存款（支票存款）之间的比率。该比率上升，使存款多倍扩张的总体水平下降，货币乘数就下降，货币供应量随之下降。

② 法定准备金率：法定准备金率是指中央银行为保护存款人和商业银行本身的安全，控制或影响商业银行的信用扩张，以法律形式所规定的商业银行及其他金融机构提取的存款准备金的最低比率。若中央银行提高活期存款的法定准备金率，商业银行将减少贷款，使存款多倍扩张的倍数下降，从而使货币乘数和货币供应量下降。反之则上升。

③ 超额准备金率：若商业银行提高超额准备金率，其贷款减少，亦使存款多倍扩张的倍数下降，使货币乘数和货币供应量下降。

④ 定期存款与活期存款间的比率：若公众增加定期存款与活期存款间的比率，使得商业银行可贷放款量减小，存款多倍扩张的总体水平下降，货币乘数就下降，货币供应量随之下降。

3. 货币流通规律

（1）货币流通与商品流通

货币流通是指货币表现为一个不断重复的、不断地作为购买手段在买者和卖者之间交换位置的运动。

商品流通是指以货币为媒介的连续不断的商品交换。

商品流通是货币流通的基础，货币流通是商品流通的表现；货币流通规律即货币流通同商品流通相适应的规律。

(2) 货币流通规律

货币流通规律的基本内容是：流通中的货币量必须满足商品流通的需要。货币作为流通手段，其数量是由流通中全部商品价格总额和同一货币单位的平均流通速度两个因素决定的。用公式表示为

$$\text{一定时间内流通中需要的货币量} = \frac{\text{流通中全部商品价格总额}}{\text{同一货币单位的平均流通速度（次数）}}$$

如果考虑支付手段职能，一方面，货币的使用不仅有商品买卖，还有清偿债务、支付工资以及交纳税款等；另一方面，在商品买卖过程中，不必都通过动用货币，由于随着商业信用的发展，在不少情况下，商品买卖采取赊购和各当事人债权、债务相抵消的办法。这样，货币流通量公式应修正为

$$\text{一定时期内流通中需要的货币量} = \frac{\text{流通中商品价格总额} - \text{赊售商品价格总额} + \text{到期支付总额} - \text{互相抵消支付总额}}{\text{同一货币单位的平均流通速度（次数）}}$$

(3) 纸币下的货币流通规律

当纸币代替金属货币时，货币流通规律仍然存在并发挥作用，但其实现形式有了变化。货币流通规律对纸币流通的制约作用在于：纸币的发行只限于它象征性地代表的金（或银）的实际流通的数量。单位纸币所代表的货币金属量是

$$\text{单位纸币所代表的货币金属量} = \frac{\text{流通中所必要的货币金属量}}{\text{流通中的纸币总额}}$$

二、银行

（一）什么是银行

银行是通过存款、贷款、汇兑、储蓄等业务，承担信用中介的金融机构。银行是金融机构之一，而且是最主要的金融机构，它主要的业务范围有吸收公众存款、发放贷款以及办理票据贴现等。

（二）银行的产生发展

银行一词，源于意大利 banca，其原意是长凳、椅子，是最早的市场上货币兑换商的营业用具。英语转化为 bank，意为存钱的柜子。在我国，之所以有"银行"之称，则与我国经济发展的历史相关。在我国历史上，白银一直是主要的货币材料之一。"银"往往代表的就是货币，而"行"则是对大商业机构的称谓。

银行是商品货币经济发展到一定阶段的产物。它的产生大体上分为三个阶段。第一阶段：出现了货币兑换业和兑换商。第二阶段：增加了货币保管和收付业务，即由货币兑换业演变成货币经营业。第三阶段：兼营货币保管、收付、结算、放贷等业务，这时货币兑换业便发展为银行业。

公元前 2000 年的巴比伦寺庙、公元前 500 年的希腊寺庙，都已经有了经营保管金银、收付利息、发放贷款的机构。

近代最早的银行是 1580 年建于意大利的威尼斯银行。此后，1593 年在米兰、1609 年

在阿姆斯特丹、1621年在纽伦堡、1629年在汉堡以及其他城市也相继建立了银行。当时这些银行主要的放款对象是政府,并带有高利贷性质,因而不能适应资本主义工商业发展的要求。

最早出现的按资本主义原则组织起来的股份银行是1694年成立的英格兰银行。到18世纪末19世纪初,规模巨大的股份银行纷纷建立,成为资本主义银行的主要形式。

随着信用经济的进一步发展和国家对社会经济生活干预的不断加强,又产生了建立中央银行的客观要求。1844年改组后的英格兰银行可视为资本主义国家中央银行的鼻祖。到19世纪后半期,西方各国都相继设立了中央银行。

20世纪以来,随着国际贸易和国际金融的迅速发展,在世界各地陆续建立起一批世界性的或地区性的银行组织,如1930年成立的国际清算银行、1945年成立的国际复兴开发银行(即世界银行)、1956年成立的国际金融公司、1964年成立的非洲开发银行、1966年成立的亚洲开发银行等,银行在跨越国界和更广泛的领域里发挥作用。

(三)银行分类

(1)中央银行:如中国人民银行(The People's Bank of China,PBC)、美联储、英格兰银行。

(2)监管机构:如银行业监督管理委员会(China Banking Regulatory Commission,CBRC),简称银监会。

(3)自律组织:如中国银行业协会(China Banking Association,CBA)。

(4)银行业金融机构:包括政策性银行(中国国家开发银行、中国进出口银行、中国农业发展银行)、大型商业银行、全国性股份制中小型商业银行(招商、中信、浦发、民生、兴业、光大、华夏、广发、深发、浙商、渤海、晋商、恒丰)、城市商业银行、农村金融机构(信用社)、中国邮政储蓄银行、外资银行等。

(四)商业银行作用与基本职能

银行是经营货币的企业,它的存在方便了社会资金的筹措与融通,它是金融机构里非常重要的一员。一方面,它以吸收存款的方式,把社会上闲置的货币资金和小额货币节余集中起来,然后以贷款的形式借给需要补充货币的人去使用。在这里,银行充当贷款人和借款人的中介。另一方面,银行为商品生产者和商人办理货币的收付、结算等业务,它又充当支付中介。总之,银行起信用中介作用。

商业银行的基本职能包括:信用中介、支付中介、信用创造、金融服务。

三、金融体系、金融中介与金融市场

(一)金融体系

1. 什么是金融体系

从一般性意义上看,金融体系是一个经济体中资金流动的基本框架,它是资金流动的工具(金融资产)、市场参与者(中介机构)和交易方式等各金融要素构成的综合体。

2. 金融体系的组成部分

金融体系主要由如下三个部分组成：

（1）金融部门（各种金融机构、市场，它们为经济中的非金融部门提供金融服务）；

（2）融资模式与公司治理（居民、企业、政府的融资行为以及基本融资工具，协调公司参与者各方利益的组织框架）；

（3）监管体制。

3. 我国金融机构体系框架

（1）中央银行。中国人民银行是我国的中央银行，1948年12月1日成立。在国务院领导下，制定和执行货币政策，防范和化解金融风险，维护金融稳定，提供金融服务，加强外汇管理，支持地方经济发展。

（2）金融监管机构。我国的金融监管机构主要有：中国银行业监督管理委员会，简称中国银监会，2003年4月成立，主要承担由中国人民银行划转出来的银行业的监管职能等，统一监督管理银行业金融机构及信托投资公司等其他金融机构；中国证券监督管理委员会，简称中国证监会，1992年10月成立，依法对证券、期货业实施监督管理；中国保险监督管理委员会，简称中国保监会，1998年11月设立，负责全国商业保险市场的监督管理。按照我国现有法律和有关制度规定，中国人民银行保留部分金融监管职能。

（3）国家外汇管理局。成立于1979年3月13日，当时由中国人民银行代管；1993年4月，根据八届人大一次会议批准的国务院机构改革方案和《国务院关于部委管理的国家局设置及其有关问题的通知》，国家外汇管理局为中国人民银行管理的国家局，是依法进行外汇管理的行政机构。

（4）国有重点金融机构监事会。监事会由国务院派出，对国务院负责，代表国家对国有重点金融机构的资产质量及国有资产的保值增值状况实施监督。

（5）政策性金融机构。政策性金融机构由政府发起并出资成立，为贯彻和配合政府特定的经济政策和意图而进行融资和信用活动的机构。我国的政策性金融机构包括三家政策性银行：国家开发银行、中国进出口银行和中国农业发展银行。政策性银行不以营利为目的，其业务的开展受国家经济政策的约束并接受中国人民银行的业务指导。

（6）商业性金融机构。我国的商业性金融机构包括银行业金融机构、证券机构和保险机构三大类。

银行业金融机构包括商业银行、信用合作机构和非银行金融机构。商业银行是指以吸收存款、发放贷款和从事中间业务为主的营利性机构，主要包括国有商业银行（中国工商银行、中国农业银行、中国银行、中国建设银行）、股份制商业银行（交通银行、中信实业银行、中国光大银行、华夏银行、中国民生银行、广东发展银行、深圳发展银行、招商银行、兴业银行、上海浦东发展银行、恒丰银行等）、城市商业银行、农村商业银行以及住房储蓄银行、外资银行和中外合资银行。信用合作机构包括城市信用社及农村信用社。非银行金融机构主要包括金融资产管理公司、信托投资公司、财务公司、租赁公司等。

证券机构是指为证券市场参与者（融资者、投资者）提供中介服务的机构，包括证券公司、证券交易所、证券登记结算公司、证券投资咨询公司、基金管理公司等。这里所说的证券主要是指经政府有关部门批准发行和流通的股票、债券、投资基金、存托凭证等有价凭证，通过证券这种载体形式进行直接融资可以达到投资和融资的有机结合，也可以有效节约融资费用。

保险机构是指专门经营保险业务的机构，包括国有保险公司、股份制保险公司和在华从事保险业务的外资保险分公司及中外合资保险公司。

4. 金融体系的功能

（1）清算和支付功能，即金融体系提供了便利商品、劳务和资产交易的清算支付手段；

（2）融通资金和股权细化功能，即金融体系通过提供各种机制，汇聚资金并导向大规模的无法分割的投资项目；

（3）资源配置功能，即金融体系提供了促使经济资源跨时间、地域和产业转移的方法和机制；

（4）风险管理功能，即金融体系提供了应付不测和控制风险的手段及途径；

（5）信息提供功能，即金融体系通过提供价格信号，帮助协调不同经济部门的非集中化决策；

（6）激励功能，即金融体系解决了在金融交易双方拥有不对称信息及委托代理行为中的激励问题。

（二）金融中介

1. 什么是金融中介

金融中介是指在金融市场上资金融通过程中，在资金供求者之间起媒介或桥梁作用的人或机构。

2. 金融中介机构的分类

金融中介一般由银行金融中介及非银行金融中介构成，具体包括商业银行、证券公司、保险公司以及信息咨询服务机构等中介机构。

3. 金融中介的功能

（1）金融中介实现了资金流与物流、信息流的高效整合与匹配。

（2）金融中介使资源配置效率化。

（3）金融中介的交易费用节约功能。

（4）金融中介发展推动了企业组织的合理发展。

（三）金融市场

1. 什么是金融市场

金融市场是指资金供应者和资金需求者双方通过信用工具进行交易而融通资金的市场，广而言之，是实现货币借贷和资金融通、办理各种票据和有价证券交易活动的市场。

2. 金融市场的构成及特征

金融市场包括货币市场、资本市场、外汇市场和黄金市场。

与其他市场相比，金融市场具有自己的特征：第一，金融市场是以资金为交易对象的市场。第二，金融市场交易之间不是单纯的买卖关系，更主要的是借贷关系，体现了资金所有权和使用权相分离的原则。第三，金融市场可以是有形市场，也可以是无形市场。

3. 金融市场的功能

（1）金融市场能够迅速有效地引导资金合理流动，提高资金配置效率。

（2）金融市场具有定价功能，金融市场价格的波动和变化是经济活动的晴雨表。

（3）金融市场为金融管理部门进行金融间接调控提供了条件。

（4）金融市场的发展可以促进金融工具的创新。

（5）金融市场帮助实现风险分散和风险转移。

（6）金融市场可以降低交易的搜寻成本和信息成本。

四、货币危机

（一）什么是货币危机

货币危机概念有狭义、广义之分。狭义的货币危机与特定的汇率制度（通常是固定货币危机汇率制）相对应，其含义是，实行固定汇率制的国家，在非常被动的情况下（如在经济基本面恶化的情况下，或者在遭遇强大的投机攻击的情况下），对本国的汇率制度进行调整，转而实行浮动汇率制，而由市场决定的汇率水平远远高于原先所刻意维护的水平（官方汇率），这种汇率变动的影响难以控制、难以容忍，这一现象就是货币危机。广义的货币危机泛指汇率的变动幅度超出了一国可承受的范围这一现象。

（二）导致货币危机的主要原因

1. 汇率政策不当

固定汇率制名义上可以降低汇率波动的不确定性，但是自20世纪90年代以来，货币危机常常发生在那些实行固定汇率的国家。正因如此，近年来越来越多的国家放弃了曾经实施的固定汇率制，比如巴西、哥伦比亚、韩国、俄罗斯、泰国和土耳其等。然而，这些国家大多是由于金融危机的爆发而被迫放弃固定汇率，汇率的调整往往伴随着自信心的丧失、金融系统的恶化、经济增长的放慢以及政局的动荡。也有一些国家从固定汇率制成功转轨到浮动汇率制，如波兰、以色列、智利和新加坡等。

2. 外汇储备不足

由于汇率政策不当，长期锁定某一主要货币将导致本币币值高估，竞争力降低。货币危机发生前夕，往往出现经常项目顺差持续减少，甚至出现巨额逆差。当国外投资者意识到投资国"资不抵债"（外汇储备不足以偿还所欠外债）时，清偿危机会随之出现。在其他众多不稳定因素诱导下，极易引发撤资行为，从而导致货币危机。拉美等地发生的货币危机主要是由于经常项目逆差导致外汇储备减少而无法偿还对外债务造成的。例如，阿根廷公共债务总额占国内生产总值的比重2001年年底为54%，受比索贬值的影响，2002年年底已上升到123%。2003年阿根廷需要偿还债务本息达296.14亿美元，相当于中央银行持有的外汇储备的2.9倍。

3. 银行系统脆弱

在许多发展中国家，银行收入过分集中于债款收益，但又缺乏对风险的预测能力。资本不足而又没有受到严格监管的银行向国外大肆借取贷款，再贷给国内成问题的项目，由于币种不相配（银行借的往往是美元，贷出去的通常是本币）和期限不相配（银行借的通常是短期资金，贷出的往往是历时数年的建设项目），因此累积的呆坏账越来越多。例如，东亚金融危机爆发前 5～10 年，马来西亚、印度尼西亚、菲律宾和泰国信贷市场的年增长率为 20%～30%，远远超过了工商业的增长速度，也超过了储蓄的增长，从而迫使许多银行向国外举债。由此形成的经济泡沫越来越大，银行系统也就越发脆弱。

4. 金融市场开放过快

金融市场开放会引发大规模资本流入，在固定汇率制下导致实际汇率升值，极易扭曲国内经济；而当国际或国内经济出现风吹草动时，则会在短期内引起大规模资本外逃，导致货币急剧贬值，由此不可避免地爆发货币危机。在转型经济国家中，捷克本是一个较为成功的范例。1992 年年底，捷克经济出现复苏迹象，物价稳定，财政盈余，外国直接投资增加，国际收支状况良好。然而，为加入经合组织，捷克加快了资本项目开放步伐。1995 年 10 月生效的新《外汇法》规定了在经常项目下的完全可兑换和在资本项目下的部分可兑换，接受了国际货币基金组织第八条款义务。由于银行体系脆弱和有效监管缺乏，1997 年年底大量短期外资外流，最终引爆了货币与金融危机。

5. 外债负担沉重

泰国、阿根廷以及俄罗斯的货币危机，就与所欠外债规模巨大且结构不合理紧密相关。例如，俄罗斯 1991—1997 年共吸入外资 237.5 亿美元，但在外资总额中，直接投资只占 30% 左右，短期资本投资约 70%。由于俄罗斯金融市场的建构和发展一直是以债市为中心，债市的主体又是自 1993 年后由财政部发行的期限在 1 年以内的短期国债（80% 是 3～4 个月），这种投资的短期性和高度的对外开放性，使俄罗斯债市的稳定性弱，因而每每成为市场动荡的起源。在危机爆发的 1997 年 10 月，在俄罗斯的金融市场，外资已掌握了股市交易的 60%～70%，国债交易的 30%～40%。1998 年 7 月中旬以后，最终使俄罗斯财政部发布"8.17 联合声明"，宣布"停止 1999 年年底前到期国债的交易和偿付"，债市的实际崩溃，迅即掀起股市的抛售狂潮，从债市、股市撤离的资金纷纷涌向汇市，造成外汇供求关系的严重失衡，直接引发卢布危机。

6. 财政赤字严重

在发生货币危机的国家中，或多或少都存在财政赤字问题，赤字越庞大，发生货币危机的可能性也就越大。财政危机直接引发债市崩溃，进而导致货币危机。

7. 政府信任危机

墨西哥比索危机很大一部分归咎于其政治上的脆弱性，1994 年总统候选人被暗杀和恰帕斯州的动乱，使墨西哥社会经济处于动荡之中。新政府上台后在经济政策上的犹豫不决，使外国投资者认为墨西哥可能不会认真对待其政府开支与国际收支问题，这样信任危机引起金融危机。加剧东南亚国家金融危机的一个重要原因是政治腐败，"裙带资本主义"不断滋生"内部交易"，长此以往，造成外国投资者和民众对东南亚国家的政府产生严重的信任危机。1998 年 5—6 月间的俄罗斯金融危机的主要诱因也是俄罗斯国内的信任危机。

8. 经济基础薄弱

产业结构的严重缺陷是造成许多国家经济危机的原因之一。例如，阿根廷一直存在着严重的结构性问题。20 世纪 90 年代虽实行了新自由主义改革，但产业结构调整滞后，农牧产品的出口占总出口的 60%，而制造业出口只占 10% 左右。在国际市场初级产品价格走低及一些国家增加对阿根廷农产品壁垒之后，阿根廷丧失了竞争优势，出口受挫。再如，东南亚金融危机前夕，泰国、印尼等国产业长期停留在劳动密集的加工制造业，在中国大陆与东欧转型国家的竞争下，逐渐失去原有的价格优势，出口不断下降，外汇收入持续减少。俄罗斯危机也是因为产业结构存在严重问题，经济复苏与出口创汇过多依赖石油生产与外销，国际油价下跌，外汇收入减少，还债能力被大大削弱。

9. 危机跨国传播

由于贸易自由化、区域一体化，特别是资本跨国流动的便利化，一国发生货币风潮极易引起邻近国家的金融市场发生动荡，这在新兴市场尤为明显。泰国之于东亚，俄罗斯之于东欧，墨西哥、巴西之于拉美等反复印证了这一"多米诺骨牌效应"。尽管危机通常只在一个新兴市场出现，但是惊惶而失去理智的投资者往往将资金从所有新兴市场撤出。这是因为：一方面，投资者担心其他投资者会抛售证券，如果不捷足先登必将最终殃及自己，因此投资者做出抛售决定是理智的选择；另一方面，如果投资者在一国资产（如俄罗斯债券）上出现亏空，他们会通过在其他新兴市场出售类似的资产（比如巴西债券）弥补整个资产的亏损。这对于单个投资者来说是完全正常的。然而，从整体上看，众多投资者撤资会造成一种不理智的结果，势必将相关国家置于金融危机的险境。

10. 基金组织政策不当

国际货币基金组织（IMF）的存在造成或者至少是加剧了金融危机。20 世纪八九十年代，IMF 等国际金融机构依据与美国财政部达成的"华盛顿共识"，向遭受危机、等待救援的国家硬性推出"财政紧缩、私有化、自由市场和自由贸易"三大政策建议。原世界银行的首席经济学家、诺贝尔经济学奖获得者约瑟夫·斯蒂格利茨，著名经济学家、"休克疗法"的创始人、哈佛大学教授杰弗里·萨克斯等人，猛烈抨击 IMF 的"华盛顿共识"，认为 IMF 造成的问题比解决的问题多，该组织迫使受危机打击的国家提高利率，从而加深了衰退，使情况变得更加严重。由此导致一些国家的经济崩溃和社会动荡。"华盛顿共识"倡导的是一个"各国政府被跨国公司和金融集团的决定压倒"的经济全球化进程。对 IMF 更深刻的批评涉及 IMF 的救援行动会引起道德风险，即对陷入危机国家的救助，会引起投资者和一些国家不理智的行为，因为他们相信在遇到麻烦时总会得到国际救助。

（三）货币危机的风险防范

1. 适时调整汇率

建立与本国经济发展状况相适应的汇率制度。经济学家们越来越倾向：发展中国家应确立起相对稳定、适时调整的汇率制度。相对稳定便于贸易与投资，减少相关汇率风险。适时调整是要避免币值高估或低估，以免给货币投机留下可乘之机。有条件的经济大国应当使汇率更加灵活，以减少国际金融市场的动荡对国内金融市场与当局货币政策的影响。问题的关键是，在实施某一种汇率制度的过程中，必须采取相应配套措施，以便使该汇率制度在适宜的环境中运行。欧洲货币体系在 1979—1983 年，每 7 个月调整一次。1983—

1987年，每18个月调整一次。而在1987—1992年这段时期，没有做过任何汇率调整。1993年7—8月汇率机制出现第二次危机，迫使欧共体在1993年8月1日决定，允许成员国之间的汇率对中心汇率的波动幅度由原来的2.25%扩大到15%（德国马克和荷兰盾除外），直到2020年都很少调整。一般来说，货币贬值在短期内可以带来好处，但会延缓产业结构的升级，因此从长期来看，不利于一国竞争力的提高。新加坡根据市场供求，通过有步骤地推进货币升值政策，不断实现产业升级，从而增强长期竞争力。

2. 适度储备规模

就货币危机国家（地区）来看，货币危机的最终生成与当局外汇储备不足紧密相关，而新加坡、中国香港等能成功击退投机者的攻击，最后主要依靠的是雄厚的外汇储备。但是，外汇储备并非越多越好。外汇储备迅速增加，会改变该国基础货币的投放结构，削弱央行对货币供应量的控制，增大本币的升值压力；同时，在国际储备货币币值剧烈变动之下，随着外汇储备的增加，维护外汇储备安全的成本就越来越大。因此，应根据一国的进口、外债以及干预市场等支付需要，确定适度的外汇储备规模。

3. 健全金融体制

健全的金融体制要依靠企业具备充分的财务管理能力，良好的财务结构，使资产与负债的比率保持合理的水平；具有足够的风险管理能力和竞争能力的金融机构；符合国际标准的会计制度、信息公开制度；建立在市场竞争机制基础上的银企关系；有效监督机构尤其是独立的中央银行，以避免因为政治需要而影响央行的正确决策。金融体系是构筑在信用基础之上的，信用的丧失会动摇金融稳定的基础。为降低东亚金融危机的冲击，新加坡迅速采取的对策是提高对金融体系的信任，增加金融机构经营的透明度，积极放宽对金融市场限制，下调最低现金比率等，提高银行部门竞争力。

4. 谨慎开放市场

根据国际经验，实现资本项目可兑换，需要较长的准备时间，即便如法国、意大利、日本等发达国家，也是在实现经常项目可兑换的20多年之后，才完全取消资本项目的管制。放宽对资本账户的限制应当有序实施，首先放宽对长期资本流入的限制，然后随着银行和其他金融机构管理能力的增强，再逐步放宽对短期资本流入的限制。墨西哥与泰国的教训表明：急于求成将导致灾难性的货币危机，发展中国家全面开放金融市场时，至少应具备以下条件：比较成熟的国内市场；比较完善的法规制度；熟练的专业技术人员；比较丰富的管理经验；有效的政府管理机构和灵活机动的应变机制；与金融开放相适应的市场经济体制和发展规划；一定的经济实力，包括适宜的增长速度，足够的国际储备，充分的支付能力，有效的融通手段和能力等。

5. 有效控制利用外资

有效控制短期资本流入是有效措施之一。在新兴市场中，智利对控制短期资本流入堪称典范，主要措施有：外资的投资期限不得少于一年；对数额超过10万美元时，要求缴存10%的无偿准备金（实际类似于"托宾税"）；外资在智利的投资，需将引入资金的30%存入央行一年，且不计利息；对国内公司在海外发行债券，要求平均期限不得短于4年；国内银行的外汇敞口不大于银行资本与准备金的20%等。

6. 控制举借外债

在全球化时代，积极地举借外债已成为发展中国家决策者的一个明智选择。然而，过度依赖外资是引发新兴市场货币危机的重要原因。因此，外资在国内总投资所占比重要适度，利用外资要与国家的对外支付手段和融资能力相适应。

7. 稳健财政体制

阿根廷、俄罗斯等国的货币危机表明，庞大的财政赤字同样具有极大的危害性，这是因为：其一，由于央行缺乏独立性，政府通过行政力量直接向银行举债，这不仅影响了银行的稳健经营，而且易于引发通货膨胀；其二，由于政府的巨额资金需求，导致市场利率上扬，私人部门筹措资金的成本居高不下；其三，政府为增加财政收入而向企业征收五花八门的税收，增加企业负担。严重财政赤字的危害被越来越多的国家所重视，最突出的要算是不断扩展与深化的欧洲货币联盟，欧盟的《稳定与增长公约》规定，凡是准备或业已加入欧元的国家，其年度财政赤字不得超过其GDP的3%。欧盟的这一硬性标准被经济学家们普遍用来衡量一国经济与金融安全的警戒线。

8. 保持区域金融稳定

全球化下金融危机爆发的一个重要特征是区域性，一国发生货币危机，邻近国家非常容易遭受池鱼之殃。欧洲货币危机、东南亚金融危机以及新近的"南方共同市场"发生的危机等都是如此。相反，欧洲货币危机、墨西哥比索危机之所以能够很快得以平息，是因为德国与美国这两大经济强国起着重要的稳定作用。

9. 建立风险转移机制

其一，建立存款保险制度。西方国家普遍建立的存款保险制度，为稳定金融体系提供一道安全屏障。泡沫经济破灭后本是十分虚弱的日本金融机构，经过东亚金融危机的冲击已是岌岌可危。日本政府通过向存款保险公司提供特别融资，有效遏制了危机在国内的蔓延和肆虐，避免了对社会和经济造成更大的冲击。其二，建立不良债权的担保抵押机构，降低金融机构坏账。为应对20世纪80年代发生的金融危机，美国建立不良债权担保抵押机构，实现应收账款债券化。储蓄贷款协会通过将应收账款以适当的贴现率兑付给应收账款购买机构，或者以此为抵押发行定期可流通债券，进而置换出资金，转移了风险。其三，为降低俄罗斯金融危机的冲击，匈牙利政府做出决定：通过立法迫使银行解决坏账问题。将国有银行出售给外国战略投资商，以此吸引国家所需要的资本和专业技能。波兰政府则设法让银行建立起负责尽可能收回坏账的特殊部门。

10. 夯实经济政治基础

货币是一个国家综合国力的象征，无严重政党纷争、廉洁高效的政府、完善的社会保障体系等政治与社会稳定是实现经济稳定、持续增长的基本条件，是实现货币稳定的重要前提。其一，优化产业结构，使出口多元化，并不断提高劳动生产率，提高企业及其产品在国际市场上的竞争力。其二，促进和扩大内需。发展中国家政府不能过分依赖国外（主要是西方）消费需求的旺盛来拉动本国经济，应更多地依靠国内需求来促进经济的增长，为此要适当抑制超额储蓄，鼓励居民扩大消费，要不断增加基础设施和其他公共开支项目，健全金融体制，使居民储蓄有效转化为国内投资，促进经济增长。与此同时，要防止持续大规模投资引起经济过热，产生经济泡沫。其三，确保政治与社会稳定。

理论应用分析 ▷▷

案例：

包头商业银行的破产及风险防范

2021年8月6日，人民银行发布了《2020年第二季度中国货币政策执行报告》，以专栏的形式回顾了包头商业银行风险处置的过程，根据前期包商银行严重资不抵债的清产核资结果，下一步包商银行将被提起破产申请，对原股东的股权和未予保障的债权进行依法清算。

包商银行最终走上破产清算这条路的主要原因在于，虽然在形式上具有公司治理框架，但是公司的三会被"大股东控制"和"内部人控制"，公司治理机制基本失灵。一项重要事实是包商银行大股东明天集团，介入包商银行经营操作，违法违规占用了大量资金，逾期并长期难以归还，导致包商银行出现严重的信用危机。

包商银行为了补足资本，发行了大量的二级资本工具，但二级资本债市场有需求不足、流动性偏弱的特征。"2015包行二级债"就是典型的为了补足资本发行的二级资本工具。在2017年度以前，包商银行资本充足率虽然达到了监管指标要求，但也因此付出了代价，形成了不合理的资本结构，持有大量流动性较低的二级债券，大大降低了其资产质量。

包商银行业务部门大量通过虚列开支以及虚开发票列支所谓的咨询费、招待费、会议费、评估费等套取包商银行资金。"费用薪酬化"几乎成了包商银行的潜规则。包商银行在各分行监管机制的构建不合理，导致银监会屡次对其进行违规罚款，内部人员违规操作造成银行自身承担营业外损失，也产生了负面社会影响，造成一定声誉风险。同时，由于缺乏制衡机制和有效监督，管理层与明天集团等股东内外勾结，套取了巨额资金，并以成立中微小集团公司、本行工会注册企业和发展战略客户等关联交易的途径恶意套取信贷资金。至接管前，通过"绿色通道"和"特事特办"审批的关联方贷款，不良贷款率高达98%，而造成不良贷款的大多数关联交易都未通过董事会决议审批。

问：作为银行本身和储户，应当如何防范破产风险？

综合能力训练 ▷▷

案例分析一：

泰国金融危机

1997年2月初，国际投资机构掀起抛售泰铢风潮，引起泰铢汇率大幅度波动。自1997年2月开始国际投资机构向泰国银行借入高达150亿美元的数月期限的远期泰铢合约，而后于现汇市场大规模抛售，使泰铢汇率波动的压力加大，引起泰国金融市场动荡。泰国央行为捍卫泰铢地位，仅在1997年2月份就动用了20亿美元的外汇储备，才初步平息。3月4日,泰国央行要求流动资金出现问题的9家财务公司和1家住房贷款公司增加资本金82.5亿铢(合3.17亿美元),并要求银行等金融机构将坏账准备金的比率从100%提高到115%～120%,此举令金融系统的备付金增加了500亿铢(合19.4亿美元)。泰国央行此举旨在加强金融体系稳定性并增强人们对金融市场的信心,然而不但未能起到应有的稳定作用,反而使社会公众对金融机构的信心下降,从而发生挤提。仅3月5日、6日两天,投资者就从10家出现问题的财务公司提走近150亿泰铢(约合5.77亿美元)。与此同时,投资者大量抛售银行与财务公司的股票,结果造成泰国股市连续下跌,汇市也出现下跌压力。在泰国央行的大力干预下,泰国股市和汇市暂时稳定下来。进入5月份,国际投资机构对泰铢的炒卖活动更趋猛烈。5月7日,货币投机者通过经营离岸业务的外国银行,悄悄建立了即期和远期外汇交易的头寸。从5月8日起,以从泰国本地银行借入泰国铢,在即期和远期市场大量卖泰铢的形式,在市场突然发难,沽空泰铢,造成泰铢即期汇价的急剧下跌,多次突破泰国央行规定的汇率浮动限制,引起市场恐慌。本地银行和企业及外国银行纷纷入市,即期抛售泰铢,抢购美元或叙作泰铢对美元的远期保值交易,导致泰国金融市场进一步恶化,泰铢一度兑美元贬至26.94∶1的水平。面对这次冲击,泰国央行加大对金融市场的干预力度,动用约50亿美元的外汇进行干预,并取得日本、新加坡、中国香港、马来西亚、菲律宾、印度尼西亚等国家和地区中央银行不同形式的支持。同时,泰国央行又将离岸拆借利率提高到1 000%,令投机泰铢成本倒增,又禁止泰国银行向外借出泰铢。在一系列措施的干预下,泰铢汇率回稳,泰国央行又暂时控制了局面。6月中下旬,泰国财政部长辞职,又引发金融界对泰铢可能贬值的揣测,引起泰铢汇率猛跌至1美元兑28泰铢左右。泰国股市也从年初的1 200点跌至461.32点,达到8年来的最低点,金融市场一片混乱。7月2日,泰国央行突然宣布放弃已坚持14年的泰铢盯住美元的汇率政策,实行有管理的浮动汇率制。同时,央行还宣布将利率从10.5%提高到12.5%。泰铢当日闻声下跌17%,创下新低,泰国金融危机就此爆发。泰铢贬值引发的金融危机沉重地打击了泰国的经济,造成泰国物价不断上涨,利率居高不下,企业外债增加,流动资金紧张,经营困难,股市大跌,经济衰退。

问:(1)金融危机与货币危机应该怎样区分?
(2)泰国爆发金融危机的原因是什么?

案例分析二:

美国金融危机(2007—2009年)

美国自次级房屋信贷危机爆发后,投资者开始对按揭证券的价值失去信心,引发流动性危机。即使多国中央银行多次向金融市场注入巨额资金,也无法阻止这场金融危机的爆发。直到2008年9月9日,这场金融危机开始失控,并导致多家大型金融机构倒闭或被政府接管。概况如下:2007年8月9日爆发流动性危机;2007年10月9日道琼斯工业平均指数创历史新高14 164点;2008年环球股灾;贝尔斯登被接管;美联储接管房利美和房贷美;2008年9月流动性危机;美国国际集团陷入财困;美林证券被美国银行收购;雷曼兄弟申请破产保护;华盛顿互惠宣布破产,被美联储接管后售予摩根大通;

Wachovia 的存款业务可能被花旗银行收购，但富国银行也有意并购；2008 年经济稳定紧急法案；美国宣布 7 000 亿美元救市计划的前半段 2 900 亿美元救助金融业不理想，后续改为救助消费者，等于宣示经济衰退已经从短期风暴变成长期抗战；布什总统宣布以 134 亿美元紧急纾困濒临倒闭的通用、福特、克莱斯勒三大车厂。美国总统奥巴马于 2009 年 2 月 18 日签署通过 7 870 亿美元振兴经济方案，即日起正式生效，借由减税、扩大公共建设与社会福利，补助地方政府等措施，来振兴经济，并期望未来 2 年创造 350 万个工作机会。美国克莱斯勒汽车 4 月 30 日宣告申请破产保护，意大利菲亚特汽车将合并重整克莱斯勒。美国通用汽车公司 6 月 1 日向曼哈顿区法庭宣告申请破产保护并组织重整，并由美国和加拿大两国政府接管，宣布再裁员 1 万人。

问：美国金融危机的原因是什么？

阅读资料 ▷▷

罗伯特·蒙代尔（1999 年诺贝尔经济学获奖者）

1. 蒙代尔的个人生平

蒙代尔出生于 1932 年，曾就读于英属哥伦比亚大学和伦敦经济学院，23 岁时以关于国际资本流动的论文从 MIT（麻省理工学院）得到哲学博士学位。

1956—1957 年在芝加哥大学做政治经济学博士后研究。

在 1961 年任职于国际货币基金组织（IMF）前曾在斯坦福大学和约翰霍普金斯大学高级国际研究院 Bologna（意大利）中心任教。

1966—1971 年，他担任芝加哥大学的经济学教授和《政治经济期刊》的编辑，他还担任瑞士日内瓦的国际研究生院的国际经济学暑期教授。

1965 年、1974 年、1998 年和 2000 年他先后在普林斯顿大学、剑桥大学等著名学府讲学。

1974 年他受聘美国纽约哥伦比亚大学。

蒙代尔一直担任联合国、国际货币基金组织、世界银行等国际机构和加拿大、欧洲国家政府及美国联邦储备局顾问。

因倡议并直接涉及了区域货币——欧元，蒙代尔获得了"欧元之父"之誉。

1983 年他获得法国参议院的 JcaquesRueff 奖章和奖金。

1997 年他获美国经济学会颁发的杰出人士奖，参与创立了《Zagreb 经济学杂志》。

1998 年他被选为美国艺术和科学学院院士，发表了 Ohlin 演讲。

1999 年因他具有革新意义的研究为欧元汇率奠定了理性基础，他对不同汇率体制下货币与财政政策以及最优货币流通区域所做的分析使他获得了诺贝尔经济学奖。

2000 年他发表了 Robbins 纪念演讲。

蒙代尔教授在北美洲、南美洲、欧洲、非洲、澳大利亚和亚洲等地广泛讲学。他是联合国、国际货币基金组织、世界银行、加拿大政府、拉丁美洲和欧洲的一些国家、联邦储备委员会和美国财政部等许多国际机构和组织的顾问。1970 年他担任欧洲经济委员会货币委员会的顾问，他还是 1972—1973 年度在布鲁塞尔起草关于统一欧洲货币报告的 9 名顾问之一。自 1964 年至 1978 年，他担任 Bellagio-Princeton 国际货币改革研究小组成员；

自 1971 年至 1987 年，他担任 SantaColomba 国际货币改革会议主席。

2. 蒙代尔对经济学的伟大贡献

蒙代尔对经济学的伟大贡献：一是提出了开放条件下宏观稳定政策的理论（蒙代尔-弗莱明模型）；二是提出了最优货币区域理论。蒙代尔敏锐地观察到，从 20 世纪 60 年代以来，世界经济发展中的一个显著特点就是随着世界经济一体化与全球化的发展，产品、服务、资本可以通过贸易和投资大规模地跨国界流动。在一个更为开放的经济体系中，一国的货币主权和财政政策效果更多地受到外部世界的制约，宏观调控能力下降。经济学越来越难以对经济前景进行预测，一个重要的原因就是传统的宏观经济学和微观经济学在经济全球化条件下面临新的挑战。

在国际金融领域，他是一位伟大的先行者和预言家。

瑞典皇家科学院在授奖贺词中称："蒙代尔教授奠定了开放经济中货币与财政政策理论的基石……尽管几十年过去了，蒙代尔教授的贡献仍显得十分突出，并构成了国际宏观经济学教学的核心内容。"

蒙代尔的研究之所以有如此重要的影响，是因为他是在准确预料未来发展方向的基础上进行选题的。在 20 世纪 60 年代，国际货币安排的格局是各国都有自己的一套货币，并且几乎所有的学者都认为这是必须和理所当然的，国际资本市场开放的程度也相当低。正是在这种情况下，蒙代尔提出了超前于现实的问题：与国际资本市场一体化相关的货币与财政政策的结果会如何？这些结果将如何依赖于一个国家是采取固定汇兑，还是采取自由汇兑？每个国家都该有自己的一套货币吗？通过提出和回答这样一些问题，蒙代尔改造了开放经济中的宏观经济理论。

在 20 世纪 60 年代初期发表的几篇论文中，蒙代尔发展了开放经济中的货币与财政政策（即"稳定政策"）的分析。他在《固定和弹性汇率下的资本流动和稳定政策》中探讨了开放经济中货币与财政政策的短期效应，分析得很简单，但结论却很丰富、新颖、清楚。在这篇具有划时代意义的论文中，蒙代尔把对外贸易和资本流动引入了传统的 IS-LM 模型（该模型由 1972 年诺贝尔经济学奖得主希克斯发展，用于分析封闭经济），阐明了稳定政策的效应将随国际资本流动的程度而变化。他论证了汇率体制的重要意义：在浮动汇率下货币政策比财政政策更有威力，在固定汇率下则相反。

20 世纪 60 年代后半期，蒙代尔已是芝加哥大学学术界的领袖人物。他那个时候的许多学生，现在都已成为这一领域中卓有成效的研究者。

假定资本具有高流动性，国外和国内的利率一致，那么在固定汇率下，央行必须干预流通市场，以满足该汇率下公众对外币流通的需求。结果是，央行将失去对货币供给的控制，不得不被动地调整货币供给以适应货币需求（国内流通）。央行试图通过所谓的公开市场操作执行单一国家货币的政策也将是无效的，因为无论利率还是汇率都不可能被影响。但是，如果增加政府支出或其他财政措施，则可以提高国民收入和国内经济水平，从而避免上涨的利率和强劲的汇率障碍。

再看看浮动汇率。浮动汇率是由市场决定的汇率，在该汇率体制下，央行对流通领域的干预受到限制，财政政策就没多大威力了。在货币政策不变的情况下，增加政府支出将导致对货币的更大需求和追求高利率的倾向。资本的流入将强化除去政府支出的全部扩张效应后的净出口较低的地区的汇率。但是，在浮动汇率下货币政策将成为影响经济活力的有力工具。扩大货币供给往往会提高较低的利率，导致资本流出和更疲软的汇率，而这反过来可以使净出口增加从而促进经济扩张。

浮动汇率和高资本流动性准确地揭示了许多国家当前的货币体制。但在20世纪60年代早期，几乎所有的国家都被布雷顿森林体系的固定汇率联结在一起，因此，对浮动汇率和高资本流动性的后果进行分析完全像是满足学术好奇心而已。为什么这好奇心会发生在蒙代尔身上？这可能与蒙代尔出生在加拿大有关，因为在20世纪50年代，加拿大就开始放松管制，允许自己的货币与美元联系浮动。随着国际资本市场的开放和布雷顿森林体系的崩溃，蒙代尔的远见卓识更与随后的十年紧紧相关。

在蒙代尔之前，稳定政策不仅是静态的，而且假定一个国家所有的经济政策都被一只单独的手所调整和组合。作为对照，蒙代尔用了一个简单的动态模型来考察财政政策与货币政策这两种工具，它们各自怎样走向自己的目标、外部和内部的均衡，以带动经济随时间的推移而接近目标。这意味着两个不同的权威——政府和央行——将为稳定政策工具承担各自的职责。蒙代尔的结论直截了当：要防止经济不稳定，政策与经济生活的联系就应与两种工具的功效一致。在他的模型中，货币政策与外部平衡联系，财政政策与内部平衡联系。蒙代尔最初关注的不是货币与财政政策分离本身，而是解释分离的条件，他率先认为，央行应该独立地对价格稳定负责，这一思想在后来被人们普遍接受。

从蒙代尔进行的短期和长期分析中也可得到有关货币政策条件的基本结论。在资本自由流动条件下，货币政策能够被导向；外部目标（比如汇率）也能够被导向；内部（国内）目标（比如价格水平）也能够被导向。但是它们不是同时进行的。这个"矛盾的三位一体"对理论经济学家的意义是不言自明的。

蒙代尔的贡献已经被证明是国际经济学研究的分水岭。它们引入了动态方法，在清晰区别存量和流量的基础之上，分析了两者在经济走向长期稳定的调整过程中的相互作用。蒙代尔的研究也对凯恩斯主义者的短期分析和古典经济学的长期分析进行了必要的调和。后来的研究者扩展了蒙代尔的成果。这个模型被扩展到综合了家庭和企业的预期决策、另类金融资产和更具动态的经常项目和价格调整。尽管有这些修正，蒙代尔的绝大多数结论仍然经受住了考验。

固定汇率在20世纪60年代早期占据主流地位，少数研究人员讨论过浮动汇率的优点和缺点，但都认为一国有自己的通货是必需的。蒙代尔1961年在其论文中提出"最优货币区域"问题看起来似乎有些激进。几个国家或地区放弃各自的货币主权而认同共同的货币，在什么时候会更有利？蒙代尔的论文简要地提到了共同货币的好处，比如贸易中更低的交易费用和相关价格更少的不确定性等。这些好处后来得到了更多的描述。而最大的缺点是，当需求变动或其他"非对称冲击"要求某特定地区削减实际工资的时候，维持就业就很困难。蒙代尔强调，为抵消这些不利因素，劳动力需要具有较高的流动性，这一点非常重要。蒙代尔刻画了这样一个最优货币区域，该区域的国家和地区之间移民倾向足够高，高到可以保证某一个地区面临非对称冲击时仍可以通过劳动力流动来实现充分就业。其他研究者扩展了这一理论并确定了附加标准，比如资本流动、地区专业化、共同的税收和贸易体制等。

蒙代尔几十年前的思考，与今天密切相关。由于世界经济中资本的流动性不断变强，在曾经固定但现在可以调整的汇率体制下，汇率变得越来越脆弱；一些地区正卷入这个问题。许多观察家认为，一个国家在货币联合或浮动汇率（蒙代尔的论文讨论的两种情况）之间必须选择其一。不必多说，蒙代尔的研究也影响到欧元的诞生。经过对利弊的权衡，EMU 研究人员把最优货币区域经济思想当作新的药方予以了采纳。

3. 蒙代尔的主要著作

蒙代尔独自编写的著作有：
- 《国际货币制度：冲突和改革》（1965）；
- 《人类与经济学》（1968）；
- 《国际经济学》（1968）；
- 《货币理论：世界经济中的利息、通货膨胀和增长》（1971）。

蒙代尔与他人合编的著作有：
- 《新国际货币制度》（与 J. J. Polak 共同编写，1977）；
- 《世界经济中的货币历程》（与 Jack Kemp 共同编写，1983）；
- 《全球失衡》（1990）；
- 《债务、赤字和经济状况》（1991）；
- 《建设新欧洲》（与 M. Baldassarri 共同编写，1992）；
- 《中国的通货膨胀与增长》（与 M. Guitian 共同编写，1996）；
- 《欧元作为国际货币制度的稳定器》（与 A. Clesse 共同编写，2000）。

4. 蒙代尔的个人故事

一头漂亮的银发，一双亮亮的蓝眼睛，一张生动的面庞，69 岁的蒙代尔是一个魅力十足的老头儿。论及学问，蒙代尔在同行眼里地位甚高。曾经在麻省理工学院教过他的保尔·萨穆尔森就称赞："他将人们对货币的注意力重新引到国际贸易中来。"但蒙代尔的懒散也同样名声在外。他经常杯不离手，别人常弄不清他是清醒还是微醉。他是个电视迷，与经济学家对电视及报刊时事评论员的言论嗤之以鼻不同，在他心目中"美国最聪明的人"竟是电视台的两位主播。他经常数天足不出户，待在家里看电视，只偶尔上超市购物和回校讲课。曾经有一段时间，他的一头银发长至肩头，令他的崇拜者颇为不安和失望。他们希望蒙代尔多多走出他 30 多年前低价购买的乡间别墅，与公众更多地接触沟通。

蒙代尔是个"马大哈"，有三个经典故事令朋友和媒体津津乐道：第一则是他曾当选美国计量经济学院士，但因为他根本没拆信，对此荣誉全然不知；第二则是他当选为美国经济学会主席后，忘记出席就职典礼，让等待听他就职演说的崇拜者空欢喜一场；第三则是他担任《政治经济学学报》主编期间，经常懒得看稿复信，以致这份学术刊物最终惨遭倒闭。蒙代尔也为自己的"我行我素"付出了代价，按他在经济学界的贡献，1999 年的诺贝尔奖算是姗姗来迟。其实，早在 20 世纪 80 年代初他已被列入候选人名单，但因他"举止怪异、行为不检"而遭除名。所有人都为蒙代尔遗憾，仅仅是个人性格原因，竟让诺贝尔奖晚到了近 20 年。

对于蒙代尔而言，所有荣誉不及宝贝儿子。在他的个人网页上，很有意思的是，主页上展示的不是诺贝尔奖，也不是欧元，而是他 65 岁得来的宝贝儿子尼克拉斯，一张父子亲热无比的合影占据了最重要的位置。

任务五
通货膨胀与通货紧缩——经济出了什么问题？

学习目标

知识目标
(1) 了解通货膨胀、通货紧缩成因及影响；
(2) 理解对通货膨胀、通货紧缩的治理。

能力目标
(1) 能识别通货膨胀、通货紧缩现象；
(2) 能用相关经济学原理分析治理通货膨胀、通货紧缩。

思政目标
(1) 认清通货膨胀在资本主义社会和社会主义社会的共性与个性；
(2) 认清通货紧缩在资本主义社会和社会主义社会的共性与个性。

经济现象引入 ▷▷

国民党统治时期的恶性通货膨胀

在国民党统治时期，国民政府肆意滥发纸币，结果造成长期恶性通货膨胀。据统计，从抗日战争爆发到国民政府崩溃（1937—1949）的12年间，纸币发行量累计增加了1 400多亿倍，致使同期物价上涨了85 000多亿倍，达到古今中外罕见的程度。货币购买力一落再落，最后几乎变成废纸。有人曾经做过这样的统计，以100元购买力为例，1937年可买2头牛，1938年可买1头牛，1939年可买1头猪，1941年可买1袋面粉，1943年可买1只鸡，1945年可买1条鱼，1946年可买2个鸡蛋，1947年可买1个煤球，1948年8月国民党货币改革时可买3粒大米。至此，全国广大劳动人民陷于极端痛苦和贫困的境地。

问：(1) 什么是通货膨胀？
(2) 通货膨胀有何影响？

经济知识学习 ▷▷

一、通货膨胀

（一）什么是通货膨胀？

通货膨胀指在纸币流通条件下，因货币供给大于货币实际需求，也即现实购买力大于产出供给，导致货币贬值，而引起的一段时间内物价持续而普遍地上涨现象。其实质是社会总需求大于社会总供给（供远小于求）。纸币、含金量低的铸币、信用货币，过度发行都会导致通货膨胀。

（二）通货膨胀的影响

（1）在资本主义社会，通货膨胀是资产阶级加强对工人、农民、教师等广大劳动人民剥削和掠夺的重要手段。

通货膨胀首先给工人和农民带来深重的灾难。它使得物价不断上涨，货币购买力不断下降，由此引起工人实际工资急剧下降，生活日益贫困。而农民等小生产者则因为物价上涨过程中，工农业产品"剪刀差"的扩大，不得不以高价购买资本主义工业生产的生活资料和生产资料，低价出卖自己的农产品和手工产品，因而更加贫困。

通货膨胀也严重影响一般公职人员和知识分子的生活，因为他们的薪金也不能按物价上涨的程度而相应增长。

但是，通货膨胀却给垄断资产阶级带来极大利益。他们不仅会通过政府订货和价格补贴等，把资产阶级国家用滥发纸币从劳动人民那里掠夺来的大部分收入转入自己的腰包，而且可以利用实际工作下降，或者用贬了值的货币偿还债务，以及利用物价飞涨乘机进行囤积居奇等，获得巨额的利润。

（2）通货膨胀并不是资本主义社会的专利，只要是市场经济社会都有可能发生。自改革开放以来至21世纪20年代末，我国经历了6次比较严重的通货膨胀。

第一次通货膨胀（1980年）。产生的原因：投资规模激增，财政支出的加大引起较严重的财政赤字；以及盲目地扩大进口导致我国外汇储备迅速接近于零，外贸赤字严重。

第二次通货膨胀（1984—1985年）。产生的原因：固定资产投资规模过大引起社会总需求过旺；工资性收入增长超过劳动生产率提高，引起成本上升导致成本推动。

第三次通货膨胀（1988—1989年）。1988年的居民消费物价指数（CPI）创造了建国近40年以来上涨的最高纪录。主要特点：第一，波及面广；第二，涉及五十个大类五百多种商品，部分地区抢购粮食、食油；第三，盲目性大；第四，各阶层群众普遍产生购物保值心理；第五，零售商品总额增幅高；第六，商品抢购风潮伴随挤兑银行储蓄存款风潮。

第四次通货膨胀（1994—1995年）。产生的原因：固定资产投资规模扩张过猛与金融持续混乱。与此同时，在外汇市场上，人民币大幅度贬值，人民币兑美元比率由1∶5.64骤然下降到1∶8.27，国际收支恶化。由于国内巨大的需求压力，在高涨的投资需求下，财政赤字和货币供应超常增长，使得通货膨胀全面爆发。主要特点："四热"（房地产热、开发区热、集资热、股票热）、"四高"（高投资膨胀、高工业增长、高货币发行和信贷投放、高物价上涨）、"四紧"（交通运输紧张、能源紧张、重要原材料紧张、资金紧张）和"一乱"（经济秩序特别是金融秩序混乱）。

第五次通货膨胀（2004年）。产生的原因：2003年通货膨胀之前，受亚洲金融危机和国内需求不足的困扰，经济持续低迷，政府从1998年连续6年实行扩张性的宏观调控政策，拉动经济增长。

第六次通货膨胀（2007—2008年）。产生的背景：自2007年1月起，中国人民银行连续调高利息6次，调高存款准备金率10次，但是，中国的物价并未因调控而下降，一路上扬，直至2008年1月，居民消费价格比上年同期上涨7.1%，创11年来最高纪录。2008年，是国际大宗商品价格剧烈变化，全球金融危机持续恶化，与全球经济联系日益紧密的中国经济遭遇了外部环境"过山车"般的巨大波动。产生的原因：对外依存度过高带来巨额外贸顺差，造成外汇储备迅速增长，货币对冲造成市场中流动性过剩，资产价格"泡沫化"严重。

通货膨胀将会影响社会收入分配及经济活动。

在债务人与债权人之间，通货膨胀将有利于债务人而不利于债权人。在通常情况下，借贷的债务契约都是根据签约时的通货膨胀率来确定名义利息率，所以当发生了未预期的通货膨胀之后，债务契约无法更改，从而就使实际利息率下降，债务人受益，而债权人受损。其结果是对贷款，特别是长期贷款带来不利的影响，使债权人不愿意发放贷款。贷款的减少会影响投资，最后使投资减少。

在雇主与工人之间，通货膨胀将有利于雇主而不利于工人。这是因为，在不可预期的通货膨胀之下，工资增长率不能迅速地根据通货膨胀率来调整，从而在名义工资不变或略有增长的情况下，实际工资是下降了。实际工资下降会使利润增加。利润的增加有利于刺激投资，这正是一些经济学家主张以温和的通货膨胀来刺激经济发展的理由。

在政府与公众之间，通货膨胀将有利于政府而不利于公众。由于在不可预期的通货膨胀之下，名义工资总会有所增加（尽管并不一定能保持原有的实际工资水平），随着名义工资的提高，达到纳税起征点的人增加了，有许多人进入了更高的纳税等级，这样就使得政府的税收增加。但公众纳税数额增加，实际收入却减少了。

（三）通货膨胀的类型

（1）低通货膨胀。低通货膨胀的特点是，价格上涨缓慢且可以预测。我们或许可以将其定义为年通货膨胀率为1位数的通货膨胀（5%以下）。此时的物价相对来说比较稳定，人们对货币比较信任。

（2）急剧通货膨胀。当总价格水平以每年20%、100%，甚至200%的2位数或3位数的比率上涨时，即产生了这种通货膨胀。这种通货膨胀局面一旦形成并稳固下来，便会出现严重的经济扭曲。

（3）恶性通货膨胀。最恶性的通货膨胀，货币几乎无固定价值，物价时刻在增长，其灾难性的影响是市场经济变得一无是处。

（四）通货膨胀的理论

（1）货币主义。对于通货膨胀最广为人知也最直接的理论是：通货膨胀导因于货币供给率高于经济规模增长。此说主张以比较 GDP 平减指数与货币供给增长来做测量，并由中央银行设定利率来维持货币数量。

（2）新凯恩斯主义。按照新凯恩斯主义，通货膨胀有三种主要的形式：①需求拉动通胀——通货膨胀发生于因 GDP 产生的高需求与低失业，又称菲利普斯曲线型通货膨胀。②成本推动通胀——又称"供给震荡型通货膨胀"，发生于油价突然提高时。③固有型通货膨胀——因合理预期引起，通常与物价/薪资螺旋有关。工人希望持续提高薪资，其费用传递至产品成本与价格，形成恶性循环。固有型通货膨胀反映已发生的事件，被视为残留型通货膨胀，又称"惯性通货膨胀"，甚至是"结构性通货膨胀"。

（3）菲利普斯曲线通货膨胀说。理论主要集中于货币供给：通货膨胀可由流通中的货币数量与经济供应力（其潜在输出）相关。这点在政府（可能于对外战争或内战期间）印发超额的货币引起金融危机时特别鲜明，有时会导致恶性通货膨胀。

（4）供给面学说。供给面经济学说假定通货膨胀一定由资金供给过剩与资金需求不足所引起。对这两个因素而言，资金数量纯粹只是标的物。于是，欧洲于中世纪的黑死病流行期间所发生的通货膨胀，可视为因资金需求降低所引起；而 20 世纪 70 年代的通货膨胀可归因于美国脱离布雷顿森林体系所订定的金本位后所产生的资金供给过剩。供给学派假定，资金供给与需求同时提高时，不会导致通货膨胀。

（五）通货膨胀的治理

（1）控制货币供应量。由于通货膨胀形成的直接原因是货币供应过多，因此，治理通货膨胀的一个最基本的对策就是控制货币供应量，使之与货币需求量相适应，稳定币值以稳定物价。而要控制货币供应量，必须实行适度从紧的货币政策，控制货币投放，保持适度的信贷规模，由中央银行运用各种货币政策工具灵活有效地调控货币信用总量，将货币供应量控制在与客观需求量相适应的水平上。

（2）调节和控制社会总需求。治理通货膨胀仅仅控制货币供应量是不够的，还必须根据各次通货膨胀的深层原因对症下药。对于需求拉上型通货膨胀，调节和控制社会总需求是关键。各国对于社会总需求的调节和控制，主要是通过制定和实施正确的财政政策和货币政策来实现。在财政政策方面，主要是大力压缩财政支出，努力增加财政收入，坚持收支平衡，不搞赤字财政。在货币政策方面，主要采取紧缩信贷，控制货币投放，减少货币供应总量的措施。采用财政政策和货币政策相配合，综合治理通货膨胀，两条很重要的途径是：控制固定资产投资规模和控制消费过快增长，以此来实现控制社会总需求的目的。

（3）增加商品的有效供给，调整经济结构。治理通货膨胀必须从两个方面同时入手：一方面控制总需求；另一方面增加总供给。二者不可偏废。若一味控制总需求而不着力于增加总供给，将影响经济增长，只能在低水平上实现均衡，最终可能因加大了治理通货膨胀的代价而前功尽弃。因此，在控制需求的同时，还必须增加商品的有效供给。一般来说，增加有效供给的主要手段是降低成本，减少消耗，提高经济效益，提高投入产出的比例，同时，调整产业和产品结构，支持短缺商品的生产。

(4)医治通货膨胀的其他政策。除了控制需求、增加供给、调整结构之外，还有一些诸如限价、减税、指数化等其他的治理通货膨胀的政策。

二、通货紧缩

(一) 什么是通货紧缩

通货紧缩就是产能过剩或需求不足导致物价、工资、利率、粮食、能源等各类价格持续下跌。对于其概念的理解，仍然存在争议。但经济学者普遍认为，当消费者价格指数（CPI）连跌三个月，即表示已出现通货紧缩。长期的货币紧缩会抑制投资与生产，导致失业率升高及经济衰退。

(二) 几种影响较大的通货紧缩理论

1. 马克思对通货紧缩问题的分析

马克思在《资本论》中，多次分析了流通中货币的膨胀和紧缩问题。马克思认为通货膨胀和通货紧缩可能由经济的产业周期引起，可能由流通中商品的数量、价格的变动引起，可能由货币流通速度的变化引起，还可能由技术因素引起。但他研究的是以金币为主的货币流通，由于金属货币本身具有价值，其过多或过少都不会引起币值的变化，只有在纸币流通的前提条件下，货币供给的过多或过少才会引起币值的变动。因此，马克思对通货膨胀和通货紧缩问题的研究，是建立在信用货币（纸币）流通规律的基础上的。

2. 凯恩斯的通货紧缩理论

凯恩斯于1923年在《币值变动的社会后果》中分析了1914年到1923年英国物价水平的变动，指出："1914年到1923年间，所有国家都出现了通货膨胀现象，也就是说，相对于可购买的物品而言，支出货币的供给出现了极大扩张。从1920年起，重新恢复对其金融局势控制的那些国家，并不满足于仅仅消灭通货膨胀，因而过分缩减了其货币供给，于是又尝到了通货紧缩的苦果。"他认为，通货紧缩将使社会生产活动陷于低落。他指出："无论是通货膨胀还是通货紧缩，都会造成巨大的损害，……两者对财富的生产也同样会产生影响，前者具有过度刺激的作用，而后者具有阻碍作用，在这一点上，通货紧缩更具危害性。"

凯恩斯在他的代表作《就业、利息和货币通论》中，对通货紧缩现象的分析，更多使用的是就业不足和有效需求不足这样的术语，通过对30年代大危机的精辟分析，提出"有效需求不足"的论断，认为有效需求不足是导致通货紧缩的根本原因。治理的对策自然就是扩张有效需求，而在扩大有效需求方面，财政政策比货币政策更有效，在通货紧缩时期，政府要做的就是通过财政政策和货币政策的有机结合，尽可能地扩张有效需求。

3. 欧文·费雪的通货紧缩理论

与凯恩斯的有效需求理论不同，费雪是从供给角度，联系经济周期来研究通货紧缩问题的，他通过对20世纪30年代世界经济危机的研究，于1933年提出了"债务——通货紧缩"理论。他认为企业的过度负债是导致30年代大萧条的主要原因。在经济的繁荣时期，企业家为追求更多利润，会过度负债，而在经济状况转坏时，企业家为了清偿债务会降价倾销商品，导致物价水平的下跌，出现通货紧缩。通货紧缩的出现，又会使企业利润减少，生产停滞，失业增加。而失业的增加，会使人们的情绪低落，产生悲观心理，对经济和生活丧失信心，更愿持有较多的货币，居民和企业的这种行为将使货币流通速度下降。因物价下降而出现的利润减少和实际利率的上升，意味着企业真实债务的扩大，会使贷者不愿贷，借者不愿借。过度负债和通货紧缩会相互作用，由于过度负债的存在，在经济周期的阶段转型时，会出现通货紧缩，反过来由债务所导致的通货紧缩又会反作用于债务，其结果会形成欠债越多越要低价变卖，越低价变卖，自己的资产越贬值，而自己的资产越贬值，负债就越重的恶性循环。最后，必然出现企业大量破产和银行倒闭的危机。该理论实际上是将通货紧缩的过程看作是商业信用被破坏和银行业引发危机的过程。

(三) 通货紧缩的治理

1. 实行扩张性的财政政策和货币政策

要治理通货紧缩，必须实行积极的财政政策，增加政府公共支出，调整政府收支结构。对具有极大增长潜力的高新技术产业，实行税收优惠，尽可能地减少对企业的亏损补贴以及各种形式的价格补贴，利用财政贴息的方式启动民间投资，大力发展民营经济，引导其资金投向社会急需发展的基础设施领域，在继续增加国家机关和企事业单位以及退休人员工资的基础上，更要把增加农民和中低收入者的收入水平当作一件大事来抓。总之，实行积极的财政政策，就是要在加大支出力度的基础上，优化财政收支结构，既要刺激消费和投资需求，又要增加有效供给。

通货紧缩既然是一种货币现象，那么治理通货紧缩，也就必须采取扩张性的货币政策，增加货币供给，以满足社会对货币的需求。增加货币供给的方式不外乎从基础货币和货币乘数两个方面着手。作为中央银行，可以充分利用自己掌握的货币政策工具，影响和引导商业银行及社会公众的预期和行为。在通货紧缩时期，一般要降低中央银行的再贴现率和法定存款准备金率，从社会主体手中买进政府债券，同时采用一切可能的方法，鼓励商业银行扩张信用，从而增加货币供给。

2. 加大改革，充分发挥市场机制

市场经济是在全社会范围内由市场配置资源的经济，市场经济不是万能的，但实践证明它是最优的，政府对"市场缺陷"的矫正，必须限制在一定的范围内，否则，对经济的破坏作用是巨大的。反思我国通货紧缩局面的形成，无不跟政府主导型发展战略有关，如国有企业大量亏损，失业现象严重，重复建设造成经济结构的扭曲，短缺与无效供给的并存以及政府部门的腐败、效率低下等都与政府对市场的不信任，对市场的过度干预紧密相连。

因此，要想尽快走出通货紧缩的困境，必须加大改革力度，充分发挥市场机制的作用，积极推进国有企业的转制工作，甩掉国有企业的沉重包袱，建立现代企业制度，增强国有企业的活力，使其真正发挥促进经济发展的关键作用，完善市场经济所需要的科技、教育、住房、卫生、医疗、社会保障制度。

三、货币升值与货币贬值

(一)什么是货币升值与货币贬值

货币升值也叫"货币增值",是指国家通过增加本国货币的含金量,提高本国货币对外国货币的比价。这种升值常常是在世界金融危机时,一国为了阻止外国货币的大量流入,避免本国货币在国内加速贬值而被迫采取的一种措施。货币升值的国家,由于货币对外比价提高,出口商品价格随之提高,进口商品价格相应降低,削弱了商品的竞争能力。同时,这些国家的外汇储备以及从国外调回的资金,折成本国货币计算,也会相应减少。

货币贬值(又称通货贬值),是货币升值的对称,是指单位货币所含有的价值或所代表的价值的下降,即单位货币价格下降。货币贬值可以从不同角度来理解。从国内角度看,货币贬值在现代纸币制度下是指流通中的纸币数量超过所需要的货币需求量即货币膨胀时,纸币价值下降。从国际角度看,货币价值表示为与外国货币的兑换能力,它具体反映在汇率的变动上,这时货币贬值就是指一单位本国货币兑换外国货币能力的降低,而本国货币对外汇价的下降。例如,如果100美元去年兑换300元人民币,今年兑换400元人民币,则人民币贬值了。货币贬值在国内会引起物价上涨。货币贬值在一定条件下能刺激生产,并且降低本国商品在国外的价格,因此有利于扩大出口和减少进口。

(二)人民币升值利弊分析

1. 人民币升值之利

(1)国外产品价格下降,有利于增加国外的消费品和生产设备进口,提高中国人的生活水平和产业水平。

(2)使用进口原材料比率较高的厂商的生产成本会下降。在某些对外开放地区(如上海),其出口商品成本中有50%使用进口原料,他们并不喜欢人民币贬值。

(3)企业的国外投资能力将增强。中国企业为开拓销售渠道,将扩大海外投资。

(4)人民币升值,使已在华投资的外资企业利润增加,这将促使外商追加投资或进行再投资。随着逐渐开放,人民币升值将吸引外资进入中国的证券市场,间接投资比重上升。

(5)在非制造业方面(如科、教、文、卫等)有重要意义。例如,人民币升值有利于人才出国学习和培训,将有更多的家庭将子女送到海外自费留学;有利于扩大国际旅游,而旅游签证达到一定标准后就是商务签证,可以促进中国的国外投资。

(6)未偿还外债还本付息所需本币的数量相应减少,在一定程度上可减缓债务负担。

(7)合理估值中国资产。中国的劳动和资产的低廉是在一定历史阶段形成的,也必然在一定历史阶段得以调整。中国在调整进出口贸易政策的同时,必须调整货币政策和资产价格。

(8)有利于中国GDP在国际经济中的地位。中国GDP在世界经济中所占比重(按美元计算)1980年为2.5%,1990年降到1.8%,1998年为3.4%——其原因在于人民币对美元汇率在1980—1994年间贬值到1/5。只要人民币升值,中国的GDP就会超过德、法,成为位居世界第三的经济大国。2020年中国GDP达到14.7万亿美元左右,稳居世界第二,占世界经济的比重预计达到17%左右。

(9)增加国家税收收入。低汇率的实质是全民通过出口退税来补贴出口商的利益。这对于世界第二大外汇储备国中国来说,并不十分合乎逻辑。

2. 人民币升值之弊

(1)对出口存在干扰,但不是决定性的。在目前的人民币汇率情况下,中国的出口每年增长速度为23%~27%,进口每年增长速度为19%~24%。人民币升值后,出口增长率可能在6%左右,不可能是零。

(2)可能导致投机盛行。由于以美元表示的国民财富迅速增加,股市和房地产达到高潮,"泡沫经济"发展,两极分化继续扩大,可能给经济发展造成打击。

(3)可能使国内投资环境恶化,新增的海外投资则会减少,因为这种投资变得相对昂贵。另外,国际游资的投机活动可能增加。

(4)中国目前出口的产品大部分是技术含量较低的劳动密集型产品,出口受阻必然会增加就业压力。

(5)通货紧缩局面压力。人民币升值后,中国进口增加,出口减少,国内生产企业遭到进一步打击。

(6)许多尚不具备竞争力的产业将直接受到冲击。例如,在农业领域,许多基础作物的内外价格差距很大,即使在现有汇率不变的情况下,加入世贸组织后的市场开放已经让国人惴惴不安。而国有企业占多数的钢铁、化学等原材料产业同样缺乏竞争力,会直接受到冲击。

(7)可能产生"暴富效应"。日本就是一个例子。日元与美元的比率战后最早是350∶1,后来变成250∶1,最高到70∶1,日本人由此富得不会花钱,没有变成继续积累资本的能力。

(三) 人民币贬值的利弊分析

1. 有利因素

(1)本币贬值,这样一定量的外币就可以购买更多本国产品,意味着本国产品在国际市场上价格相对便宜,从而可以增加出口。

(2)本币贬值,外国商品价格就昂贵,这样本国进口必然减少。所以,人民币贬值的结果是扩大了出口,抑制了进口,增加了贸易顺差,促进了经济发展。

2. 不利因素

(1)本币贬值对外会引起贸易摩擦,对内会引发通货膨胀,极不利于国家经济的稳定。

(2)贬值不会解决外部需求放缓问题,贬值虽然会帮助出口企业因降低成本而存活下来,但却很难以持久。特别是中国已经失去竞争力的产业,贬值只会延迟产业退出时间。

理论应用分析 ▷▷

案例:

中国改革开放 40 多年来三次典型的通货紧缩

1997 年 10 月,全国零售物价指数首次出现负增长(-0.4%),以后持续 6 个月保持这一趋势。从 1997 年下半年开始到 1999 年 7 月,我国物价已经连续 22 个月下降,物价不振,商品积压严重,这是新中国成立以来从没有出现过的。

2002 年 CPI 指数再次为负值,当年的物价总水平连续下跌了 10 个月,从这一点来讲,可以认为当时出现了通货紧缩。2001 年中国加入 WTO,吸引了大量的外资,企业技术水平得到提升,生产效率提高,成本下降,从而引发物价总水平的下滑。企业生产成本的下降伴随着的是利润的增长,企业再生产意愿得到激发,而物价水平的下降刺激需求的增加。这次通缩和 1998 年不同,是由总供给的增长快于总需求的增长而导致的物价水平下降,并不是需求不足引发的,所以当时并没有出现货币供应量和投资增速的快速下滑。2003 年 CPI 指数恢复正增长,结束了这次非典型的通货紧缩,历时一年。

从 2007 年下半年,由美国开始的次贷危机演变为金融危机,并迅速向世界蔓延,我国也未能独善其身。我国的经济明显受了金融危机的影响,2009 年每月的出口额增速均在-20%以下,大量中小企业破产,大批农民工返乡,货币供应量 M2 增速从 18.92%下降至 14.8%,经济增速快速回落,2009 年一季度 GDP 的增长率仅为 6.6%,CPI 物价指数从 2008 年年末开始下滑,2009 年出现连续 10 个月负值。

按经济学的解释,这三次是中国改革开放 40 多年来典型的通货紧缩。

问:(1) 我国这三次物价走低是通货紧缩造成的吗?

(2) 如何治理通货紧缩?

综合能力训练 ▷▷

(1) 2008 年受美国次贷危机的影响,踽踽前行的全球经济引发了人们对通货紧缩的担忧,由次贷危机引发的大范围的金融危机,已经危害到各个经济领域,制造、加工等实体经济也受到很大损害。世界市场的萎缩,中国传统的出口产品一下子就失去了市场,大量的产能过剩,人员失业,市场出现了疲软的状况。

① 为了使经济迅速走出低谷,保持较快的经济增长,中央银行配合财政部门应该采取的对策是( )。

A. 松的货币政策和松的财政政策　　B. 松的货币政策和紧的财政政策
C. 紧的货币政策和松的财政政策　　D. 紧的货币政策和紧的财政政策

② 通货紧缩的标志是( )。

A. 财政赤字持续增加　　B. 价格总水平持续上升
C. 价格总水平持续下降　　D. 货币供应量持续下降

③ 通货紧缩的危害有（　　）。
A. 加剧国际收支不平衡　　　　　B. 可能引发银行危机
C. 导致社会财富缩水　　　　　　D. 加速经济衰退
④ 为了治理通货紧缩问题，可以采取的货币政策措施为（　　）。
A. 调低利率　　　　　　　　　　B. 提高利率
C. 中央银行在公开市场卖出国债　D. 中央银行在公开市场购入国债
⑤ 根据近代世界各国发生通货紧缩的情况，通货紧缩的成因可以分为（　　）。
A. 货币紧缩　　　　　　　　　　B. 资产泡沫破灭
C. 流动性陷阱　　　　　　　　　D. 多种结构性因素

（2）受国际金融危机冲击以及经济周期变化的双重影响，我国的物价在过去两年多的时间里经历了较大的起伏。2007年CPI上涨4.8%，2008年上涨5.9%，2009年上半年下降1.1%。表3.5-1是2008年以来有关物价指数的月度同比数据。

表3.5-1　2008年1月至2009年6月物价指数月度同比数据

年月	2008.1	2008.2	2008.3	2008.4	2008.5	2008.6	2008.7	2008.8	2008.9
CPI	7.1%	8.7%	8.3%	8.5%	7.7%	7.1%	6.3%	4.9%	4.6%
PPI	6.1%	6.6%	8.0%	8.1%	8.2%	8.8%	10.0%	10.1%	9.1%
年月	2008.10	2008.11	2008.12	2009.1	2009.2	2009.3	2009.4	2009.5	2009.6
CPI	4.0%	2.4%	1.2%	1.0%	−1.6%	−1.2%	−1.5%	−1.4%	−1.7%
PPI	6.6%	2.0%	−1.1%	−3.3%	−4.5%	−6.0%	−6.6%	−7.2%	−7.8%

① 从物价数据来看，我国2008年的主要风险是（　　）。
A. 通货膨胀　　　　　　　　　　B. 通货紧缩
C. 通货复缩　　　　　　　　　　D. 通货复胀
② 2008年我国发生了（　　）通货膨胀。
A. 温和式　　　　　　　　　　　B. 爬行式
C. 隐蔽型　　　　　　　　　　　D. 公开型
③ 2008年的物价形势导致的负面影响有（　　）。
A. 企业利润下降　　　　　　　　B. 实际消费水平下降
C. 流通领域过度投机　　　　　　D. 债权人受损失
④ 治理当前物价问题可供选择的措施有（　　）。
A. 宽松的货币政策　　　　　　　B. 积极的财政政策
C. 从严的收入政策　　　　　　　D. 加快产业结构调整

阅读资料 ▷▷

欧文·费雪：被遗忘的经济学家（债务型通货紧缩理论）

当选总统没几天，奥巴马就发出了警告："我们面临的经济危机规模之大是史无前例的……我们面前的风险是陷入通货紧缩恶性循环，这可能会使我们庞大的债务规模进一步扩大。"这番言论不仅引发了对大萧条的恐惧，更让人们想起这个时代一位最重要的思想家：欧文·费雪。

如果还有人记得他，通常也是因为他的可能是史上最离谱的股市预言：1929年10月，他宣称，股市已经到了永久性的高地。现在被人频频引用、争议和追随的，则是一个与他同时代的英国人凯恩斯。然而，是费雪奠定了现代货币经济学的大部分基础；凯恩斯在谈到他自己的货币数量如何影响实体经济的理论时称，费雪才是该理论的鼻祖。与20世纪30年代相似的情景越来越多地重现，美国如今也是债台高筑。尽管其中多数是"内部"或"国内"债务，即一些美国人负债于另一些美国人，随着基础抵押品价值的下降和收入的缩水，债务的实际负担增加了。恶化的债务状况冲击了银行，引发了资产出售和进一步的价格下跌。

费雪在1933年写道：过度的投资和投机通常（对经济）有重要影响，但如果不是用借来的钱，它们引起的不良后果要小得多。由于蜂拥清偿的规模效应，个人为减轻债务负担做出的每份努力反而会加重负担……还得越多，欠得就越多；经济之舟越倾斜，就越容易倾斜。尽管极少提及费雪，美国的决策者们却在实践中运用着他的理论。现任美联储主席本·伯南克，正在谋求应用费雪的债务型通货紧缩理论。2008年3月，他决定对贝尔斯登实施部分援助，以避免这家投资银行突如其来的财务清算引发一系列的资产价格下跌和违约行为。事实上，有人说美联储就是因为把费雪理论学得太好了：2001年到2004年间，为遏制科技股崩溃带来的通缩冲击波，美联储把利率维持在一个低水平，从而吹起了一个新的泡沫——房地产。

费雪生于1867年，31岁就成了耶鲁大学教授。费雪曾是经济学家中著名的"怪人"。他天资卓越，因而自视甚高，有时甚至飞扬跋扈。面对争论，他态度坚决，自以为是，从来不知妥协；生活上，他秉持清教徒的精神，严于律己，不抽烟，不饮酒，也不饮用咖啡和茶，极少吃肉；他没有幽默感，很少会笑，总是衣着整洁而古板。1894年去瑞士的旅途中，他在如瀑布般落入山间水塘的水中，发现了一条"能够精确定义财富、资产、利率和收入的关系"之路，费雪的一位传记作家罗伯特·洛林艾伦这样写道，"如果将每单位时间内以特定体积落入池塘的水看作收入，那么在特定时刻有着固定容积水的池塘就是资产。"在接下来的30年中，他创立了许多金融经济学中的核心概念。

1911年，提出"货币购买力"概念的费雪确立了货币数量理论。该理论表明，货币供应量乘以它的流通速度（即1美元在市场中流通的速率）等于交易总量乘以价格水平。或许更为重要的是，他揭示了为什么变化的流通速度和价格会使实际利率背离名义利率。费雪认为美元的价值应与一篮子商品而非黄金挂钩，这使得他成为所有力图价格稳定的现代央行的精神教父。

20世纪20年代，费雪因为发明销售一种卡片索引系统成了富翁。他用这笔钱做保证金购买股票，在1929年时，那些股票价值1 000万美元。但令人不胜唏嘘的是，在他看到"高地"的两个星期后，股市崩盘了。尽管吃了苦头，费雪依然乐观。他失去了财富和家庭，但他的研究没有中止。他是1930年请求胡佛总统否决臭名昭著的《斯姆特-霍利关税法》的1 028位经济学家之一。他发展了自己的债务型通货紧缩理论。1933年，他在《计量经济学学会会刊》中撰文，把债务通缩描述为多米诺骨牌效应：廉价抛售—资产价格下跌—利率上升—更多的廉价抛售—周转速度下降—净资产减少—银行加速破产—银行挤兑—信贷萎缩—银行抛售资产—信心越来越低迷—囤积现金。

任务六
经济周期——经济是怎样四季循环的？

学习目标

知识目标

（1）了解经济的流动性和流动性过剩；
（2）理解经济滞胀的表现和经济周期的成因。

能力目标

（1）能识别经济周期的阶段现象；
（2）能初步分析经济滞胀的原因及对策。

思政目标

（1）能认识流动性过剩、经济滞胀和经济周期的本质；
（2）能对防范流动性过剩、经济滞胀的中国方案有特别的理解。

经济现象引入 ▷▷

流动性过剩

2007年以来，流动性过剩（excess liquidity）已经成为中国经济乃至全球经济的一个重要特征。在一般的宏观经济分析中，流动性过剩被用来特指一种货币现象，即有过多的货币投放量，这些多余的资金需要寻找出路，于是就有了投机/经济过热现象，以及通货膨胀的危险。欧洲中央银行（ECB）把流动性过剩定义为实际货币存量对预期均衡水平的偏离。2007年9月中国广义货币M2的余额为39.3万亿元，同比增长18.5%，超过了央行16%的目标值。M2增速持续高于GDP增速，导致M2与GDP比率不断上升。2007年年底的M2/GDP高达165%，位居全球主要经济体之首。2007年3月、6月和9月的金融机构超额准备金率分别为2.87%、3%和2.8%。根据渣打银行2012年的报告，金融危机爆发以后的2009年至2011年间，中国内地贡献了48%的货币供应量，2011年更是达到了52%，这种规模和态势在全世界各国经济发展史上十分罕见。截至2013年3月，我国的外汇储备达到了3.44万亿美元，按照3月31日的人民币兑美元汇率6.2943计算，外汇占款达到了21.65万亿人民币，且还有上涨趋势，这占到了M2的五分之一，如此规模的外汇占款，不断涌向房地产市场、股票市场，甚至农副产品市场，成为通胀压力走高的重要诱因。

以上数据表明，2007年至2013年在中国的宏观经济和金融体系中，均存在一定程度的流动性过剩。

问：(1) 什么是流动性？什么是通货膨胀？二者有何联系与区别？
(2) 我国这段时期流动性过剩的主要原因有哪些？
(3) 流动性过剩对我国宏观经济的不利影响有哪些？

经济知识学习 ▷▷

一、流动性

（一）什么是流动性

流动性是指整个宏观经济的流动性，指在经济体系中货币的投放量的多少。流动性以适度为好，流动性太小，市面上的流动资金少就会拖经济发展的后腿；流动性过剩，如美国从2020年新冠肺炎疫情以来搞的大放水使得市面上的流动资金过多，多余的资金需要寻找投资出路，于是就有了投资/经济过热现象，以及通货膨胀危险。

（二）流动性偏好

流动性偏好又称灵活偏好，指人们愿意以货币形式或存款形式保持一部分财富，而不愿以股票、债券等资本形式保持财富的一种心理动机。

流动偏好这一概念是凯恩斯最先提出来的，是他的三大心理规律（边际消费倾向、资本边际效率、货币的流动偏好）之一。其目的在于说明利息率对投资量的决定，进而决定就业量这一中心问题。1936年，凯恩斯发表《就业、利息、货币通论》，分析了资本主义社会存在的有效需求不足的各种原因，提出了流动性偏好的概念。根据凯恩斯的观点，如果资本边际效率不变，投资决定于利率，而利率又决定于流动性偏好和货币数量。货币的供给是由中央银行控制的，如果货币供给既定，那么利率则取决于人们心理上的流动性偏好。流动性偏好实际上表示了在不同利率下，人们对货币需求量的大小。

（三）流动性过剩

所谓流动性过剩是指过多的货币投放量，这些多余的资金需要寻找投资出路，于是就有了投资过热的现象，以及通货膨胀的危险。简单地说，就是货币当局货币发行过多、货币量增长过快，银行机构资金来源充沛，居民储蓄增加迅速。

流动性过剩其根本的原因是国家不断推升贸易顺差，出口企业不断把外汇收入收回给了国家，国家又把其转换为货币投放到市场。

流动性过剩导致的结果，首先是大量的资金追逐房地产、基础资源和各种金融资产，形成资产价格的快速上涨。而上游资源价格的上升，必然会推动下游消费品价格的上升。在一些因素的刺激下，部分流动性开始追逐消费品，就会引起物价的较快上涨。流动性过剩容易引发信贷膨胀、投资膨胀，最终导致通货膨胀，从而引发经济过热，产生经济泡沫，因此，往往成为各国普遍关注的经济现象。

二、经济周期

(一) 什么是经济周期

经济周期也称商业周期、景气循环,是指经济运行中周期性出现的经济扩张与经济紧缩交替更迭、循环往复的一种现象。这种现象是国民总产出、总收入和总就业的波动,是国民收入或总体经济活动扩张与紧缩的交替或周期性波动变化。过去把经济周期分为繁荣、衰退、萧条和复苏四个阶段,现在一般叫作衰退、谷底、扩张和顶峰四个阶段。

(二) 经济周期的成因学说

1. 外因论

外因论认为,周期源于经济体系之外的因素——太阳黑子、战争、革命、选举、金矿或新资源的发现、科学突破或技术创新等。

(1) 太阳黑子理论

太阳黑子理论把经济的周期性波动归因于太阳黑子的周期性变化。据说太阳黑子的周期性变化会影响气候的周期变化,而这又会影响农业收成,而农业收成的丰歉又会影响整个经济。太阳黑子的出现是有规律的,大约每 10 年出现一次,因而经济周期大约也是每 10 年一次。该理论由英国经济学家杰文斯(W. S. Jevons)于 1875 年提出。

(2) 创新理论

创新理论是奥地利经济学家 J. 熊波特提出的用以解释经济波动与发展的一个概念。所谓创新是指一种新的生产函数,或者说是生产要素的一种新组合。生产要素新组合的出现会刺激经济的发展与繁荣。当新组合出现时,老的生产要素组合仍然在市场上存在。新、老组合的共存必然给新组合的创新者提供获利条件。而一旦采用新组合的技术扩散,被大多数企业获得,最后的阶段——停滞阶段也就临近了。在停滞阶段,因为没有新的技术创新出现,因而很难刺激大规模投资,从而难以摆脱萧条。这种情况直到新的创新出现才被打破,才会有新的繁荣出现。

(3) 政治性周期理论

政治性周期理论把经济周期性循环归因为政府的周期性的决策(主要是为了循环解决通货膨胀和失业问题)。政治性周期的产生有三个基本条件:一是凯恩斯国民收入决定理论为政策制定者提供了刺激经济的工具;二是选民喜欢高经济增长、低失业以及低通货膨胀的时期;三是政治家喜欢连选连任。

2. 内因论

内因论认为,周期源于经济体系内部——收入、成本、投资在市场机制作用下的必然现象。

(1) 纯货币理论

该理论主要由英国经济学家霍特里(R. Hawtrey)在 1913—1933 年的一系列著作中提出的。纯货币理论认为货币供应量和货币流通速度直接决定了名义国民收入的波动,而且经济波动完全是由于银行体系交替地扩张和紧缩信用造成的,尤其以短期利率起着重要的作用。

(2) 投资过度理论

投资过度理论把经济的周期性循环归因于投资过度。由于投资过多，与消费品生产相对比，资本品生产发展过快。资本品生产的过度发展促使经济进入繁荣阶段，但资本品过度生产导致的过剩又会促进经济进入萧条阶段。

(3) 消费不足理论

消费不足理论的出现较为久远。早期有西斯蒙第和马尔萨斯，近代则以霍布森为代表。该理论把经济的衰退归因于消费品的需求赶不上社会对消费品生产的增长。这种不足源于国民收入分配不公造成的过度储蓄。该理论一个很大的缺陷是，它只解释了经济周期危机产生的原因，而未说明其他三个阶段。因而在周期理论中，它并不占有重要位置。

(4) 心理理论

心理理论和投资过度理论是紧密相连的。该理论认为，经济的循环周期取决于投资，而投资大小主要取决于业主对未来的预期。预期是一种心理现象，而心理现象具有不确定性。因此，经济波动的最终原因是人们对未来的预期。当预期乐观时，增加投资，经济步入复苏与繁荣；当预期悲观时，减少投资，经济陷入衰退与萧条。随着人们情绪的变化，经济周期性地发生波动。

(三) 经济周期的类型学说

1. 基钦周期：短周期

基钦认为经济周期实际上有主要周期与次要周期两种：主要周期即中周期；次要周期为3～4年一次的短周期，这种短周期就称为基钦周期。

2. 朱格拉周期：中周期

1860年法国经济学家朱格拉提出了一种为期9～10年的经济周期，这种中周期称为朱格拉周期。该周期是以国民收入、失业率和大多数经济部门的生产、利润和价格的波动为标志加以划分的。

3. 康德拉季耶夫周期：长周期或长波

1926年俄国经济学家康德拉季耶夫提出了一种为期50～60年的经济周期，这种长周期称为康德拉季耶夫周期。该周期理论认为，从18世纪末期以后，经历了3个长周期。第一个长周期从1789年到1849年，上升部分为25年，下降部分为35年，共60年。第二个长周期从1849年到1896年，上升部分为24年，下降部分为23年，共47年。第三个长周期从1896年起，上升部分为24年，1920年以后进入下降部分。

4. 库兹涅茨周期：另一种长周期

1930年美国经济学家库涅茨提出了一种为期15～25年，平均长度为20年左右的经济周期，这种长周期称为库兹涅茨周期。由于该周期主要是以建筑业的兴旺和衰落这一周期性波动现象为标志加以划分的，所以也被称为"建筑周期"。

5. 熊彼特周期：一种综合周期

1936年，伟大的经济学家熊彼特以他的"创新理论"为基础，对各种周期理论进行了综合分析后提出了熊彼特周期。熊彼特认为，每一个长周期包括6个中周期，每一个中周期包括3个短周期。短周期约为40个月，中周期为9～10年，长周期为48～60年。他以重大的创新为标志,划分了 3 个长周期。第一个长周期从 18 世纪 80 年代到 1842 年,是"产业革命时期";第二个长周期从 1842 年到 1897 年,是"蒸汽和钢铁时期";第三个长周期自 1897 年以后,是"电气、化学和汽车时期"。在每个长周期中仍中有中等创新引起的波动,这就形成了若干个中周期。在每个中周期中还有小创新引起的波动,形成了若干个短周期。

(四)中国的经济增长与周期波动

新中国走过了 60 多年历程。1950—1952 年,经过三年努力,国民经济迅速恢复。从 1953 年起,我国开始了大规模的经济建设,进入工业化初期阶段,由此也开始进入经济的周期波动历程。到 2009 年,经济增长率的波动共经历了 10 轮周期。2010 年,进入了第 11 轮经济周期。2021 年,进入了新一轮即第 12 轮经济周期。

第一个周期:1953—1957 年。

1953 年是"一五计划"的第一年。当时没有经验,向苏联学习。当年,固定资产投资规模很大,经济增长速度很高(GDP 增长率达 15.6%),立即遇到供给面的三大"瓶颈"制约:一是生产资料供给紧张;二是工业消费品供给紧张;三是自然灾害严重,粮食供给紧张。由此,经济的高速增长难以为继,1954 年、1955 年经济增长减速。1956 年经济增长再次加速(GDP 增长率达 15%),再次受到三大"瓶颈"制约,1957 年又不得不减速。

第二个周期:1958—1962 年。

1958 年 5 月,中共八大二次会议根据毛泽东的倡议,正式提出"鼓足干劲、力争上游、多快好省地建设社会主义"的总路线。

以"快"为中心的"大跃进",使经济增长率一下子冲高到 21.3% 的顶峰。超高速的经济过热增长,伤害了整个经济发展的机体,打乱了经济正常运行的秩序,造成国民经济重大比例的严重失调,又遇到生产资料、工业消费品、粮食这三大"瓶颈"制约。由此引起全面短缺,高速增长难以为继。随后,1960 年、1961 年和 1962 年的三年,经济增长率大幅下落,均为负增长。这第二个周期,是一个典型的"大起大落",形成一个深深的"大峡谷"。对此中央提出八字方针:调整、巩固、充实、提高。

第三个周期:1963—1968 年。

调整之后,1964 年经济增长又出现 18% 左右的高峰。20 世纪 60 年代初,蒋介石叫嚣反攻大陆,中苏关系破裂,国防建设进入前期高潮。1966 年 5、6 月,发动了"文化大革命"。随后,1967 年、1968 年又陷入低谷,出现负增长,形成第三个周期。

第四个周期:1969—1972 年。

国防建设进入后期高潮。标志性事件是 1969 年 3 月中苏边境的珍宝岛自卫反击战。1970 年经济增长再次冲高到 19% 左右,1972 年又回落下来,形成第四个周期。

第五个周期:1973—1976 年。

随后,进入"文化大革命"的后期。1973 年,经济增速略有回升,1974 年又掉下来(1974 年 1 月,批林批孔),1975 年略有回升(1975 年邓小平主持工作),1976 年又掉下来,为负增长。1976 年年初,反击"右倾翻案风",1976 年 10 月,粉碎"四人帮",结束了"文化大革命"。这两个小波动组成了第五个周期。

第六个周期：1977—1981年。

粉碎"四人帮"，结束了"文化大革命"之后，全国上下"大干快上"的热情很高。1978年GDP增长率上升到11%以上，有些"过热"。

1978年12月，党的十一届三中全会拨乱反正，结束了"以阶级斗争为纲"的历史，全党工作重心转移到社会主义现代化建设上来，开启了中国改革开放和社会主义现代化建设新的历史时期。1979年、1980年、1981年对国民经济进行了大调整。

第七个周期：1982—1986年。

1984年，在农村改革、城市改革的推动下，GDP增长率上升到15%左右。为治理"过热"，1986年经济增长率又回调。这是第七个周期。

第八个周期：1987—1990年。

1987年、1988年，经济增长率又上升到11%以上。同时，物价（居民消费价格）上升到18.8%。这是新中国成立以来物价上涨的第2个高峰。随后，治理整顿，GDP增长率回调到1989年的4.1%和1990年的3%左右。这是第八个周期。

第九个周期：1991—1999年。

1991年，经济回升。1992年年初，邓小平南方谈话，提出"又快又好"。

邓小平南方谈话和随后召开的党的十四大，为中国改革开放和社会主义现代化建设打开了一个新局面。

然而，由于当时改革开放才十来年，原有的计划经济体制还没有根本转型，原有体制下的投资饥渴、片面追求速度的弊端还没有被克服。经济增长很快冲到14.2%的高峰，出现经济过热现象。在这种情况下，党中央一再强调："更好地把解放思想与实事求是结合起来，进一步把党的十四大确定的路线方针政策和目标任务贯彻好、落实好，确保经济建设又快又好地发展。""充分调动、保护、发挥群众的积极性，促进经济又快又好地发展。"

在"又快又好"思想指导下，1993年下半年至1996年，国民经济运行成功地实现了"软着陆"，既大幅度地降低了物价涨幅（物价在1994年上升到24.1%），又保持了经济的适度快速增长。随后，成功地抵御了亚洲金融危机和克服了国内有效需求不足。1999年是第九轮经济周期的谷底年份，经济增长率为7.6%，结束了第九个周期。

第十个周期：2000—2009年。

从2000年起，进入第十个周期，到2007年，经济增长率连续8年处于8%以上至14%的上升通道内。2008年和2009年，中国经济面临着国际国内四重调整的叠加，即改革开放30年来国内经济长期快速增长后的调整与国内经济周期性的调整相叠加，与美国次贷危机导致的美国经济周期性衰退和调整相叠加，与美国次贷危机迅猛演变为国际金融危机而带来的世界范围大调整相叠加。2008年，经济增长率回落到9.6%。2009年，回落至9.2%，完成第十个周期。

第十一个周期：2010—2020年。

这个阶段房地产和重化工业不断退出，但是却没有新型主导产业出现，经济增速呈现阶梯式下行，从11%的高增长下行到6%的中高速增长。每一次经济下行，由于没有新的主导产业出现，政府只能通过放松房地产政策来稳经济，比如2015年下半年开始的棚改货币化，央行创设PSL（抵押补充贷款）等货币政策工具，就是在经济快速下行后通过刺激房地产来拉动经济。由于这一阶段房地产整体处于下行周期，每一次货币宽松对实体经济的拉动作用越来越小，相反推升的房地产价格泡沫越来越大，因而宽松货币带来的负面作用越来越大。其实股市已经反映了实体经济的变化，房地产以及煤炭、钢铁等周期股的估值不断下移，股市也在不断试错新的产业，如2010年的LED行业等，2015年的教育、物流等，2019年的5G等，但这些行业都没有承担起引领中国经济周期的重任，资金只能被迫流向房地产，并且越来越集中于一线房产和强二线房产。市场在等待新一轮经济长周期的出现，从时间维度和产业转型角度看，一轮新周期将会到来。

2021年新一轮（即第十二个周期）经济长周期开始启动。

按照过去经济周期长度大约为10年推算，从2010年到2020年长约10年，正好一个周期，那么2021年大概是一轮新周期的起点。以2021年前三个季度的经济增速大致估算，2021年全年经济增长将达到8%，这大大高于2020年的增长水平，2022年即使经济增速回落，也会显著高于2020年。因此从经济增速的拐点判断，新一轮经济周期已经启动。

三、经济滞胀

(一) 什么是经济滞胀

停滞膨胀（简称滞胀），又称为萧条膨胀或膨胀衰退，是西方经济学家用以概括经济衰退和通货膨胀同时存在的现象时的术语。

长期以来，资本主义国家经济一般表现为：物价上涨时，经济繁荣、失业率较低或下降；而经济衰退或萧条时，则物价下跌。西方经济学家据此认为，失业和通货膨胀不可能同时发生。但是，自20世纪60年代末、70年代初以来，西方各主要资本主义国家出现了经济停滞或衰退、大量失业和严重通货膨胀以及物价持续上涨同时发生的情况。西方经济学家把这种经济现象称为滞胀。

(二) 经济滞胀理论

1. 哈耶克的"失业紧跟通货膨胀"论

新自由主义的重要代表人物哈耶克认为，当前各主要资本主义国家出现的"停滞膨胀"应完全归咎于凯恩斯及其追随者的错误诊断和错误处方。他断定，失业的原因不是由于总收入的不足而引起的需求不足，而是由于使每个经济部门的劳动力供求相等所需要的相对工资失去了平衡。换言之，失业的原因在于背离了均衡的价格和工资，而在自由市场和稳定的货币条件下，均衡的价格和工资是会自己建立起来的。

哈耶克竭力反对凯恩斯主义者关于以通货膨胀来实现充分就业目标的主张。他认为，通货膨胀不是解决失业的办法，也不是保证充分就业的手段；相反，它必将导致对劳工的错误指引，造成更多的失业。哈耶克在他所写的《不惜任何代价的充分就业吗？》（1975）一书中提出：

(1) 通货膨胀改变着各个部门和生产过程各个阶段之间的货币流量的分配。

(2) 通货膨胀引起对物价进一步上涨的预期。

（3）为了实现预定的充分就业政策的目标，通货膨胀往往必须按加速度来进行（否则，无法创造出另外追加的就业），但这样的通货膨胀迟早会使得市场经济的一切有效程序无法实现。

（4）既然政府已允诺充分就业，工会就不用考虑因要求工资的增加超过了劳动生产率的增长而可能引起的失业。这样，由于工资的向上变动而引起的必要的货币数量的增长，就变成需要经常注入追加的货币数量的持续过程。

（5）持续追加的货币供应必定导致对各类商品和劳务的需求的相对力量的变化。

同时，相对需求的这些变化，必定导致相对价格的进一步变化，以及随之而来的生产方向与生产要素（包括劳动在内）的分配的改变。哈耶克认为，所有这一切造成"通货膨胀持续的时间越久，其工作职位取决于通货膨胀的持续性（甚至取决于通货膨胀率的不断加速）的工人人数就会越多"。但是，"这并不是因为他们在没有通货膨胀的情况下，会找不到工作，而是因为他们被通货膨胀吸引到暂时有吸引力的工作职位上。"而一旦通货膨胀放慢或者停止加速，这些具有暂时吸引力的工作就会再次消失，因而劳工成为"过剩的"。所以，"从长期来看，这样的通货膨胀所带来的失业必然比最初设想要防止的失业多得多"。这就是哈耶克认为的当前各主要资本主义国家出现了高失业率与高通货膨胀率并发的停滞膨胀的根本原因所在。

2. 弗里德曼的"通货膨胀和失业相互加强"论

早在 1968 年，美国哥伦比亚大学教授 E. S. 费尔普斯（E. S. Phelps）和芝加哥大学教授 M. 弗里德曼就根据预期的通货膨胀理论对菲利普斯曲线交替关系（通货膨胀率与失业率之间存在着非此即彼的相互替换的关系，即多有一点失业，就可能少有一点通货膨胀；相反，多有一点通货膨胀，就可能少有一点失业）给予抨击。他们的论点是，如果企图把国民收入保持在充分就业水平之上，那就不会导致稳定的通货膨胀率，而将导向不断加速度的通货膨胀率。他们把那种与充分就业的国民收入相联系的失业叫作"自然失业率"，即仅由于摩擦性的和结构上的原因而引起的失业，这种失业率对于物价水平既没有升高的、也没有降低的压力。换言之，他们认为，如果企图把失业保持在自然失业率之下，那就会导致一种加速度的通货膨胀率。因此，据费尔普斯-弗里德曼理论，失业与通货膨胀之间的交替关系只不过是暂时的，由于自然失业率的存在，就长期而论，菲利普斯曲线已变成一条垂直线。而只有通货膨胀率增长速度快于工资率增长速度，从而使实际工资相对下降，失业才有可能减少。一旦工人们意识到物价上涨率超过了工资增长率，他们就必定要求工资增长要赶上物价上涨，甚至要求把预期的通货膨胀率那部分也追加到工资增长中。这样一来，失业便将回升到自然失业率水平。所以，实际情况将是：通货膨胀的加速度与失业之间的稳定关系取代了通货膨胀与失业之间的稳定关系。

鉴于 20 世纪 70 年代以来，各主要资本主义国家都出现了较高通货膨胀率往往伴随着较高的失业率，弗里德曼进而指出，这个时期的简单统计上的菲利普斯曲线看来是正倾斜的而不是垂直的。这正表现出通货膨胀和失业一起上升——停滞膨胀。他认为，其根本原因是："通货膨胀和低速增长是政府庞大化的产物，两者有相互强化的力量。"由于政府的庞大化，政府支出必然增加，为了取得增长中的支出的来源，政府不能只依靠增加税收，因增加税收要遭到人们的反对，于是，政府自然会用征税以外的方法以获得收入，最简单易行的办法就是为弥补赤字而发行新的货币，这就是用变相的征税方法制造通货膨胀。另外，政府还使用借债的方法，在公债市场上发行国债、汇集邮政储备，以弥补政府的开支。被提供的这笔资金不能用于民间投资，因此，同从民间征收直接税的方法一样，它与发行新货币的效果相同。若政府对经济活动的干预增多，就会造成如下结果：

（1）政府的支出增加，势必用变相的方法公开课税，而税负越多，人民就越失去努力工作、存款、投资的欲望。

（2）如果政府实行企业国有化，产业部门之间就不能进行必要的调整和经济活动中的自动调节功能就会失效。

（3）由于通货膨胀的情况在变化，价格体系和市场结构就出现不平衡，经济活动的效率终将受到损失。

（4）由于通货膨胀率经常发生变化，消费者为了防止损失，就必然以对付通货膨胀的投机策略代替努力工作，不是从事生产活动，而是热心购买钻石，以逃避通货膨胀。

（5）政府为了制止通货膨胀，采取管制物价、工资的政策，这也使价格体系不能正常变动。

3. 托宾的"劳工市场上的均衡和失衡"论

新古典综合派经济学家 J. 托宾认为，按照凯恩斯的《就业、利息和货币通论》第一章对劳工市场均衡和失衡的论述，失业应被解释为失衡现象。因为"非自愿失业意味着劳工市场并未处于均衡"；与此同时，"货币工资并未迅速调整，以出清每天劳工市场"。他指出："劳工市场上过度供给取于失业的形式，过度需求取于未能填补的工作空位的形式。不论什么时候，劳工市场在过度的供求中广泛地变化着，因此整个看来，经济就显示了既有空位又有失业。"

托宾断定，在任何一个劳工市场上，货币工资增长率是两种成分的总和，即均衡成分和失衡成分。均衡指劳工市场上既无过度需求，又无过度供给，即劳工市场处于既无空位又无失业的状态。失衡指劳工市场上出现过度的需求和供给，即空位和失业并存。

托宾认为，当劳工市场出现失衡状态时，工人们将从过度供给市场转移到过度需求市场，从低工资转移到高工资市场。但是，从理论上说来，新的失衡总是在发生，因为"总需求可以是稳定的，但在它的稳定之下，涨潮从来没有终止：新产品，新制造法，新的嗜好与风气，土地与自然资源的开发，快要废弃的工业以及正在衰落的区域……"这就是说，即使整个经济趋于均衡状态，但由于产品生产、技术革新、部门构成、地区差别等变化的涌现，新的失衡也会不断发生。托宾断定，在不断失衡中，既然一定的失业率与未填补的工作空位数额同时存在，而假定工资变动同过度需求或过度供给相联系的函数是非线性的，即失业对货币工资增长速度的减缓不及空位对货币工资增长的加速，于是必然会发生如下情况：

（1）每个连续失业增量在降低通货膨胀率方面有着愈来愈小的影响（因有空位存在，势必抵制货币工资减少，从而使物价仍上涨）；

（2）在整个经济的空位减去失业的已知条件下，过度的需求与劳工供给市场之间的变化愈大，工资膨胀将愈显著（因空位多于失业，势必加速货币工资增长）；

（3）甚至当空位总额至多等于失业的时候，由于劳工市场分散性和市场结构不断变化，通常的失衡成分也将确实存在。所以，托宾认为，在空位与失业相等的意义上的充分就业是与物价稳定有矛盾的。

托宾进而认定，所有市场上的完全长期均衡会表现出没有失业，没有空位，没有未预料到的通货膨胀。但是，由于不断的部门的流动变化，零过度需求就会带来通货膨胀，零通货膨胀就会带来纯粹的过度供给，失业便多于空位。

托宾论及均衡成分，即就既无过度需求又无过度供给的市场上的工资增长率而论，他认为，在这种市场上的工资增长率是取决于在别处可比较的劳动工资趋势，这就形成一种"竞争性工资"，雇主们为维持对自己有利可图的就业量份额，就必然会发生"竞争性工资"的出价，这样就将助长整个经济的通货膨胀倾向。

总之，据托宾的分析，失业与空位的并存会转化为失业与工资率上升的并存；而失业与工资率上升的并存又必然要转化为失业与通货膨胀的并发，因为工资水平影响物价水平。

托宾对通货膨胀的论证归根结底仍是工资推进通货膨胀论。他对失业的解说归结为劳工市场的失衡，特别提出并着重于空位与失业并存现象的分析，从而得出通货膨胀与失业之所以并存的解释。托宾既无视了通货膨胀的真正根源，又抹杀了资本主义社会里存在失业大军问题的实质——资本主义制度下所特有的相对人口过剩本是资本主义生产方式存在和发展的必要条件。

理论应用分析 ▷▷

案例：

中国的经济波动（以1978—2000年为例）

根据中国统计年鉴1978年以来的资料分析，我国的经济增长的确存在经济波动。表3.6-1是1978—2000年按"波峰—波峰"划分的短期经济波动周期，其中GDP数据根据《中国统计年鉴2000》提供GDP指数计算；根据存货投资的1952年不变价数值（以存货投资占GDP的比重乘以1952年不变价GDP）计算推导出存货投资的增长率及波动数据；固定投资数据以1980年为分界采用不同的计算标准，1980年之前根据国有经济名义投资额计算，1980年之后依据全社会固定资产投资数据计算得出。

表3.6-1 1978—2000年按"波峰—波峰"划分的短期经济波动周期

GDP			存货投资			固定投资		
波动区间	波长	波幅	波动区间	波长	波幅	波动区间	波长	波幅
1978—1984	6	10.0	1978—1981	3	36.73	1978—1982	4	24.4
1984—1987	3	2.6	1981—1985	4	115.44	1982—1985	3	22.6
1987—1992	5	10.4	1985—1989	1	111.49	1985—1988	3	3.9
1992—1999	7	7.1	1989—1993	4	56.04	1988—1993	5	69.0
			1993—1995	2	32.06	1993—1999	6	60.7
			1995—1999	4	76.38			
3.5T平均	6	7.53	5.5T平均	3.27	71.36	4.5T平均	4.67	36.12

依据周期理论，可以将短期波动的波长对GDP和固定投资进行五年移动平均，对存货投资进行三年移动平均，从而得到中期波动情况。

问：(1) 根据表3.6-1我国经济增长波动有何特征？
(2) 分析经济波动的相关因素。

综合能力训练

案例分析一：

滞胀时期美国的货币政策与财政政策搭配

第二次世界大战后的第五次经济危机（1969—1970年）爆发了。正是在这次危机中，出现了资本主义经济周期史上的一个新事物——"衰胀"继而"滞胀"的并发症。在1969年前，可以说美国经济中表现为有效需求推动通货膨胀，但1969—1970年的情况发生了变化。当时由于美联储的紧缩信用政策，对产品总需求的增长率已经缓慢，1970年美国预算赤字仅为29亿美元，而且劳动力和工厂生产能力的利用不足日益明显，过剩的生产能力在各个行业中连续出现，失业率从1970年年中已经较高的5%，升高到1970年年末的6%。尽管经济衰退的迹象已很明显，但物价上涨的趋势仍然没有减弱，通货膨胀势头仍未遏止。这就是"衰胀—滞胀"并发症。

滞胀在20世纪70年代之前是不可思议的，因为在经济衰退时期，物价向来是下降的，为什么70年代会上升呢？根据凯恩斯主义理论，通货膨胀具有刺激经济的作用，为何70年代生产反而会停滞呢？关于滞胀的原因，各经济学家说法不一，而滞胀的后果却是有目共睹极其严重的。一方面，反通货膨胀需采用紧缩信用的政策，而这一政策又会使经济衰退加剧或使经济停滞延续下去；另一方面，为了防止经济衰退或停滞，需采用扩张信用、降低税收的政策，但这又会加剧通货膨胀。无论采取哪种政策，都会是顾此失彼，不可兼顾，故滞胀是西方国家面临的难治之症。

问：面对经济滞胀，美国各届政府及美联储采取什么措施来对经济增长和抑制通货膨胀这两个政策目标进行选择？

案例分析二：

当前国内经济存在滞胀风险吗？

2021年8月PMI（采购经理指数）为50.1，已逼近50荣枯临界点。虽然继续位于临界点以上，但低于上月0.3个百分点，已连续5个月下降，制造业扩张力度有所减弱。同时，受到疫情影响，非制造业PMI近一年半来首次落到荣枯线下。

PMI指数出现问题，主要原因有两个。

一是需求不足。由于居民收入长期不增，加上疫情天灾影响，导致消费需求不足，购买力不高，经济下行压力加大。

二是原材料价格上涨。自 2020 年下半年以来，铜矿石、铁矿石、原油、纸浆、白糖、棉花等大宗原材料价格不断上涨，2021 年以来，部分原料材料价格甚至一个月内涨幅达到 20% 以上，涨幅惊人。而与此相伴的则是终端产品（如家电）的价格随之调升，导致需求压缩。

这些都直接反映在订单指数上。2021 年 8 月制造业新订单指数为 49.6%，降至临界点以下，并创下 2013 年以来同期新低，表明市场需求显著减弱。

正常来说，产品供不应求时，会导致价格上涨。可市场需求并没有增长，原材料价格为什么会上涨呢？

答案是：货币超发。货币超发是老生常谈了，且近期放水量已有所控制，为什么现在才引发价格上涨呢？

原因是：房地产。众所周知，房地产是超发货币的最大蓄水池，现在房地产终于难负其重，加上调控政策加大，它开始"放水"了。

房地产市场释放出来的流动性，以及市场新增的本来预期流向或变相流向（如经营贷）房地产的流动性，都需要寻找新的投资通道。

因为大宗商品有保值和投机双重功能，很容易被流动性投资盯上，所以出笼的超发货币就涌向大宗商品，原材料价格就涨起来了。从原材料开始，价格将逐渐传递到工业产品和生活用品，导致物价水涨船高。

而这仅仅是开始，会有越来越多的泡沫，从房地产传递到制造业和生活中。

一方面是物价不断上涨，另一方面是财富（主要是房产）不断缩水。

对于"滞胀"的说法，国家统计局并不认同。国家统计局新闻发言人表示，从 GDP 和 CPI 的数据看，很难得出中国经济出现滞胀的结论，现在是既不存在"滞"，也不存在"胀"。中国经济在短期内出现零增长或负增长的可能性微乎其微。以此来考量，对于"滞胀"的担忧似乎显得迫切。

但就我国现实而言，著名经济学家厉以宁此前曾有过一个论断，中国的滞胀与国外的滞胀表现数据并不一样。当中国经济增长率下降到 6%，通货膨胀率超过 4%，就会出现"滞胀"，中国宏观经济调控的警戒线应该定在失业率 4% 和通货膨胀率 4%。

问：（1）什么是经济滞胀？
（2）中国如何防止出现经济滞胀？

阅读资料 ▷▷

米尔顿·弗里德曼与《美国货币史》

弗里德曼 1912 年 7 月 31 日生于纽约市一个工人阶级的犹太人家庭，父母两人从奥匈帝国（邻近俄罗斯和波兰的地方）来到美国邂逅，曾在"血汗工厂"工作。弗里德曼是家中第四个孩子，也是唯一的男孩。他 15 岁高中毕业，凭奖学金入读罗杰斯大学。原打算成为精算师的弗里德曼最初修读数学，成绩为 3.62（对于 4 学分的大学 3.62 属于优秀），1932 年取得经济学学士学位，翌年到芝加哥大学修读硕士，1933 年芝加哥大学硕士毕业。上第一堂经济课时，座位是按姓氏字母编排，他的座位紧随一个叫罗斯（Ross Director）

的女生之后，两人 6 年后结婚，从此终生不渝。弗里德曼曾说他的作品无一不给罗斯审阅，更笑言自己成为学术权威后，罗斯是唯一敢跟他辩论的人。毕业后，他曾为新政工作以求糊口，批准了许多早期的新政措施以解决当时面临的艰难经济情况，尤其是新政的许多公共建设计划。之后，他到哥伦比亚继续修读经济学，研究计量、制度及实践经济学。返回芝加哥后，被 Henry Schultz 聘任为研究助理，协助完成《需求理论及计算》论文。弗里德曼在威斯康星大学任教了一小段时间，但由于在经济学系里碰上了反犹太主义者的阻挠而只得返回政府部门工作。

1941—1943 年，弗里德曼出任美国财政部顾问，研究战时税务政策，曾支持凯恩斯主义的税赋政策，并且协助推广了预扣所得税制度。1943—1945 年他在哥伦比亚大学参加了 Harold Hotelling 及 W. Allen Wallis 的研究小组，为武器设计、战略及冶金实验分析数据。1945 年，他与后来的诺贝尔经济学奖主 George Stigler 到明尼苏达大学任职，1946 年他获得哥伦比亚大学颁发的博士学位，随后回到芝加哥大学教授经济理论，其间再为美国国家经济研究局研究货币在商业周期的角色。这是他学术上的重大分水岭。在他的自传中，弗里德曼曾描述 1941—1943 年为罗斯福新政工作时，"当时我是一个彻底的凯恩斯主义者"。随着时间过去，弗里德曼对于经济政策的看法也逐渐转变，他在芝大成立货币及银行研究小组，在经济史学家 Anna Schwartz 的协助下，发表了《美国货币史》鸿文。当时他挑战主张凯恩斯主义的著名经济学家观点，抨击他们忽略货币供应、金融政策对经济周期及通胀的重要性。他任职芝加哥大学经济系教授 30 余年，力倡自由主义经济，并与徒弟徒孙，打造出著名的"芝加哥学派"。他反对政府干预，尤其是对市场价格的管制，他认为价格在市场机制里扮演着调度资源所不可或缺的信号功能。在《美国货币史》一书中，他提出经济大萧条其实是政府对于货币供应管制不当所致。后来他在 2006 年说道："你知道吗？很奇怪的是为何人们仍以为是罗斯福的政策让我们脱离了经济大萧条。当时的问题是，你有一堆失业的机器和失业的人民，你怎么能靠着成立产业垄断集团和提升价格及工资来解决他们的问题？"

在芝加哥大学担任经济学教授的 30 年里，他将芝加哥大学的经济系打造成一个紧密而完整的经济学派——芝加哥经济学派。1976 年他获得诺贝尔经济学奖，以表彰他在消费分析、货币供应理论及历史、稳定政策复杂性等范畴的贡献。1953—1954 年间他以访问学者的身份前往英国剑桥大学任教。1977 年弗里德曼加入了斯坦福大学的胡佛研究所。弗里德曼在 1988 年取得了美国国家科学奖章（National Medal of Science）。

1980 年、1988 年、1993 年，弗里德曼三次来华访问。他在自传中写道："对中国的三次访问是我一生中最神奇的经历之一……"1980 年弗里德曼的来华访问是唯一一次由官方正式邀请的访问，邀请者是中国社科院世界经济研究所。邀请者希望弗里德曼就世界经济、通货膨胀、计划经济社会中市场的运用等问题发表演讲。这时的中国，改革的进程刚刚开始，人们对于未来要走的道路几乎一无所知。他们只是知道过去的道路是行不通的。弗里德曼发现，人们对经济问题知之甚少，对市场体制运作的方式基本上一无所知。比如，在一次座谈中，一位将要前往美国考察的副部长的问题是："在美国谁负责物资分配？"弗里德曼的反应是"吓了一跳"。他建议这位副部长去芝加哥商品交易所看看，了解一下没有中央分配者的经济体制是怎样运作的。弗里德曼对中国的判断是改革刚刚开始，不能排除反复的可能性。1988 年，在张五常的安排下，弗里德曼第二次访华。这次访华是弗里德曼三次访华中最重要的一次，弗里德曼见到了当时中国主要的中央领导人，由于访问的范围更大，弗里德曼对中国有了更深入的观察和了解。同时，弗里德曼的自由经济观点，在当时中国改革持续深入的情况下得以更清晰地传递给了中国的决策者和学术界。在这次访问中，弗里德曼在各地走访了许多正在蓬勃发展的商品市场。在这些市场中，弗里德曼真实地感受到了中国经济发展的生机和活力，也看到了中国进一步改革所面对的核心问题，那就是政府是否愿意为了经济发展而放弃自己的某些特权。1993年，弗里德曼第三次访华。这时的中国改革，在经历了反复以后，重新开始快速发展。弗里德曼在中国已经可以享受到不亚于其他国家的服务。除了北京和上海以外，弗里德曼还访问了成都和重庆等地。私营企业、民间商业的发展给弗里德曼留下了深刻的印象。但这时的中国政府的改革方向似乎与1988年有所不同。政府开始强调日本、韩国式的对经济的控制，认为这是未来的方向。弗里德曼显然无法同意这一点。但这时的中国，已经不再像改革初期那样尽量地吸收外界知识了。而弗里德曼关于市场与政府关系的观点这时倒更符合中国的现实问题。中国到底是走向自由市场制度，还是尝试一条计划经济、市场经济以外的"第三条道路"？这个问题已困扰中国多年。

弗里德曼于2006年11月16日在旧金山的家中因心脏病发作逝世。

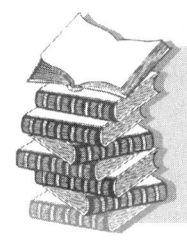

任务七 劳动就业——经济发展中的重中之重

学习目标

知识目标
（1）了解充分就业的概念和失业的种类；
（2）理解奥肯定理、菲利普斯曲线和人口红利的含义。

能力目标
（1）能观察就业、失业和人口红利等社会经济现象；
（2）能用奥肯定理、人口红利原理等分析中国的经济现象。

思政目标
（1）能理解中国不同时期的人口政策；
（2）能理解中国的就业与退休政策。

经济现象引入 ▷▷

中国正面临世界上最大的就业问题

国情问题专家、清华大学教授胡鞍钢讲过一句——"中国正面临世界上最大的就业战争"。把就业视作一场战争，当然不只是一个简单的比喻，而是有事实依据的。据他计算，中国以世界上9.6%的自然资源、9.4%的资本资源、1.85%的知识技术资源，以及1.83%的国际资源等，来为占世界人口26%的劳动力创造就业机会。换句话说，世界上还没有哪个国家要像中国这样提供7亿多个工作岗位，整个西方发达国家才不过提供4.3亿个工作岗位。因此，说中国正面临世界上最大的就业战争是一点也不为过的。至少在未来10年，中国的人口还呈增加的趋势，劳动力供大于求的矛盾将长期存在。国家统计局网站发布的我国2020年国民经济和社会发展统计公报显示，2020年全年城镇新增就业人口1 186万人，比上年少增166万人。2020年年末全国城镇调查失业率为5.2%，城镇登记失业率为4.2%。国家统计局网站发布的我国2021年国民经济和社会发展统计公报显示，全年城镇新增就业人口1 269万人，比上年多增83万人。全年全国城镇调查失业率平均值为5.1%，城镇登记失业率为3.96%。可以说，在整个"十四五"及以后的若干年，中国将进入严酷的高失业和就业结构大调整时期，这是一个已经超越了经济范畴的严峻挑战，世界上没有任何一个国家面临着像中国这样的就业挑战。

问：（1）什么是失业和充分就业？
（2）衡量失业的标准是什么？

（3）我国目前失业率居高不下的原因是什么？

经济知识学习 ▷▷

一、充分就业

（一）什么是充分就业

充分就业，它的概念是英国经济学家 J. M. 凯恩斯在《就业、利息和货币通论》一书中提出的，是指在某一工资水平之下，所有愿意接受工作的人，都获得了就业机会。充分就业并不等于全部就业或者完全就业，而是仍然存在一定的失业。但所有的失业均属于摩擦性的和季节性的，而且失业的间隔期很短。通常把失业率等于自然失业率时的就业水平称为充分就业。

（二）充分就业的意义

充分就业既是微观居民户家庭实现收入最大化所追求的理性预期，也是宏观政府调控的首要政策目标。充分就业的重大工具意义和终极目的价值在于以下几个方面。

1. 权利保证

在充分就业状态下，每个劳动者都找到了他或她所期望找到的就业岗位，劳动者在就业岗位上实在地证明了自身所拥有的自主决策、自愿选择、自由流动、自动就业和自我发展的真实权利，劳动者的可行能力得到了体现、证明和运用，其自身的内在需求偏好获得了满足，有可能实现符合个人意愿的全面发展。

2. 经济支撑

在充分就业状态下，劳动者个人有了可靠的工作保障，找到了稳定可靠的收入来源，居民户家庭能够实现收入最大化，有可能实现个人或居民户家庭在各个方面的最大化发展，劳动者一旦因失去就业机会而处于失业状态，也将同时失去个人和家庭发展的经济支撑。

3. 精神满足

在充分就业状态下的劳动者在找到就业岗位的同时，也找到了自己的社会归属，自身将不再处于社会游离状态，不再被社会所抛弃和处于社会边缘，其心理将不再因失业而被扭曲，原有的失业心理也会得到及时矫正，对未来将不再徘徊、彷徨和迷惘，就业者有了自己期望的社会定位，证明了自己的社会价值，其精神需求会得到满足。

4. 和谐发展

在充分就业状态下包括人力资源在内的所有社会资源都得到了最优化配置，实际经济产出 GDP 接近或等于潜在产出，经济运行曲线处在生产可能性曲线的边缘附近，经济周期处在繁荣和高涨阶段，国民经济蛋糕已经做到最大，即使收入分配比例保持不变，个人家庭收入和政府财政收入也都会获得相应增长，人口发展、经济增长和社会进步处在动态和谐的健康运行状态。

二、失业

(一) 什么是失业

失业即达到就业年龄且具备工作能力但未得到就业机会的状态。没有劳动能力的人不存在失业问题。有劳动能力的人虽然没有职业，但自身也不想就业的人，不称为失业者。对于就业年龄，不同国家有不同的规定，美国为 16 周岁，中国为 18 周岁。

按照国际劳工组织（ILO）的统计标准，凡是在规定年龄内一定期间内（如一周或一天）属于下列情况的均属于失业人口：（1）没有工作，即在调查期间没有从事有报酬的劳动或自我雇佣；（2）当前可以工作，即当前如果有就业机会，就可以工作；（3）正在寻找工作，即在近期采取了具体的寻找工作的步骤，例如到公共的或私人的就业服务机构登记、到企业求职或刊登求职广告等方式寻找工作。

(二) 失业的种类

1. 自愿意失业与非自愿失业

根据主观愿意，失业可分为自愿失业和非自愿失业。

自愿失业是指工人所要求的实际工资超过其边际生产率，或者说不愿意接受现行的工作条件和收入水平而未被雇用造成的失业。这种失业是由于劳动人口主观不愿意就业而造成的，所以被称为自愿失业，无法通过经济手段和政策来消除，因此不是经济学所研究的范围。

非自愿失业是指有劳动能力、愿意接受现行工资水平，但仍然找不到工作的现象。这种失业是客观原因造成的，可以通过经济手段和政策来消除。经济学中所讲的失业是指非自愿失业。非自愿失业又可分为摩擦性失业、结构性失业、季节性失业和周期性失业。

2. 摩擦性失业、结构性失业、季节性失业和周期性失业

摩擦性失业是指生产过程中难以避免的、由于转换职业等原因而造成的短期、局部失业。这种失业的性质是过渡性的或短期性的。它通常起源于劳动的供给一方，因此被看作是一种求职性失业，即一方面存在职位空缺，另一方面存在与空缺职位数量对应的寻找工作的失业者，但因为劳动力市场信息的不完备，厂商找到所需雇员和失业者找到合适工作都需要花费一定的时间。摩擦性失业在任何时期都存在，并将随着经济结构变化而有增大的趋势，但从经济和社会发展的角度来看，这种失业存在是正常的。

结构性失业是指劳动力的供给和需求不匹配所造成的失业，其特点是既有失业，也有职位空缺，失业者或者没有合适的技能，或者居住地点不当，因此无法填补现有的职位空缺。结构性失业在性质上是长期的，而且通常起源于劳动力的需求方。结构性失业是由经济变化导致的，这些经济变化引起特定市场和区域中的特定类型劳动力的需求相对低于其供给。造成特定市场中劳动力的需求相对低可能由以下原因导致：第一是技术变化，原有劳动者不能适应新技术的要求，或者是技术进步使得劳动力需求下降；第二是消费者偏好的变化，消费者对产品和劳务的偏好的改变，使得某些行业扩大而另一些行业缩小，处于规模缩小行业的劳动力因此而失去工作岗位；第三是劳动力的不流动性，流动成本的存在制约着失业者从一个地方或一个行业流动到另一个地方或另一个行业，从而使得结构性失业长期存在。

季节性失业是消费者对一些商品和服务的季节性需求造成的，即消费者对这些商品和服务的需求是季节性变化的。这是一种正常性的失业，它通过影响某些产业的生产或影响某些消费需求而影响对劳动力的需求。

周期性失业是指经济周期中的衰退或萧条时，因社会总需求下降而造成的失业。当经济发展处于一个周期中的衰退期时，社会总需求不足，因而厂商的生产规模也缩小，从而导致较为普遍的失业现象。周期性失业对于不同行业的影响是不同的，一般来说，需求的收入弹性越大的行业，周期性失业的影响越严重。也就是说，人们收入下降，产品需求大幅度下降的行业，周期性失业情况比较严重。

3. 其他失业

除了这几种主要失业类型外，经济学中常说的失业类型还包括隐藏性失业。所谓隐藏性失业是指表面上有工作，但实际上对产出并没有做出贡献的人，即有"职"无"工"的人，也就是说，这些工作人员的边际生产力为零。当经济中减少就业人员而产出水平没有下降时，即存在着隐藏性失业。美国著名经济学家阿瑟·刘易斯曾指出，发展中国家的农业部门存在着严重的隐藏性失业。

(三) 失业的影响

失业会产生诸多影响，一般可以将其分成两种：社会影响和经济影响。

失业的社会影响虽然难以估计和衡量，但它最易为人们所感受到。失业威胁着作为社会单位和经济单位的家庭稳定。没有收入或收入遭受损失，户主就不能起到应有的作用。家庭的要求和需要得不到满足，家庭关系将因此而受到损害。西方有关的心理学研究表明，解雇造成的创伤不亚于亲友的去世或学业上的失败。此外，家庭之外的人际关系也受到失业的严重影响。一个失业者在就业的人员当中失去了自尊和影响力，面临着被同事拒绝的可能性，并且可能要失去自尊和自信。最终，失业者在情感上受到严重打击。

失业的经济影响可以用机会成本的概念来理解。当失业率上升时，经济中本可由失业工人生产出来的产品和劳务就损失了。衰退期间的损失，就好像是将众多的汽车、房屋、衣物和其他物品都销毁掉了。从产出核算的角度看，失业者的收入总损失等于生产的损失，因此，丧失的产量是计量周期性失业损失的主要尺度，因为它表明经济处于非充分就业状态。

三、奥肯定理与菲利普斯曲线

(一) 什么是奥肯定理

失业意味着生产要素的非充分利用，失业率的上升会伴随着实际GDP的下降，描述失业率和GDP之间的这一关系的经验规律称为奥肯定律。

它是由美国经济学家阿瑟·奥肯提出的，用来近似地描述失业率和实际GNP之间的交替关系。其内容是，失业率每高于自然失业率1%，实际GNP便低于潜在GNP3%。

例如，假定失业率为8%，比自然失业率高2%，那么按照奥肯定律，实际GNP就比潜在GNP低6%。

奥肯定律论述的失业率与GDP的数量关系是失业率变动与潜在GDP增长率减实际GDP增长率这个差额的数量关系。可列出公式如下：

$$失业率的变动 = -1/2（实际GDP增长率 - 潜在GDP增长率）$$

已知：潜在GDP增长率为3%，当实际GDP增长率为3%，这两个增长率的差额为0时，失业率保持不变；当实际GDP增长率为5%，比潜在GDP增长率大2%时，失业率会下降1%；当实际GDP增长率为-1%，比潜在GDP增长率小4%时，失业率会上升2%。

上式是从实际GDP增长率与潜在GDP增长率的差额求出失业率的变动，我们也可用下式从失业率的变动求实际GDP增长率。

$$实际GDP增长率 = 潜在GDP增长率 - 2×失业率的变动$$

如果失业率保持不变，实际GDP增长率为3%；如果失业率上升2%，实际GDP增长率为-1%，即下降1%；如果失业率下降1%，实际GDP增长率为5%。

(二) 什么是菲利普斯曲线

1958年，菲利普斯根据英国1861—1913年间失业率和货币工资变动率的经验统计资料，提出了一条用以表示失业率和货币工资变动率之间交替关系的曲线。这条曲线表明：当失业率较低时，货币工资增长率较高；反之，当失业率较高时，货币工资增长率较低，甚至是负数。根据成本推动的通货膨胀理论，货币工资可以表示通货膨胀率。因此，这条曲线可以表示失业率与通货膨胀率之间的交替关系。即：失业率高表明经济处于萧条阶段，这时工资与物价水平都较低，从而通货膨胀率也就低；反之失业率低，表明经济处于繁荣阶段，这时工资与物价水平都较高，从而通货膨胀率也就高。失业率和通货膨胀率之间存在反方向变动的关系。

图3.7-1中，横轴 U 值代表失业率，纵轴 G 值代表通货膨胀率，向右下方倾斜的 PC 即为菲利普斯曲线。这条曲线表明，当失业率高 (d) 时通货膨胀率就低 (b)，当失业率低 (c) 时通货膨胀率就高 (a)。

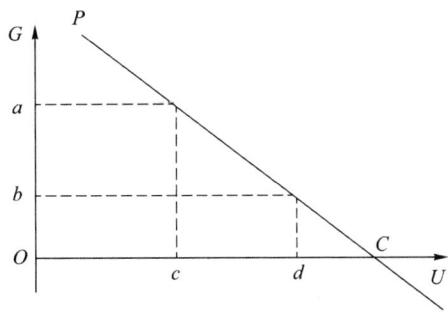

图 3.7-1 菲利普斯曲线

四、人口红利

(一) 什么是人口红利

所谓"人口红利",是指一个国家的劳动年龄人口占总人口比重较大,抚养率比较低,为经济发展创造了有利的人口条件,整个国家的经济成高储蓄、高投资和高增长的局面。"红利"在很多情况下和"债务"是相对应的,因此,在我们享受"人口红利"丰厚回报的时候,千万不要忘记今后可能会面对的人口"负债"。

(二) 人口红利对中国经济的影响

1."人口红利"对经济增长的有利影响

"人口红利"或者说人口年龄结构变化对经济增长的影响主要包括这样两个方面:一是对生产领域的影响;二是对消费和储蓄的影响。

"人口红利"对生产领域的影响主要体现在对劳动供给上。从劳动供给来看,我国目前仍然处于劳动年龄人口最丰富的时期,但随着劳动年龄人口增长速度的减缓,劳动年龄人口已经在2017年左右停止增长。

2016年我国16~59岁劳动年龄人口为9.07亿人。
2017年我国16~59岁劳动年龄人口为9.02亿人。
2018年我国16~59岁劳动年龄人口为8.97亿人。
2019年我国16~59岁劳动年龄人口为8.96亿人。

2021年5月11日,国务院新闻办公室举行新闻发布会,介绍第七次全国人口普查主要数据结果,国家统计局局长宁吉喆表示,普查结果显示,我国16~59岁劳动年龄人口为8.8亿人,劳动力资源仍然充沛。我国人口的平均年龄为38.8岁,依然年富力强。

但中国劳动年龄人口波动呈下降趋势,劳动力老化程度将加重。劳动年龄人口在"十三五"后期出现短暂小幅回升后,2021—2030年间将以较快速度减少。劳动年龄人口趋于老化,到2030年,45~59岁大龄劳动力占比将达到36%左右。

在国民教育方面,2020年普及高中阶段教育,迈入高等教育普及化门槛(毛入学率达到50%),依照《规划》目标,到2030年,中国劳动年龄人口平均受教育年限达到11.8年,这一数字比2015年的10.23年提高了1.57年。

2021年,"十四五"时期经济社会发展主要目标提出,劳动年龄人口平均受教育年限提高到11.3年,为建设现代化国家提供人才支撑。

一般来说,当一个国家劳动年龄人口增长停止后,劳动力数量不足的问题会很快到来。但城乡二元结构使得中国的情况有很大不同,数量庞大的农村人口仍然能够在相当长的时间内为城镇提供劳动力资源。中国目前正处于快速城镇化的过程之中,如果按城镇人口每年增加一个百分点的速度计算,则城镇每年会新增1 500万左右的劳动年龄人口。设想中国步入比较发达的阶段时大多数人口(如70%的人)会选择居住在城镇,则农村劳动力向城镇的转移还会持续20年以上的时间。因此,在可见的将来,我国似乎仍然拥有比较充足的劳动力供给。从劳动力供给来看,"人口红利"将继续推动中国经济的高速增长。

从"人口红利"对消费和储蓄的影响来看，劳动年龄人口增长停止或者说老龄人口比例增加在一定时期内并不必然带来储蓄率的下降，相反还有可能使储蓄率进一步上升。在老龄化的初期阶段，新进入老龄阶段的人往往都有较高的储蓄率和储蓄倾向，有人也因此把老龄化的初期阶段看成是第二次"人口红利"期。从这个意义上说，劳动年龄人口丰富的"人口红利"期结束并非"人口红利"的真正结束，只要能够发挥好储蓄的资金效率，让资本得到合理的回报，则第二次"人口红利"仍有可能为经济增长继续注入"活力"。

2. 妨碍人口红利的不利因素

从短期来看，有以下几个因素影响着人口红利的实现。

（1）中国的就业形势十分严峻，并且在未来可能会进一步恶化，这就造成劳动年龄人口就业的不充分。这样一来，就会有相当一部分劳动年龄人口成为需要社会负担、抚养的人口，而这部分人却不能创造财富，从而造成了劳动力资源的极大浪费。

（2）农村劳动力素质普遍偏低制约着人口红利的实现程度。从劳动年龄人口的分布看，中国人口红利的大头在农村，农村地区有丰富的劳动力资源，大量的农村劳动力人群从土地中走出来，走向城市，走向发达地区。

（3）由于农民进城收益并无提高，进城成本却明显上涨，削减了农民进城的愿望。

从长期看，一国的"人口红利"并非可持续。人口转型理论告诉我们，"人口红利"期只是一国人口变迁过程中的一个必经阶段，即当人口出生率尚未显著下降，而死亡率明显下降的阶段。就中国而言，从 20 世纪 70 年代开始实施计划生育政策，人口出生率的逐渐下降必将导致总劳动人口的下降。另外，近年来，中国开始呈现较快的人口老龄化趋势，中国已被认为是目前世界上人口老龄化速度最快的国家之一。

值得一提的是：在中国劳动力资源最丰富的有利时期，能否建立起一个有效的社会保障体系将关系到中国的长远发展。"未富先老"是中国老龄化的最大特点，老年人口绝对数和相对数的增加，将使社会负担日益加重，社会保障资源面临巨大压力。而且，由于农村流动人口数量巨大，将引起未来农村老龄化程度高于城市，这也是中国老龄化的另一个显著特点，如何在完善目前城镇养老保障体系的同时，也建立起一套兼顾国家、集体和个人的适合农村特点的养老保障体系是政府必须解决的一个难题。

理论应用分析 ▷▷

案例：

菲利普斯曲线在美国的运用

20 世纪 70 年代末到 80 年代初美联储主席为反通货膨胀所付出的代价说明了菲利普斯曲线的存在。20 世纪 70 年代，滞胀一直困扰着美国。1979 年夏，通货膨胀率高达 14%，失业率高达 6%，经济增长率不到 1.5%。在这种形势下，沃尔克被卡特任命为美联储主席。沃尔克上台后把自己的中心任务定为反通货膨胀。他把贴现率提高到 12%，货币量减少,但到 1980 年 2 月通货膨胀率仍高达 14.9%,与此同时,失业率高达 10%。沃尔克顶住各方面压力,继续实施这种紧缩政策,终于在 1984 年使通货膨胀率降至 4%,开始了 20 世纪 80 年代的繁荣。沃尔克反通货膨胀的最终胜利是以高失业为代价的。经济学家把通货膨胀率减少了 1% 的过程中每年国内生产总值减少的百分比称为牺牲率。国内生产总值减少必然引起失业加剧。这充分说明通货膨胀与失业之间在短期内存在交替关系,实现低通货膨胀在一定时期内以高失业为代价。经济学家把牺牲率确定为 5%,即通货膨胀每年降低 1%,每年的国内生产总值减少 5%,沃尔克把 1980 年 10% 的通货膨胀率降低至 1984 年的 4%,按此推理,每年减少的国内生产总值应为 30%。实际上,国内生产总值的降低并没有这么严重。其原因在于沃尔克坚定不移地反通货膨胀决心使人们对通货膨胀的预期降低,从而菲利普斯曲线向下移动。这样,反通货膨胀的代价就小了。但代价仍然是有的,美国这一时期经历了自 20 世纪 30 年代以来最严重的衰退,失业率达到 10%。反通货膨胀付出的代价证明了短期菲利普斯曲线的存在,也说明维持物价稳定的重要性。

问:(1) 菲利普斯曲线的含义是什么?
(2) 联系实际说明菲利普斯曲线在经济政策中的应用。

综合能力训练 ▷▷

案例分析一:

人口红利对中国经济有何影响

中国早在 1965—1970 年间"人口红利"就开始出现,但"人口红利"出现之后的很长一段时间内,我们似乎并没有感受到什么"红利"的影响,相反则是更多地感受到人口压力和就业压力,大量农村剩余劳动力和城镇失业严重困扰着经济的增长。只是进入 20 世纪 90 年代以来,随着经济高速增长,失业人口开始大幅度减少和劳动力资源开始得到比较充分的利用的时候,我们才切实感受到"人口红利"对经济增长的有利影响。

问:(1) 什么是"人口红利"?
(2) "人口红利"是如何影响中国经济增长的?

案例分析二:

奥肯定理缘何在中国失效

美国著名的凯恩斯经济学家阿瑟·奥肯发现了周期波动中经济增长率和失业率之间的经验关系,即当实际 GDP 增长相对于潜在 GDP 增长(美国一般将之定义为 3%)下降 2% 时,失业率上升大约 1%;当实际 GDP 增长相对于潜在 GDP 增长上升 2% 时,失业率下降大约 1%,这条经验法则以其发现者为名,被称为奥肯定理。但奥肯定理在中国却失效了。在中国经济增长保持强劲势头的同时,却没能实现就业率的提高,经济增长率与失业率之间表现出了非正比关系。从绝对水平看，中国经济是"高增长，高失业"；从相对水平看，中国经济增长率在稳中有升的趋势之下，伴随着失业率的同步走高。

问：奥肯定理缘何在中国失效？

阅读资料 ▷▷

罗伯特·卢卡斯

1937年，罗伯特·卢卡斯（Robert Lucas）生于华盛顿的雅奇马。1955年，卢卡斯从西雅图的罗斯福公立学校高中毕业。芝加哥大学给予他奖学金，但芝加哥大学没有工学院，从而终止了他做工程师的梦。在那个时候，热门专业是物理，但卢卡斯对此没有兴趣。真正令他激动的是芝加哥大学的人文科学，如西方文明史和知识的组织、方法及原理。这些课程中的一切对他都是新的。他由选修古代史系列变成主修历史。卢卡斯由于获得了伍德罗·威尔逊博士奖学金，而进入加州大学攻读历史专业研究生。在芝加哥，卢卡斯读到了比利时历史学家亨利·皮伦尼的论著，他记述了罗马时代的终结，并强调面对政治大破坏时，人民的经济生活的连续性。对此，卢卡斯印象深刻。在伯克莱，他选修了经济史课程，并旁听了经济理论课。从那时起，他开始对经济学产生了浓厚的兴趣。他决定改学经济学，并因此回到了芝加哥。1963年卡内基工学院（现在的卡内基梅隆大学）的工业管理研究生院提供给卢卡斯一个教职工作。

卢卡斯在卡内基工学院的第一年，花了不少时间研究动态系统和在实践过程中优化的数学，并研究了这些方法如何最好地用于经济问题。那几年，卡内基工学院有一群杰出的经济学家对动力学和预期的形成有兴趣，卢卡斯也是其中之一。他与雷纳德·莱普英合作开展项目研究，他还与爱德华·普里斯科特合作完成了一个不完全竞争产业的动力学的理论项目，并写了一篇《不确定下的投资》的文章。在此期间，卢卡斯的经济动力学的全部观点逐渐成形。此后，卢卡斯又对萨缪尔森的一个货币经济的交叉各代模型产生兴趣。他的观点集中反映在1970年完成、1972年发表的《预期与货币中性》的文章中。这篇文章是他的代表作，货币中性是他获得诺贝尔奖的演讲主题之一。

1974年卢卡斯回芝加哥大学教书。1980年成为芝加哥大学的约翰·杜威有优异贡献教授。1995年10月10日，瑞典皇家科学院宣布，把该年度的诺贝尔经济学奖授予美国芝加哥大学教授罗伯特·卢卡斯，以表彰他对"理性预期假说的应用和发展"所做的贡献。他的研究"改变了宏观经济的分析，加深了人们对经济政策的理解"，并为各国政府制定经济政策提供了崭新的思路。

卢卡斯从20世纪70年代初起，率先将理性预期假说成功地运用于宏观经济分析，开创并领导了一个新的宏观经济学派——理性预期学派（或新古典宏观经济学派）。直到获奖前，卢卡斯在宏观经济模型构造、计量方法、动态经济分析、国际资本流动分析等方面都做出了卓越的贡献。（理性预期，是指经济当事人为了避免损失和谋取最大利益，设法利用一切可以取得的信息，来对所关心的经济变量在未来的变动状况做出尽可能准确的预计。）

任务八 货币政策——谁是最后的放贷人?

学习目标

知识目标
(1) 了解什么是利率、存款准备金率、再贴现率和金融监管;
(2) 理解调整利率、存款准备金率、再贴现率对经济的影响。

能力目标
(1) 能识别不同的货币政策;
(2) 能分析货币政策的运用对经济产生的影响。

思政目标
(1) 了解不同社会制度下货币政策的本质;
(2) 理解资本主义国家与社会主义国家货币政策的差异。

经济现象引入 ▷▷

利率的经济杠杆作用

自改革开放以来,中国人民银行加强了对利率手段的运用,通过调整利率水平与结构,改革利率管理体制,使利率逐渐成为一个重要杠杆。

1993年5月和7月,中国人民银行针对当时经济过热、市场物价上涨幅度持续攀高,两次提高了存、贷款利率,1995年1月和7月又两次提高了贷款利率,这些调整有效控制了通货膨胀和固定资产投资规模。1996年5月和8月,1997年10月和1998年3月,针对我国宏观经济调控已取得显著成效,市场物价明显回落的情况,央行又适时四次下调存、贷款利率,在保护存款人利益的基础上,对减轻企业、特别是国有大中型企业的利息负担,促进国民经济的平稳发展产生了积极影响。

2011年2月8日,一年期存、贷款基准利率上调0.25个百分点。

2011年4月5日,一年期存贷款基准利率分别上调0.25个百分点。

2011年7月6日,一年期存贷款基准利率分别上调0.25个百分点。

2012年6月8日,一年期存贷款基准利率分别下调0.25个百分点。

2012年7月6日,一年期存款和贷款基准利率分别下调0.25个百分点和0.31个百分点,其他各档次存贷基准利率及个人住房公积金存贷款利率相应调整。

2014年11月22日,一年期贷款基准利率下调0.4个百分点至5.6%;一年期存款基准利率下调0.25个百分点至2.75%,同时结合推进利率市场化改革,将金融机构存款利率浮动区间的上限由存款基准利率的1.1倍调整为1.2倍。

2015年3月1日，一年期贷款基准利率下调0.25个百分点至5.35%；一年期存款基准利率下调0.25个百分点至2.5%，同时结合推进利率市场化改革，将金融机构存款利率浮动区间的上限由存款基准利率的1.2倍调整为1.3倍。

2021年12月15日，中国人民银行下调金融机构存款准备金率0.5个百分点（不含已执行5%存款准备金率的金融机构）。本次下调后，金融机构加权平均存款准备金率为8.4%。

2021年12月15日，中国人民银行上调金融机构外汇存款准备金率2个百分点，即外汇存款准备金率由现行的7%提高到9%。

问：(1) 什么是利率？
(2) 利率是如何起到重要经济杠杆作用的？

经济知识学习 ▷▷

一、中央银行

(一) 什么是中央银行

中央银行，简称央行，是负责该国或该区域（如欧盟）货币政策的主体，通常也是一个经济共同体的唯一货币发行机构。央行对于银行和其他金融机构有监督权，确保它们不会莽撞行事或有欺瞒行为。央行总裁（governor）在中国人民银行称为行长，在欧盟央行称为主席（president），在香港金融管理局和新加坡金融管理局则称为总裁（chief executive/managing director）。

(二) 央行的职责

央行的主要职责是维持该国或该区域货币稳定性与供给，但更常见的工作还包括控制贴现率，以及在金融危机发生时担任银行部门急用借款者的"最后支柱"，力求稳定金融市场。除此之外，央行通常还履行下列职能：
① 制定（参与制定）、执行货币政策；
② 调节流动性；
③ 公开市场操作；
④ 调节利率；
⑤ 调节准备金比例；
⑥ 代理国库；
⑦ 监管金融活动；
⑧ 参与世界金融活动。

在当代，中央银行发行货币，实行"十足准备制"，需要有金银、合格票据、外汇、有价证券等当作发行准备，以避免过度发行造成通货膨胀。这与商业银行贷款有着根本的不同。它的活动不以营利为目的。可以说是"政府的银行、发行的银行、银行的银行"。保卫货币（使币值稳定）被认为是中央银行的首要责任。

二、货币政策传导机制

（一）什么是货币政策传导机制

货币政策传导机制是指中央银行运用货币政策工具影响中介指标，进而最终实现既定政策目标的传导途径与作用机理。货币政策传导机制是从运用货币政策到实现货币政策目标的过程，货币传导机制是否完善及提高，直接影响货币政策的实施效果以及对经济的贡献。

（二）货币政策传导途径

货币政策传导途径一般有三个基本环节，其顺序如下。

（1）从中央银行到商业银行等金融机构和金融市场。中央银行的货币政策工具操作，影响的是商业银行等金融机构的准备金、融资成本、信用能力和行为，以及金融市场上货币供给与需求的状况。

（2）从商业银行等金融机构和金融市场到企业、居民等非金融部门的各类经济行为主体。商业银行等金融机构根据中央银行的政策调整自己的行为，从而对各类经济行为主体的消费、储蓄、投资等经济活动产生影响。

（3）从非金融部门经济行为主体到社会各经济变量。这一环节包括总支出量、总产出量、物价、就业等。

（三）金融市场在整个货币的传导过程中发挥着极其重要的作用

（1）中央银行主要通过市场实施货币政策工具，商业银行等金融机构通过市场了解中央银行货币政策的调控意向。

（2）企业、居民等非金融部门经济行为主体通过市场利率的变化，接受金融机构对资金供应的调节进而影响投资与消费行为。

（3）社会各经济变量的变化也通过市场反馈信息，影响中央银行、各金融机构的行为。

三、利率政策

（一）什么是利率和利率政策

利率是一定时期内利息额与借贷资金的比率，通常分为年利率、月利率和日利率。根据资金借贷关系中借贷双方的性质、借贷期限的长短等，可把利率划分为不同的种类——法定利率和市场利率、短期利率和中长期利率、固定利率和浮动利率、名义利率和实际利率。

利率政策是一个国家货币政策的重要组成部分，也是货币政策实施的主要手段之一。利率政策是指央行根据货币政策实施的需要，适时地运用利率工具，对利率水平和利率结构进行调整，进而影响社会资金供求状况，实现货币政策的既定目标。

(二) 中国人民银行采用的利率工具

(1) 调整中央银行基准利率。基准利率包括：再贷款利率，指中国人民银行向金融机构发放再贷款所采用的利率；再贴现利率，指金融机构将所持有的已贴现票据向中国人民银行办理再贴现所采用的利率；存款准备金利率，指中国人民银行对金融机构交存的法定存款准备金支付的利率；超额存款准备金利率，指中央银行对金融机构交存的准备金中超过法定存款准备金水平的部分支付的利率。

(2) 调整金融机构法定存贷款利率。

(3) 制定金融机构存贷款利率的浮动范围。

(4) 制定相关政策对各类利率结构和档次进行调整。

四、存款准备金率

(一) 什么是存款准备金率

存款准备金也称为法定存款准备金或存储准备金，是指金融机构为保证客户提取存款和资金清算需要而准备的在中央银行的存款。中央银行要求的存款准备金占其存款总额的比例就是存款准备金率。

2011年以来，中国央行以每月一次的频率，连续四次上调存款准备金率，如此频繁的调升节奏历史罕见。2011年6月14日，央行宣布上调存款准备金率0.5个百分点。这也是央行年内第六次上调存款准备金率。2011年12月，央行三年来首次下调存款准备金率；2012年2月，存款准备金率再次下调，当时专家称预计年内存款准备金率会下调2～4次。

2018年4月，中国人民银行决定，从2018年10月15日起，下调大型商业银行、股份制商业银行、城市商业银行、非县域农村商业银行、外资银行人民币存款准备金率1个百分点，当日到期的中期借贷便利（MLF）不再续做。

2021年12月15日，中国人民银行下调金融机构存款准备金率0.5个百分点（不含已执行5%存款准备金率的金融机构）。本次下调后，金融机构加权平均存款准备金率为8.4%。

2021年12月15日，中国人民银行上调金融机构外汇存款准备金率2个百分点，即外汇存款准备金率由现行的7%提高到9%。

(二) 存款准备金率调整对经济的影响

1. 保证金融机构对客户的正常支付

在存款准备金制度下，金融机构不能将其吸收的存款全部用于发放贷款，必须保留一定的资金即存款准备金，以备客户提款的需要，因此存款准备金制度有利于保证金融机构对客户的正常支付。

2. 货币政策工具

随着金融制度的发展，存款准备金逐步演变为重要的货币政策工具。当中央银行降低存款准备金率时，金融机构可用于贷款的资金增加，社会的贷款总量和货币供应量也相应增加；反之，社会的贷款总量和货币供应量将相应减少。提高存款准备金率，相应地减少了货币供应量，利率就会有上升，这样人们的CPI指数就会下降，最终的目的就是要降低通货膨胀率。

3. 调整存款准备金率的副作用

调整法定存款准备金率虽然能带来在调整货币供应总量政策上事半功倍的效果，但它给社会带来的副作用也是很明显的。法定准备率的微小变动也会引起社会货币供应总量的急剧变动，迫使商业银行急剧调整自己的信贷规模，从而给社会经济带来激烈的振荡。尤其是当中央银行提高法定准备率时，导致社会信贷规模骤减，使很多生产没有后继资金投入，无法形成生产能力而带来一系列的问题。因此，各国中央银行在调整法定准备率时往往比较谨慎。

五、再贴现政策

（一）什么是再贴现、再贴现率和再贴现政策

贴现指银行承兑汇票的持票人在汇票到期日前，为了取得资金，贴付一定利息将票据权利转让给银行的票据行为，是持票人向银行融通资金的一种方式。再贴现是相对于贴现而言的，商业银行在票据未到期以前将票据卖给中央银行，得到中央银行的贷款，称为再贴现。中央银行在对商业银行办理贴现贷款中所收取的利息率，称为再贴现率。再贴现率是商业银行将其贴现的未到期票据向中央银行申请再贴现时的预扣利率。

再贴现意味着商业银行向中央银行贷款，从而增加了货币投放，直接增加了货币供应量。再贴现率的高低不仅直接决定再贴现额的高低，而且会间接影响商业银行的再贴现需求，从而整体影响再贴现规模。这是因为，一方面，再贴现率的高低直接决定了再贴现成本，再贴现率提高，再贴现成本就会增加，自然就会影响再贴现需求，反之亦然；另一方面，再贴现率变动，在一定程度上反映了中央银行的政策意向，因而具有告示作用，提高再贴现率，呈现紧缩意向，反之，呈现扩张意向，这对短期市场利率具有较强的导向作用。

再贴现政策，就是中央银行通过制定或调整再贴现率来干预和影响市场利率及货币市场的供应和需求，从而调节市场货币供应量的一种金融政策。

（二）再贴现政策的分类

1. 长期的再贴现政策

长期的再贴现政策有两种：一是"抑制政策"，即中央银行较长期地采取再贴现率

高于市场利率的政策，提高再贴现成本，从而抑制资金需求，收缩银根，减少市场的货币供应量；二是"扶持政策"，即中央银行较长期地采取再贴现率低于市场利率的政策，以放宽贴现条件，降低再贴现成本，从而刺激资金需求，放松银根，增加市场的货币供应量。

2. 短期的再贴现政策

短期的再贴现政策即中央银行根据市场的资金供求状况，随时制定高于或低于市场利率的再贴现率，以影响商业银行借入资金的成本和超额准备金，影响市场利率，从而调节市场的资金供求。

（三）再贴现政策的具体内容

1. 规定再贴现票据的种类

商业银行可以拿客户借款时提供的票据来办理再贴现，或者以中央银行同意接受的其他抵押品作保证而申请贷款。可用作抵押品的通常是政府债券，以及经审查合格的商业票据。中央银行若公开挂牌，规定某些行业的票据可优先办理再贴现，这种情况表明了中央银行的资金意向，旨在扶植某些行业的发展。

2. 规定再贴现业务的对象

各国中央银行根据本国的不同情况，对此有不同的规定。许多国家允许商业银行和金融机构办理再贴现，但也有一些国家对贴现对象有比较严格的限制。例如，美国联邦储备系统的再贴现业务只限在会员银行之间进行，英格兰银行的贴现对象只是英国11家贴现商行持有的一级证券或银行汇票。

3. 再贴现率的决定

现在各国的再贴现率一般由中央银行决策机构统一确定。中央银行的决策机构必须定期举行会议，研究再贴现率，会议通常分析现阶段的经济与金融形势，讨论再贴现率执行中的问题，最后以投票形式决定再贴现率是否变动和如何变动。

4. 再贴现业务管理

对于商业银行来说，办理再贴现是中央银行给予的一种优待，使商业银行能够应付一时的准备金不足。但商业银行可能滥用贴现之便套利，比如用贴现而来的资金从事有价证券、房地产或商品的投机和买卖。中央银行为避免此等事情发生，必须对再贴现业务进行管理，包括审查银行的贴现申请，了解商业银行贷款的用途和性质等。

（四）再贴现政策的作用

（1）能影响商业银行的资金成本和超额准备，从而影响商业银行的融资决策，使其改变放款和投资活动。

（2）能产生告示效果，通常能表明中央银行的政策意向，从而影响商业银行及社会公众的预期。

（3）能决定何种票据具有再贴现资格，从而影响商业银行的资金投向。

六、金融监管

(一)什么是金融监管

金融监管是指政府通过特定的机构(如中央银行)对金融交易行为主体进行的某种限制或规定。金融监管本质上是一种具有特定内涵和特征的政府规制行为。

(二)实施金融监管的目的

(1)维持金融业健康运行的秩序,最大限度地减少银行业的风险,保障存款人和投资者的利益,促进银行业和经济的健康发展。

(2)确保公平而有效地发放贷款的需要,由此避免资金的乱拨乱划,防止欺诈活动或者不恰当的风险转嫁。

(3)金融监管还可以在一定程度上避免贷款发放过度集中于某一行业。

(4)银行倒闭不仅需要付出巨大代价,而且会波及国民经济的其他领域。金融监管可以确保金融服务达到一定水平从而提高社会福利。

(5)中央银行通过货币储备和资产分配来向国民经济的其他领域传递货币政策。金融监管可以保证实现银行在执行货币政策时的传导机制。

(6)金融监管可以提供交易账户,向金融市场传递违约风险信息。

(三)金融监管的主要对象

金融监管的传统对象是国内银行业和非银行金融机构,但随着金融工具的不断创新,金融监管的对象逐步扩大到那些业务性质与银行类似的准金融机构,如集体投资机构、贷款协会、银行附属公司或银行持股公司所开展的准银行业务等,甚至包括对金边债券市场业务有关的出票人、经纪人的监管等。目前,一国的整个金融体系都可视为金融监管的对象。

(四)金融监管的主要内容

对金融机构设立的监管;对金融机构资产负债业务的监管;对金融市场的监管,如市场准入、市场融资、市场利率、市场规则等;对会计结算的监管;对外汇外债的监管;对黄金生产、进口、加工、销售活动的监管;对证券业的监管;对保险业的监管;对信托业的监管;对投资黄金、典当、融资租赁等活动的监管。

其中,对商业银行的监管是监管的重点,主要内容包括市场准入与机构合并、银行业务范围、风险控制、流动性管理、资本充足率、存款保护以及危机处理等方面。

理论应用分析 ▷▷

案例：

中国央行第8次降低利率对经济的影响

2002年2月21日，中国人民银行宣布再次降低利率：存款利率平均降低0.25个百分点，贷款利率平均降低0.5个百分点。中国人民银行宣布降息后第一天，就有专业人士为老百姓贷款买房算了一笔账。以降息后新办理20万元20年期的个人商业贷款为例，总共可减少利息负担14 496元。在20年里省下1万多元，这点实惠能诱发楼市出现井喷行情吗？从以前7次降息的经验来看，第8次降息能给楼市景气带来多少上升空间呢？

中国人民大学教授郑华认为，对于降息政策影响的估计不能过于乐观，急于看到明显的效果。但也不能认为不会有什么效果，可以肯定楼市景气仍有上升的空间。首先，第8次降息政策是在国际经济发展放缓、国际金融市场出现降息潮，而我国经济受国际经济大环境的影响也出现了经济增长速度放缓的情况下推出的。政策的出台对楼市的影响只是这项政策效果的一个局部，它对于楼市的影响肯定不会有点石成金之效果。其次，降息、减税、增加收入是政府扩大内需，特别是支持住房产业发展的一贯政策，第8次降息也只能理解为是在原来的政策方向内的继续。前几次的降息政策也是配合了减税、发住房补贴、搞货币拆迁、公积金存贷脱钩、二手房上市等一系列政策共同起作用的。单独的政策是不会有明显效果的。所以，第8次降息政策要配合若干次减税和住房补贴的兑现才能对楼市起到明显的利好作用和效果。

应该看到，以前的几次降息政策对经济的积极作用还是很明显的。在亚洲金融危机过后，单从楼市的表现上看，由于我国政府拉动内需的一系列政策的出台，包括几次降息，还是抵消了亚洲金融危机的影响。从1997年以来的国内房地产景气指数与几次降息政策出台的时间对照可以看出，1996年8月第一次降息以后，国内房地产景气指数仍继续了7个月的下降，到1997年3月止跌回升；以后我国政府接连5次出台降息政策，于是出现了从1997年3月到1999年1月连续22个月的景气指数上升。而这段时间正是亚洲金融危机出现征兆并开始波及我国的时期。从1999年2月起到1999年10月是连续8个月的景气指数下降时期，其间于1999年6月我国政府第7次降息，结果从1999年10月起到2001年4月又是连续18个月的景气指数上升时期。事实证明降息政策如果配合其他相应政策，对市场的带动影响是十分明显的。

本次降息还将促使消费者购房支出下降、房地产公司股份上升。目前个人购房比例已经超过90%，同时个人购房中绝大多数都使用银行贷款，而且这两个比例都在迅速提高。在此假设住宅消费全部使用银行贷款，贷款期限平均为15年，本次降息后，住宅消费贷款利率（指商业贷款利率，目前公积金贷款利率尚未进行相应调整）从5.58%降至5.04%，首付款比例按平均30%计算，消费者的房款支出将减少2.69%，这相当于住宅价格平均下降2.69%。由此将进一步促进住宅消费。对房地产上市公司来说，截至2001年6月30日，我国房地产上市公司长期银行借款平均为1.19亿元，贷款利息下降

0.5%，上市公司平均每年减少利息支出59.5万元，相应净利润将增加50.58万元（所得税按15%计算），房地产上市公司平均总股本为2.18亿股，由此可知，本次降息将使房地产上市公司每股收益平均提高0.0023元，按目前房地产上市公司平均30倍的市盈率计算，房地产上市公司股价平均每股上涨0.07元。当然这里只计算了本次降息的直接影响，如果考虑到降息的综合影响，上涨幅度肯定大于这一数字。

问：(1) 从经济学原理看，降低利率对经济的影响是什么？

(2) 中国央行第8次降低利率对中国经济的具体影响有哪些？

综合能力训练 ▷▷

案例分析一：

货币政策操作

2010年第一季度，中国人民银行根据国内外经济金融形势和银行体系流动性变化，实施的主要货币政策操作如下：①累计发行央行票据1.43万亿元，开展短期正回购操作8930亿元。②经过2009年一年多的宽松货币政策，在货币信贷快速增长的背景下，2010年1月18日和2月25日，分别上调存款类金融机构人民币存款准备金率各0.5个百分点。③对商业承兑汇票、涉农票据、县域企业及中小金融机构签发、承兑、持有的票据优先办理再贴现，期末再贴现余额263亿元，同比增加257亿元。从投向看，再贴现总量中涉农票据占19%，中小企业签发的票据占63%，较好地发挥了支持扩大"三农"和中小企业融资的作用。

(1) 在2010年第一季度的货币政策操作中，属于公开市场业务的是（　　）。

A. 发行央行票据1.43万亿元　　　　B. 上调存款准备金率

C. 正回购8930亿元　　　　　　　　D. 对特定票据优先办理再贴现

(2) 发行央行票据1.43万亿元，开展短期正回购操作8930亿元，这些措施说明中国人民银行在（　　）。

A. 投放流动性　　　　　　　　　　B. 收回流动性

C. 降低商业银行信贷投放能力　　　D. 提高商业银行信贷投放能力

(3) 上调存款准备金率的目的是（　　）。

A. 开始实施紧缩的财政政策　　　　B. 开始实施更加宽松的货币政策

C. 对冲流动性，管理通货膨胀预期　D. 增加商业银行贷款能力

(4) 对商业承兑汇票、涉农票据、县域企业及中小金融机构签发、承兑、持有的票据优先办理再贴现，这表明中国人民银行在运用再贴现政策进行（　　）。

A. 商业银行存款限制　　　　　　　B. 结构调整

C. 消费者信用控制　　　　　　　　D. 贷款限制

案例分析二:

金融监管

金融监管不力是当前国际金融危机爆发和蔓延的重要根源之一。危机发生后国际社会强烈呼吁强化金融监管,改革国际金融秩序。2009年6月17日,美国奥巴马政府公布金融监管改革计划,构建新的监管体制框架:成立金融服务管理理事会(FSOC),负责宏观审慎监管;强化美联储的监管权力,由美联储对一级金融控股公司进行并表监管;在财政部设立全国保险办公室(ONI),弥补保险业监管在联邦层面的真空;取消证券交易委员会对投资银行的监管,并将监管权力转移至美联储。证券交易委员会和商品期货交易委员会专注于市场监管和投资者保护;成立消费者金融保护局,以此来加强对消费者的金融保护。奥巴马政府的改革计划一经推出,便引起激烈的争论和多方面的批评。奥巴马希望国会在年底前通过该计划,但能否如其所愿,仍有待观察。

(1) 当前美国的金融监管体制属于(　　)。
  A. 集中统一　　　　　　　　　　B. 分业监管
  C. 不完全集中统一　　　　　　　D. 完全不集中统一
(2) 该监管体制的缺陷是(　　)。
  A. 监管成本高　　　　　　　　　B. 缺乏金融监管的竞争性
  C. 容易导致金融监管的官僚主义　D. 容易出现重复交叉监管或监管真空
(3) 近年来一些发达国家转向了(　　)监管体制。
  A. 集中统一　　　　　　　　　　B. 分业监管
  C. 不完全集中统一　　　　　　　D. 完全不集中统一
(4) 2003年9月以来,我国对金融控股集团的监管采取(　　)制度。
  A. 中央银行监管　　　　　　　　B. 主监管
  C. 统一监管　　　　　　　　　　D. 集体监管

阅读资料 ▷▷

现代新制度经济学创始人之一张五常

张五常1935年12月1日出生于香港西湾河太富街,1959年就读于美国加州大学洛杉矶分校商科,后转读经济。1967年张五常在长堤大学完成了他的博士论文《佃农理论——引证于中国的农业及台湾的土地改革》,轰动了西方经济学界。同年张五常到芝加哥大学做博士后研究,与诺贝尔经济学奖获得者弗里德曼和科斯等一起工作。1969年张五常被西雅图华盛顿大学聘为教授。1982年张五常被聘为香港大学经济金融学系系主任。

张五常早年师从现代新制度经济学大师阿门·阿尔奇安。他与现代产权大师科斯、巴泽尔共事多年,他们互相影响与激励,科斯称张五常是最了解他的思想真谛的人。张五常与许多诺贝尔经济学奖得主交往甚笃,张五常在香港的家成了他们进入中国的桥头堡。张五常多次陪弗里德曼来中国,与中国国家领导人畅谈中国改革之大要。他也应邀参加诺贝尔奖颁发大典,被奉为嘉宾。他曾被选为1997—1998年度美国西部经济学会会长,这是这一职位第一次被授予美国本土之外的经济学家。除此之外，张五常还是杰出的散文家，他的《卖橘者言》风靡一时；他还是著名的摄影家，他的摄影作品可与香港著名的摄影家简庆福等人一比高下；他还是对书法艺术了如指掌的书法家，在谈到中国各家各派的书法艺术时他常常是龙飞凤舞，愉悦之情溢于言表。

1959 年张五常进入美国洛杉矶加利福尼亚大学学习。1966 年年初，张五常以"佃农理论：应用于亚洲的农业和台湾的土地改革"为题做了博士论文的开题报告，并写了 11 页的提纲，希望能听取老师们的意见，当时阿门·阿尔奇安是张五常的导师。张五常的《佃农理论》后来成了现代合约经济学的开山之作。其中的几篇文章在期刊上发表后也成了现代新制度经济学的经典。约翰逊是当时研究佃农理论的权威，张五常对他的分析手起刀落。约翰逊不仅不介意，还再三催促张五常申请芝大每年一个的奖金。1967 年秋天，张五常到芝加哥大学任职，并在开学后几天就到芝加哥大学法学院拜访了科斯。张五常和科斯成了好朋友。20 世纪 80 年代张五常到了香港，一位教授路经此地，告诉张五常一个故事：

科斯到他们大学演讲，听众济济一堂。在演讲中，科斯直截了当地说，引用他的思想的人都引用得不对。到了个人提问时，一位听众问道："当今之世，有没有一个引用你的思想的人是引用对了的？"科斯回答说："只有张五常"。怪不得科斯在 1991 年诺贝尔经济学奖授奖仪式的演讲词中，多次提到张五常教授对新制度经济学的重大贡献。

1991 年在香港大学举办的"最差教学奖"选举中，张五常被选为"最劣的教师"。张五常荣登劣座，几乎全香港哗然！其实，这十分自然，如果按照东方传统的教育模式及标准，张五常的教学肯定会与其要求不合。张五常讲课，从来不备课，也没有讲义，更不在黑板上板书。在他看来，自己天天思考经济学，备课是多此一举。即使是正式场合的演讲他也不会有多少准备（比如：1991 年到瑞典对众多诺贝尔奖得主的演讲；1998 年到美国任西部经济学会会长的演讲）。

率先将新制度分析系统地运用到中国经济问题研究的第一人，非张五常莫属了。张五常受著名新制度经济学大师科斯、阿门·阿尔奇安和德姆塞茨亲传，与诺斯、巴泽尔共事多年，耳濡目染，一代新制度经济学宗师呼之欲出，科斯在他的诺贝尔经济学奖获奖演说中多次提到张五常对新制度经济学的贡献，诺斯也多次提到张五常对他经济思想的影响。张五常对新制度经济学的最大贡献应该是把制度分析的方法系统地引入到对中国经济问题的研究中。

早在 20 世纪 60 年代末，张五常将产权制度的分析方法应用在台湾的土地改革上并创立了"新租佃理论"。张五常以纯粹的制度分析对中国的农业改革、城市企业改革、中国金融改革及中国腐败等问题都提出了自己的论点。

可以说，20 世纪整个 80 年代张五常完全献身于中国经济改革的制度分析、政策建议，其在香港用中文写的《卖橘者言》《中国的前途》《再论中国的前途》《中国的经济革命》等著作一时洛阳纸贵，风流万千，影响了中国整整一代的改革者及青年学子。

张五常有一头蓬乱卷曲的白头发，虽然已六十几岁，看上去仍然十分卡通。他的经历也是卡通化的，有一种现实世界缺少的简单和戏剧化。比如，他小时候常常逃学，两次被学校开除，中学都没毕业，可是他从进大学到成为正教授，仅仅花了 9 年时间。他的专业是经济学，但是他和香港三位知名摄影家一起出版摄影集，他的书法成就辉煌，被上海中国画院封为画师。

这么多年来,张五常离诺贝尔奖总是咫尺天涯。1991年,作为唯一一位未获诺贝尔奖却被邀请的经济学者,张五常参加了当年的诺贝尔颁奖典礼。有人曾直言不讳地问他:为何你张五常一直与诺贝尔经济学奖无缘?张五常笑道:"我的11个朋友都得了诺贝尔奖,就剩下我一个了,可能我太厉害了吧!"

任务九
财政政策——用好宏观经济调控的左手

学习目标

知识目标
(1) 了解财政政策的各种工具；
(2) 理解减税、财政补贴、财政转移支付的具体做法和作用。

能力目标
(1) 能分辨和解释不同的财政政策及运用条件；
(2) 能分析财政政策对经济产生的影响。

思政目标
(1) 理解不同制度下的国家政府财政政策的共性特征；
(2) 分清不同制度下的国家政府财政政策的个性特点。

经济现象引入 ▷▷

美国财政政策的实践

20世纪60年代，肯尼迪总统采用凯恩斯主义经济学的观点，使财政政策成为美国对付衰退和通货膨胀的主要武器之一。肯尼迪总统提出削减税收来帮助经济走出低谷。这些措施实施以后，美国经济开始迅速增长。但是，减税再加上1965—1966年在越战中财政扩张的影响，又使得产出增长过快，超过了潜在水平，于是通货膨胀开始升温。为了对付不断上升的通货膨胀，并抵消越战所增开支的影响，1968年国会批准开征了一项临时性收入附加税。不过，在许多经济学家看来，这项税收增加的政策力度太小，也太迟了一些。

1981年国会通过了里根总统提出的一揽子财政政策计划，包括大幅度降低税收，大力扩张军费开支而同时并不削减民用项目。这些措施将美国经济从1981—1982年的严重衰退中拯救出来，进入1983—1985年的高速增长期。

1992年11月3日，克林顿当选美国总统。他一上台，就面临着一个两难困境：一方面高赤字依然顽固地存在着；另一方面经济不景气且失业率高得难以接受。总统必须决定财政政策应从何处着手，是应该先处理财政赤字，通过增加税收、降低支出来增加公共储蓄，进而靠储蓄水平提高来带动国民投资的增长呢？还是应该关注财政紧缩会减少并排挤投资，而税收的增加和减少又会降低产出？最后，总统还是决定优先考虑削减财政赤字。1993年预算法案决定，在其后5年中落实减少赤字1 500亿美元的财政举措。

2020年，为应对新冠疫情引发的公共卫生危机和与之相伴的经济衰退，美国先后推出了六轮财政救助，包括五项抗疫纾困法案，以及时任总统特朗普签署的一系列总统备忘录和行政令，总规模约3.4万亿美元。美国财政赤字相应大幅扩张，2020财年（2019年10月至2020年9月），联邦赤字较上年增长2.1万亿美元至3.1万亿美元，与GDP之比高达14.9%。同时，联邦政府债务快速攀升，2020年年末美国国债余额创下26.9万亿美元的历史新高，公众持有的国债占GDP比例由2019年的79%飙升至2020年的100%。新冠疫情防控期间，大规模的财政救助保障了美国居民和企业部门资产负债表的相对健康。小企业和居民是重点救助对象，在3.4万亿美元的财政救助中，二者占比合计高达69%。针对居民部门，财政部提供了大量的资金补助，用于弥补居民因失业导致的经济损失，避免消费萎缩对经济需求造成二次冲击。美国财政部的主要措施包括：扩大失业补助覆盖人群，向领取失业救济的人提供每周600美元的额外补贴，延长失业保险期限13周；向年收入低于7.5万美元的成年人一次性发放1200美元，向未成年人发放500美元等。

问：（1）什么是财政政策？

（2）根据上面的资料，说明利用财政政策对付经济衰退的手段有哪些。

（3）财政政策实施中有哪些制约因素？

经济知识学习▷▷

一、财政政策概述

（一）什么是财政政策

财政政策指政府变动税收和支出以便影响总需求，进而影响就业和国民收入的政策。变动税收是指改变税率和税率结构。变动政府支出指改变政府对商品与劳务的购买支出以及转移支付。

政府支出有两种形式：一是政府购买，政府购买指的是政府在物品和劳务上的花费——购买军备、修建道路、支付法官的薪水等；二是政府转移支付，例如政府在社会福利、保险、贫困救济和补助方面的支出，以提高某些群体（如老人或失业者）的收入。

税收是财政政策的另一种形式，它通过两种途径影响整体经济：一是税收影响人们的收入；二是税收还能影响物品和生产要素，因而也能影响激励机制和行为方式。

（二）财政政策的种类

1. 根据财政政策调节经济周期的作用来划分

根据财政政策调节经济周期的作用来划分，财政政策可分为自动稳定财政政策和相机抉择财政政策。

（1）自动稳定财政政策是指财政制度本身存在一种内在的、不需要政府采取其他干预行为就可以随着经济社会的发展，自动调节经济运行机制。这种机制也被称为财政自动稳定器。主要表现在两方面：一方面，是包括个人所得税和个人所得税的累进所得税自动稳定作用；另一方面，是政府福利支出的自动稳定作用。

（2）相机抉择财政政策是指政府根据一定时期的经济社会状况，主动灵活选择不同类型的反经济周期的财政政策工具，干预经济运行行为，实现财政政策目标。相机抉择财政政策具体包括汲水政策和补偿政策。汲水政策是指经济萧条时期进行公共投资，以增加社会有效需求，使经济恢复活力的政策。补偿政策是指政府有意识地从当时经济状况反方向上调节经济景气变动的财政政策，以达到稳定经济波动的目的。

2. 根据财政政策调节国民经济总量和结构中的不同功能来划分

根据财政政策调节国民经济总量和结构中的不同功能来划分，将财政政策划分为扩张性财政政策、紧缩性财政政策和中性财政政策。

（1）扩张性财政政策（又称积极的财政政策）是指通过财政分配活动来增加和刺激社会的总需求；主要措施有增加国债、降低税率、提高政府购买和转移支付。

（2）紧缩性财政政策（又称适度从紧的财政政策）是指通过财政分配活动来减少和抑制总需求；主要措施有减少国债、提高税率、减少政府购买和转移支付。

（3）中性财政政策（又称稳健的财政政策）是指财政的分配活动对社会总需求的影响保持中性。

(三) 财政政策工具

财政政策工具也称财政政策手段，是指国家为实现一定财政政策目标而采取的各种财政手段和措施，它主要包括财政收入（主要是税收）、财政支出、国债和政府投资。

1. 财政收入（主要是税收）

税收是国家凭借政治权力参与社会产品分配的重要形式，具有无偿性、强制性、固定性、权威性等特点。税收促进财政目标实现的方式即是灵活运用各种税制要素，具体如下。

（1）适当设置税种和税目，形成合理的税收体系，从而确定税收调节的范围和层次，使各种税种相互配合。

（2）确定税率，明确税收调节的数量界限，这是税收作为政策手段发挥导向作用的核心。

（3）规定必要的税收减免和加成。

2. 财政支出

财政支出是政府为满足公共需要的一般性支出（或称经常项目支出）。它包括购买性支出和转移性支出。购买性支出中行政管理、国防、文教科卫等支出是必不可少的社会公益性事业的开支，政府的投资能力和投资方向对社会经济结构的调整和经济的发展起着关键性的作用。转移性支出是政府进行宏观调控和管理，特别是调节社会总供求平衡的重要工具。例如，社会保障支出和财政补贴在现代社会里发挥着"安全阀"和"润滑剂"的作用，在经济萧条、失业增加时，政府增加社会保障支出和财政补贴，增加社会购买力，有助于恢复供求平衡；反之，则减少相应这两种支出，以免需求过旺。

3. 国债

国债是国家按照信用有偿的原则筹集财政资金的一种形式，同时也是实现宏观调控和财政政策的一个重要手段。国债对经济的调节作用主要体现在三种效应上：一是排挤效应,即通过国债的发行,使民间部门的投资或消费资金减少,从而起到调节消费和投资的作用;二是货币效应,这是指国债发行所引起的货币供求变动,它一方面可能使"潜在货币"变为现实流通货币,另一方面可能将存于民间的货币转移到政府或由中央银行购买国债而增加货币的投放;三是利率效应,这是指通过国债利率水平的调整以及对资本市场的供求变化来影响市场利率水平,从而对经济产生扩张或紧缩效应。

4. 政府投资

政府投资是指财政用于资本项目的建设性支出,它最终将形成各种类型的固定资产。政府的投资项目主要是指那些具有自然垄断特征、外部效应大、产业关联度高、具有示范和诱导作用的基础性产业、公共设施,以及新兴的高科技主导产业。这种投资是经济增长的推动力,而且具有乘数作用。

二、减税

(一) 什么是减税

减税(又称税收减征),是按照税收法律、法规减除纳税义务人一部分应纳税款。减税是对某些纳税人、征税对象进行扶持、鼓励或照顾,以减轻其税收负担的一种特殊规定。与免税一样,它也是税收的严肃性与灵活性结合制定的政策措施,是普遍采取的税收优惠方式。由于减税与免税在税法中经常结合使用,人们习惯上统称它们为减免税。

(二) 减税的具体办法

减税的具体办法通常有四种。

1. 税额比例减征法

税额比例减征法即对按照税收法律、法规的规定计算出来的应纳税额减征一定比例,以减少纳税人应纳税额的一种方法。例如:个人所得税法第3条规定,稿酬所得按应纳税额减征30%个人所得税;2020年的契税减免政策,购买家庭唯一住房的购买者可享有。房屋面积小于或等于90平方米的房屋契税由3%的税率变为了1%的税率,90~144平方米的房屋契税也由3%的税率减为了1.5%的税率。税额比例减征法的计算公式为:

$$减征税额 = 应纳税额 \times 减征比例$$

2. 税率比例减征法

税率比例减征法即按照税法规定的法定税率或法定税额标准减征一定比例,计算出减征税额的一种方法。例如:按照财税[2000]第26号文件规定,从2000年1月1日起,对生产销售达到低污染排放极限的小轿车、越野车和小客车,按法定税率减征30%的消费税。按照(86)财税字第82号文件规定,对冶金独立矿山铁矿石按规定税额标准的40%征收资源税。税率比例减征法的计算公式为:

$$减征税额 = 法定税率 \times 减征比例 \times 计税依据$$

3. 降低税率法

降低税率法即采用降低法定税率或税额标准的方法来减少纳税人的应纳税额。例如:从2019年4月1日起,一般纳税人发生的增值税应税销售行为或者进口货物,原适用

16%税率的,税率调整为13%;原适用10%税率的,税率调整为9%。降低税率法的计算公式为:

$$减征税额 = (法定税率 - 降低后的税率) \times 计税依据$$

4. 优惠税率法

优惠税率法是在税法规定某一税种的基本税率的基础上,对某些纳税人或征税对象再规定一个或若干个低于基本税率的税率,以此来减轻纳税人税收负担的一种减税方法。例如:企业所得税的基本税率为33%,但对微利企业规定了两档优惠税率,按照(94)财税字第9号文件规定,对年应纳税所得额在3万元及以下的企业,按18%的税率征税;对年应纳税所得额在3万元以上、10万元以下的企业,按27%的税率征税。

(三)减税对经济发展的促进作用

以拉弗为代表的西方经济学家供给学派认为,经济发展是一个微观层面的问题,主张通过减税刺激微观经济体,实实在在地发展经济。供给学派主张通过减税给人们以更大的刺激,促使人们更努力地工作,更多地投资,更好地发明创造,更勇于承担风险,更敢于消费,更加利于资本的流动效率。他们认为,人们的这些行为会切实提高生产效率,切实增强经济实力,切实降低通货膨胀,切实更新换代,并且由于经济发展而能够增加就业。

减税能够缓解中小企业资金难题,降低中小企业财务成本。其实银行是企业,是货币的批发商,把货币提供给中小企业首先考虑的是第一还款来源的真实可靠性,而现实是中小企业由于原材料价格上升没有预期,工资浮动成本难以控制,预期收益评估风险较大,从而不能够让银行觉得第一还款来源得到真实保证,融资难度更大。如果能够减税,那么就增加了收入预期,从而保证了金融机构第一还款来源的稳定性和资金的安全性。减税可以加大收益预期,促进民间资本的有效投入,有效促使中小企业的技术升级和转型,更加高效地投入竞争,维护市场的均衡状态。减税之所以会具有扩张效应,是因为税收是价格的组成部分,在价格必然的前提下,税额的多少会直接或间接影响企业可支配利润。税负的凹凸会直接影响利润率,从而影响社会投资的积极性。

减税可以促进就业,扩大消费,增加内需,增强服务产业。中国服务企业所承受的平均税收负担,要高于所有经合组织国家的服务企业,服务业和工业之间的税收差别,也使工业企业为了减少税收负担而不愿将所需服务外包,从而妨碍了服务业的高效发展。服务出口不能享受退税,这也影响了服务业出口。随着经济的进一步发展,服务业相对于工业比重的增加,将起到增加劳动报酬占比的作用,因为服务业中的劳动报酬占比高于工业中的劳动报酬占比。所以努力促进服务业发展,减税应是寻找增加劳动报酬对策的重要方向。

三、财政补贴

(一)什么是财政补贴

财政补贴是指国家财政为了实现特定的政治经济和社会目标,向企业或个人提供的一种补偿。主要是在一定时期内对生产或经营某些销售价格低于成本的企业或因提高商品销售价格而给予企业和消费者的经济补偿。它是国家财政通过对分配的干预，调节国民经济和社会生活的一种手段，目的是支持生产发展，调节供求关系，稳定市场物价，维护生产经营者或消费者的利益。

（二）财政补贴的作用

财政补贴是在特定的条件下，为了发展社会主义经济和保障劳动者的福利而采取的一项财政措施。财政补贴具有双重作用。

（1）财政补贴是国家调节国民经济和社会生活的重要杠杆。运用财政补贴，特别是价格补贴，能够保持市场销售价格的基本稳定；保证城乡居民的基本生活水平；有利于合理分配国民收入；有利于合理利用和开发资源。

（2）补贴范围过广，项目过多也会扭曲比价关系，削弱价格作为经济杠杆的作用，妨碍正确核算成本和效益，掩盖企业的经营性亏损，不利于促使企业改善经营管理；如果补贴数额过大，超越国家财力所能，就会成为国家财政的沉重负担，影响经济建设规模，阻滞经济发展。

（三）中国财政补贴的种类

1. 按补贴的形式可分为：

（1）价格补贴；

（2）亏损补贴；

（3）职工和居民生活补贴；

（4）利息补贴；

（5）不通过国家预算的其他补贴。如，政府特殊津贴。

2. 按补贴的作用可分为：

（1）稳定和改善人民生活的农副产品和日用工业品补贴；

（2）支援农业生产的农用生产资料价格补贴和由于价格不合理而形成的工业企业生产亏损补贴；

（3）收费标准偏低的城市公用企业的亏损补贴。

3. 按补贴的主体可分为：

（1）中央财政支付的价格补贴；

（2）地方财政负担的价格补贴。

4. 按补贴的对象可分为：

（1）工业、农业、城市公用企业等生产环节的补贴；

（2）商业、粮食等流通环节的补贴；

（3）职工或居民消费环节的补贴。

由于对生产、流通环节的补贴，在一定程度上掩盖了价格与价值背离的关系，消费者往往看不见、摸不着，故称为"暗补"，而对于消费环节的补贴，群众看得见，摸得着，故称为"明补"。

四、财政转移支付

(一)什么是财政转移支付

财政转移支付也称财政转移支出,本意是财政资金转移或转让,主要是指上下级预算主体之间按照法定的标准进行的财政资金的相互转移。

转移支付制度是分级预算体制的重要组成部分。根据分级预算管理体制,上下级预算主体间、同级预算主体间的收支规模是不对称,转移支付制度就是均衡各级预算主体间收支规模不对称的预算调节制度。

(二)财政转移支付形式

目前我国中央财政对地方财政的转移支付包括财力性转移支付、专项转移支付、税收返还及体制补助四种方式。其中,财力性转移支付又包括:一般性转移支付、民族地区转移支付、县乡财政奖补资金、调整工资转移支付、农村税费改革转移支付和年终结算财力补助等方式。

按照转移支付形式的性质划分,转移支付又可以分为以下几大类:

(1)税收返还、体制补助和结算补助。这几部分是1994年分税制财政体制改革后财政转移支付的主要组成部分,其性质是维护既得利益,是旧体制的延续,不具有均等化功能。

(2)一般性转移支付。一般性转移支付是在支付过程中按规范和均等化的原则进行的转移支付,国际上通常称之为均衡性转移支付。

(3)专项转移支付。专项转移支付服务于中央宏观政策目标,用于增加农业、教育、卫生、文化、社会保障、扶贫等方面的专项拨款,目前这些重点项目主要用于中西部地区。但其核定并不规范,加之往往被层层截留和挤占、挪用,其性质属于非均等化转移支付。

(4)其他转移支付。其他转移支付包括上述的民族地区转移支付、调整工资转移支付、农村税费改革转移支付、"三奖一补"转移支付等,其性质属于专项转移支付,但在一定程度上又具有均等化的性质。

理论应用分析 ▷▷

案例:

中国由积极财政政策转为稳健财政政策

2002年年底的中央经济工作会议做出了继续实施积极财政政策的重大决策。2003年年底,中央经济工作会议召开的前夕,由于2003年前三季度不仅GDP的增长高达8.5%,而且投资增长也高达30.2%。可以说,经济形势发生了重大变化,积极财政政策言退的呼声再次鹊起。2004年上半年,财政部高官在公开场合称,要实施中性财政政策,为积极财政政策转型打下舆论基础。据说,这种说法很快引起了中央其他部委的不满,于是中性财政政策的提法不久就销声匿迹。事情终于在年底有了转机，中央经济工作会议做出决定，终止已经实施7年的积极财政政策，将2005年的财政政策定调为稳健。

2021年12月中国经济重点工作的会议提出，积极的财政政策要提质增效、更可持续；稳健的货币政策要灵活精准、合理适度。会议明确，要继续实施积极的财政政策和稳健的货币政策，保持对经济恢复的必要支持力度，政策操作上要更加精准有效，不急转弯，把握好政策的时间、尺度、效果。会议提出，积极的财政政策要提质增效、更可持续，保持适度支出强度，增强国家重大战略任务财力保障，在促进科技创新、加快经济结构调整、调节收入分配上主动作为，抓实化解地方政府隐性债务风险工作，党政机关要坚持过紧日子。会议要求，稳健的货币政策要灵活精准、合理适度，保持货币供应量和社会融资规模增速同名义经济增速基本匹配，保持宏观杠杆率基本稳定，处理好恢复经济和防范风险的关系，多渠道补充银行资本金，完善债券市场法制，加大对科技创新、小微企业、绿色发展的金融支持，深化利率汇率市场化改革，保持人民币汇率在合理均衡水平上的基本稳定。

问：（1）什么是扩张型与紧缩型财政政策？

（2）中国将积极的财政政策调整为稳健的财政政策的理由是什么？

综合能力训练 ▷▷

案例分析一：

中国发行的国债

1998年，为了应对1997年的亚洲金融危机对中国的影响，拉动内需，中国政府开始发行长期国债。1998—2002年的5年间，共发行长期建设国债6 600亿元。这批国债发行后，取得的主要成果如下。

（1）1998—2002年，每年拉动经济增长1.5~2个百分点，累计创造就业岗位750万个，并集中建设了一大批重要基础设施项目。

（2）加高、加固长江干堤3 576千米，使长江抗洪能力显著提高。同时，在长江沿岸实施了平行洪、退田还湖、移民建镇工程，除险加固大中型病险水库680个。对长江的一系列工程建设保障了人民群众的生命财产安全。

（3）建设铁路新线5 500千米，新增公路7.6万千米，改建和新建机场35个，交通运输对经济发展的瓶颈制约基本消除。

（4）实施了技术改造、高新技术产业化、装备本地化，推动了产业结构升级。

（5）生态建设和环境保护全面展开，实施了大规模的退耕还林、天然林保护、重点防护林和京津风沙源区治理工程，"三河三户"等重点流域的水环境质量显著改善，拉开了再造秀美山川的序幕。

（6）投资2 885亿元进行的农村电网建设与改造，使全国农村到户电价平均每度下降0.1~0.3元，每年可减少农民电费负担300多亿元。

（7）农村人畜饮水工程建设解决了3 000多万人的饮水困难；村村通广播、电视，高校高中扩招，中小学危房改造，血站建设，以及近 1 000 项城市供水、道路、污水和垃圾处理工程、西电东送等跨世纪宏伟工程建设。

改革开放以来，我国发行了三次特别国债，均取得了显著的成效，特别是 2020 年抗疫特别国债，它与前两次国债有显著的不同，如图 3.9-1 所示。

从应用角度来看，本次抗疫特别国债是我国首次发行用于应对重大公共危机的特别国债，通过高效便捷的审批机制实现了抗疫所需相关资金的高效募集，为统筹疫情防控、保障复产复工提供了强有力的资金支持，为我国乃至国际通过发行特别国债应对重大公共事件积累了宝贵经验。从发行角度看，此次抗疫特别国债的发行是我国首次全部通过公开发行的方式市场化招标，在一定程度上超出市场主流预期，但在发行操作上较为审慎。在发行时降低其他政府债券的发行节奏为其让路，同时通过逆回购的方式适度缓释了其对流动性的扰动。从产品角度看，此次发行从以往单期发行改为多期，且单期发行规模及发行方式基本和记账式国债保持一致，考虑了国债收益率曲线建设的需要，期限较往年特别国债亦有所缩短，使得特别国债发行期限更趋多元。从资金运用角度看，建立了特殊转移支付机制，将 1 万亿元募集资金第一时间全部下达市县基层，确保专款专用，严格执行。

事项	第一次	第二次	第三次
发行年份	1998年	2007年	2020年
发行背景	四大行未满足《巴塞尔协议》资本充足率8%的要求，不良率高企	外汇储备规模快速上升，流动性过剩，通胀压力凸显	受到新冠疫情冲击影响，国内经济承受着供需两端的压力
发行规模	2 700亿元	1.55万亿元	1万亿元
发行方式	定向发行	定向1.35万亿元，公开2 000亿元	全部公开市场化发行
发行历时	8月18日，发行1期	8月29日至12月14日，发行8期	6月18日至7月30日，发行16期
发行期限	30年期	10年期，15年期	10年期为主，辅之5年期和7年期
资金用途	补充四大行注册资本，提高金融系统抗风险能力	向央行购买等额外汇，作为注册资本金成立中投公司	用于公共卫生体系建设和抗疫相关支出，预留部分资金为地方基层解决特殊困难
配套措施	将存款准备金率从13%降至8%，为四大行释放约2 400亿元资金	在央票到期高峰时段分期发行，借道农行定向发行的1.35万亿元由央行全部回购	通过逆回购等维护流动性，调降其他政府债券发行节奏
付息方式	2004年之前四大行对利息不确认收入，仅做会计处理；2004年后按政策性再贷款利率以2.25%列入中央本级预算支出	财政部正常付息，利息支出列入中央本级预算支出	利息由财政部全额承担，本金由中央与地方按3:7的比例进行偿付
备注	—	2017年对到期的6 000亿元进行等额定向续发，随后央行以通过买断从二级市场回购	募集资金最终全部通过特殊转移支付方式直达市县基层

图 3.9-1 三次特别国债对比分析

问：(1) 为什么发行国债？

(2) 发行国债对经济有什么影响？

案例分析二：

我国转移支付制度存在的问题

审计署审计长李金华 2003 年 3 月 25 日向全国人大常委会报告 2002 年度中央预算执行和其他财政收支的审计情况。该报告中指出，中央专项转移支付管理中存在三个主要问题。这三个问题分别是：

(1) 有些项目重复设置，存在多头审批现象。2002 年，为改善中小学基本办学条件，中央财政安排 10 个专项转移支付项目，金额 31.2 亿元，分别由财政部、教育部、原国家计委审批管理。安排地方救灾专项转移支付项目 15 项，金额 41 亿元，由财政部、原国家计委、民政部、农业农村部、教育部分头审批，财政部管理的项目还分散在各司局审批管理。这种重复设置项目、多头审批的做法，使资金难以统筹安排，合理配置，并造成一些地方多头申请，重复要钱。

(2) 有些资金分配超范围，对本系统安排资金偏宽。2002 年，财政部在分配社会保障、中小学建设等 10 项补助资金时，将国家明确规定不应给予补助的地区和单位纳入补助范围，共超范围安排 5 亿元。其中，在分配社会保障 3 项补助资金时，对国务院明确规定不应给予补助的 4 个省仍给予补助 4.08 亿元。在分配职业教育特殊困难院校建设补助资金时，没有按规定将资金主要用于农村和中西部经济欠发达地区，在安排的 10 所院校 4 450 万元中，有 2 500 万元分配给了经济比较发达地区的 2 所院校，占 56%。财政部在专项转移支付和年终结算中为本系统安排一些资金，特别是一些司局利用职权向地方财政对口处室安排资金的做法由来已久，审计署多次提出异议，但一直没有得到很好的解决。这种做法缺乏依据，违背财政分级管理的原则，有一定的弊端。

(3) 有些资金的分配与实际情况脱节。2002 年，财政部在分配市县乡在编人员分流期间工资补助时，未充分考虑各地编制精简和人员分流的实际情况，对有的尚未进行机构改革的地区也给予补助。如某省未开展市地以下机构改革，但财政部 2001—2002 年，仍分配给该省市县乡人员分流期间工资补助 5.9 亿元，全部被省财政用于平衡预算。

问：(1) 我国的转移支付制度有哪几种形式？

(2) 如何完善我国的转移支付制度？

阅读资料 ▷▷

马斯格雷夫

理查德·阿贝尔·马斯格雷夫（现代财政学之父）是现代财政学的开拓者之一，被誉为现代财政学之父。他最大的学术贡献在于开辟了税收研究方法之先河，使用微观经济学和凯恩斯宏观经济学工具来研究税收的影响。他是政府积极干预主义的倡导者，其"三职能"理论影响了美国乃至全球各国的财税政策的实践。

马斯格雷夫1910年12月14日出生于德国的柯尼希施泰因,卒于2007年1月15日,享年96岁。马斯格雷夫1930年在慕尼黑大学开始了经济学研究,1937年从哈佛大学获得了经济学博士学位。之后,他留在哈佛大学一直工作到1941年,然后作为华盛顿联邦储备委员会的经济学家工作到1948年。1947—1981年,他先后在美国约翰霍普金斯大学、普林斯顿大学、哈佛大学和加州大学伯克利分校担任教职。1965年,他被哈佛大学的文理学院和法学院同时聘为教授,成为该大学中被两个学院同时聘为教授的第一人。他在这两个学院中讲授财政学、税收政策与经济发展和税制改革,直到1981年退休。马斯格雷夫还创办了《经济学季刊》杂志,他是国际财政研究院(IIPF)的创始人之一。另外,美国的《国家税务杂志》(*National Tax Journal*)也以他命名青年学者奖。

马斯格雷夫最为著名的学生马丁·费尔德斯坦(哈佛大学教授、美国经济研究局前局长、当今优秀的财政学家)在一篇纪念文章中称,马斯格雷夫最大的学术贡献在于,他开辟了税收研究方法之先河,使用微观经济学和凯恩斯宏观经济学工具来研究税收的影响。马斯格雷夫在《预算决定的多重理论》一文中首先引用了"有益品(merit goods)"的概念,这一概念在经济学领域中引起了极大的争议。他将有益品定义为"因制定干预个人偏好的政策而导致产出增加的物品",这意味着有益品主要是由国家提供的。1959年,马斯格雷夫在《财政学原理》中再一次指出,有益品指对消费者有益但由于消费者的无知而消费不足的物品。例如,教育就是一种有益品,个人或家庭可能忽视教育的福利,或不理解教育的价值,或缺乏相关的信息,因而不愿意投资教育,但政府比个人或家庭拥有更多的信息,比个人更能理解教育投资的意义,因此更能洞察未来,在投资教育上的决策也就更明智,所以国家必须促进教育的消费。

马斯格雷夫主张,税收政策不仅要以公正的方式取得收入,而且要在对税制的公正性伤害最小的情况下促进整个经济的增长。他倡导公正和累进的税收政策,在肯尼迪政府时期主张实行投资税收激励政策,在老布什任总统时(1989年),向政府建议提高税率,使税收负担的分布更加公正。他说:"我们需要削减赤字,但我们最为关注的是实现这个目标所采取的方式。"

马斯格雷夫是政府积极干预主义的倡导者。他坚定地认为政府是社会正义的工具和有效的宏观经济政策制定者。他的著作《财政学原理》(1959年)被称为后凯恩斯时代的代表作,在现代财政学中具有里程碑的意义。这本书对政府如何配置资源和满足各种社会需求进行了深入分析。过去,英美经济学家大多研究的是价格行为、供给和需求及与其他市场因素的互动关系。他们认为政府发挥的是次要作用,只是当市场失灵时才需要政府来弥补缺口。而马斯格雷夫认为政府有重要的经济作用,他研究出来了一种新的收支理论,提出许多商品和服务最好由政府提供。他首先提出了按照消费上的非竞争性和非排他性来划分公共物品和私人物品,并提出了财政的三大职能:资源配置、收入分配和宏观经济稳定。他还简化了凯恩斯模型,发展了代际公平和税务归宿等理论,为以后财政学的发展开辟了新途径。他和夫人佩吉·布莱沃·马斯格雷夫所著的《财政理论与实践》,是财政学的经典著作。

　　值得一提的是，1939年马斯格雷夫在《经济学季刊》上发表了论文《财政自愿交换论》。后来，保罗·萨谬尔森将他的这一研究成果从实证理论转换成规范理论，并在1954年发表了著名的论文《公共支出的纯理论》，分析了"公共物品"的定义，并因此在1970年获得了诺贝尔经济学奖。有人认为马斯格雷夫应该分享诺贝尔经济学奖，称其是被诺贝尔奖委员会"遗忘"的一名伟大学者。

任务十
国际贸易——如何做好地球村的买卖？

学习目标

知识目标
（1）了解贸易顺差与逆差、贸易壁垒与进口限额、倾销与反倾销的定义；
（2）掌握非关税壁垒的具体种类、反倾销措施的基本条件。

能力目标
（1）能识别贸易顺差与逆差、贸易壁垒与进口限额、倾销与反倾销等现象；
（2）能分析贸易顺差与逆差、贸易壁垒与进口限额、倾销与反倾销对经济的影响。

思政目标
（1）理解经济全球化的本质；
（2）深刻认识习近平主席提出"一带一路"倡议的战略意义。

经济现象引入 ▷▷

中国农产品国际贸易的比较优势分析

我们选取了两类国家，与我国的农产品进行国际比较分析。一类是农产品强国美国，世界上最大的农业生产国和出口国，也是我国第二大贸易伙伴国。另一类是农产品开放度较小的日本。中、美、日三国主要农产品显性比较优势指数如表 3.10-1 所示；主要农产品净出口竞争力比较如表 3.10-2 所示。

表 3.10-1　中、美、日三国主要农产品显性比较优势指数

品种	显性比较优势		
	中国	美国	日本
农产品	0.736 5	1.002 5	0.053 1
谷物	0.921 4	2.276 9	0.055 4
小麦	0.000 4	1.968 3	0.000 1
大米	2.358 1	0.949 6	0.111 3
大豆	0.230 2	4.720 7	0.000 2
奶	0.114 1	0.037 2	0.032 9
茶叶	2.177 2	0.064 6	0.060 8

续表

品种	显性比较优势		
	中国	美国	日本
棉花	0.125 3	0.953 4	0.286 0
烟草	0.440 5	1.890 2	0.155 9
食糖	0.241 3	0.040 3	0.002 7
动植物油	0.158 8	0.617 9	0.028 4
肉类总计	0.730 7	1.105 1	0.006 3
牛肉	0.121 3	1.372 8	0.011 2
羊肉	0.063 3	0.025 8	—
蔬菜和水果	1.356 4	0.843 8	0.017 2
水产品*	3.565 0	0.454 3	0.237 7

表 3.10-2　中、美、日三国主要农产品净出口竞争力

品种	净出口竞争力指数		
	中国	美国	日本
农产品	−0.089 4	0.098 5	−0.910 1
谷物	−0.041 0	0.826 1	−0.923 5
小麦	−0.998 3	0.850 0	−0.999 8
大米	0.782 7	0.626 6	−0.649 0
玉米	−0.106 4	0.934 1	−1.000 0
大麦	−0.993 1	0.001 8	—
大豆	−0.917 1	0.985 8	−0.999 8
奶	−0.975 3	−0.951 7	−0.967 2
茶叶	0.856 9	−0.771 0	−0.874 7
花生	0.995 5	0.666 1	−0.959 4
棉花	−0.934 4	0.984 3	0.381 3
烟草	−0.289 5	0.612 2	−0.827 6
食糖	−0.230 9	−0.855 3	−0.985 8
动植物油	−0.848 8	0.110 3	−0.836 2
肉类总计	0.131 8	0.265 3	−0.994 6
牛肉	−0.552 2	0.085 8	−0.989 7
羊肉	−0.829 8	−0.938 5	—
猪肉	−0.115 4	0.287 8	−0.999 8
蔬菜和水果	0.562 4	−0.164 5	−0.971 0
饲料	−0.203 4	0.706 2	−0.917 5
水产品*	0.201 3	−0.480 2	−0.891 8

问：（1）什么是比较优势？
（2）从显示性比较优势指数与贸易竞争指数估计看，中国在农业方面是否具备国际竞争力？

经济知识学习 ▷▷

一、比较优势

（一）什么是比较优势

比较优势是指一个生产者以低于另一个生产者的机会成本生产一种物品的行为。如果一个国家在本国生产一种产品的机会成本（用其他产品来衡量）低于在其他国家生产该产品的机会成本，那么这个国家在生产该种产品上就拥有比较优势。

说到比较优势，不能不提和它相对应的一个概念——绝对优势。你比我会理财，你在理财方面对我有绝对优势。中国的彩电制造技术比越南强，中国在彩电制造上对越南有绝对优势。

绝对优势和劣势是不是决定了人与人之间的分工关系或者国与国之间的贸易关系呢？乍一看这似乎是顺理成章的。你比我会理财，在我们这两个人团队中当然是你来理财。中国比越南会生产彩电，当然是中国向越南出口彩电。但仔细一想，这个推理不能成立。你比我会理财，但你比我更会推销产品。在我俩这个团队中谁来理财，谁来营销？答案是：为了团队的总体利益，你只能忍痛割爱，将账本留给我。我是不如你会理财，但我在推销产品上能力更差。将账本给我能够为你腾出时间去搞营销。在我们这个团队中，你的比较优势是营销，而我的比较优势是理财。我们的分工合作关系是建立在比较优势之上，而不是绝对优势之上。

（二）比较优势原理

李嘉图在1817年出版的《政治经济学及赋税原理》，提出了著名的比较优势原理。他认为，英国不仅要从外国进口粮食，而且要大量进口，因为英国在纺织品生产上所占的优势比在粮食生产上的优势还大。故英国应专门发展纺织品生产，以其出口换取粮食，取得比较利益，提高商品生产数量。

比较优势理论可以表述为：在两国间，劳动生产率的差距并不是在任何商品上都是相等。对于处于绝对优势的国家，应集中力量生产优势较大的商品，处于绝对劣势的国家，应集中力量生产劣势较小的商品，然后通过国际贸易，互相交换，彼此都节省了劳动，都得到了益处。

二、贸易顺差与逆差

（一）什么是贸易顺差与逆差

贸易顺差是指在特定年度一国出口贸易总额大于进口贸易总额，又称"出超"。表示该国当年对外贸易处于有利地位。贸易顺差的大小在很大程度上反映一国在特定年份对外贸易活动状况。在通常情况下，一国不宜长期大量出现对外贸易顺差，因为此举很容易引起与有关贸易伙伴国的摩擦。例如，美、日两国双边关系市场发生波动，主要原因之一就是日方长期处于巨额顺差状况。与此同时，大量外汇盈余通常会致使一国市场上本币投放量随之增长，因而很可能引起通货膨胀压力，不利于国民经济持续、健康发展。

贸易逆差是指一国在特定年度内进口贸易总值大于出口总值，俗称"入超"。同样，一国政府当局应当设法避免长期出现贸易逆差，因为大量逆差将致使国内资源外流，对外债务增加。这种状况同样会影响国民经济正常运行。

（二）贸易平衡

贸易平衡是指一国在特定年度内外贸进、出口总额基本上趋于平衡。纵观世界各国（地区）政府的外贸政策实践，这种现象并不多。一般来说，一国政府在对外贸易中应设法保持进出口基本平衡，略有结余，此举有利于国民经济健康发展。

如果一个国家经常出现贸易逆差现象，国民收入便会流出国外，使国家经济表现转弱。政府若要改善这种状况，就必须要把国家的货币贬值，因为币值下降，即变相把出口商品价格降低，可以提高出口产品的竞争能力。

如果一国国际收支出现顺差，对该国的货币需求就会增加，流入该国的外汇就会增加，从而导致该国货币汇率上升。相反，如果一国国际收支出现逆差，对该国货币需求就会减少，流入该国的外汇就会减少，从而导致该国货币汇率下降，该国货币贬值。

三、出口替代

（一）什么是出口替代或出口替代政策

出口替代，又称出口替代工业化政策或出口导向工业化政策，是外向型经济发展战略的产物。出口替代是指一国采取各种措施扩大出口，发展出口工业，逐步用轻工业产品出口替代初级产品出口，用重化工业产品出口替代轻工业产品出口，以带动经济发展，实现工业化的政策。

（二）出口替代政策采取的主要措施

（1）给出口企业提供减免出口关税、出口退税、出口补贴、出口信贷和出口保险等，目的在于降低出口成本，开拓国外市场，增强出口竞争能力。

（2）给出口生产企业提供低利生产贷款，优先供给进口设备、进口原材料所需外汇，大力引进资本、技术、经营管理知识，建立出口加工区等，目的在于降低生产成本，提高产品质量，增加创汇能力。

(三) 出口替代经历的三个阶段

部分发展中国家和地区的实践证明，出口替代经历了三个阶段。

(1) 着眼于发挥低价劳动力优势，培训轻工业成长，使出口总值中轻工业产品所占比重大大高于初级产品。

(2) 当劳动力优势逐渐丧失后，采取产业调整政策，发挥资本、技术优势，发展重化工业，使出口总值中重化工业产品所占比重大于轻工业产品。

(3) 在此基础上，极少数发展中国家和地区，开始着手建立高科技工业，力图在高科技工业产品的世界出口贸易中，占据一席之地。

四、贸易壁垒与进口限额

(一) 什么是贸易壁垒

贸易壁垒又称贸易障碍是指对国外商品劳务交换所设置的人为限制，主要是指导一国对外国商品劳务进口所实行的各种限制措施。一般分关税壁垒和非关税壁垒两类。

关税壁垒，是指进出口商品经过一国关境时，由政府所设置海关向进出口商征收关税所形成的一种贸易障碍。按征收关税的目的来划分，关税有两种：一是财政关税，其主要目的是增加国家财政收入；二是保护关税，其主要目的是保护该国经济发展而对外国商品的进口征收高额关税。保护关税愈高，保护的作用就愈大，甚至实际上等于禁止进口。

非关税壁垒，是指除关税以外的一切限制进口措施所形成的贸易障碍，又可分为直接限制和间接限制两类。直接限制是指进口国采取某些措施，直接限制进口商品的数量或金额，如进口配额制、进口许可证制、外汇管制、进口最低限价等。间接限制是通过对进口商品制订严格的条例、法规等间接地限制商品进口，如歧视性的政府采购政策、苛刻的技术标准、苛刻的卫生安全法规和检查、苛刻的包装、标签规定等。

(二) 中国对外出口遇到贸易壁垒新特点

加入 WTO 后，中国对外出口的关税壁垒逐步弱化，纺织品配额也逐步取消。但与此同时，中国对外出口遇到的其他贸易壁垒却比以前严重，这表现在以下几方面。

1. 国外针对中国产品的反倾销力度加大

对中国实施反倾销的，不仅有欧洲国家、美国、澳大利亚、加拿大、日本等发达国家，还有土耳其、埃及、印度、韩国等发展中国家。所涉及的产品既有日用品，也有机电产品，既有制造品，也有矿产和养殖产品。有资料显示，20 世纪 90 年代以来，中国反倾销案件占世界总量的 $\frac{1}{7} \sim \frac{1}{6}$，而加入 WTO 后，这一比例大大增加，中国已经成为外国反倾销的主要目标国家。

2. 技术性壁垒已经成为中国产品出口的主要障碍

广义的技术性贸易壁垒包括：技术法规、技术标准与合格评定程序；产品检疫、检验制度与措施；包装和标签规定；信息技术壁垒以及绿色壁垒五个方面。中国出口产品所面临的技术性贸易壁垒主要来自美国、欧盟和日本；所涉及的行业主要有农业、纺织服装业、轻工、机电、五矿化工和医疗保健业。有资料显示，中国有70%的出口企业和40%的出口产品遭遇技术性贸易壁垒的限制。

此外，中国的出口产品还受到诸如以美国"337"条款为代表的知识产权保护的限制，以及来自欧美等国的对华特别产品过渡性保障机制立法的限制。

（三）什么是进口限额

进口限额或称进口限额制，是指一国政府在一定时期内，对某些商品进口的数量和金额，事先作出规定，在限额内可以进口，超过限额的不准进口，或征收较高的关税或罚款的制度，又称"进口配额制"。进口配额主要有绝对配额和关税配额两种。

绝对配额是指在一定时期内，对某些商品的进口数量或金额规定一个最高数额，达到这个数额后，便不准进口。绝对配额具体分为两种：一是全球配额，即对于来自世界任何国家和地区的商品一律适用，直到配额用完为止；二是国别或地区额配，即对来自不同国家和地区的进口商品分别规定不同的限额，超过配额的便不准进口。

关税配额是指对商品进口的绝对数额不加限制。而在一定时期内，对规定的关税配额以外的进口商品，则征收较高的关税、附加税和罚款。

五、倾销与反倾销

（一）什么是倾销与反倾销

倾销是指一个国家或地区的出口经营者以低于国内市场正常或平均价格甚至低于成本价格向另一国市场销售其产品的行为，目的在于击败竞争对手，夺取市场，并因此给进口国相同或类似产品的生产商及产业带来损害。

反倾销，是指一国（进口国）针对他国对本国的倾销行为所采取的对抗措施。

（二）倾销的分类

依据倾销持续时间及危害程度来划分，倾销可分为以下几类。

1. 偶然性倾销

偶然性倾销是指某一商品的生产商为避免存货的过量积压，于短期内向海外市场大量低价销售该商品。这种倾销方式是偶然发生的、一般无占领国外市场、排挤竞争者之目的，而且因为持续的时间较短，不至于打乱进口国的市场秩序、损害其工业。因此，国际社会一般对这种偶发性倾销通常不采取反倾销措施。

2. 间歇性倾销

间歇性倾销又称掠夺性倾销，是指某一商品的生产商为了在某一外国市场上取得垄断地位，而以低于国内销售价格或低于成本的价格向该国市场抛售商品，以期挤垮竞争对手后再实行垄断高价，获取高额利润。这种倾销行为违背公平竞争的原则，破坏国际贸易的正常秩序，冲击进口国的市场，受到各国反倾销法的严厉抵制。

3. 持续性倾销

持续性倾销又称长期倾销，是指某一商品的生产商为了在实现其规模经济效益的同时，维持其国内价格的平衡，而将其中一部分商品持续以低于正常价值的价格向海外市场销售。长期倾销尽管不具占领或掠夺外国市场之目的，但由于它持续时间长、在客观上进行了不公正的国际贸易行为，损害了进口国生产商的利益，因此通常受到进口国反倾销法的追究。

4. 间接倾销

间接倾销又称第三国倾销，是指甲国的产品倾销至乙国，再由乙国销往丙国，并对丙国的有关工业造成损害。在这种情况下，虽然乙国的出口商并没有实施实际倾销行为，但丙国相似产品生产商可依反倾销法申请对乙国的生产商和出口商进行反倾销调查，也可要求乙国对甲国的产品采取反倾销措施。至于乙国当局是否会根据丙国的请求，对甲国的倾销产品实施反倾销措施，往往取决于乙国与丙国的政治与贸易关系。

5. 社会倾销

最初仅指出口利用犯人生产的廉价产品，现在已扩大到计算生产成本时所必须考虑的其他因素。发展中国家由于廉价的劳动力和生产环境的低标准等种种因素，使其出口商品在国际市场和国内市场上的价格都比较低，因此不能按现有的法律定义确定其倾销。但由于这些廉价出口商品对发达国家的市场带来冲击，因此近年来，发达国家，特别是欧盟的贸易保护主义者，一直在呼吁制止这种所谓的社会倾销。

（三）反倾销协定及相关规定

乌拉圭回合的《反倾销协定》形成了当前国际反倾销法的法律文本，且更具透明度和可操作性，得到世界贸易组织全体成员的承认和遵守。该协定列入了《马拉喀什建立世界贸易组织协定》的附件一，于1995年1月1日生效。根据《反倾销协定》的规定，反倾销措施的实施必须具备三个基本条件：第一，倾销的确定；第二，损害的确定；第三，倾销与损害之间具有因果关系。

1. 倾销的确定

倾销的确定是实施反倾销措施的首要条件。根据关贸总协定第6条的规定，一国产品以低于正常价值的价格进入另一国市场，如因此对贸易缔约方领土内已建立的某项工业造成实质性损害或产生实质性损害的威胁，或对某一国内工业的新建产生实质性阻碍，则构成倾销。倾销应具有三个条件：（1）进口商品的出口价格低于正常价值；（2）给进口国同类产品的工业生产造成实质性损害，或存在此种威胁，或对某一工业的新建造成实质性阻碍；（3）低于正常价值的销售与损害之间存在因果关系。以上三个条件必须同时具备才可对倾销产品征收不超过倾销幅度的特别关税。

2. 损害的确定

对某一项产品进行反倾销的第二个必要条件是"存在对进口国国内产业的损害"。损害应根据确凿的证据确定，并主要从两个方面进行考察：一是倾销进口产品的数量和倾销进口产品对国内市场同类产品价格的影响；二是这些进口产品随之对此类产品国内生产者产生的影响。

3. 倾销与损害之间的因果关系的确定

实施反倾销的第三个必要条件,是认定倾销与损害之间存在必然的因果关系,即损害是因倾销造成的。倾销与损害间的因果关系有两种情况。①主要因果关系。进口国相关产业的损害完全或主要是由倾销产品造成的,即相关产品的低价倾销导致了进口国有关产业的直接损害,称为主要因果关系或直接因果关系。②一般因果关系。即使进口国国内产业的损害是由倾销产品及其他有关因素共同作用的结果,只要倾销是导致损害的原因之一,即可征收反倾销税。

六、对外投资与经济全球化

(一)什么是对外投资

对外投资,又称国际投资或海外投资,是指跨国公司等国际投资主体,将其拥有的货币资本或产业资本,通过跨国界流动和营运,以实现价值增值的经济行为。

(二)国际投资的分类

(1)以时间长短为依据,国际投资可分为长期投资和短期投资。
(2)以投资经营权有无为依据,国际投资可分为国际直接投资和国际间接投资。
(3)以资本来源及用途为依据,国际投资可分为公共投资和私人投资。

(三)国际直接投资的主要方式

1. 国际直接投资的股权参与方式

国际直接投资的股权参与方式有如下几类:
(1)拥有全部股权——独资企业;
(2)拥有部分股权——合资企业(包括多数股权、对半股权、少数股权3种)。

2. 国际直接投资的非股权参与方式

国际直接投资的非股权参与方式有如下几类:
(1)"法人式"合作经营(双方在一国境内设立具有该国法人资格的经济实体,有独立的财产权和法律上的起诉权和应诉权);
(2)"非法人式"合作经营(双方所设置的实体对合作企业财产只有使用权而无独立的财产所有权,可设立联合管理机构,也可委托一方,或聘第三方管理)。

3. 国际技术转让与技术投资

国际技术转让是指一国技术的所有者将技术的所有权或使用权转让给另一国的其他人,包括带有技术转让性质的设备硬件的交易和专利、专有技术、商标使用的许可贸易以及管理和技术协助等,是国际经济合作的重要组成部分。国际技术转让采用的方式主要有许可贸易、技术服务与咨询、特许专营、合作生产,以及含有知识产权和专有技术许可的设备买卖等。

技术投资是指以技术知识和技术设备抵充股本所进行的投资。其中,技术知识系一种无形资产(即无形固定资产),属于"软件"性质;技术设备虽属于物质资源范畴,是

"硬件"性质。当今的发展中国家向发达国家引进先进技术时，多由国外厂商通过技术投资入股形式，实行中外合资共同经营的办法。这样，发展中国家在引进国际上的先进知识与先进设备时，既无需立即支付巨额价款，又可以顺利吸收和利用先进技术，是一种较好的引进方式。

4. 国际租赁

（1）融资租赁。当企业需要筹款添置机械、设备时，投资者通过设在东道国的租赁公司，向用户转租大型成套的生产设备、运输设备，这类租赁称为融资租赁。因此，融资租赁又被称为设备租赁（equipment lease）。实质是以"融物"代替"融资"，即租赁公司并非直接给企业贷款，而是代其购进机器设备，然后租给企业使用。

（2）经营租赁。出租人在提供融资的同时，还提供特别服务（办理保险、维修等），这种将二者合为一体的租赁方式称为经营租赁。经营租赁一般用于在保养和管理技术方面具有一定垄断性的机器设备。

（3）维修租赁。典型的维修租赁是汽车租赁。

（4）杠杆租赁。杠杆租赁（又称第三者权益租赁、融资租赁），也是一个介于承租人、出租人及贷款人间的三边协定。它是由出租人（租赁公司或商业银行）本身拿出部分资金，然后加上贷款人提供的资金，以便购买承租人所欲使用的资产，并交由承租人使用；而承租人使用租赁资产后，应定期支付租赁费用。通常出租人仅提供其中20%～40%的资金，贷款人则提供60%～80%的资金。租赁公司既是出租人又是借资人，既要收取租金又要支付债务。这种融资租赁形式由于租赁收益一般大于借款成本支出，出租人借款购物出租可获得财务杠杆利益，故被称为杠杆租赁。

（5）回租租赁。出租人从拥有和使用标的物的人那里购进标的物，然后再将购进的标的物租给原来的物主使用（多用于不动产方面）。

（6）转租租赁。租赁公司或银行信托机构从国外租进设备，再转租给国内用户使用。

（7）综合租赁。集租赁与有关贸易方式为一体的租赁形式（"租赁"＋"补偿贸易、来料加工、合资、合作生产、包销等"）。

5. 国际工程承包

国际工程承包有如下几类：

（1）分项合同的工程承包（业主来分项）；

（2）交钥匙工程的承包；

（3）分包合同的工程承包（总承包商来分包）。

（四）什么是经济全球化

经济全球化是指世界经济活动超越国界，通过对外贸易、资本流动、技术转移、提供服务、相互依存、相互联系而形成的全球范围的有机经济整体。（简单地说就是世界经济日益成为紧密联系的一个整体）。经济全球化是当代世界经济的重要特征之一，也是世界经济发展的重要趋势。

（五）经济全球化对中国经济的影响

1. 有利于吸引和利用外资，引进世界先进管理理论和经验并实现管理的创新

据统计，流入中国的外国直接投资在改革开放之初（1979—1982年）累计为11.66

亿美元。以后逐年上升，进入20世纪90年代迅速增加，到2002年年底，累计达到4 416亿美元，实际利用外国直接投资额自1993年以来一直居世界第二位，居发展中国家的第一位。2020年全球外国直接投资总规模为8 460亿美元，比上年下降38%，为2005年以来最低水平。其中，流入中国的外国直接投资逆势增至2 120亿美元，增幅为14%。专家表示，得益于有效控制新冠疫情及诸多行业加速开放，2020年中国超过美国成为全球最大的外资流入国。由于经济全球化实现了人才、资本、信息、知识和物质在全球范围内的流动，中国能够引进、吸收世界上的先进管理理论和经验，并根据中国的国情进行管理创新。事实上，进入中国的跨国公司在经营管理方面已经给了人们很多启迪和借鉴。

2. 有利于加速中国工业化进程，提升产业结构

经济全球化使中国能更快地纳入世界经济体系中，充分利用发达国家进行产业结构调整的机会，将其技术相对先进的劳动密集型产业或生产环节转移过来，加速中国工业化进程。根据国内和国际市场的需要，不断调整和优化产业结构及出口商品结构，强化经济竞争力。

3. 有利于深入地参与国际分工，发挥本国现实和潜在的比较优势，拓展海外市场

经济全球化为中国企业提供了在更广泛的领域内积极参与国际竞争的机会，可以通过发挥比较优势实现资源配置效率的提高，拓展海外市场，提高企业的竞争力。

4. 可以抓住新技术革命带来的机遇，发挥后发优势，发展高新技术产业，实现经济的跨越式发展

经济全球化促进了各国科技人才、跨国公司、国家之间以及民间的全球性科技活动日趋活跃，如能加以有效地利用和积极参与，就能有效地促进中国技术水平的提高。中国企业可以利用国外的技术或在外国产品的技术基础上进行创新，建立和发展高新技术产业，实现经济的跨越式发展。

七、"一带一路"倡议及巨大机遇

（一）什么是"一带一路"

"一带一路"（the belt and road，缩写B&R）是"丝绸之路经济带"和"21世纪海上丝绸之路"的简称。2013年9月和10月由中国国家主席习近平分别在哈萨克斯坦和印度尼西亚提出建设"新丝绸之路经济带"和"21世纪海上丝绸之路"的合作倡议。依靠中国与有关国家既有的双多边机制，借助既有的、行之有效的区域合作平台，"一带一路"旨在借用古代丝绸之路的历史符号，高举和平发展的旗帜，积极发展与沿线国家的经济合作伙伴关系，共同打造政治互信、经济融合、文化包容的利益共同体、命运共同体和责任共同体。该倡议提出以来，很快在国际社会引起积极反响，一大批发展中国家和一些发达国家，以及一些重要的国际组织，积极参与到"一带一路"国际大合作之中。这对于中国的开放发展而言，其重点就从一直以来十分强调的"引进来"，发展到了将"引进来"和"走出去"密切相结合的新阶段，使中国更加深入地融入世界，与世界各国一起，共建"一带一路"，促进共同繁荣，推动构建人类命运共同体。经过近十年的发展，截至2020年11月，中国已与138个国家、31个国际组织签署了201份共建"一带一路"合作文件。2019年中国与"一带一路"倡议参与国的进出口总值为9.27万亿元人民币，增长10.8%，高出中国外贸整体增速7.4%，中国对"一带一路"倡议参与国的贸易呈现了良好的发展态势。

（二）共建"一带一路"带来巨大发展新机遇

共建"一带一路"以来，已经证明了的新机遇体现在至少四个层面：一是全球发展层面；二是国家发展层面；三是企业发展层面；四是个人职业发展层面。

1. 从全球发展层面来看的新机遇

（1）共建"一带一路"直接有利于推进全球化新发展。这是因为共建"一带一路"的核心在于构建起全球在各方面都更好的互联互通体系，包括在交通与通信、能源、货物贸易与服务贸易、资金融通、人员往来等方面都更好的互联互通，这样就有利于促进各种要素在全球范围内自由流动，促进国际贸易、国际投资、国际旅游等更快发展。而且因为"一带一路"这个平台是一个完全开放包容的平台，不论是大国，还是小国，不论是富国，还是穷国，不论是亚洲、非洲的国家，还是欧洲、美洲等其他大洲的国家，都可以参与进来，不搞区域主义，更不搞地缘政治，在自愿互利基础上通过平等合作来促进共同发展。这更利于推进全球化更加均衡、包容、普惠地一体化发展。

（2）共建"一带一路"有利于为全球经济增长提供新动能。因为在"一带一路"国际合作框架下，世界上不少国家与中国共建了很多基础设施项目。例如，在巴基斯坦进行的铁路升级改造工程项目、多个发电站建设项目、瓜达尔港口建设项目等，在老挝正在建设中的中老铁路项目，在马来西亚正在推进的东部沿海铁路项目，在缅甸正在建设中的皎漂深水港项目等。有些项目已经完成，譬如埃塞俄比亚与吉布提和中国共建的亚吉铁路、在巴基斯坦建设的萨希瓦尔电站、在肯尼亚建设的蒙内铁路等。这些建设项目涉及不同规模的投资，有的项目涉及十几亿甚至几十亿美元的投资，这就可以直接带动投资增长，同时还可以创造一些新的就业机会，这些都有利于促进消费增长。此外，中国与"一带一路"相关国家还共建了一批经贸合作区。

（3）共建"一带一路"有利于改善全球治理体系。除了对目前的全球治理体系进行必要的改革外，很重要的一点，就是在维护现有全球治理体系和现有全球治理秩序的前提下，通过"做增量"的方式改进现有全球治理体系。比如，如何为发展中国家提供基础设施融资的问题，由于种种原因，世界银行解决不了，供需之间的缺口很大，并且不是短期可以解决的问题。在这样的情况下，基于"一带一路"国际合作平台，中国与相关国家通过协商，通过创新的方式提供部分基础设施建设投资，促进相关国家的经济腾飞与发展，并为低收入人口提供新的就业机会，增加他们的收入。

2. 从国家发展层面来看的新机遇

共建"一带一路"将直接为发展中国家提供一股强大的动力，促使其经济腾飞。根据发展经济学的基本原理和一些国家的发展经验，要实现国家的经济腾飞，就必须在投资上有一个"大推进"。投什么呢？通常是先建设好重要的基础设施（如路桥、电站等），为接下来的工业化发展创造基础条件。

中国在"一带一路"国际合作框架下，贷款给一些发展中国家建设铁路、公路、桥梁、港口、机场，修建发电站等，就是为了支持这些国家的"大推进"计划的实施，促进其工业化发展，进而经济结构发生改变，从单一的农业生产国转变为新型工业化国家，从而可以从国际市场上获取更多的经济增加值，从贫困走向富强。

从实际情况来看，这样的故事也在不断地发生着。比如，中国在肯尼亚投资建设的蒙内铁路通车后，肯尼亚运输成本大幅降低；针对巴基斯坦严重缺电的情况，中国在该国完成了萨希瓦尔电站建设后，解决了该国超过10%人口的用电问题。

由此可见，中国与相关国家共建"一带一路"的逻辑是非常清晰的，那就是以投资基础设施为重点，增强相关国家的"造血"机能，促进其经济实现快速增长，帮助其尽快实现从不发达国家到发达国家的转型发展。

3. 从企业发展层面来看的新机遇

共建"一带一路"为中国企业以及相关国家的企业和全球性公司提供了许多新商机。这些新商机体现在广泛的领域，从资源开发到基础设施建设，从农业到制造业合作，从特色贸易到旅游开发，从房地产项目合作到金融合作，从工业园区开发到智慧新城建设，等等。很显然，伴随着共建"一带一路"国际合作不断向纵深发展，企业参与建设的商机会越来越多，中国及相关国家的企业都将从中受益。

4. 从个人职业发展来看的新机遇

由于共建"一带一路"扩展了新的国际投资、贸易、金融、基础设施建设、产业园区建设等方面的合作机遇，也因此给很多人的职业发展带来了新的机会。仅以我们与沿线24个国家建设的82个境外经贸合作区为例，到2021年年初就已新增就业约30万人。特别是对于那些国际化高端人才而言，他们更有可能找到充分发挥自己作用的工作机会，成就自己的职业发展的梦想。

理论应用分析 ▷▷

案例一：

中国入世第一案——针对欧盟的CR法案

欧盟于2002年4月30日通过CR法案，要求投放欧盟市场的售价在2欧元以下的打火机必须安装儿童防护（即CR装置）。原因是售价在2欧元以下的打火机易被儿童玩耍，为保护儿童的安全，要求2欧元以下的打火机都必须加装一个防止儿童开启的装置（即CR装置），所以这法案称为CR法案，从保护儿童安全的角度出台这个法案是任何人没有办法质疑其目的的，这种意图完全应该是合理的而且也应该是普遍接受的。但为什么中国的产业对CR标准这么敏感？关键的问题就在于其内容。因为当时欧盟规定2欧元以下的打火机必须加装CR装置，而中国出口到欧盟的打火机几乎99.9%都是2欧元以下的。从这个角度讲，中国的打火机都必须加CR装置，而且中国温州市拥有打火机生产企业近千家，年产金属外壳打火机6亿多只，销量占世界市场份额的80%以上。而其他国家（比如韩国、日本）在中国贴牌生产的打火机，由于有品牌，可以规定在2欧元以上，可以不用加 CR 装置。为什么把价格与安全性挂钩？为什么 1.99 欧元的打火机就被认为是不安全的，2.01 欧元的打火机被认为是安全的，依据是什么？由商务部、质检总局及温州市、宁波市外贸局官员组成的中国政府交涉团，由中国机电商会和温州市、宁波市烟具行业协会会员组成的民间游说团，奔赴欧盟各国进行交涉和游说。经过三年的努力，2005 年 7 月，欧盟的 CR 法案终于被搁浅了。但在欧盟 CR 法案背后还蕴藏了很多的东西，CR 法案是欧盟的境内生产商推动出台的，而防止儿童开启装置在国外有二、三百项专利，专利都掌握在外国公司手里。在这小小的打火机身上再开发出新的专利出来，难度是比较大的。如果这个法案实施，中国企业要运用一种技术就要购买专利，带来知识产权问题，无疑会增加出口成本。

问：（1）什么是贸易壁垒？

（2）欧盟预采用的 CR 法案属于什么非关税壁垒？

案例二：

"一带一路"背景下中国的对外经济合作

中国与周边国家的经济合作，不仅需要"协同联动"，更需要创造良好的"环境"，这是保证"一带一路"实施的重要因素之一。2017 年 1 月 17 日，习近平主席在 2017 年世界经济论坛上发表了《共担时代责任共促全球发展》主题讲话，谈到当前全球增长动能不足、经济治理滞后、发展失衡的现实问题，需要坚持协同联动，打造公正合理、平衡普惠的全球经济治理模式。2017 年 5 月 14 日，在"一带一路"国际合作高峰论坛上，习近平主席发表了《携手推进"一带一路"建设》的演讲，强调"一带一路"是一项世纪工程，要建设和平、开发、包容、互鉴互利、共赢合作的文化环境。中国推进"一带一路"建设离不开与周边国家的经济合作和打造与周边国家全方位合作伙伴关系共建区域经济合作新模式。

（1）建立多边合作机制

中国和周边国家充分利用既有的亚太经合组织、亚洲相互协作与信任措施会议（简称"亚信会议"）、东盟地区论坛、东盟与中国（"10＋1"）领导人会议、东盟与中日韩（"10＋3"）领导人会议、中亚经济区域合作、图们江国际区域合作、大湄公河次区域合作（GMS）等既有区域、次区域多边合作平台开展对话合作。在"10＋1"框架下，中国与东盟国家携手共建自贸区，达成和平与繁荣的战略伙伴关系。在 2014 年亚信上海峰会上，习近平主席向与会各国倡导树立共同、综合、合作、可持续的亚洲安全观，走共建、共享、共赢的亚洲安全之路。

（2）合作领域逐步扩大

自"一带一路"倡议提出以来，随着彼此依存度和互信度的增强，中国与周边国家的合作领域不断扩大，逐步覆盖了贸易、产业和科技等领域，取得良好经济效益和社会效益。2014—2016 年中国同"一带一路"沿线国家贸易额达 3 万亿美元，累计投资超 500 亿美元，初步建设了 56 个经贸合作区，为"一带一路"沿线国家创造了 11 亿美元的财政税收和18万个就业岗位。亚投行为"一带一路"沿线国家共同参与的9个项目提供了贷款17亿美元,设立40亿美元的丝路基金,中国新增丝路基金1000亿元人民币;金融机构预计设立3000亿元人民币的海外基金。中国同"一带一路"沿线国家加强科技创新合作,在科技、实验室、园区、技术转移等领域深化合作,预计未来5年沿线国家将派2500人来华从事短期科研,中国将为沿线国家培训5000名科研人员,建成50个实验室。未来3年中国向沿线国家投资600亿元人民币,用于民生工程项目,还要提供20亿元人民币粮食援助,实施"三个100"工程项目。

(3) 合作程度日益深化

在经济上,中国与周边国家的贸易和投资发展迅速。中国已经成为周边大多数国家的主要贸易伙伴和重要外资来源国,相互间的经济密切程度日益加深。例如,巴基斯坦2015—2016财年共吸引外资12.81亿美元,其中来自中国的直接投资达5.94亿美元,占46.37%。

(4) 大项目合作成为主流

在中国与"一带一路"沿线国家签署的项目中,中泰、中老、印尼雅万高铁项目已经全面启动。与马来西亚、泰国、柬埔寨、越南、老挝、印尼等国家的产业园区合作项目顺利开展签署的电站、油气等重大能源项目40余项,涉及19个沿线国家。2015年中国与俄罗斯的莫斯科—喀山高铁项目进入勘测设计实施阶段。2017年1月中国铁道建筑总公司承建莫斯科西南区阿米尼耶沃公路、米丘林大街维尔纳茨基大街等三个地铁站,同时建设三个地铁站区间隧道,总价值为229.8亿卢布,预计2019年12月完成。中国为乌兹别克斯坦电站、吉尔吉斯斯坦炼油厂、塔吉克斯坦水泥厂等大型项目,以及哈萨克斯坦的52个项目,投资270亿美元。2015年中国与"一带一路"沿线国家的贸易额突破万亿美元,占中国对外贸易额的1/4,中国对49个沿线国家直接投资150亿美元,区域贸易投资增速接近全球平均水平的2倍。

问:(1) 何谓"一带一路"?
(2) 中国推进"一带一路"建设的新模式主要内容有哪些?

综合能力训练

案例分析一:

中国反倾销案例分析

2004年2月17日(美国本地时刻),美国国际贸易委员会建议对原产于中国等六个国家的冷冻和罐装暖水虾征收高额反倾销税。消息传出,在我国水产业,尤其是虾产业中引发了强烈震动,使我虾产品出口严峻受阻。2004年4月,我国渔业大省——浙江虾产品对美出口全面停止。2004年3~6月,我国虾产品主产区——广东虾产品对美国出口仅1010吨,降幅达85.9%。此四个月出口量比前两个月下降37.6%。2004年,我国向美出口海产虾6.61万吨,同比下降18.84%;金额3.386亿美元,同比下降23.78%。而2004年美国虾产品入口量在50万吨的水平,我国虾产品占有率为13.2%。自2004年下半年开始,我国几乎失去了美国虾产品市场。这是我国进入世贸组织后,在国际贸易中蒙受的第一路有关水产品的反倾销调查。当尘埃落定以后,咱们有必要从头凝视此案,为尔后的水产品国际贸易提供借鉴。

问：(1) 构成倾销的标准是什么？

(2) 中国如何应对反倾销？

(3) 中国从反倾销事件中得到的体会和教训。

案例分析二：

中国 2021 年的贸易顺差

中国海关公布的数据显示，中国在 2021 年创下了贸易顺差的历史新高，达到了惊人的 6 764 亿美元。

贸易顺差是一个国家的出口总金额减去进口总金额所得的差额。长期以来，我国作为世界范围内主要的制造业大国，一直就拥有十分强劲的出口能力和巨大的贸易顺差，而从现在公布的最新 2021 年的数据汇总来看，去年中国对外出口已经取得了超出预估的"成绩单"，更是达到了 6 764 亿美元。要知道，美国 2021 年的军费开支也只有 7 100 亿美元。

对此，外界不少人纷纷提出质疑，那 6 764 亿美元到底是一个什么概念呢？2020 年中国 GDP 总量为 14 万亿美元，按这个数字来算，对外贸易一年就给我国提供约 4% 的经济增速，这对于绝大多数国家来说都是一个很难达到的目标。在此种情况下，按照中国对外贸易的增长速度，中国 13 个月的对外贸易完全能赚到美军一年的军费，而这也是中国快速发展的底气。

2021 年中国贸易顺差创下的新纪录，不仅向全世界再次证明了中国制造业的强大实力，也向外界正式宣告美国企图阻止中国增加贸易顺差的图谋彻底破产了。事实上，在全球疫情危机持续蔓延的时候，美国、日本、德国等制造业大国均因此受到了不同程度的影响，不少工人因为工厂停产面临困境，而这也致使其经济发展状况受到了冲击，导致不得不从国外订购物资。反观我国，在强有力的疫情防控政策下，经济率先得到了复苏，对外贸易优势尽显。

问：(1) 什么是贸易顺差？什么是贸易逆差？

(2) 造成中国 2021 年贸易顺差的原因是什么？

阅读资料 ▷▷

戈特哈德·贝蒂·俄林

戈特哈德·贝蒂·俄林 (Bertil Gotthard Ohlin，1899—1979)，瑞典著名的经济学家，现代国际贸易理论的创始人。

俄林 1899 年 4 月出生于瑞典，先后在隆德大学、斯德哥尔摩经济学院、剑桥大学、哈佛大学学习和深造。

1924 年，俄林任丹麦哥本哈根大学经济学教授。

1930 年，俄林应聘到斯德哥尔摩商学院任经济学教授。

1938 年，俄林当选为议员，俄林不仅是经济学家，而且是瑞典著名的政治活动家。

1944 年，俄林出任瑞典主要反对党自由党的主席。同年，他在联合政府中担任贸易部部长。在此之后，他连任自由党主席达23年之久。

1977年，俄林因对国际贸易理论和国际资本运动理论做出了开拓性的研究，与英国剑桥大学的詹姆斯·爱德华·米德一同获得了当年的诺贝尔经济学奖。

俄林在经济学研究方面的特点是，不做已有理论的奴隶、勇于探索和创新。他认为，后来者的任务不是对已有的理论仅仅做些解释，而是要在已有理论的基础上做创新、突破。他登门求教于陶西格，但他并不同意陶西格的古典贸易理论；他赞赏赫克塞尔的开放贸易理论分析，但他又在此基础上加以修改和完善。因此，俄林所提出的贸易理论被认为是资产阶级经济学中关于区域和国际分工贸易理论体系第一次较完整的阐述。

1925年，俄林参加了丹麦哥本哈根大学经济学教授的评选。按照评选委员会的规定，参加评选的人必须在三个月内就指定的题目写一篇论文，在48小时内准备一篇讲演稿。结果，评选时，俄林以3∶2的优势获胜。这样，年仅26岁的俄林，成了当时最年轻的教授。1930年，他应聘回到母校斯德哥尔摩经济学院，接替他的老师赫克塞尔任经济学教授，在这所大学他工作了35年之久。

俄林不仅是经济学家，还是瑞典著名的政治活动家。他一直雄心勃勃，希望有朝一日能爬上首相的宝座。他刚任斯德哥尔摩经济学院教授不久，就当上了自由青年协会的主席，一举成为政坛上引人注目的活跃人物。1938年，俄林当选议会议员。1944年，他出任瑞典主要反对党自由党的主席。同年，在联合政府中出任贸易部部长。他连任自由党主席达23年之久。但是，令他失望的是，他想当首相的夙愿一直没有实现。

驰骋政坛并未使俄林中断对经济学的研究。他不负盛名，探索不止。自进入政界之后，他不仅扩大了研究范围，写出了大量论著，而且多次出国讲学。

1979年8月3日，也就是在获得诺贝尔奖的第三年，他与世长辞了，享年80岁。

俄林对国际贸易理论和国际资本运动理论做出了开拓性的研究。

早在1922年，他在其博士资格预选论文中，第一次提出了自己的国际贸易理论初步大纲，此大纲成为他后来关于国际贸易理论的基础。1924年，在其博士论文及答辩中，他提出的贸易理论被认为是第一次较完整地阐述了资产阶级经济学关于区际和国际分工贸易理论体系。1931年，他把自己的贸易理论体系进一步加以充实、修改和提高，完成了著作《区际贸易和国际贸易》。至此，最终形成俄林贸易理论体系。这个理论体系，很快就被写进当时世界上最有影响的一些经济学教科书，被称为赫克塞尔—俄林模型。

俄林标榜自己是社会自由主义者，但实际上他的一系列理论与凯恩斯的理论非常相似。20世纪30年代资本主义世界大危机时期，他多次发表论文或为政府起草报告，极力强调国家垄断干预对于解决失业和复苏经济的作用。

例如，他的《货币政策、公共工程、补贴和关税是消除失业的工具》一文，就对瑞典政府当时制定政策起了重要作用，被认为与凯恩斯1936年发表的《就业、利息和货币通论》一书的基本思想一脉相承。

1969—1975年，俄林担任诺贝尔经济学奖委员会主席，主持颁发这项资金的评选工作。

俄林生产要素禀赋说的创立与其导师赫克塞尔的贡献密切相关。赫克塞尔在《对外贸易对收入分配的影响》一文中率先将生产要素的分析纳入贸易研究的领域。赫克塞尔认为：“两国在生产要素方面的相对稀缺的差异是比较成本之差异，因而也是国际贸易的一个必要条件，另一不可或缺的条件是一种商品的生产要素结合比例与另一种商品的生产要素结合比例不同。"俄林深受启发并认为赫氏的思想是其构建国际贸易相互依存理论的组成部分。这也是西方学者将生产要素禀赋说又冠以"赫克塞尔—俄林模式"的原因。

生产要素禀赋说是俄林贸易理论的核心，该学说以下列假定为前提：

(1) 两个区域或两个国家、两种商品、两种生产要素（劳动与资本）。该假定通常被称为 $2\times2\times2$ 模型。

(2) 两国具有同质的生产函数。生产函数反映了投入的生产要素组合与最大产量的依存关系。因此在要素价格不同时，追求利润最大化的生产者势必密集地使用相对廉价的要素。

(3) 两国生产要素同质，在区间内能完全自由流动。即效用函数最大化的约束使劳动和资本的报酬最终相等。由于现实中自然资源无法移动，因而要素的区间流动意味着资源配置的合理化。

(4) 生产要素具有充分的可分性，且规模报酬不变。

(5) 商品贸易中的一切限制不存在，即排除了运费、关税及其他障碍的自由贸易的理想状态，便于比较两国贸易前的价格比率。

(6) 两国商品和要素市场均为完全竞争的市场。在生产要素充分、就业完全竞争的长期均衡状态下，产品价格等于其平均成本和边际成本，因而产品的成本比例能完全反映要素的供求状况，尤其是供应状况。

(7) 生产要素密集性逆转的情况不发生。这表明在要素密集性与要素价格之间存在一一对应关系。即：若按要素价格的某一比率，商品X是资本密集性商品，则按所有的要素价格比率，商品X的资本密集性均不改变。

(8) 两国需求偏好相同，即两国的无差异曲线的形状及位置相同。

(9) 两国只发生有形商品贸易且每一地区都有一种自由流通的纸币。

建立在上述假定基础上的"赫克塞尔—俄林理论"由俄林定理和要素价格均等定理所构成。首先，俄林定理指出：由于要素禀赋的稀缺性及在各国各地区内分布的非均衡性，以及诸要素之间的非置换性，一国在国际分工与贸易中的地位主要由其要素禀赋决定，即：一国的生产和出口需较少地耗用其供给相对稀缺的要素的产品。其次，俄林认为，个人劳动分工与贸易分工具有相似性，均受天然资质或禀赋的制约。由于生产要素供给的稀缺性和分布的非均衡性，"每一地区最适于生产那些所需要素在该地区较丰富的产品，而最不适宜于生产需某些要素占很大比例且存量很少甚至没有的产品。"俄林认为，停留在对区域贸易原因的一般分析远远不够。区域贸易的直接原因是不同地区或国家间商品的价格的差异，即区域贸易是一种价格现象，只有说明要素禀赋与成本及价格的区间差异的内在联系，才能阐明其发生及利得的实质。

俄林以其缜密而严谨的逻辑推理，深入到对"相对商品价格的差异性是建立贸易的必要条件"的分析，且创造性地将一般均衡理论的分析方法应用到贸易研究领域。俄林认为，无论是在一个区域内，还是在一个国家内，在给定的时间里，所有的商品价格及要素价格均由其各自的供求关系决定。"在需求背后有：①消费者的欲望；②生产要素所有权的情况（影响到个人收入和需求）；③生产要素的供给；④生产的物质条件。后面的条件，即到处相同的物质界的自然不变的特征，在适当考虑生产要素价格的情况下，决定了生产要素的结合，也就是技术过程，从而影响到对商品的需求转化为对这些生产要素的需求。"这里所说的"生产要素的供给"是指要素禀赋，即：一国所拥有的生产要素存量的相对状况。而"生产的物质条件"是指生产函数情况，它决定商品生产中诸要素的结合比例，从而也决定了商品的要素密集性。显然，俄林关于供给的决定因素正是赫克塞尔提出的比较成本差异产生的前提条件。俄林认为，由上述四种基本因素所构成的各地区或国家内的价格机制，共同决定了商品及要素的价格。由于生产函数同质的假定，因此两国间商品相对价格差异由商品的需求（即消费者偏好）和要素所有权分配情况及要素供给的差异所决定。

因此，俄林指出，若将两国商品相对价格差异作为国际贸易发生的第一个条件，则第二个条件是两国生产要素相对价格差异。生产要素的价格也是由其供求因素决定的，对要素的需求是一种"派生"的需求，即对其生产出的产品的需求。而要素的供给是由生产成本所决定的。在要素供求决定要素价格的关系中，俄林认为要素供给的影响非常重要。尤其在各国要素需求一定的情况下，各国不同的要素禀赋对要素价格存在着制约作用，要素供给丰富，则其成本低，价格便宜，反之，供给稀缺，则其成本高，价格昂贵。例如，"澳大利亚农地丰富，但人口稀少，同大多数其他国家相比，土地便宜而工资高。"为使论证严谨并符合现实，俄林引入了汇率这一新的变量。这使产品的价格和成本能直接比较，当某种产品生产中所需的大量的要素价格在 A 地区较 B 地区便宜，同时只需少量的其他要素，显然，在 A 地能以较低成本生产并向 B 地出口，A 地进口的则是在 B 地供给丰裕且能以较低成本生产的商品。

总之，在商品和要素价格相互影响、相互决定的机制中，俄林以生产要素供给（即要素禀赋）的差异来说明国际贸易发生的基本原因。可见，在要素禀赋差异——要素价格差异——生产成本差异——商品价格差异的互为因果、环环相扣的因素链中，生产要素禀赋差异处于核心地位。

生产要素禀赋说的第二个命题为要素价格均等定理，即在一定条件下，国际贸易最终将导致各国生产诸要素的相对价格和绝对价格的平均化，国际贸易在一定程度上为国际要素流动的替代物。

赫克塞尔曾在《对外贸易对收入分配的影响》中提到了贸易将导致要素价格即同质劳动力的工资和同质资本收益均等的观点。俄林在《区域贸易与国际贸易》的第二章"关于区域贸易的某些后果"中阐述了其观点。"区域贸易的后果是使商品价格均等化，生产要素的价格也有趋向均等化的趋势。这意味着更好地利用这些要素，从而减少因不适当的地区分布而引起的不利条件。"俄林认为，要素价格均等只是一种趋势而非完全的均等化，主要原因首先是产业对生产要素的需求是对几种要素的"联合要求"且在一定时期内保持不变，因此尽管贸易开展后使资源配置合理性增强，并不能改变要素区位分布的非均衡性及拉平要素价格的区间差异。其次由于俄林假定生产要素的地区流动性为零，因而可由商品贸易部分替代要素流动，从而在一定程度上实现要素的合理配置。针对上述"赫克塞尔—俄林模式"中要素价格均等的趋向性观点的缺陷和不足，著名经济学家萨缪尔森，指出在一定条件下国际要素价格均等必然发生而不仅仅是一种趋势，从而对该理论进行了重要修正。萨缪尔森在《国际贸易和要素价格均等》一文首次提出其观点：在两国实行生产两种产品的专业分工的情况下，通过自由贸易要素价格会绝对相等，商品流动能够完全替代要素流动,在商品移动能有效替代要素移动的某种程度上世界生产力可达到最佳状态。

以后,萨缪尔森于《再论国际要素价格均等》一文中,对要素价格均等进行了严谨论证,修正并完善了生产禀赋论。假定只有美国和欧洲;生产两种商品粮和纺织品;每种商品由两种生产要素土地和劳动力生产出来;生产函数呈现线性齐次的特点,即以相同的比例改变所有投入要素,产出也以相同比例变化;满足边际生产力递减规律;现实中商品表现出的要素密集性不同,粮食为"土地密集型"商品,纺织品则为"劳动密集型"商品;假定两国的土地与劳动均为同质的投入要素;假定国际贸易中所有商品均能完全自由移动,没有关税和运输成本,且竞争导致两国商品市场价格比例均等;假定两国间的生产要素不能自由移动;假定两国对具有比较利益的商品实行不完全的专业分工(都生产两种产品)。根据上述假定条件,萨缪尔森运用数学推导得出的重要结论是:"两国的实际要素价格必然完全相等。"

鉴于萨缪尔森所做的理论贡献,经济学界又将"赫克塞尔—俄林模型"称为"赫克塞尔—俄林—萨缪尔森理论模型"。

任务十一
国际金融与汇率——怎样防止看不见的金融战争？

学习目标

知识目标

（1）了解汇率与汇率制度、国际资本流动与外汇储备；
（2）理解购买力平价理论。

能力目标

（1）会观察汇率、国际资本流动与外汇储备的变化；
（2）能用购买力平价理论分析汇率变化。

思政目标

（1）认清国际资本流动的逐利本质；
（2）理解汇率制度的科学性与阶级性。

经济现象引入 ▷▷

汇率对日本经济影响的分析

长期国债利率被称为"经济体温计"。2010年8月4日，日本长期国债市场10年期国债利率一度降至0.995%，为7年来首次低于1%。同时，日元汇率飙升、股市低迷不振，这表明日本经济又遇麻烦。据相关部门测算，日元对美元汇率上升1日元，仅丰田和本田等八大车商营业利润就会减少730亿日元。由此可见，日元升值对日企及日本经济的影响之大。

长期以来，日本长期国债利率一直保持在2%以下的水平。2003年6月，日本长期国债利率一度降至历史最低水平0.43%，当时主要是因为伊拉克战争导致市场担心日本经济前景，大量资金流入国债市场。

这次日本长期国债利率水平再次降至1%以下，也是市场对日本经济前景感到担忧的一种表现。金融危机之后，欧美家庭和企业负债过多，难以创出新的需求，有可能影响全球经济复苏进程，从而对深陷通货紧缩、依赖外需发展的日本经济产生不利影响。

《日本经济新闻》援引国际货币基金组织的数据说，预计2010年日美欧经济供给和需求之差合计约有1万亿美元，日美欧将共同面临通货紧缩问题。据此，市场人士认为，日美欧一起陷入通货紧缩状况令全球经济前景堪忧。市场资金流入比较安全的国债市场，是导致日本长期国债利率水平低的主要原因。

而在东京外汇市场，8月4日日元对美元汇率一度升至85.32∶1的水平，为8个多月来最高值。导致当天日元再创新高的直接原因是，市场预测美国联邦储备委员会可能会降低利率，采取更加宽松的金融政策，不少海外投资者抛售美元买进日元。此外，日本国内进口型企业预计日元还可能升值而奇货可居，这也是导致日元升值的一个重要原因。

其实，日元近来不断飙升还有深层次原因，就是欧美在财政刺激政策无果、国内需求短期内难以恢复的情况下，已经或正在准备采取更加宽松的金融政策以稳定金融市场和防止通货紧缩。此外，欧美均采取拓展外需、扩大出口的策略而容忍本国货币贬值。

此外，日本国债主要买家是日本国内银行和生命保险公司等，这可能成为引发金融动荡的一个因素。据统计，截至 2010 年 3 月，日本全国银行持有的国债余额达到 125 万亿日元，刷新了历史最高水平。日本政府财政重建一旦迟迟不见效，则可能动摇国债信誉度，导致国债价格下降，金融机构将因此蒙受巨额损失，从而引发金融市场动荡。

股市被称为"经济晴雨表"。最近是日本企业公布 2010 年第二季度财报高峰期，主要上市企业捷报频传，按理说股市应该保持坚挺。但事实上，东京股市代表性指标日经 225 种股票平均价格指数一直在 9 500 点左右徘徊，其主要原因还是市场对日本及欧美经济走势不安和担心日元汇率继续上升。

为此，日本各界呼吁政府和央行采取灵活机动的措施加以应对，防止市场心理下滑，适当时候介入市场，阻止日元进一步升值，并降低法人税以抑制企业向海外转移。而政府决策迟缓，央行可采取的手段有限，日本经济能否渡过难关还有待进一步观察。

问：（1）日本经济持续低迷的主要原因是什么？
（2）影响汇率的因素有哪些？
（3）汇率稳定的条件有哪些？
（4）汇率升高对一国经济的影响有哪些？

经济知识学习 ▷▷

一、汇率与汇率制度

（一）什么是汇率

"汇率"亦称"外汇行市"或"汇价"，是一国货币兑换另一国货币的比率，是以一种货币表示另一种货币的价格。由于世界各国货币的名称不同，币值不一，所以一国货币对其他国家的货币要规定一个兑换率，即汇率。例如，一件价值 100 元人民币的商品，如果人民币对美元的汇率为 0.150 2（间接标价法），则这件商品在美国的价格就是 15.02 美元。

（二）外汇汇率标价方法

1. 直接标价法

直接标价法，又称为应付标价法，是以一定单位（1、100、1 000、10 000）的外国货币为标准来计算应该付出多少单位本国货币，就相当于计算购买一定单位外币应付多少本币，所以又称为应付标价法。在国际外汇市场上，包括中国在内的世界上绝大多数国家目前都采用直接标价法。例如，日元兑美元汇率为 119.05，即 1 美元兑 119.05 日元。

在直接标价法下，若一定单位的外币折合的本币数额多于前期，则说明外币币值上升或本币币值下跌，称为外汇汇率上升；反之，如果要用比原来较少的本币即能兑换到同一数额的外币，这说明外币币值下跌或本币币值上升，称为外汇汇率下跌，即外币的价值与汇率的涨跌成正比。

2. 间接标价法

间接标价法，又称为应收标价法。它是以一定单位（如 1 个单位）的本国货币为标准，来计算应收若干单位的外汇货币。在国际外汇市场上，欧元、英镑、澳元等均为间接标价法。例如，欧元兑美元汇率为 0.970 5，即 1 欧元兑 0.970 5 美元。在间接标价法中，本国货币的数额保持不变，外国货币的数额随着本国货币币值的变化而变化。若一定数额的本币能兑换的外币数额比前期少，则表明外币币值上升，本币币值下降，即外汇汇率下跌；反之，若一定数额的本币能兑换的外币数额比前期多，则表明外币币值下降，本币币值上升，即外汇汇率上升，即外汇的价值和汇率的升跌成反比。

3. 美元标价法

美元标价法，又称纽约标价法，是指在纽约国际金融市场上，除对英镑用直接标价法外，对其他国家的货币用间接标价法的标价方法。美元标价法由美国在 1978 年 9 月 1 日制定并执行，是目前国际金融市场上通行的标价法。

（三）什么是汇率制度

汇率制度，又称汇率安排，是指一国货币当局对本国汇率变动的基本方式所做的一系列安排或规定。传统上，按照汇率变动的幅度，汇率制度被分为两大类型：固定汇率制和浮动汇率制。

（四）固定汇率制

固定汇率制是指以本位货币本身或法定含金量为确定汇率的基准，汇率比较稳定的一种汇率制度。在不同的货币制度下具有不同的固定汇率制度。

1. 金本位制度下的固定汇率制度

它是一种以美元为中心的国际货币体系。该体系的汇率制度安排，是钉住型的汇率制度。它的特点如下。

(1) 黄金成为两国汇率决定的实在的物质基础。

(2) 汇率仅在铸币平价的上下各 6‰ 左右波动，幅度很小。

(3) 汇率的稳定是自动而非依赖人为的措施来维持。

2. 布雷顿森林体系下的固定汇率制度

实行"双挂钩"，即美元与黄金挂钩，其他各国货币与美元挂钩。在"双挂钩"的基础上，《国际货币基金协会》规定，各国货币对美元的汇率一般只能在汇率平价 $-1\%\sim+1\%$ 的范围内波动，各国必须同 IMF 合作，并采取适当的措施保证汇率的波动不超过该界限。由于这种汇率制度实行"双挂钩"，波幅很小，且可适当调整，因此该制度也称以美元为中心的固定汇率制，或可调整的钉住汇率制度。其特点是：

(1) 汇率的决定基础是黄金平价，但货币的发行与黄金无关；
(2) 波动幅度小，但仍超过了黄金输送点所规定的上下限；
(3) 汇率不具备自动稳定机制，汇率的波动与波幅需要人为的政策来维持；
(4) 央行通过间接手段而非直接管制方式来稳定汇率；
(5) 只要有必要，汇率平价和汇率波动的界限可以改变，但变动幅度有限。

（五）浮动汇率制

浮动汇率制是指一国不规定本币与外币的黄金平价和汇率上下波动的界限，货币当局也不再承担维持汇率波动界限的义务，汇率随外汇市场供求关系变化而自由上下浮动的一种汇率制度。

1. 浮动汇率的分类

(1) 按政府是否干预，可以分为自由浮动及管理浮动。自由浮动指政府任凭外汇市场供求状况决定本国货币同外国货币的兑换比率，不采取任何措施。管理浮动指政府采取有限的干预措施，引导市场汇率向有利于本国利益的方向浮动。

(2) 按浮动形式，可分为单独浮动和联合浮动。

(3) 按被钉住的货币不同，可分为钉住单一货币浮动和钉住合成货币浮动。

2. 浮动汇率的主要特点

(1) 汇率浮动形式多样化，包括自由浮动、管理浮动、钉住浮动、单一浮动、联合浮动等。

(2) 在浮动汇率制度下，汇率并不是纯粹的自由浮动，政府在必要的时候会对汇率进行或明或暗的干预。

(3) 由于汇率的变化是由市场的供求状况决定的，因此浮动汇率比固定汇率波动要频繁，而且波幅大。

(4) 特别提款权的一篮子汇价成为汇率制度的组成部分。

二、购买力平价理论

（一）购买力平价理论的产生

购买力平价理论是关于汇率决定的一种理论，最初由英国经济学家桑顿于 1802 年提出，其后成为李嘉图的古典经济理论的一个组成部分，最后由瑞典经济学家古斯塔夫·卡塞尔（G. Cassel，1866—1945 年）加以发展和充实，并在其 1922 年出版的《1914 年以后的货币与外汇》一书中作了详细论述。它已成为当今汇率理论中最具影响力的理论之一。

（二）购买力平价理论的核心观点

本国人之所以需要外国货币或外国人之所以需要本国货币，是因为这两种货币在各发行国均具有对商品的购买力；两国货币购买力之比就是决定汇率的"首先的最基本的依据"；汇率的变化也是由两国货币购买力之比的变化决定的，即汇率的涨落是货币购买力变化的结果。这个理论又分为绝对购买力平价和相对购买力平价两部分。

1. 绝对购买力平价

绝对购买力平价是指，本国货币与外国货币之间的均衡汇率等于本国与外国货币购买力或物价水平之间的比率。绝对购买力平价认为：一国货币的价值及对它的需求是由单位货币在国内所能买到的商品和劳务的量决定的，即由它的购买力决定的，因此两国货币之间的汇率可以表示为两国货币的购买力之比。而购买力的大小是通过物价水平体现出来的。根据这一关系式，本国物价上涨将意味着本国货币相对外国货币的贬值。

2. 相对购买力平价

相对购买力平价是指，不同国家的货币购买力之间的相对变化，是汇率变动的决定因素。汇率变动的主要因素是不同国家之间货币购买力或物价的相对变化；同汇率处于均衡的时期相比，当两国购买力比率发生变化时，两国货币之间的汇率就必须调整。相对购买力平价表示一段时期内汇率的变动，并考虑到了通货膨胀因素。当两种货币都发生通货膨胀时，它们的名义汇率等于其过去的汇率乘以两国通货膨胀率之商。即相对购买力平价说明的是某一时期汇率的变动，即两个时点的汇率之比等于两国一般物价指数之比。

3. 绝对购买力平价与相对购买力平价的关系

如果绝对购买力平价成立，那么相对购买力平价一定成立。因为物价指数就是两个时点物价绝对水平之比。反过来，如果相对购买力平价成立，绝对购买力平价不一定成立。例如，基期和报告期的汇率都等于绝对购买力平价的二分之一，这时相对购买力平价成立，但是绝对购买力平价不成立。

三、外汇市场与外汇干预

(一) 外汇市场

1. 什么是外汇市场

外汇市场是指在国际间从事外汇买卖，调剂外汇供求的交易场所。它的职能是经营货币商品，即不同国家的货币。

国际上因贸易、投资、旅游等经济往来，总不免产生货币收支关系。但各国货币制度不同，要想在国外支付，必须先以本国货币购买外币；另外，从国外收到外币支付凭证也必须兑换成本国货币才能在国内流通。这样就发生了本国货币与外国货币的兑换问题。两国货币的比价称为汇价或汇率。西方国家和我国的中央银行为执行外汇政策、影响外汇汇率、买卖外汇的机构。所有买卖外汇的商业银行、专营外汇业务的银行、外汇经纪人、进出口商，以及其外汇市场供求者都经营各种现汇交易及期汇交易。这一切外汇业务组成一国的外汇市场。

2. 全球主要的外汇市场

世界上交易量大且有国际影响的外汇市场有伦敦、纽约、巴黎、法兰克福、苏黎世、东京、卢森堡、香港、新加坡、巴林、米兰、蒙特利尔和阿姆斯特丹等市场。在这些市场上买卖的外汇主要有美元、英镑、德国马克、法国法郎、瑞士法郎、日元、意大利里拉、加拿大元和荷兰盾等十多种货币，其他货币也有买卖，但为数较少。

(二) 外汇干预

1. 什么是外汇干预

外汇干预，又叫干预外汇市场，即一国货币当局基于本国宏观经济政策和外汇政策的要求，为控制本币与外币的汇率变动，而对外汇市场实施的直接或间接的干预活动，以使汇率的变动符合本国的汇率变动政策的目标。

2. 外汇干预的目的

（1）防止短期汇率发生变动，避免外汇市场混乱。

（2）减缓汇率的中长期变动，实施反向干预，调整汇率发展的趋势。

（3）使市场汇率波动情况不致偏离一定时期的汇率目标区。

（4）促使国内货币政策与外汇政策的协调推行。

3. 外汇干预的方式

（1）按干预外汇是否直接，可以分为直接干预和间接干预。

直接干预是指货币当局直接参与外汇市场的买卖，通过在外汇市场上买进或卖出外汇来影响本币的对外汇率。

间接干预主要指通过一国货币政策或财政政策的推行，影响短期资本流入，从而间接影响外汇市场供求状况和汇率水平。

（2）按干预外汇市场的动机，可分为积极干预和消极干预。

积极干预是指一国货币当局为使外汇市场的汇率水平接近本国所设定的水平目标而主动在外汇市场进行操作。

消极干预是指外汇市场已发生剧烈波动，偏离本国设定的汇率水平，货币当局采取补救性干预措施。

四、国际资本流动与外汇储备

（一）国际资本流动

1. 什么是国际资本流动

国际资本流动，简言之，是指资本在国际间转移，或者说，资本在不同国家或地区之间作单向、双向或多向流动。国际资本流动具体包括贷款、援助、输出、输入、投资、债务的增加、债权的取得、利息收支、买方信贷、卖方信贷、外汇买卖、证券发行与流通等。国际资本流动按资本的使用期限长短可分为长期资本流动和短期资本流动两大类。

2. 国际资本流动的影响

国际资本流动对资本输出国、资本输入国以及国际经济形式的影响各不相同。

长期资本流动的利益：长期资本流动的期限长、数量大，对经济的长期稳定和持续发展影响较大。

（1）对资本输出国而言，长期资本流动：

① 有利于提高资本的边际收益；

② 有利于占领世界市场，促进商品和劳务的输出；
③ 有助于克服贸易保护壁垒；
④ 有利于提高国际地位。

(2) 对资本输入国而言，长期资本流动：
① 可以缓和资金短缺的困难；
② 可以提高工业化水平；
③ 可以扩大产品出口数量，提高产品的国际竞争能力；
④ 可以增加新兴工业部门和第三产业部门的就业机会，缓解就业压力。

短期资本流动的影响：在短期资本流动中，贸易性流动和金融性资本流动比较稳定，并且其影响相对有利。而以投机性资本为主的国际贸易则最受国际金融界和各国货币当局关注，原因在于其流动规模巨大，变化速度快，对一国乃至世界经济金融造成的影响深刻而复杂。

(1) 短期资本流动对国内经济的影响主要体现在对国际收支、汇率、货币政策、国内金融市场的影响。

(2) 短期投机资本对世界经济产生的影响主要体现在：
① 对国际经济和金融一体化进程的影响；
② 对国际货币体系的影响；
③ 对国际金融市场的影响；
④ 对资金在国际间配置的影响。

(二) 外汇储备

1. 什么是外汇储备

外汇储备，又称为外汇存底，指一国政府所持有的国际储备资产中的外汇部分，即一国政府保有的以外币表示的债权。外汇储备是一个国家货币当局持有并可以随时兑换外国货币的资产。狭义而言，外汇储备是一个国家经济实力的重要组成部分，是一国用于平衡国际收支，稳定汇率，偿还对外债务的外汇积累。广义而言，外汇储备是指以外汇计价的资产，包括现钞、国外银行存款、国外有价证券等。外汇储备是一个国家国际清偿力的重要组成部分，同时对于平衡国际收支、稳定汇率有重要的影响。

2. 外汇储备的主要形式及中国外汇储备的组成

外汇储备的主要形式有：政府在国外的短期存款；其他可以在国外兑现的支付手段，如外国有价证券，外国银行的支票、期票、外币汇票等。第二次世界大战后很长一段时期，西方国家外汇储备的主要货币是美元，其次是英镑，20世纪70年代以后，又增加了德国马克、日元、瑞士法郎、法国法郎等。

中国外汇储备主要由四个部分组成：一是巨额贸易顺差；二是外国直接投资净流入的大幅增加；三是外国贷款的持续增多；四是对人民币升值预期导致的"热钱"流入（估计2008年年初已超过500亿美元，2009年年初超过1 000亿美元）。

3. 外汇储备的作用和代价

外汇储备是一个国家经济金融实力的标志，它是弥补该国国际收支逆差，抵御金融风暴，稳定该国汇率以及维持该国国际信誉的物质基础。对于发展中国家来说，往往要持有高于常规水平的外汇储备。但是，外汇储备并非多多益善，近年来中国外汇储备规模的急剧扩大对经济发展产生了许多负面影响。

(1) 损害经济增长的潜力

一定规模的外汇储备流入代表着相应规模的实物资源的流出，这种状况不利于一国经济的增长。如果中国的外汇储备超常增长持续下去，将损害经济增长的潜力。

(2) 带来利差损失

据保守估计，以投资利润率和外汇储备收益率的差额的2%来看，若拥有6 000亿美元的外汇储备，年损失高达100多亿美元。如果考虑到汇率变动的风险，这一潜在损失更大。另外，很多国家外汇储备构成中绝大部分是美元资产，若美元贬值，则该国的储备资产将严重缩水。

(3) 存在高额的机会成本损失

中国每年引进大约500亿美元的外商投资，为此国家要提供大量的税收优惠；同时，中国又持有大约一万多亿美元的外汇储备，闲置不用。这样，一方面是国家财政收入减少，另一方面老百姓省吃俭用借钱给外国人花，其潜在的机会成本不可忽视。

(4) 削弱了宏观调控的效果

在现行外汇管理体制下，央行负有无限度对外汇资金回购的责任，因此随着外汇储备的增长，外汇占款投放量不断加大。外汇占款的快速增长不仅从总量上制约了2004年以来宏观调控的效力，还从结构上削弱了宏观调控的效果，并进一步加大人民币升值的压力，使央行调控货币政策的空间越来越小。

(5) 影响对国际优惠贷款的运用

外汇储备过多会使中国失去国际货币基金组织（IMF）的优惠贷款。按照IMF的规定，外汇储备充足的国家不但不能享受该组织的优惠低息贷款，还必须在必要时对国际收支发生困难的其他成员国提供帮助。这对中国来讲，不能不说是一种浪费。

(6) 加速热钱流入，引发或加速外汇储备过多国的通货膨胀

热钱（Hot Money），又称游资，它是一种只为追求高回报而在市场上迅速流动的短期投机性资金，说白了就是希望快速钱生钱。热钱的目的纯粹是为了投机盈利，而不是制造就业、商品或服务。所以，当热钱涌入一个国家，往往会对该国的经济造成推波助澜的虚假繁荣，也就是我们常说的"经济泡沫"。

(7) 大量囤积外汇，会引起国内有形经济资源的流失

无论是出口创汇还是发行本国货币购买外汇，都会形成对本国有形经济资源的购买能力，造成国内有形经济资源的流失。

(8) 推高本国货币的通货膨胀

资源的流失和大量发行本国货币所换来的外汇如果不能实现购买，则会推动国内通货膨胀的持续上扬。

(9) 迫使国内生产企业和银行系统倒闭，出口创汇不能回购资源

在国内以发行本国货币虚增企业利润来实现，实质上是生产企业的出口成本以通货膨胀消化，长期运作，会使所有生产企业总体上收不抵支，使这些企业所持有的生产资料转化为外汇储备的货币形态，造成倒闭，而以企业经济赢利为基础而生存的银行也会因企业

的倒闭使放出的贷款不能收回而发生倒闭。

(10) 使中央银行产生巨额的汇兑损失

由于这些损失需要通过本国货币的无保证发行获得,由工商企业和银行系统消化,迫使企业通过股份制改革,吸收民间资本公担,我国大批国企和国有独资银行的股份制改革,就是因为企业无法独立承担央行大量囤积外汇产生的汇兑损失,不得不吸收民间资金共担损失以苟延残喘。国有企业的股份制改造,本质上是国有独资制造企业和银行的变相破产形式。

(11) 给外汇发行国通过大量发行钞票,稀释其货币购买力,掠夺持汇国的财富以逃避债务创造条件

这是形成我国中央银行汇兑损失的主要原因。

(12) 蒸发本国货币的积蓄

大量通货膨胀本身是中央银行稀释本国货币购买力的表现,但中央银行在稀释购买力时没有补贴持币人等比的新增货币,从而蒸发了百姓的财富。

(13) 蚂蚁搬家式地将本国货币的发行准备移出国外,造成本国货币主权的丧失

大量发行本国货币购买外汇,是以所谓的单向等价交换为特征实现,即使用本国货币购买外汇,而外汇发行国将换得的人民币购买我国商品输入其国家,销售后补足外汇的发行准备,回笼该国货币买削其债务。而本国因囤积外汇不能回笼资源,造成大量无准备的货币发行,从而丧失对本国货币的节制,任其通货膨胀,这意味着本国货币主权的丧失。

理论应用分析 ▷▷

案例:

外汇风险管理

2020年12月,中国某公司与美国某公司签订出口订单1 000万美元,当时美元/人民币汇率为6.50,2021年12月后交货时,人民币已经大大升值,美元/人民币汇率为6.30,由于人民币汇率的变动,该公司损失了200万元人民币。

这一事件发生后,该公司为了加强外汇风险管理,切实提升公司外汇风险防范水平,于2022年3月召开了关于公司强化外汇风险管理的高层会议,总结本次损失发生的经验教训,制定公司外汇风险管理对策。有关人员的发言要点如下。

总经理陈某:我先讲两点意见。①加强外汇风险管理工作十分重要,对于这一问题必须引起高度重视。②外汇风险管理应当抓住重点,尤其是对于交易风险和折算风险的管理,必须制定切实的措施,防止汇率变化对于公司利润的侵蚀。

常务副总经理吴某:我完全赞同总经理的意见。在人民币汇率比较稳定的背景下,我们只要抓好生产,完成订单,利润就能够实现,而目前我国人民币汇率的形成机制发生了变化,我们不能再固守以往的管理方式,漠视汇率风险,必须对所有的外汇资产和外汇负债采取必要的保值措施。另外,总经理提出的加强折算风险管理的观点也十分重要,我们建立的海外子公司即将投入运营,应当采取必要的措施对折算风险进行套期保值,避免出

现账面损失。

总会计师李某：加强外汇管理的确十分重要。我最近对外汇风险管理的相关问题进行了初步研究，发现进行外汇风险管理的金融工具还是比较多的，采取任何一种金融工具进行避险的同时，也就失去了汇率向有利方面变动带来的收益，外汇的损失和收益主要取决于汇率变动的时间和幅度，因此强化外汇风险管理，首先必须重视对于汇率变动趋势的研究，根据汇率的不同变动趋势，采取不同的对策。

董事长张某：以上各位的发言我都赞同，最后提两点意见。①思想认识要到位。自2005年7月21日起，我国开始实行以市场供求为基础、参考一篮子货币进行调节、有管理的浮动汇率制度。人民币汇率不再盯住单一美元，形成了更富弹性的人民币汇率机制。在此宏观背景下，采取措施加强外汇风险管理十分必要。②建议财务部成立外汇风险管理的小组，由财务部经理担任组长，具体负责外汇风险管理的日常工作。

问：(1) 案例中给出的汇率采用的是直接标价法还是间接标价法？
(2) 案例中的损失体现的是哪一种风险？
(3) 从外汇风险管理基本原理的角度，指出总经理陈某、常务副总经理吴某、总会计师李某以及董事长张某在会议发言中的观点有何不当之处？分别简要说明理由。

综合能力训练 ▷▷

案例一：

利率平价理论能解释人民币兑美元汇率吗？

利率平价理论认为，在外汇市场上，利率高的货币将升值，利率低的货币将贬值，升值或贬值的幅度大致相当于两种货币的利率差。

1979—2010年美、中两国的利率差及人民币兑美元的汇率如表3.11-1所示。

表3.11-1　1979—2010年美、中两国的利率差及人民币兑美元的汇率表

年份	美国联邦基金利率 （有效利率月度平均值） （%）	人民币存款利率 （1年期名义利率） （%）	利率差 （美－中） （%）	人民币名义汇率 （年末平均中间价）
1979年	11.19	3.96	7.23	1.555 0
1980年	13.36	5.40	7.96	1.498 4
1981年	16.38	5.76	10.62	1.704 5
1982年	12.26	5.76	6.50	1.892 5
1983年	9.09	5.76	3.33	1.975 7
1984年	10.23	5.76	4.47	2.320 0
1985年	8.10	6.84	1.26	2.936 7
1986年	6.81	7.20	−0.39	3.452 8
1987年	6.66	7.20	−0.54	3.722 1

续表

年份	美国联邦基金利率（有效利率月度平均值）（%）	人民币存款利率（1年期名义利率）（%）	利率差（美—中）（%）	人民币名义汇率（年末平均中间价）
1988年	7.57	8.64	−1.07	3.7221
1989年	9.22	11.34	−2.12	3.7651
1990年	8.10	10.08	−1.98	4.7832
1991年	5.69	7.56	−1.87	5.3234
1992年	3.52	7.56	−4.04	5.5146
1993年	3.02	9.18	−6.16	5.7620
1994年	4.20	10.98	−6.78	8.6187
1995年	5.84	10.98	−5.14	8.3514
1996年	5.30	9.18	−3.88	8.3142
1997年	5.46	5.67	−0.21	8.2898
1998年	5.35	4.77	0.58	8.2790
1999年	4.97	2.25	2.72	8.2783
2000年	6.24	2.25	3.99	8.2785
2001年	3.89	2.25	1.64	8.2771
2002年	1.67	1.98	−0.31	8.2770
2003年	1.13	1.98	−0.85	8.2770
2004年	1.35	2.25	−0.90	8.2768
2005年	3.21	2.25	0.96	8.1943
2006年	4.96	2.25	2.71	7.9734
2007年	5.02	4.14	0.88	7.3046
2008年	1.93	2.25	−0.32	6.8346
2009年	0.16	2.25	−2.09	6.8282
2010年	0.18	2.75	−2.57	6.6227

美、中利率差＝美国联邦基金利率－人民币存款利率。其数值为正，表示美国利率高于中国利率；反之，则相反。

人民币名义汇率采用的是直接标价法。因而，1美元兑换的人民币数量增加（或减少），意味着美元升值（或贬值），人民币贬值（或升值）；反之，则相反。

问：(1) 从上面的材料看，人民币兑美元的汇率变动符合利率平价理论揭示的基本趋势吗？为什么？

(2) 影响人民币汇率的因素有哪些？

案例分析二：

中国外汇储备近10年的现状变化

中国外汇储备自1993年起保持连续22年增长。然而2015年开始，外汇储备增长的趋势突然逆转，外汇储备量下降为3.33万亿美元；2016年减少为3.01万亿美元，较上一年下降3 198.44亿美元；2017年为3.13万亿美元，虽然较2016年有所上升，但仍小于2015年储备量。截至2020年12月，我国外汇储备余额为3.17万亿美元，比2017年年末增加了38亿美元。我国2011—2020年外汇储备规模如表3.11-2所示。

表3.11-2　我国外汇储备规模（2011—2020年）

年份	外汇储备额（单位：亿美元）	年增长率（%）
2011年	31 811.48	—
2012年	33 115.89	+4.10
2013年	38 213.15	+15.39
2014年	38 430.18	+0.56
2015年	33 303.62	−13.34
2016年	30 105.17	−9.60
2017年	31 399.49	+4.09
2018年	30 727.12	−2.14
2019年	31 079.24	+1.14
2020年	31 784.90	+2.26

问：（1）中国外汇储备下降的原因有哪些？

（2）中国外汇储备对经济发展有何影响？

阅读资料 ▷▷

赫伯特·亚历山大·西蒙

赫伯特·亚历山大·西蒙（Herbert Alexander Simon，1916—2001年）生于美国威斯康星州米尔沃尔，父亲是一名在德国出生的电气工程师，母亲是一个多才多艺的钢琴演奏家。

1933年西蒙进入芝加哥大学政治系学习。在上大学时，西蒙就对密尔沃基市游乐处的组织管理工作进行过调查研究，这项研究激发起了西蒙对行政管理人员如何进行决策这一问题的兴趣，这个课题从此成为他一生事业中的焦点。

1936年西蒙从芝加哥大学毕业，取得政治学学士学位。之后，他应聘到国际城市管理者协会（International City Managers' Association，ICMA）工作，很快成为用数学方法衡量城市公用事业效率的专家。在那里，他第一次用上了计算机，对计算机的兴趣和实践经验对他后来的事业产生了重要影响。

1937年圣诞节在威斯康星州米尔沃尔，西蒙与芝加哥大学社会学系秘书多萝西娅·派伊结婚。

1939年西蒙转至加州大学伯克利分校，负责由洛克菲勒基金会资助的一个项目，这个项目是对地方政府的工作和活动进行研究。这期间，他完成了博士论文，内容是"关于组织机构如何决策的研究"。这一论文成为其代表作《管理行为》的雏形。

1942年在完成洛克菲勒基金项目后，西蒙转至伊利诺伊理工学院政治科学系，在那里工作了7年，其间还担任过该系的系主任。

1943年在其母校芝加哥大学评审与答辩后，西蒙被授予政治学博士学位。

1949年西蒙在卡内基梅隆大学的经济管理研究生院任教。他一生中最辉煌的成就就是在这里做出的。

1956年夏天，数十名来自数学、心理学、神经学、计算机科学与电气工程等领域的学者聚集在位于美国新罕布什尔州汉诺威市的达特茅斯学院，讨论如何用计算机模拟人的智能，并根据麦卡锡的建议，正式把这一学科领域命名为"人工智能"。西蒙和纽厄尔参加了这个具有历史意义的会议，而且他们带到会议上去的"逻辑理论家"是当时唯一可以工作的人工智能软件，引起了与会代表的极大兴趣与关注。因此，西蒙、纽厄尔以及达特茅斯会议的发起人麦卡锡和明斯基被公认为是人工智能的奠基人，被称为"人工智能之父"。

1957年西蒙与别人合作开发了IPL语言（information processing language）。在AI的历史上，这是最早的一种AI程序设计语言，其基本元素是符号，并首次引进表处理方法。

1958年西蒙荣获美国心理学会杰出贡献奖。

1960年西蒙夫妇做了一个有趣的心理学实验。这个实验表明，人类解决问题的过程是一个搜索的过程，其效率取决于启发式函数（heuristic function）。在这个实验的基础上，西蒙、纽厄尔和约翰·肖又一次成功地合作开发了"通用问题求解系统"（general problem solver，GPS）。GPS是根据人在解题中的共同思维规律编制而成的，可以解11种不同类型的问题，从而使启发式程序有了更普遍的意义。

1966年西蒙、纽厄尔和贝洛尔（Baylor）合作，开发了最早的下棋程序MATER。

1968年西蒙被任命为总统科学顾问委员会委员。

1969年美国心理学会由于西蒙在心理学上的贡献而授予他"杰出科学贡献奖"（Distinguished Scientific Contributions Award）。

20世纪60年代末70年代初，西蒙提出"决策模式理论"这一核心概念，为当前受到极大重视的决策支持系统（decision support system，DSS）奠定了理论基础。

1970年在研究自然语言理解的过程中，西蒙发展与完善了语义网络的概念和方法，把它作为知识表示（knowledge representation）的一种通用手段，并取得很大成功。

1972年7月作为美国计算机科学家代表团成员之一，西蒙第一次到中国访问。之后又9次来华访问。

1975年他和纽厄尔因为在人工智能、人类心理识别和列表处理等方面进行的基础研究，荣获计算机科学最高奖——图灵奖。

1976年西蒙和纽厄尔给"物理符号系统"下了定义，提出了"物理符号系统假说"

(Physical Symbol System Hypothesis，PSSH)，成为人工智能中影响最大的符号主义学派的创始人和代表人物，而这一学说则鼓励人们对人工智能进行伟大的探索。这也是两人在人工智能中做出的最基本的贡献。

1976—1983年西蒙和兰利（Pat W. Langley）、布拉茨霍夫（Gary L. Bradshaw）合作，设计了有6个版本的BACON系统发现程序，重新发现了一系列著名的物理、化学定律，证明了西蒙曾多次强调的论点——科学发现只是一种特殊类型的问题求解，因此也可以用计算机程序实现。

1978年由于对"经济组织内的决策过程进行的开创性的研究"，西蒙荣获诺贝尔经济学奖。

1980年中国天津大学聘任西蒙为该校名誉教授，并派出一些学者在西蒙指导下进行短期记忆方面的研究。

1985年中国科学院心理研究所授予西蒙教授名誉研究员称号。

1986年因在行为科学上的出色贡献，西蒙荣获美国全国科学奖章（National Medal of Science）。

1995年在国际人工智能会议上西蒙被授予终身荣誉奖。

2001年2月9日西蒙去世，享年85岁。

管理学大师西蒙与中国的关系十分密切，他先后来中国访问交流达10次之多。除了他的祖国以外，西蒙在中国待过的时间是最长的。他同中国的多个大学和研究机构有着多方面的学术合作。学界称西蒙为业余外交家，而这位业余外交家的主要外交对象就是中国。西蒙一直致力于中美学术交流的工作。自1980年起，他一直是中美学术交流委员会成员，并于1983年至1987年担任这个委员会的主席。1985年，他被聘为中国科学院心理研究所名誉研究员。此外，他还是北京大学、天津大学、中国科学院管理学院等单位的名誉教授。1995年，西蒙当选中国科学院外籍院士。

任务十二
经济增长与经济发展——政府要做好的永恒思考题

学习目标

知识目标

（1）了解什么是经济增长与经济发展；
（2）理解经济宏观调控的手段与产业政策的内容。

能力目标

（1）能区分经济增长与经济发展的现象；
（2）能分析宏观调控和产业政策对经济的影响。

思政目标

（1）从中国经济增长与经济发展中增强中国特色社会主义制度自信；
（2）从中国经济宏观调控政策中坚信中国经济能自我改革和自我完善。

经济现象引入 ▷▷

经济增长与经济发展的喜和忧

20世纪60年代以来，世界经济增长突飞猛进。促进国际社会的共同发展是联合国和当前世界面临的头等大事，也是联合国千年首脑会议的重要话题。在经济全球化的趋势下，发展不平衡问题变得更加突出，南北差距扩大，贫富悬殊加深，人类财富正日益集中到世界少数富国和富人手中。正如安南在报告中指出的，近一半的世界人口每天只依靠不到 2 美元度日。因此，不少成员国希望联合国在全球化进程中发挥积极的主导作用，推动各国制定法规，以便建立公正、合理的国际政治、经济新秩序。安南在报告中敦促各国积极行动起来，力争在 2015 年以前帮助 10 亿人口摆脱贫困。报告还要求发达国家对贫穷国家的产品敞开大门，减免其债务负担，并向其提供经济援助。

在 20 世纪 60 年代和 70 年代的时候，反增长的游说受到一些学者的支持。然而，到了 80 年代和 90 年代，其支持者的范围从某些大学的派别扩展到国会的下议院。游说争论的中心主要与空气污染有关。污染是增长的副产品，特别是某些条件放松以及某种经济活动有多种副产品时，污染情况就更严重。工业污染主要包括空气和水的污染，也包括噪音以及对自然风景的污染。

2021 年中国经济结构失衡加剧。出口的超级景气与国内消费的复苏低迷；房地产投资高景气与土地拍卖市场遇冷，恒大事件、民营地产商"灰犀牛"双控双减与"三高"行业高利润；产业链景气分化，上游吃肉、中下游喝汤、消费服务业喝西北风；PPI 高企与

CPI通缩；积极财政政策与地方政府收入增速快速下滑、严控隐性债务。

2022年中国经济增长面临的"喜"和"忧"：疫情管控结束带来的不确定性冲击；房地产投资增速的"韧性"存在不确定性；美联储Taper及加息预期、强势美元对中国经济和金融市场带来的不确定性影响；土地拍卖市场遇冷，政府基建投资增速回升幅度存在不确定性。

问：（1）经济增长带来了哪些严重问题？

（2）说明经济增长与经济发展的区别。

经济知识学习 ▷▷

一、经济增长

（一）什么是经济增长

经济增长通常是指在一个较长的时间跨度上，一个国家人均产出（或人均收入）水平的持续增加。较早的文献中是指一个国家或地区在一定时期内的总产出与前期相比实现的增长。总产出通常用国内生产总值（GDP）来衡量。

对一国经济增长速度的度量，通常用经济增长率来表示。设 ΔY_t 为本年度经济总量的增量，Y_{t-1} 为上年所实现的经济总量，则经济增长率（G）就可以用下面公式来表示：

$$G = \Delta Y_t / Y_{t-1}$$

由于GDP中包含了产品或服务的价格因素，所以在计算GDP时，就可以分为：用现价计算的GDP；用不变价格计算的GDP。用现价计算的GDP，可以反映一个国家或地区的经济发展规模；用不变价计算的GDP可以用来计算经济增长的速度。

（二）经济增长方式

经济增长方式是指一个国家（或地区）经济增长的实现模式，它可分为两种形式：粗放型和集约型。根据总量生产函数分析和资本产出弹性与劳动产出弹性的计算，可将一个时期的经济增长率进行分解，即由生产要素投入量增加导致的经济增长和由要素生产率提高导致的部分。如果要素投入量增加引起的经济增长比重大，则为粗放型增长方式；如果要素生产率提高引起的经济增长比重大，则为集约型增长方式。

（三）决定经济增长的直接因素

1. 投资量

投资量，顾名思义就是投入的资本数量，而资本的概念分为物质资本与人力资本。物质资本又称有形资本，是指设备、厂房、存货等的存量。人力资本又称无形资本，是指体现在劳动者身上的投资，如劳动者的文化技术水平、健康状况等。一般指的是物质资本。一般情况下，投资量与经济增长成正比。

2. 劳动量

劳动量是劳动者的劳动耗费量，它包括体力劳动的耗费量、脑力劳动的耗费量和生理力劳动的耗费量三个方面。劳动量可以以消耗时间的形式、身体化学变化的形式、牺牲安乐的形式、支付工资的形式、使用价值产出的形式来度量。在劳动者同生产资料数量、结构相适应的条件下，劳动者数量与经济增长成正比。

3. 生产率

生产率一般指单位设备（如一台机床或一条自动生产线）或设备的单位容量（如高炉的每立方米容积），在单位时间（如一小时、一昼夜）内出产的合格产品的数量。每个工人在单位时间内生产的合格产品数量，称为劳动生产率，它是衡量生产技术的先进性、生产组织的合理性和工人劳动的积极性的指标之一。提高生产率可对经济增长直接做出贡献。

三个因素对经济增长贡献的大小，在经济发展程度不同的国家或不同的阶段，是有差别的。一般来说，在经济比较发达的国家或阶段，生产率提高对经济增长的贡献较大。在经济比较落后的国家或阶段，资本投入和劳动投入增加对经济增长的贡献较大。

二、经济宏观调控

经济宏观调控又叫宏观调控，是政府作为市场经济的主体，通过行政手段、经济手段（主要是财政手段），以及法律手段，实现以经济主体为主导、经济主体与经济客体的对称关系为核心、经济结构平衡与经济可持续发展的经济行为。

（一）宏观调控的目标

1. 促进经济增长

经济增长是由多方面因素决定的一个客观过程，在经济和社会发展的一定阶段，存在一个可观的、合理的或潜在的经济增长速度。宏观经济调控就是要使经济增长速度保持在一个合理的水平上，既要努力提高速度，又要防止增长过快，更要避免大幅度波动，也就是我们所说的大起大落。因此，促进经济增长的目标就是要在结构优化、效益提高的基础上保持经济持续、快速、稳定的增长。

2. 增加就业

我国正处在从二元经济向现代经济结构转换阶段，社会主义市场经济体制还很不完善，再加上我国人口基数很大，所以就业问题比较严重。政府把扩大就业作为重要的调控目标。

3. 稳定价格总水平

既要防止通货膨胀，即价格总水平的持续上涨，也要避免通货紧缩，即价格总水平的持续下降。

4. 平衡国际收支

随着经济全球化程度的不断提高，国际收支状况对我国的经济运行的影响日益重要，如何避免国际收支长期失衡是我国最近一个时期面临的重要挑战。

（二）宏观调控机构

由于发达国家的政府结构不同，宏观调控所指的综合政策一般被分为财政政策和货币政策。财政政策在发达国家一般受国家立法部门或行政部门管理,而货币政策一般受中央银行管理。因为立法部门和中央银行的政策目标通常不搭配,宏观调控综合政策在发达国家一般不存在。比如,欧盟的欧元区货币政策由统一的欧洲中央银行管理,但是欧元区的财政政策是由各国的国家政府管理。欧元发行后,欧洲中央银行政策和各国政府政策有过多次冲突,造成一些国家(比如意大利)希望退出欧元制。美国政策的分离也如此。美国的货币政策是由联邦储备管理,联邦储备的目标是降低通货膨胀。美国财政政策大多是由美国国会管理,国会的财政政策通常由当时的财政需求和执政党目标决定。

(三)宏观调控的手段

(1)发挥国家发展战略、规划、计划、产业政策和经济运行调节的导向作用,在经济运行出现问题和偏离轨道时,政府充分发挥经济信息和经济发展预测的技术优势,发布发展战略规划、计划,出台产业政策,对问题和矛盾及时调整政策导向和调节经济运行模式,维护经济运行良好环境。

(2)运用财政税收政策和金融政策的调控作用,配合国家宏观战略措施和产业政策,有效宏观调控。

(3)综合运用法律手段和经济手段,通过技术、环境、能源消耗标准及科技创新手段规范市场准入。

三、经济发展战略

(一)什么是经济发展和经济发展战略

一个国家摆脱贫困落后状态,走向经济和社会生活现代化的过程即称为经济发展。经济发展不仅意味着国民经济规模的扩大,更意味着经济和社会生活素质的提高。所以,经济发展涉及的内容超过了单纯的经济增长,比经济增长更为广泛。

就当代经济而言,发展的含义相当丰富和复杂。一般来说,经济发展包括三层含义:一是经济量的增长,即一个国家或地区产品和劳务的增加,它构成了经济发展的物质基础;二是经济结构的改进和优化,即一个国家或地区的技术结构、产业结构、收入分配结构、消费结构以及人口结构等经济结构的变化;三是经济质量的改善和提高,即一个国家或地区经济效益的提高、经济稳定程度的加强、卫生健康状况的改善、自然环境和生态平衡以及政治、文化和人的现代化进程。

经济发展战略是指经济发展中带有全局性、长远性、根本性的总构想,是在一定时期内,国家关于国民经济发展的基本思想及其为此而实施的总体规划和方针政策。

经济发展战略概念,是在第二次世界大战以后运用起来的。由于一系列新独立的发展中国家的出现,经济发展问题日益突出,逐渐形成以发展中国家的经济发展为研究对象的发展经济学,随之产生经济发展战略概念。美国发展经济学家 A.O. 赫希曼(1915—2012)较先使用这一概念,1958 年他出版了《经济发展战略》一书。20 世纪 60 年代,不少国家总结工业化的经验,提出"进口替代的发展战略""出口替代的发展战略"等经济发展的不同形式。同时，联合国先后制定了60年代、70年代、80年代三个十年的国际发展战略，使发展战略概念在国际上更为流行。经济发展战略也从指一切国家经济增长的战略，逐渐演变为专指发展中国家由落后经济过渡到现代化经济的战略。70年代末，中国一些学者开始引用"发展战略"概念，并进行专门研究。

（二）经济发展战略的一般内容

经济发展战略通常包括三个基本组成部分：

（1）制定战略的实际依据和理论依据。要考虑本国的经济、社会、科学技术、教育、文化等的历史和现状，并明确所遵循的基本指导思想和重要指导原则。

（2）提出在一定时期内拟实现的综合的、概括的总体目标和在某些方面比较具体的目标。

（3）提出实现战略目标的途径和手段，包括战略重点、实施步骤、力量部署、重大的政策措施等。经济发展战略有不同层次和不同范围，一个国家、一个部门、一个地区、一个企业，都可有自己的经济发展战略。下一层次或较小范围的经济发展战略，是上一层次或较大范围的经济发展战略的组成部分。其中，最重要的是全国性的宏观经济发展战略。

（三）制定经济发展战略的依据

1. 基本国情

制定经济发展战略必须从本国与经济社会密切相关的各种基本情况出发，使战略目标的确定、发展途径的选择符合客观条件，立足本国实际。国情的具体内容包括：

（1）自然资源条件。自然资源条件主要有土地、水资源、生物资源、矿物资源以及地理位置、气候等。

（2）人口状况。人口状况包括人口数量、素质、构成、就业等方面。人既是生产者，又是消费者，在具体制定经济发展战略时，要充分考虑人口价值具有两重性，在决策时，要把人口现状与发展国家经济、社会等方面状况结合起来统筹考虑。

（3）经济条件。经济条件主要有生产力发展水平、产业结构、基础设施、居民收入及消费水平、科技教育等情况。这是一个国家经济实力大小的重要表现，也是制定经济发展战略的基础。

（4）经济社会结构。经济社会结构主要有社会经济成分、管理体制、政治制度等状况。在这些因素中，有的规定着经济发展的情况和方向，有的影响经济发展的动力和途径，有的起制约作用，等等。因此，在研究制定经济发展战略时应当综合考虑。

（5）科技发展水平。当代科技发展水平对社会经济各个方面的影响日益突出，因此在制定社会经济发展战略时，需要充分考虑科技发展给未来带来的潜在影响，并据此估价和调整其他领域的发展政策。

2. 客观规律

制定经济发展战略必须符合客观规律的要求，经济规律是社会经济现象及其运动过程内在的、本质的、必然的联系。因此，制定经济发展战略，要善于学习和总结实践经验，从经济实践中找出经济发展的规律性，做出科学的决策。

3. 国际环境

国际政治和经济的形势及条件,对国内经济发展有着重大影响。当今世界,生产国际化加强,国际经济关系日趋密切。国际环境包括国际贸易关系、国际金融资本转移、技术转让和商品贸易、国际劳力市场、国际经济结构等方面的内容。

(四)发展中国家采取的经济发展战略

世界上一般发展中国家采取的经济发展战略,大体可分为两种。

1. 第二次世界大战后的 10～20 年,实行的"传统的发展战略"

这种战略以国民生产总值(GNP)增长为主要目标,以工业化为主要内容,求得国家的富裕和繁荣。实行的结果,在不同程度上推动了社会经济的发展,扩大了对外贸易,提高了按人口平均计算的国民收入,有些国家和地区进入了中等国家行列。但由于片面追求 GNP 的增长,往往忽视人民福利,以过高的积累率,过多地发展重工业,导致经济比例失调,经济结构不合理,消费品不足,贫富悬殊,财政赤字,外债剧增,通货膨胀,环境恶化。

2. 由于实行传统发展战略的结果不理想,20 世纪 60 年代以来有越来越多的发展中国家改行所谓"变通的发展战略"(或称"新的发展战略")

这种战略,从本国实际情况出发,以满足人们基本需要为目标,在增加 GNP 的同时,重视保证最低限度的人类需要,重视生活的物质质量,重视分配的公平。它要求新的衡量体系,较通行的有:美国经济学家 W. D. 诺德豪斯和 J. 托宾提出的"可维持的经济福利量",美国经济学家 M. D. 莫里斯提出的"生活的物质质量指数"。这些衡量体系设想突破了单纯以 GNP 增长作为评价标准,分别纳入闲暇、环境、寿命、死亡率、识字率等因素。这在某种程度上迎合了群众愿望,但在许多发展中国家当前的社会条件下难以真正实行。

(五)中国的经济发展战略

中国过去虽长时期没有使用经济发展战略概念,但在不同的时期提出的总路线、总任务和总方针、总政策等,实际上含有经济发展战略的意义。中国采取的经济发展战略遵循社会主义基本经济规律,从中国的特殊国情出发,坚持社会主义方向。它既不同于"传统的发展战略",也不同于"变通的发展战略"。

十一届三中全会(1978 年 12 月)以后,中国的经济发展战略发生了重大的转变,即更加注意在经济增长基础上逐步满足人民日益增长的物质文化需要;强调以高效益为中心任务;主要依靠对现有企业进行技术改造,从事内涵扩大再生产;开发物力资源和开发人力特别是智力资源并重;在自力更生基础上实行对外开放。中国经济建设的战略部署大体分三步走。第一步,实现国民生产总值比 1980 年翻一番,解决人民的温饱问题。第二步,到 20 世纪末,使国民生产总值再增长一倍,人民生活达到小康水平。第三步,到 21 世纪中叶,人均国民生产总值达到中等发达国家水平,人民生活比较富裕,基本实现现代化。

四、产业政策

(一) 什么是产业政策

产业政策是政府为了实现一定的经济和社会目标而对产业的形成和发展进行干预的各种政策的总和。产业政策的功能主要是弥补市场缺陷，有效配置资源；保护幼小民族产业的成长；熨平经济震荡；发挥后发优势，增强适应能力。

(二) 产业政策的主要内容

1. 产业结构政策

产业结构政策即根据经济发展的内在联系，揭示一定时期内产业结构的变化趋势及其过程，并按照产业结构的发展规律保证产业结构顺利发展，推动国民经济发展的政策。调整产业结构包括：根据本国的资源、资金、技术力量等情况和经济发展的要求，选择和确定一定时期的主导产业部门，以此带动国民经济各产业部门的发展；根据市场需求的发展趋势来协调产业结构，使产业结构政策在市场机制充分作用的基础上发挥作用。

2. 产业组织政策

产业组织政策即通过选择高效益的，能使资源有效使用、合理配置的产业组织形式，保证供给的有效增加，使供求总量的矛盾得以协调的政策。实施这一政策可以实现产业组织合理化，为形成有效的公平的市场竞争创造条件。这一政策是产业结构政策必不可少的配套政策。

3. 产业布局政策

产业布局政策即产业空间配置格局的政策。这一政策主要解决如何利用生产的相对集中所引起的"积聚效益"，尽可能缩小由于各区域间经济活动的密度和产业结构不同所引起的各区域间经济发展水平的差距。

(三) 产业政策的主要特点

1. 调控经济结构

调控经济结构即调控产业结构、产业组织结构、产业区域布局结构，使社会资源在各产业、行业、企业、地区之间得到合理配置，逐步实现产业结构的优化。

2. 影响经济的长期发展

改造产业结构，实现产业结构的优化，促进经济的增长，必须经过长期的努力，产业政策必然影响经济的长期发展。

3. 产业结构政策、产业组织政策、产业区域布局政策表现为"集合"政策

每一种具体政策都以市场机制的调节为依据，对市场起着直接调控、对企业起着间接调控的宏观作用。

4. 调节供给

调节供给即通过促进或限制某些产业的发展，改造产业结构，调整各产业之间的相互关系，使供给总量和结构都能满足需求，实现供给和需求的总量、结构的平衡。

（四）制定产业政策的原则

（1）贯彻治理经济环境、整顿经济秩序、全面深化改革的方针，以产业政策为导向，加强宏观控制，指导市场发育，协调各方面行动，逐步缓解总需求与总供给、消费结构与产业结构的矛盾。

（2）压缩和控制长线产品的生产和建设，增加和扩大短线产品的生产和建设。集中力量，首先把粮食、棉花、煤炭、电力、交通（特别是铁路运输）以及市场紧俏的轻纺产品的生产建设搞上去。

（3）按照市场需求、产业关联、技术进步、创汇作用、经济效益等因素，安排好产业发展序列并制定相关的各项政策，明确支持什么，限制什么。同时，要妥善处理好重点产业与一般产业协调发展的关系，处理好生产要素存量调整与增量配置的关系，处理好产业总体配置与发挥地区优势的关系。

（4）当前的产业政策要点是根据长远与近期结合、以近期为主的原则制定的。在治理整顿过程中，将视经济发展情况，对产业政策作相应调整。

（5）产业政策的制定权在国务院。为了保证国家产业政策的实施，各部门和各省、自治区、直辖市及计划单列省辖市人民政府，应根据国家产业政策，结合本部门、本地区的特点，拟定实施办法，并报国务院备案。如果需要对国家产业政策作某些补充规定，须报国务院审批。省以下各级人民政府不再层层拟定实施办法。要处理好实行经济承包责任制和实施产业政策的关系。全国是一个统一的市场，各地必须执行国家的产业政策，不能因局部和短期利益而破坏国家的整体和长期利益。

（6）产业政策的实施，要运用经济的、行政的、法律的和纪律的手段，同时加强思想政治工作。计划、财政、金融、税务、物价、外贸、工商行政管理等部门必须目标一致，协同动作，各项调节手段和措施要相互配套，服从治理、整顿的方针在实施产业政策的要求。

五、"十四五"时期我国产业结构变动趋势展望

（一）"十四五"时期工业高端绿色转型步伐加快

中国特色社会主义进入了新时代，我国经济发展也进入了新时代，经济发展已由高速增长阶段转向高质量发展阶段。"十四五"时期，我国工业高端绿色转型发展不仅迎来了战略机遇期，更是承担起了推动经济发展质量变革、效率变革、动力变革，提高全要素生产率的重任。

1. 新一代科技与产业变革为我国工业高端绿色转型提供了新机遇

当前，新一代科技与产业革命正在全球范围蓬勃兴起，工业生产方式、分工方式和产业组织正在发生深刻的历史性变革。全球各地都在积极培育高新技术产业，以保持在国际竞争市场上的领先地位。新形势为我国高端制造业的发展提供新方向，同时为我国抢占产业发展制高点、实现区域崛起创造了一个重要战略机遇。在新的历史时期，我国应顺应新一轮科技和产业变革机遇，促进工业企业利用互联网、大数据、云计算、物联网、人工智

能等新一代信息技术改造提升传统工业，加速推动工业高端绿色转型。特别是，以"中国制造2025"和"互联网＋"行动计划为契机，以先进制造业为突破口，推动工业"高端化、智能化、集约化、绿色化"转型发展。

2. 创新驱动发展为我国工业高端绿色转型提供了坚实的支撑

工业转型升级的根本出路在于创新，使创新成为驱动发展的主要动力。2006年国务院发布了《国家中长期科学和技术发展规划纲要（2006—2020年）》，开始明确国家创新体系建设的方向。2012年党的十八大报告正式确立了创新驱动发展战略，自此我国步入创新发展的全新轨道。创新驱动发展战略实施以来，我国重大创新成果竞相涌现，科技体制改革取得实质性突破，创新主体活力和能力持续增强，国家创新体系效能大幅提升。《2020年全球创新指数报告》显示，我国创新能力全球排名第14位，连续两年位居世界前15行列，意味着我国已经开始进入国际创新先进行列。2019年我国研发经费占国内生产总值的2.23%，超过欧盟平均水平；研发人员数量稳居世界第1位，形成了世界上规模最庞大的科技人才队伍；发明专利授权量居世界首位，国际科技论文数量和国际科技论文被引次数均位居世界第二。上述创新优势，为工业高端绿色转型提供了新的动力源。

3. "碳达峰、碳中和"目标加速推动我国工业高端绿色转型步伐

碳排放和产业结构之间互相影响，互相作用。一方面产业结构升级能够减少碳排放、提升碳排放绩效，另一方面碳排放政策对产业结构升级也有推动作用。我国作为"世界工厂"和制造业大国，工业产业既是传统用能大户，能源消费占总终端能源消费的2/3，又是我国二氧化碳排放的主要领域，占全国总排放量的80%左右，工业碳减排是"碳达峰、碳中和"目标的重中之重。在工业产业中，钢铁、化工和石化、水泥和石灰以及电解铝等传统产业的能源密集、碳排放相对较高。因此，实现"碳达峰、碳中和"目标既要严格控制上述传统高耗能、重化行业新增产能，优化存量产能，推动其进行节能改造，同时还要加快高技术产业、先进制造业、数字经济等新兴产业发展。"碳达峰、碳中和"目标作为硬约束，加速推动传统产业的低碳转型，大力发展新型绿色低碳经济，推进产业结构调整和升级，降低工业产业的能源消费和碳排放，逐步实现经济增长和碳排放的脱钩。

4. 新冠疫情进一步倒逼我国工业加速转型升级和高质量发展

2020年初开始，至今已三年的新冠疫情之下，虽然工业面临复工人数不足、外贸订单减少、交通物流受限、原材料供应不足等考验。但是一方面，疫情防控需求的倒逼，会显著加大科研人员、资金和相关资源的投入，直接刺激生物医药、医疗健康等科技产业发展；另一方面，疫情防控造成的用工紧张和安全生产需求提升，通过对生产方式的影响促使工业加速数字化转型，主动推进智能制造，进而拓展我国高端制造业的发展空间。此外，疫情暴发加大全球供应链和产业链的安全风险，加速全球产业链的调整和重构，产业链自主创新和技术升级以及国内替代的诉求将快速提升，从而带动了我国工业产业的转型升级。

（二）"十四五"时期服务业发展迎来新机遇

我国服务业快速发展，已成为国民经济第一大产业。伴随着社会分工的日益深化，以及长期积累的优化提升服务业发展的坚实基础，"十四五"时期我国服务业发展再次迎来了新机遇。

1. 国际产业发展潮流和趋势为我国服务业提供了有利发展环境

全球经济结构呈现出服务业主导的发展趋势，发达国家都经历了向服务业为主的经济结构转型和变革。在科技进步和经济全球化驱动下，服务业内涵更加丰富，分工更加细化，业态更加多样，模式不断创新，在产业升级中的作用更加突出。新一代信息、人工智能等技术不断突破和广泛应用，加速了服务内容、业态和商业模式创新，推动服务网络化、智慧化、平台化，知识密集型服务业比重快速提升。同时，服务全球化成为经济全球化进入新阶段的鲜明特征，服务业成为国际产业投资热点，制造业跨国布局带动生产性服务业全球化发展，跨国公司在全球范围内整合各类要素，资本、技术和自然人跨境流动更加便利，带动全球服务投资贸易快速增长。此外，借助"一带一路"倡议、自由贸易试验区等，也大大拓展了我国服务经济发展空间。

2. 产业转型升级需求为我国现代服务业发展提供了深厚的土壤

在新时代经济高质量发展背景下，经济增长由要素驱动向创新驱动转变，产业转型升级步伐的加快，现代农业的发展、制造业的升级等对现代服务业提出了更多和更高的需求，成为现代服务业发展深厚的土壤。伴随着产业转型升级，我国服务业已成为推动经济发展的主引擎、拉动投资的主领域和利用外资的主渠道，发展现代服务业的条件趋向成熟，科技研发、现代物流、新兴信息技术服务、金融服务、租赁和商务服务、科学研究和技术服务、健康服务等现代服务业加快发展，由此带动服务业质的提升。与此同时，我国制造业发达、产业体系健全，这也为科技研发、信息技术、节能环保等现代服务业的发展提供了广阔的空间。

3. 新型城镇化和居民消费品质升级为服务业快速发展提供了有力的支撑

新型城镇化快速推进和居民收入水平的不断提高，城乡居民消费观念逐渐从物质型向服务型转变，服务业蕴藏着巨大的发展潜力。一方面，新型城镇化过程中人口集聚、生产生活方式的改变，加之收入水平和消费能力的提升，给商贸、餐饮、房地产、教育、文化体育、卫生保健等生活性服务业带来巨大的发展空间；产业集聚、社会分工的细化以及人口素质的提升，也为物流、金融、信息、中介、技术服务等生产性服务业发展带来巨大的机遇。另一方面，伴随着经济发展水平的不断提高，城乡居民收入水平将持续提高，中高收入人群比例不断提高，居民消费结构将随之升级，为休闲旅游、文化娱乐、健康养老、医疗服务等高层次、高品质的生活性服务业需求创造了条件，由此也辐射带动了物流、金融、信息等生产性服务业的发展。

4. 制度改革进一步释放服务业发展潜力

制约服务业发展的最主要的因素是制度因素，而近几年围绕服务业的制度改革不断出台，比如"营改增"的试点和全面推广，这些改革举措释放了服务业的发展活力。未来的改革仍大有空间，也大有可为。比如，加快破除服务业领域的市场垄断和行政垄断，逐步放宽放开对外资的限制；推进服务价格机制改革，形成市场决定服务价格的新机制；加快服务业发展的政策调整，营造服务业良好的发展环境等。可以看出，服务业领域的制度改革继续深化，围绕服务业领域的改革仍有很长的路要走，国内对服务业的需求巨大，但服务业的供给仍然不足，特别是生产性服务业和部分消费性服务业，随着服务业领域改革举措的进一步实施，我国服务业的发展空间也将会进一步提升。

5. 新冠疫情加速催生出一些服务新业态、新模式与新增长点

服务业作为推动我国经济增长的主引擎，在此次疫情中遭受重挫，但疫情也催生了新的商业模式和服务业态，为服务业带来了新的增长机遇。疫情防控限制措施会引发公众行为方式、消费习惯和健康需求等相应改变，加速服务业的消费方式改变和消费升级，网上购物、网络娱乐、非现场消费等新的服务模式将带动电商、网络电影、高清视频、在线游戏等更加流行；在线办公、在线教育、在线医疗等互联网服务产业将加速崛起，从而带动软件和信息技术服务业以及快递、外卖等行业进一步发展。同时，疫情促进了全社会对健康安全关注度的大幅上升，对健康服务的需求显著增长，医疗、康养、健身、体育等大健康产业的重要性被更多人接受，健康产业将步入快速发展期。

(三)"十四五"时期我国产业结构变动趋势预测

基于国家信息中心可计算一般均衡（SICGE）模型对未来我国三次产业进行结构预测。综合来看，"十四五"时期，我国经济发展进入新时代，转向高质量发展阶段，产业结构进一步转型升级。

第一产业比重将呈现持续稳步的下降态势，但由于乡村振兴战略的实施以及农产品价格趋升，"十四五"期末第一产业比重将小幅下降至6.5%左右。

在新一代科技与产业变革、创新驱动发展、"碳达峰、碳中和"目标硬约束等背景下，我国工业创新发展能力大幅提升，高端发展态势逐步显现，绿色发展水平迈上新台阶，集约发展程度持续增强，"十四五"期末第二产业比重将降至35.5%左右。

在"一带一路"、自由贸易试验区、产业转型升级、新型城镇化和居民消费品质升级等背景下，我国服务业发展迎来了新机遇，第三产业比重继续呈现稳步上升趋势，在经济发展中的主导产业进一步凸显，"十四五"期末第三产业比重将升至58.0%左右。

理论应用分析 ▷▷

案例：

日本"循环经济"发展战略

1. 日本实施循环经济的历史背景

(1) 经济发展因素。日本是资源消费大国，经济发展所需资源、能源的绝大部分依靠从国外进口，易受国外价格的冲击。因此，2000年3月，通产省产业结构审议会在《21世纪经济产业政策课题展望》报告中，提出把发展环境产业以及循环经济体系作为改善日本经济结构，提高产业竞争力的重要内容。

(2) 社会因素。日本过去的大量生产、大量废弃、大量消费的社会经济模式带来了诸多的环境问题。一是废弃物处理压力日益增大，废弃物处理的社会成本不断加大。二是传统的社会经济模式造成生态失衡，使国民生活质量下降。所以要发展循环经济。

(3) 国际因素。日本作为二氧化碳第四排放大国，面对较大的国际压力，如何解决承担国际义务与促进国内经济发展的矛盾，从根本上改善经济体系，构建循环经济社会就成为必然选择。

(4) 经济发展阶段使然。根据环境库兹涅茨曲线理论，在一国或地区的发展过程中，环境质量存在先恶化后改善的 U 形过程。20 世纪 90 年代后，日本等一些发达国家已进入环境质量改善与经济增长协调发展阶段。日本提出的"环境经济立国"以及"循环经济"和"循环型社会"的发展战略完全符合环境库兹涅茨曲线理论。

2. 日本走向循环经济社会的战略取向

(1) 加速各种模式的转变

首先，环境保全模式的转变。在推进环境保全过程中，从废弃物被动的"末端处理"转向以在生产和消费的源头控制废物产生的"管端预防"为主，配合废物回收再利用和减量化的方法，形成了一整套系统的避免废物产生的机制。

其次，建立资源生产和消费领域的循环经济模式。依照循环经济的理念，在资源生产和消费领域设计出三种不同维度的循环模式：第一，通过企业内部的循环，促进原料和能源的循环利用；第二，通过企业之间的循环，组成生态工业链，形成共享资源和互换副产品的产业共生组合,；第三，通过社会整体循环，大力发展绿色消费市场和资源回收产业，完成循环经济的闭合回路。

再次，建立一种新兴产业模式。日本提出发展循环经济战略的目的之一，就是要建立生态化的产业模式。即：产业依据自然生态的有机循环原理建立发展模式，在不同的工业和企业、不同类别的产业之间形成类似于自然生态链的关系，从而达到充分利用资源、减少废物产生、物质循环利用、消除环境破坏、提高经济发展规模和质量的目的。

最后，建立一种新的工业生产模式。日本强调实现工业体系中物质的闭环循环，其中一个重要的方式是建立工业体系中不同工业流程和不同行业之间的横向共生。

(2) 构建循环经济发展的法律体系

日本促进循环经济发展的法律法规体系比较健全，可以分成三个层面：第一层面是基础层，其法律有《促进建立循环社会基本法》；第二层面是综合性法律，其法律有《固体废弃物管理和公共清洁法》和《促进资源有效利用法》；第三层面是根据各种产品的性质制定的法律法规，其分别是《促进容器与包装分类回收法》《家用电器回收法》《建筑及材料回收法》《食品回收法》及《绿色采购法》。

(3) 完善循环经济发展的政策机制

首先，强化行政管理机制。在环境省之外，针对国内环境问题，谋求建立循环经济体系和循环型社会体系，日本政府还设置了"环之国"会议机制，其基本理念是谋求建立"以可持续发展为基本理念的简洁、高质量的循环型社会"，以及"以清洁生产、资源综合利用、生态设计和可持续消费等为指导思想的、运用生态学规律来指导人类社会经济活动的循环经济发展模式"。

其次，建立有效的政策机制。日本政府一直积极支持循环利用项目，其中返还制度起到了十分重要的激励作用，日本环保产业的发展也得益于该政策的实施。

再次，为了促进循环经济的发展，制定了一系列资金投入政策。在预算制度、融资制度上都对发展循环经济给予支持。例如，对废弃物再资源化工艺设备生产者给予相当于生产、实验费的 1/2 的补助；对引进先导型合理利用能源设备予以补贴，其补贴率为 1/3，补贴金额最高上限为 2 亿日元；对从事 3R 研究开发、设备投资、工艺改进等活动的各民间企业，根据不同情况分别享受政策贷款利率；等等。

（4）构建循环经济系统结构

日本进行了如下循环系统结构的构筑。一是构建"循环经济"的三维产业体系。二是发展绿色工业。三是大力发展分解产业。四是构建区域循环经济。五是注重风能、太阳能、地热资源等可再生能源的开发利用，实现从"能源耗竭型"经济向"能源再生型"经济的转型。六是构建"循环经济"的技术体系。七是提高社会公众的参与意识。

问：（1）什么是经济发展战略？

（2）根据日本实施循环经济发展战略，说明制定经济发展战略要考虑哪些因素（依据）。

（3）分析日本实施循环经济发展战略的动机。

综合能力训练 ▷▷

案例分析一：

2009—2019 年我国的房地产调控政策

2009年12月，"国四条"的出台拉开了房地产调控的序幕。2010年"国十一条""国十条"彰显中央遏制房价过快上涨的决心。2011年，"新国八条""限购""限价""限贷"出台，3次加息，6次上调存款准备金率，二套房首付提高到60%，房价过快上涨得到有效遏制。2012年住建部支持部分城市首套房贷款利率下浮，央行两次降息、两次下调存款准备金率，大量资金流入房地产市场。2013年"新国五条"坚决抑制投机投资性住房，加快保障房建设，以房价稳定为主要调控目标。2014年"9.30房贷新政"对首套房"认贷不认房"，贷款利率下降明显，积极满足家庭住房需求。2015年"3.30房贷新政"对于使用公积金购买首套普通自住房最低首付20%，极大地降低了购房成本。2015年9月30日将不限购城市首套房商贷首付比例下调到25%。2016年重启限贷限购政策，调控政策转向"因城施策"去库存，房价开始下跌。2017年为房地产调控最为密集的一年，楼市全面进入"限购＋限贷＋限价＋限售"的"四限时代"。住建部、财政部联合印发《关于做好城镇住房保障家庭租赁补贴工作的指导意见》，指出住房保障家庭户均租赁补贴面积不超60平方米。政策利率6年内首次上调、建立购租并举住房制度、非"限购"城市房贷首付款比例最低可达20%、接入公积金异地转移接续平台。2017年10月召开的十九大提出，坚持房子是用来住的，不是用来炒的。2018年至2022年1月，中央重点强调"稳地价、稳房价、稳预期""房住不炒"。

2009—2019年的调控分为3个阶段。第一阶段2009—2012年，这段时期房地产调控不再过于强调市场机制的主要作用，而是要通过运用公共政策、强化住房保障形成双轨制住房供应模式，同时采取行政手段遏制房价过快上涨。这段时间调控主要目标在于保持房地产平稳较快发展，重点仍强调房地产市场的经济功能，社会功能相对落后；重点强调房子的交换价值，房子使用价值功能相对较弱。第二阶段2013—2016年，以人为本、强调公平和稳定成为房地产调控主要目标，不断强化房子的使用价值功能，加强保障性住房建设,多渠道增加居民主体收入。只是这段时间土地供求比低,政策调控变动频繁,政策执行力度不够,在保经济增长和稳定房价之间摇摆,调控指向不明,大多数城市房价上涨过快,调控政策不显著。第三阶段2017年至2022年1月,2017年各项政策的密集出台,房地产指向非常明显,房地产的功能主要定位为使用功能,坚持房子是用来住的,同时主动下调经济增长速度以适应变化,核心是"稳房价、稳地价、稳预期",体现中央坚决遏制房价上涨的决心。

问:(1)近10年来我国相继出台了哪些房地产调控政策?

(2)针对中国房地产问题,政府应该重点采用或加强哪些政策手段?

案例分析二:

《中国制造2025》

(1) 什么是制造业

制造业是指对制造资源(物料、能源、设备、工具、资金、技术、信息和人力等),按照市场要求,通过制造过程,转化为可供人们使用和利用的大型工具、工业品与生活消费产品的行业。制造业直接体现了一个国家的生产力水平,是区别发展中国家和发达国家的重要因素,制造业在世界发达国家的国民经济中占有重要份额。根据在生产中使用的物质形态,制造业可划分为离散制造业和流程制造业。离散制造业,又称为离散工业,主要是通过对原材料物理形状的改变、组装成为产品,使其增值。它主要包括机械加工、组装型行业,典型产品有汽车、计算机、日用器具等。流程制造业,又称为流程工业,或过程工业,是指通过混合、分离、成型或化学反应使原料增值的行业,主要包括化工、冶金、石油、电力、橡胶、制药、食品、造纸、塑料、陶瓷等行业。

(2) 为什么要发展制造业

制造业是国民经济的主体,是立国之本、兴国之器、强国之基。18世纪中叶开启工业文明以来,世界强国的兴衰史和中华民族的奋斗史一再证明,没有强大的制造业,就没有国家和民族的强盛。打造具有国际竞争力的制造业,是我国提升综合国力、保障国家安全、建设世界强国的必由之路。新中国成立尤其是改革开放以来,我国制造业持续快速发展,建成了门类齐全、独立完整的产业体系,有力地推动了工业化和现代化进程,显著增强了综合国力,支撑了世界大国的地位。然而,与世界先进水平相比,中国制造业仍然大而不强,在自主创新能力、资源利用效率、产业结构水平、信息化程度、质量效益等方面差距明显,转型升级和跨越发展的任务紧迫而艰巨。当前,新一轮科技革命和产业变革与我国加快转变经济发展方式形成历史性交汇,国际产业分工格局正在重塑。必须紧紧抓住这一重大历史机遇,按照"四个全面"战略布局要求,实施制造强国战略,加强统筹规划和前瞻部署,力争通过三个十年的努力,到新中国成立一百年时,把我国建设成为引领世界制造业发展的制造强国,为实现中华民族伟大复兴的中国梦打下坚实基础。

(3) "一二三四五五十"的总体结构

一个目标:从制造业大国向制造业强国转变,最终实现制造业强国的一个目标。

二（两）化融合发展：通过两化融合发展来实现这一目标。党的十八大提出了用信息化和工业化两化深度融合来引领和带动整个制造业的发展，这也是我国制造业所要占据的一个制高点。

三步走：即到 2025 年，使中国制造业迈入制造强国行列；到 2035 年，使中国制造业整体达到世界制造强国的中等水平；到 2045 年，使中国制造业综合实力迈入世界制造强国前列。

四项原则：第一项原则是市场主导、政府引导。第二项原则是既立足当前，又着眼长远。第三项原则是全面推进、重点突破。第四项原则是自主发展和合作共赢。

五方针：人才为本、创新驱动、质量为先、绿色发展、结构优化。

五工程：强化基础工程、制造业创新中心建设工程、高端装备创新工程、绿色制造工程、智能制造工程。

十个领域：包括新一代信息技术产业、高档数控机床和机器人、航空航天装备、海洋工程装备及高技术船舶、先进轨道交通装备、节能与新能源汽车、电力装备、农机装备、新材料、生物医药及高性能医疗器械等十个重点领域。

问：（1）《中国制造 2025》产业政策的主要内容是什么？

（2）"中国制造 2025"有何历史意义？

阅读资料 ▷▷

西奥多·舒尔茨

西奥多·舒尔茨（Theodore W. Schultz, 1902—1998 年）出生在美国南达科他州一个德国移民聚居的农场。舒尔茨 22 岁在他家乡的布鲁克林农业学校毕业，以后考入本州州立学院。三年后领到了一张科学学士的文凭。此后，他又进入威斯康星大学攻读硕士和博士学位，于 1928 年和 1930 年分别获得科学硕士和哲学博士学位。或许是因为受到广阔草场和良田沃土环境的影响，或许是受到陪伴他度过孩提时代田园风光的熏陶，舒尔茨对农业经济学发生了浓厚的兴趣。此后，他成为美国农业经济学领域的一位重要人物。

20 世纪 30 年代后期和 40 年代，舒尔茨集中精力研究美国的农业政策。舒尔茨研究农业政策的成果，集中表现在他 1943—1953 年间陆续发表的四本著作之中。这四本书是：《重新调整农业政策》(1943)、《不稳定经济条件下的农业》(1945)、《农业生产和福利》(1949) 和《农业的经济组织》(1953)。后来他又把注意力转到人力资本投资问题上。

舒尔茨感兴趣的第二大问题是关于经济增长的理论。他通过自己的著述，向人们解释应当如何理解经济增长，怎样才能促使经济增长。舒尔茨还注意到第三世界国家的农业发展问题，提出了如何提高低收入国家食品生产和增加农业收入的一些措施。对于舒尔茨来说，令人称道的还不止于科学上的贡献，他还是一位教育家。

舒尔茨长期专注于农业经济和以农业为基础的经济发展问题的研究，对于农业经济学的发展和发展经济学的进步做出了突出贡献。舒尔茨最初研究的是农业经济学，《纽约时报》在评论他获得 1979 年诺贝尔经济学奖时，称他是农业经济学界的老前辈。他对农业经济学所做的第一个贡献是，使农业经济学成为现代经济学中不可分割的一部分，同时摈弃了把农业问题局限在农业的范围内的传统。自 20 世纪 50 年代起，舒尔茨就提出并倡导了人力资本论,被西方资产阶级经济学界称为"人力资本概念之父"。他认为,由教育、保健、人口流动等投资形成的人的能力提高和生命周期的延长,也是资本的一种形式。舒尔茨得出人力资源是经济和社会发展的重要原因的结论,这对整个经济学的发展产生了重大而深刻的影响,解开了战后日本、德国乃至西方国家经济迅速发展之谜。

  由于舒尔茨在研究农业以及整个经济的发展方面做出了突出贡献,1979年被授予诺贝尔经济学奖。除诺贝尔经济学奖外,舒尔茨获得的其他奖励及荣誉还有:1972年被美国经济学会授予该会最高荣誉勋章——沃克奖章;从1952年到1972年退休,一直膺选为芝加哥大学的查尔斯·哈琴逊特殊贡献教授;退休后,仍被聘任为芝加哥大学荣誉教授。

参 考 文 献

[1]   梁小民.西方经济学[M].北京:中央广播电视大学出版社,2010.
[2]   吴志清.经济学基础[M].北京:机械工业出版社,2007.
[3]   顾钰民,陈思明.西方经济学流派[M].上海:同济大学出版社,2003.
[4]   宋卫东.经济学常识速查速用大全集[M].北京:中国法制出版社,2011.
[5]   欧俊.我们身边的经济学[M].南昌:江西人民出版社,2011.
[6]   于跃龙.趣味经济学[M].北京:中国纺织出版社,2012.
[7]   (美)ROBERT P M.第一本经济学[M].上海:上海财经大学出版社,2011.
[8]   凡禹,欧诏.像经济学家一样思考[M].上海:立信会计出版社,2012.
[9]   春之霖,黄晓林,赵伟.每天学点经济学大全集[M].北京:中国华侨出版社,2010.
[10] 欧俊.我们身边的经济学[M].南昌:江西人民出版社,2011.
[11] 高鸿业.西方经济学[M].4版.北京:中国人民大学出版社,2007.
[12] (美)保罗 A S,威廉 D N.经济学[M].17版.北京:人民邮电出版社,2003.
[13] 斯蒂格利茨.经济学[M].北京:中国人民大学出版社,2001.
[14] 历以宁.西方经济学[M].北京:高等教育出版社,2002.
[15] 平狄克,鲁宾费尔德.微观经济学[M].北京:中国人民大学出版社,2000.
[16] 尹伯成.西方经济学简明教程[M].上海:复旦大学出版社,2002.
[17] 朱善利.微观经济学[M].北京:北京大学出版社,2001.
[18] 黄亚均,郁义鸿.微观经济学[M].北京:高等教育出版社,2000.
[19] 黄亚均,袁志刚.宏观经济学[M].北京:高等教育出版社,2000.
[20] 梁诣远.西方经济学[M].北京:高等教育出版社,2000.
[21] 宋承先,尹伯成.微观经济学习题集[M]. 上海:复旦大学出版社,2000.
[22] (美)约瑟夫 E S.经济学(上、下册)和经济学小品和案例[M].北京:中国人民大学出版社,2001.